학습상담

Learning Counseling

주은지 · 최인선 공저

학지사

머리말

인간은 학습을 통해 삶의 긍정적 변화를 경험하고 주체적인 삶을 살게 된다. 특히 학습은 아동·청소년의 발달과정에서 사고하는 힘을 길러 주고 스스로 노력하여 얻게 되는 성취 경험을 갖게 해 준다. 이를 토대로 청소년은 역량을 개발하고 능동적 학습자로 성장하게 된다.

하지만 아동과 청소년에게 '학습' 하면 무엇이 연상되는지 물으면, '시험, 성적, 스트레스, 밤 새워 과제하기' 등 부정적인 것을 말한다. 이는 실제로 아동·청소년이 학습을 통해서 얻는 새로운 지식과 정보, 배우는 데에서 느끼는 기쁨보다는 시험과 성적에 대한 걱정으로 불안과 스트레스 등 심리적·정서적 고통을 먼저 생각한다는 것이다. 그뿐만 아니라 상대평가 체계에서 친구를 경쟁상대로 보고, 성적에 대한 부모의 과한 기대로 인해 대인관계에서 어려움을 겪고 있다. 이에 교육현장에서는 문제행동, 학교 부적응, 학습부진, 학습에 흥미를 잃는 학생들을 위하여 다양한 해결책을 지속적으로 논의하고 있다.

청소년 상담에서도 많은 학생과 부모가 학습과 관련한 문제로 인해 어려움을 겪고 있다고 호소하고 있으며 실제로 학습상담이 청소년 상담에서 많은 부분을 차지하고 있다. 학습상담은 아동·청소년으로 하여금 자기이해를 바탕으로 자신의 잠재력을 찾고, 장점과 단점을 이해하여 능동적 학습자로 성장할 수 있게 해 준다.

저자들은 대학교와 대학원에서 여러 해 동안 '학습부진아 학습상담' 강의를 하면서 학습심리, 학습부진, 특수아상담 등을 다룬 책을 참고했었다. 기존의 학습상담과 관계된 좋은 책들이 많이 있음에도 불구하고 어떤 책은 학습상담의 이론만 강조하다 보니 실제 현장에서 적용하는 데 도움을 주기가 어려웠고, 또 다른 책은 실제적인 부분 또는 상담 장면에 치우치다 보니 이론과 실제를 둘 다 겸비한 교재를 저술

할 필요성을 느꼈다. 이 책은 학습문제로 어려움을 겪고 있는 학생들을 효과적으로 지도하기 위해 필요한 이론, 방법, 전략, 구체적인 예 등을 다루고자 하였다.

이 책은 총 4부, 13장으로 구성되어 있으며, 각 부와 세부 장의 내용을 간단히 소개하면 다음과 같다. 제1부는 학습상담의 기본적인 내용을 다룬다. 학습상담에 대한 이해를 돕기 위해 학습상담의 개관(제1장)과 이론적 배경(제2장) 그리고 학습 관련 요인(제3장)을 제시한다. 제2부는 학습상담의 대상을 다룬다. 특수교육대상자인 학습장애, 주의력결핍 과잉행동장애, 자폐스펙트럼장애, 지적장애를 소개(제4장)하고 학습부진아(제5장)와 미성취 영재(제6장)에 대해 다룬다. 제3부는 학습상담의 진단과 평가로, 학습 관련 문제(제7장) 그리고 심리검사(제8장)를 살펴본다. 마지막으로 제4부는 학습상담의 실제로, 학습상담의 과정(제9장), 주의집중(제10장), 평가불안(제11장), 정보처리(제12장)를 다룬다. 더불어 학습에 도움이 되는 시간관리, 독서, 노트 필기, 시험관리, 스트레스 그리고 기타 생활관리의 구체적인 방법(제13장)을 소개한다.

집필을 시작하기 전에 다음의 네 가지를 염두에 두었다. 첫째, 대학교의 학습부진아 또는 학습상담의 교재로 사용되기를 원한다. 둘째, 상담자와 교사에게 학습상담을 위한 실용적인 안내서로 활용되기를 기대한다. 셋째, 특수아 상담이나 교육에 관심이 있거나 특수교사에게 미약하나마 도움이 될 수 있기를 바란다. 마지막으로 아동·청소년 자녀의 학습에 많은 관심을 가진 부모에게 참고 도서로 쓰이기를 기대한다.

끝으로 이 책의 출간을 맡아 주신 학지사 김진환 사장님과 정승철 상무님 그리고 편집부 관계자 여러분께 깊은 감사의 마음을 전한다.

2021년

저자 일동

차례

제6장 미성취 영재 ••• 143

제3부 학습상담의 진단과 평가

제7장 학습 관련 문제 ••• 169

제8장 학습상담에서의 심리검사 ••• 191

제4부 학습상담의 실제

제1부

학습상담의 기초

제1장

학습상담의 개관

배우고 익힌 정보를 저장하고 필요할 때 활용하는 학습이 일반적으로 쉽지 않다는 것을 다들 한 번쯤은 경험해 보았을 것이다. 학습의 어려움은 아동과 청소년 이외에도 취업 준비를 하는 대학생이나 새로운 지식을 습득하고 활용하여 재생산의 과정에 있는 학습자 등 누구나 경험할 수 있다. 학습에서의 부적응은 학교를 다니는 학령기의 학생들에게만 국한된 문제가 아니며, 공부를 하고 있는 그 누구도 대상이 될 수 있다는 의미이다. 그러나 이 책은 아동기에서 성인기로 전환하는 과도기에 있는 청소년기의 학습에 주로 초점을 맞추고자 한다.

1. 학습의 이해

1) 학습의 정의

인간과 동물은 환경으로부터 여러 가지 살아가는 기술을 배운다. 동물이 주로 본능적으로 행동을 한다면, 인간은 환경으로부터 다양한 경험과 연습, 훈련을 통해서 기술과 지식 이외에도 가치, 태도, 정서까지 습득한다. 따라서 학습은 경험에 의해서 일어나는 비교적 장기적인 변화라고 할 수 있다(Ormrod, 2008). 학습은 현대 심리학에서 가장 중요한 연구 주제 중 하나다. 그러나 학습에 대한 정의를 내리기는 쉽지 않다. 상담 및 학습 관련 영역에서 사용하는 공부, 학업, 학습이라는 용어들은 실제 혼용해서 사용되고 또는 서로 다른 의미로 사용되기도 한다. 그러므로 공부, 학업, 그리고 학습의 용어가 무엇을 의미하는지 일반적으로 사용되는 사전적 정의를 살펴보고자 한다.

공부(工夫)는 '학문이나 기술을 배우고 익히는 것'의 사전적 정의로 자발적인 측면이 강하다(황매향, 2016). 공부와 가장 많이 사용되는 유사 용어는 학업과 학습이 있다. 학업(學業)은 '공부하여 학문을 닦는 일'의 뜻을 가지고 있다. 학습(學習)은 '배워서 익히다'로 학업보다 더 포괄적인 개념이다. 학습의 개념을 자전거 배우기에 적용해 보자. 자전거를 타기 위해서는 먼저 자전거 구조(손잡이, 바퀴, 브레이크, 페달 등)와 기능을 보고 익히고 직접 시도하면서 반복 연습을 통해 완벽하게 자전거를 타는 것이다. 이 외에도 학습은 악기 연주, 달리기, 수영 등 반복적인 많은 연습을 통해서 장애를 극복하고 불가능한 것도 가능하게 한다. 또한 학습은 어떤 면에 보다 반응적이게 되는 과정으로 자극을 받고 난 다음의 감정적 반응은 예민해지거나 과민해지는 것으로 달라진다. 예를 들어, 개에 물렸던 경험이 있던 사람은 이 사건 이후에 개를 볼 때마다 예민해진다. 사람들은 각자가 속한 환경에서 경험하는 것과 연습과 훈련이 다르다. 즉, 개개인이 환경에서 경험한 차이에 따라 학습하는 내용이 다르기 때문에 행동도 다르게 나타난다.

여러 학자의 학습에 대한 정의를 살펴보자. Klausmeier와 Goodwin(1975)은 학습을 연습의 결과로서 비교적 영속성이 있는 행동 변화의 과정이나 작용으로 정의하였다. Guthrie(1952)는 어떤 상황에서 어떤 일을 수행했다면 다음에 같은 일을 할 때 이를 증진시키고 새로운 능력이나 이해할 수 있는 역량을 획득하는 것으로서, 다양한 환경에서 특정 자극과 특정 동작 간의 새로운 결합으로 형성되는 과정이라고 하였다. Kimble(1961)은 강화받은 훈련(reinforced practice)의 결과로 일어나는 행동 잠재력의 비교적 영속적인 변화라고 정의하였으며, 이재규 등(2013)은 학습을 제도적 교육기관에서 배우는 모든 과정이라고 하였다. 종합해 보면, 학습은 개인의 경험 속에서 지속적인 연습과 훈련을 통해 영속성을 갖는 것임을 알 수 있다.

이 책에서는 '학습'의 용어를 사용하며, 학습은 새로운 지식이나 기술을 배워서 익히는 것으로 경험을 통해 변화하고 발전하는 지속적인 의미로 정의한다.

2) 학습의 특징

학습은 행동에서의 변화에 초점을 맞춘 장기적인 변화이다. 그렇다고 학습이 영원히 지속되는 것은 아니다. 학습은 또한 유전되지도 않는다. 학습은 환경의 변화에 적응할 수 있게 해 주는 것으로 그 특징은 다음과 같다.

첫째, 학습은 경험이나 훈련을 통해 얻어진다. 단순히 시간의 경과로 인한 변화와 특정 자극에 대한 생득적인 반응인 반사(reflex)는 학습이 아니다. 뜨거운 냄비를 만졌을 때 즉각적으로 손을 떼는 것, 공이 날아 오면 눈을 감는 것, 오토바이가 달려오면 피하는 것, 코가 간지러울 때 재채기를 하는 행동들은 반사이기 때문에 학습이라고 할 수 없다. 또한 시간의 경과로 인한 연령에 따른 변화, 약물, 부상, 노화 혹은 질병으로 인한 행동의 변화는 학습으로 분류되지 않는다. 학습은 경험으로 인한 행동의 변화이다.

둘째, 학습의 결과는 관찰 가능한 행동에서의 변화이다. 학습자는 학습이 일어나기 전에는 하지 못했던 특정 행동을 학습 이후에 할 수 있어야 한다. 행동의 변화는 학습활동의 목적이다. 가치관, 태도, 사고, 신념, 정서와 같이 직접적으로 관찰할 수 없는 정서적, 내적 행동도 경험의 과정을 통해 변화한다. 낯가림이 심한 아동이 낯가림이 줄어들고, 대인관계 문제를 가지고 있는 학생이 상담을 통해 긍정적 사고로 전환되어 대인관계 문제가 개선되었다면 이때 이들의 변화는 환경에 적응적 행동으로 변화한 것이다.

셋째, 학습은 행동할 수 있는 잠재력을 가지고 있지만 바로 행동으로 나타나지 않을 수 있다. 이것은 학습과 수행의 시간적 차이가 있을 수 있다는 의미로 학습이 일어나면 행동의 변화가 즉각적으로 일어나지는 않더라도 필요한 시기에 관찰 가능한 행동으로 반드시 나타나야 한다(정순례 외, 2013). 예컨대, 축구선수는 주중에 자신의 축구 연습 영상을 분석한 감독과 코치로부터 분석 내용을 들음으로써 자기 포지션의 역할을 어떻게 할 것인지를 배울 수 있겠지만, 이러한 학습이 일요일의 실제 경기에 임하기까지 행동으로 나타나지 않는다. 그러므로 우리는 비록 행동이 즉시적으로 영향을 받지 않았다 하더라도 다르게 행위를 할 수 있는 잠재력은 학습에서 결과했다고 말한다.

넷째, 학습은 비교적 지속적이어야 한다. 이는 학습이 일시적이거나 고정불변해서도 안 되며, 비교적 영속적이며 장기적으로 나타나야 함을 의미한다. 약속을 정한 후 시간을 기억했으나 시간이 얼마 지난 후에 약속 시간을 기억하지 못하는 임시적인 정보의 이용을 학습이라고 볼 수 없다. 몇 년 동안 운전을 하지 않았으나 운전하는 방법을 잊지 않고 다시 할 수 있는 것처럼 학습은 일정한 시간이 지나도 정보를 기억하고 행동할 수 있는 지속적인 것이다.

2. 학습상담의 이해

1) 상담의 정의

상담(counseling)이라는 용어는 '고려하다' '반성하다' '조언을 구하다'의 의미를 지닌 라틴어 'counsulere'에서 유래하였다. 초기에는 주로 치료, 처치 등의 의미로 사용되었으며, 오늘날 일반적으로 사용하는 의미로서의 상담은 1939년 Williamson의 저서 『How to Counsel Students』에서부터다. 상담은 상담자와 내담자와의 관계에서 의사소통을 통하여 내담자가 개인적인 문제에 대한 자기이해와 자기 지도력을 터득하도록 안내하여 개인이 직면할 문제를 해결하도록 도와주는 과정이다(홍경자, 2001). 또한 현재의 문제를 효과적으로 해결하고 앞으로 일어날 수 있는 삶의 문제를 예방적 차원에서 해결할 수 있는 능력을 갖게 하는 일련의 학습과정이자 개인의 문제를 해결하는 데 도움을 필요로 하는 사람이 전문적 훈련을 받은 사람에게 행동 · 사고 · 감정의 측면에서 인간적 성장을 위해 노력하는 과정(이장호, 이동귀, 1995)이다. 상담과정의 핵심은 내담자 자신의 문제를 검토하게 하고 여기에 대처할 수 있는 방법을 선택하게 하는 것이다(Egan, 2011).

인간은 상담을 통하여 성장과 발달을 할 수 있다. 상담을 통해 자기 자신을 이해하고 발달시키기 위한 부분이 무엇인지 구체적으로 파악하고 자신의 목표를 실현 가능하도록 한다. 또한 개인이 지금-여기(here and now)에 지각하고 있는 원함과 잠재적 원함까지 동시에 만족시킬 수 있는 것을 해결하고자 하는 종합적 문제를 지향하기도 한다. 상담은 인간에 대한 이해를 기본으로 이루어지는 활동이며, 내담자의 성장과 발전을 촉진하는 심리적 조력의 과정이다. 상담자는 내담자가 자신이 주인공임을 인지하고 인정하고 내담자가 원함의 방향으로 실현될 수 있게 하며, 내담자가 일차적으로 원하는 바가 무엇인지 자각하고 그것에 집중할 수 있도록 하여 내담자 스스로 책임감을 느끼도록 도와주어야 한다. 그리고 내담자를 객관적 평가에 기반을 두어 지속적으로 노력할 수 있도록 최적의 문제해결 전략을 구성할 수 있도록 해야 한다. 상담의 목적은 내담자가 무엇을 필요로 하는가에 따라 정해져야 한다. 첫째, 내담자로 하여금 자기 삶에서 일어나는 문제에 보다 효율적으로 대처하게 하고 제대로 활용하지 못했던 기회를 최대한 살릴 수 있게 하여 생활하면서 겪게 되는 문제를 보다 효율적으로 대처하게 하는 것이다. 둘째, 문제에 대처하고 기회를 살려 나갈 일반적인 능력을 발달시키는 것이다.

청소년 상담은 교육 활동의 일환이며 성장기에 있는 청소년이 사회에 잘 적응하고 자신의 발달과정에서 경험하고 있는 문제들을 해결하고 자신의 잠재능력을 실현할 수 있도록 도와주기 위한 전문적인 활동이다(장수한, 2018). 그러므로 상담은 청소년이 경험하고 있는 심리적 불안과 우울 등 다양한 문제를 해결하여 정체감 형성 과정에 도움을 줄 수 있는 방향으로 제공되어야 한다.

2) 학습상담의 정의

일반적으로 학습상담이라고 하면 대학입시 위주의 교육 환경과 학교 교육과 같은 제도적 교육기관에서 실시하는 학업성취에 관련한 문제를 해결하기 위한 관점에서 접근한다. 하지만 엄밀하게, 학습상담은 '학습'과 '상담'의 합성어로 내담자가 상담자와 함께 학습과정에서 야기되는 학습문제를 해결하고자 하며, 내담자가 학습의 과정에서 원하는 바를 인식하고 성취할 수 있도록 돕는 전문적인 과정이다. 또한 학습상담은 개인이 무엇인가를 배우고 익히는 과정에서 겪는 문제를 보다 체계적이고 통합적으로 해결하여 유능한 학습자가 되도록 조력하는 과정이다(이재규 외, 2013).

학습상담은 청소년의 학습행동 변화 촉진과 적응, 학습기술 증진, 의사결정 기술

함양, 대인관계 개선, 잠재력 개발, 자신감 및 자아정체감 확립, 긍정적 자아개념 형성, 건전한 가치관 정립 등에 초점을 둔다. 학습상담의 목적은 내담자의 학업성취도 향상 외에도 청소년이 현재 당면하고 있는 여러 가지 문제를 해결하는 것뿐만 아니라 학습문제에 효율적으로 대처하게 하는 데 있다. 더 나아가 앞으로 발생할 학습문제를 예방하고 개인적인 성장과 발달을 가져오도록 한다. 이는 성숙과 성장에 도움이 되어 효율적인 삶을 살 수 있게 한다.

학습상담에서 다루는 주제의 범위는 인지적 요인, 정서적 요인, 행동적 요인, 환경적 요인 등 네 가지로 이루어진다(김동일 외, 2011; 백지숙 외, 2011; 이재규 외, 2013; 황매향, 2009). 이 외에도 학습상담은 주의집중, 기억, 인출, 망각 등의 정보처리 과정에 초점을 두기도 한다.

3) 학습상담과 유사한 개념

학습상담과 유사한 개념으로 학습코칭과 학습컨설팅이 있다. 〈표 1-1〉은 학습상담과 유사한 개념을 정리한 것이다. 상담과 코칭은 일반적으로 학생의 당면 문제에 초점을 둔다는 공통점을 가지면서도 상담은 학습의 증진을 방해하는 개인적이며 심각한 심리적 문제까지 이해하고 해결하도록 돕는 반면(김정섭, 2009), 코칭은 자기주도학습의 기법을 접목시켜(이보라, 2010) 학생이 미래지향적이고 자기주도적으로 최대 성과를 내도록 돕는다는 차이점을 보인다. 학습상담의 우선적인 대상은 학습부진이나 학습 관련 장애를 보이는 아동·청소년으로 이들이 겪는 호소문제가

표 1-1 학습상담과 유사한 개념

구분	내용
학습상담	전문성을 갖춘 상담자가 문제를 진단하되 해결책을 직접적으로 제시하기보다는 학생이 해결책을 찾아가도록 조력하는 것
학습코칭	코치가 학습자의 학습 수준을 고려한 상호작용을 통해 목적을 달성하도록 지도하는 것
학습컨설팅	전문성을 갖춘 컨설턴트가 문제의 해결책을 제공하거나 직접 문제해결을 실행하는 것

출처: 전명남 외(2018).

의뢰 내용인 반면, 학습코칭의 대상은 일반 아동·청소년들로서 그들이 경험하는 학습 관련 문제를 다룬다(전명남 외, 2018). 학습컨설팅은 학교컨설팅의 하위 영역으로 학습 및 기술에 관한 전문가인 컨설턴트가 교사나 학부모에게 서비스를 제공하여 클라이언트인 학생들의 학습 및 행동 문제를 해결하도록 도와주는 과정이다(황매향, 2016).

3. 학습상담의 목적

학습상담의 목적은 내담자가 속한 환경에서 발생된 문제를 다루어 학습문제를 해결할 뿐만 아니라 청소년기 발달과업을 원만히 수행하도록 하는 데 있다. 그러므로 먼저 청소년의 발달적 변화가 학습 수행에 미치는 영향을 이해하고 난 뒤에 학습상담의 목적을 알아보고자 한다.

1) 청소년기 발달적 변화

청소년(adolescence)이란 용어는 '성장하다(to grow up)' 또는 '성숙에 이른다(to come to maturity)'는 의미를 가진 라틴어 'adolescere'에서 유래하였다. 청소년기에는 신체적·심리적·사회적 성장이 급속하게 진행된다. 아동기를 지나 자신의 정체성을 모색하고 확립해 가는 개방적이면서 불안정한 시기이다. 다양한 사회환경적 요소에서 자신을 확립해 나가는 청소년기의 발달적 변화는 다음과 같다.

첫째, 청소년기는 자아정체감 형성이 중요한 시기이다. 자신에 대해 생각하는 방식도 변화하여 자신의 정체감에 대해 많은 생각을 하게 된다. 심리사회적 발달 단계를 제시한 Erikson(1968)은 청소년기를 자아정체감 대 정체감 혼미의 시기로 보았고 이 시기의 가장 중요한 발달과업은 자아정체감의 확립이라고 하였다. 일련의 질문들, 즉 "나는 누구인가?" "나는 무엇을 하며 살아가야 하는가?" "미래의 나는 어떻게 될 것인가?" "어제의 나와 오늘의 나는 같은 인물인가?" 등의 자문은 자아정체감을 형성하기 위한 과정이다. 자신을 검증하는 방법으로 가족사(史)에 집착하거나, 지적 욕구를 채우기 위해 광범위한 독서 몰입, 진로 변경, 종교적인 회의에 빠지기도 한다. 청소년이 자아 동일성을 확립하지 못하면 주의집중 곤란, 가정과 사회에서 요구하는 역할에 대한 증오감, 권위에 대한 부정이나 반항, 컴퓨터 중독, 현실 도피를 통한 고립적 행동 등의 부적응적 행동을 한다.

Marcia(1980)는 위기(crisis)와 전념(commitment)이라는 두 요인을 기준으로 자아 정체감을 네 범주로 나누었다. 여기서 '위기'는 자신이 취할 수 있는 여러 가지 대안 중에 하나를 선택하기 위해 탐색하는 기간 또는 시기를 의미하고, '전념'은 자신이 선택한 것에 대해 투자한 노력 정도를 말한다. 정체감 지위(status of identity)는 정체감 혼미(identity diffusion), 정체감 유실(identity foreclosure), 정체감 유예(identity moratorium), 정체감 성취(identity achievement)로 구분하는데, 이처럼 개인의 정체감 형성뿐만 아니라 정체감 형성 수준에서도 개인차를 보인다. 가족이나 또래 혹은 의미 있는 사람들(significant others)로부터 인정과 지지를 받으면 청소년은 긍정적 자아개념을 형성하고 자아존중감이 높아진다(Baldwin & Hoffman, 2002). 이 시기의 심리사회적 위기를 잘 극복하면 성실(fidelity)적인 긍정적 측면이 형성되고, 위기를 극복하지 못하면 역할과 가치를 거부(repudiation)하게 된다. 이 시기의 정체감 형성은 진로에도 영향을 미친다.

둘째, 청소년기는 형식적 조작기(formal operational stage)에 해당한다. 이는 인지발달의 연속적 체제 중 가장 상위에 속하는 인지발달 단계로 이전 단계인 구체적 조작기(concrete operational stage)에서 할 수 없었던 현재 혹은 실제가 아닌 문제해결에 필요한 변인만을 선택하여 가능성에 대하여 체계적으로 조합하는 추리능력이 발달한다. 논리적인 추론, 가설 설정을 통한 문제해결이 가능해지며, 추상적인 개념과 가설적·연역적 사고, 초인지(metacognition), 이상주의적 사고를 가능하게 한다. 또한 추상적인 인생의 목표나 가치관도 설계할 수 있다.

형식적 조작기의 청소년 사고는 더 유연하고, 상대적인 관점에서 세상을 이해하면서, 과거, 현재, 미래의 사건을 관련지어 논리적으로 사고를 전개할 수 있다. 구체적인 대상보다 가능성의 세계에 관심이 많으므로 미래에 대한 기대와 불안감을 가지고 공상의 시간을 보내는 경우가 많아진다. 자신에게 필요 이상으로 몰입하는 청소년은 사회인지(social cognition) 능력의 결함으로 자신의 감정과 욕구, 사고능력과 내용 등이 독특하고, 타인은 자신을 이해할 수 없다고 생각하는 자기중심성(egocentrism)이 나타나기도 한다. Elkind(1967)는 청소년기 자기중심성으로 늘 자기 자신이 다른 사람의 주의집중을 받고 있다고 생각하기 때문에 작은 실수에도 수치심을 크게 느끼고 자기비판적인 태도를 갖는 상상 속의 청중(imaginary audience)과 자기 자신과 똑같은 사람은 이 세상에 존재하지 않기 때문에 다른 사람들이 자신의 감정이나 생각을 이해하지 못한다고 생각하는 개인적 우화(personal fable)를 제시하였다.

셋째, 청소년기는 부모로부터 정서적으로 독립하고 또래관계에서 정서 공유를 많이 하는 시기이다. 청소년은 부모가 정서적으로 개입하는 것은 원치 않으면서 독립하고 싶어 하는 동시에, 의식주 생활, 경제적 행동 결과에 대한 책임은 부모가 해결해 주길 요구하면서 의존한다. 또한 청소년기는 애착 대상이 부모에서 또래로 이동하면서 또래가 매우 중요한 요인이 된다. 청소년 발달에서 또래는 가장 많은 영향을 미치는 의미 있는 존재이다(Sullivan, 1953). 청소년은 부모보다 친구들에게 자신의 정보와 비밀을 공유하고 자기 확신, 친밀감에 대한 욕구를 충족시킨다.

2) 청소년과 학습상담

학습은 특히 학령기에 있는 청소년에게 중요한 과업이며, 이 과정에서 경험하는 청소년의 학습부적응 및 어려움은 스트레스와 관련하여 다양한 문제를 발생시킨다. 스트레스는 개인과 환경의 상호작용 과정에서 개인의 대처능력이나 자원을 초과하는 요구가 있을 때 발생하는데(Chandler, 1987), 청소년의 학업 스트레스는 청소년의 정신건강과 밀접한 관련이 있다. 아동청소년인권실태조사(김영지 외, 2019)를 살펴보면, 청소년들이 '죽고 싶은 이유'로 학업 문제(38.6%)가 가장 높았으며, 진로에 대한 불안(21.9%), 가족 간의 갈등(17.4%), 선후배나 또래와의 갈등 및 학교폭력(8.0%)의 순으로 나타났다. 그리고 '학교 중도탈락의 원인'으로 공부가 하기 싫어서(28.2%)가 1위였다. '2019 청소년 통계(통계청, 여성가족부, 2019)'에서는 13세 이상 18세 청소년의 가장 큰 고민이 '공부(47.3%)'인 것으로 조사되었다. 이와 같이 청소년의 학습과 청소년 문제는 밀접한 관련이 있다.

청소년의 학습문제는 학교 부적응, 학업적 자기효능감, 학교 중도탈락, 심리적 불안감, 정신건강 문제, 대인관계 어려움, 자살 등의 문제를 발생하여 청소년의 삶에 부정적인 영향을 준다. 학년이 높아질수록 학업성취도에 대한 부담감, 부모의 기대,

또래 친구를 경쟁상대로 지각하는 경향과 과도한 경쟁의식으로 인해 학업수행의 부담이 커진다. 특히 청소년기는 자아탐색과 지적 팽창 등의 내적 변화를 경험하는 시기(Akos, 2005)인 동시에 학생들이 호소하는 학습 및 진로 문제로 인해 부정적인 정서를 경험하고, 학교생활에 있어서 부적응 문제가 나타날 가능성이 높다(김정현, 김성벽, 정인경, 2014; 황매향, 2009). 미국학교상담자협회(American School Counselor Association, 2012)에 따르면, 청소년의 건강한 학업 발달은 자신의 학습과 진로를 긍정적으로 연결하여 성공적인 학교생활로 이어져 학교 만족도가 높아진다.

이러한 맥락에서 청소년의 심리적 안녕감에 부정적인 영향을 미치는 학습문제를 원만히 해결하여 청소년의 행복한 삶을 도모하기 위한 구체적인 방안과 학업 발달을 돕기 위한 조력이 요구되었다. 그리고 학습하는 과정에서 발생하는 여러 가지 학업적 · 사회적 · 정서적 저해요인의 문제를 해결하고 조력하는 구체적인 전략과 상담 서비스의 필요성이 대두되었다. 김계현(1995)은 전통적 상담에서 다루는 이론(인지, 행동, 정서)별 상담 원리를 정리하는 기존 방식에서 상담이 적용되는 문제 영역별로 차별화 · 세분화하여 접근하는 상담 전문화의 필요성과 새로운 변화를 제시하였다. 또한 실제적 적용 분야를 기준으로 상담에 적용하는 새로운 학문의 기틀을 마련하였으며, 학습상담이 상담의 주요 영역임을 제안하였다. 지금까지 학교에서 이루어지는 학습상담은 주로 학습부진, 학습장애 학생을 위한 치료 목적으로 진행(이경희, 한미정, 김민정, 최병순, 2014; Solis et al., 2012)되었는데, 김수란(2017)은 학습부진, 학습장애 학생들 이외에 일반 학생들의 잠재력을 개발할 수 있는 예방적 차원에서의 학습상담이 필요하다고 하였다(강진령, 연문희, 2002). 이처럼 학생들이 갖고 있는 학습문제를 해결하여 학교에 잘 적응하고 이들의 심리적 안녕감을 증진할 수 있도록 다양한 학생을 포함하는 학습상담의 중요성 및 필요성이 대두되었다(유형근, 2009).

3) 학습상담의 목적

학습상담의 목적은 내담자가 학습하는 과정에서 경험하는 다양한 문제를 해결하고 학습에 많은 노력을 할 수 있게 돕는 것이다. 학습상담의 최종 목적이 학업성취는 아니지만 학업성취를 간과할 수는 없기에 상담자는 학습상담의 목적을 어떻게 개념화할 것인가를 신중히 고민해야 한다. 상담자가 내담자의 학업성취를 상담의 목적으로 설정하면, 먼저 개인 변인으로 학습자의 동기, 학습 수행 행동, 학습 자원 관리 행동을 정확하게 평가할 수 있어야 하며, 이러한 변인이 학업성취에 긍정적으로 작용할 수 있도록 조정할 수 있어야 한다. 다음으로 내담자의 환경 변인은 흔히 가정 변인, 또래 변인, 학교 변인, 지역사회 변인, 국가 변인으로 구분된다. 내담자의 환경 변인이 개인 변인에 미치는 영향의 방식과 정도를 평가하고, 환경 변인이 개인 변인에 긍정적인 영향을 미치도록 촉진하는 것은 학습상담의 과정 목표로서 중요하며, 학습상담의 중요한 영역이다.

학습상담의 목적은 학습 외에도 내담자에게 제기되는 당면한 문제들을 다루고 효율적으로 학습문제를 대처하여 이를 해결할 뿐만 아니라 발달과업을 충실히 달성할 수 있도록 설정한다. 학습상담의 목적을 구체적으로 살펴보면 다음과 같다.

첫째, 자신을 가치 있는 존재로 인식하여 긍정적인 자아개념을 형성한다. 가족, 또래 혹은 의미 있는 사람들이 인정하고 긍정적으로 대하면 학습자는 긍정적 자아개념을 형성하고 자아존중감이 높아져서 자신의 역할을 성실히 수행할 수 있게 된다. 이는 학업적 자기효능감이 향상되는 데 도움을 준다.

둘째, 학습문제를 조기에 진단하고 초기 개입을 통해 이차적 문제 발생을 예방한다. 학습과 관련하여 경험하는 좌절에 대한 부정적 자아개념을 긍정적 자아개념으로 전환하여 학습문제가 해결되지 않았을 때 발생되는 여러 가지 문제인 학습무기력, 불안, 우울, 학교 부적응, 학습문제로 인한 부모와의 갈등 등을 예방한다.

셋째, 학습능력을 향상시켜 학습 부적응 학생을 동기화한다. 공부를 잘하고 싶지만 현실적으로 공부를 못하는 학생이 있다. "공부가 인생의 전부는 아니야."라며 자신을 합리화하고 공부를 포기하는 경우, 상담자는 내담자의 능력을 점검하고 그에게 맞는 학습환경, 학습전략과 학습자원 등을 제공하여 학습기술을 습득하게 한다. 즉, 학습관리 및 학습기술을 습득하여 기존 방식과는 다른 학습방법을 배우고 익힘으로써 학습능력을 향상시키고 학업에 대한 만족감과 성취감을 갖게 한다.

넷째, 스스로 학습목표를 설정하고 실행하는 합리적인 의사결정을 하도록 한다. 상담하는 과정에서 내담자가 자연스럽게 합리적인 의사결정을 체험하고 학습할 수 있다.

다섯째, 진로에 관심을 갖게 한다. 스스로 공부의 의미를 파악하고 자신의 목표를 달성하기 위한 잠재력을 인식하고 개발하여 진로에 대한 생각과 연결 지을 수 있도록 한다. 이로 인해 목표를 설정하고 학습을 동기화하는 데 도움을 줄 수 있다.

(1) 초등학생 학습상담의 목적

초등학생은 Piaget의 인지발달 단계 중 구체적 조작기에 해당한다. Erikson의 심리사회적 발달단계에서는 근면성 대 열등감의 단계로 구체적 사실에 기초하여 논리적인 문제해결 방법을 배우고 발달 과업인 근면성을 달성하기 위해 꾸준히 참으면서 인내력을 키우도록 한다.

초등학생을 대상으로 한 학습상담의 목적은 다음과 같다.

- 과제에서의 성공 경험과 성취감을 갖게 한다.
- 규칙적인 학습 습관을 형성하게 한다.
- 효율적인 학습방법을 습득하게 한다.
- 놀이와 학습의 조화를 이루도록 한다.

(2) 중 · 고등학생 학습상담의 목적

이 시기는 Piaget의 형식적 조작기로 추상적 사고능력이 발달하여 추상적 학습내용을 이해할 수 있는 반면, 부모에게 공부를 해야 하는 이유에 대해 의문을 제기하거나 비판적 시각을 가지기도 한다. 청소년기의 자기중심성으로 인해 타인의 시선에 예민한 특징이 나타나는 시기다. 또한 다양한 형태의 자아개념이 형성될 수 있다. 준거 집단이 부모가 아닌 또래가 되면서 또래 관계의 중요성이 증가하고 부모로부터 독립을 추구하는 시기다.

중 · 고등학생을 대상으로 한 학습상담의 목적은 다음과 같다.

- 공부의 목적을 스스로 탐색하게 한다.
- 진로에 대한 생각을 갖도록 한다.
- 학습 관련 요인 중에 변화시킬 수 있는 영역과 학습전략에 관한 방법을 습득하여 학습에 긍정적 관점을 갖도록 한다.
- 부모는 학습 수행 과정에서 적절한 지지를 제공하며, 원만한 부모-자녀 관계를 형성할 수 있도록 조력한다.

상담 목표를 달성하기 위하여 부모교육을 실시하는 것 또한 효과적이다. 조기 진단과 개입이 필요할 경우에는 이차적 문제 발생을 예방하기 위해 학습관련 장애인지 감별하고 조기에 적절한 치료 및 교육을 제공한다.

4. 학습상담의 필요성

청소년의 학습상담은 내담자 자신을 객관적으로 파악하고 이를 학습과 관련하여 보다 효과적인 사고, 행동, 전략을 구성하여 합리적인 의사결정과 문제해결을 돕는 데 중점을 둔다. 학습문제를 갖고 있는 내담자는 보통 학습 부적응을 보이는 학생으로 전반적인 학교생활에서 많은 어려움과 고통을 경험한다. 이들은 일상적 문제해결 상황에서 쉽게 좌절하고, 심각한 우울과 불안을 경험하며, 참을성이 적고, 과잉반응을 보인다. 학업성취뿐만 아니라 자아개념, 성취동기, 정서적인 부분에서도 부적응과 관련한 문제를 초래한다. 그러므로 학습상담을 통해 학교 적응력을 향상하고 잠재력을 개발하여 이들의 삶에 긍정적인 변화를 초래할 수 있다(황매향, 2011). 일반적으로 청소년은 합리적인 의사결정이 익숙하지 않아서 즉흥적인 의사결정을 함으로써 불만족스럽거나 다른 문제를 야기하기도 한다. 하지만 학습상담은 상담자와 내담자가 합리적인 의사결정을 하는 과정이므로 상담과정을 통해 내담자가 자연스럽게 합리적인 의사결정을 체험하고 학습할 수 있다. 학습상담의 필요성은 구체적으로 다음과 같다.

첫째, 긍정적 자아개념을 형성할 수 있다. 노력한 만큼 학습에서 원하는 결과를 이루지 못할 때, 내담자는 이로 인한 다양한 스트레스로 부정적 자아개념을 갖게 된다. 학습상담을 통해 자기인식 및 자신감, 효율적인 학습방법 및 스트레스 대처능력을 향상하여 긍정적 자아개념을 갖게 한다.

둘째, 청소년 문제를 예방할 수 있다. 학습상담의 주제는 학습문제 외에도 내담자에게 제기되고 있는 여러 가지 문제를 해결하는 데에 있다. 효과적인 학습상담은 내담자가 당면한 문제를 이해하고 이에 대처하여 심리적 안정감을 갖게 한다. 그리고 학습을 동기화하여 학습에 대한 흥미를 갖고 학습 및 학교 적응을 도와서 청소년 문제 발생을 예방한다.

셋째, 효과적인 학습습관을 형성할 수 있다. 학습상담을 통해 자신에게 맞는 학습방법 및 학습습관을 형성하는 데 도움을 준다. 학습방법을 터득하는 과정에서 학습능력의 가능성을 인식하여 자아효능감 형성 및 잠재력을 발휘할 수 있게 한다. 심리적인 문제가 없는 학습자의 경우, 학습상담을 통해 학습자에 맞는 학습전략 및 학습방법을 세워 효과적인 학습습관을 형성할 수 있도록 도와준다.

넷째, 진로에 대한 관심 및 생활 적응력을 높일 수 있다. 학습문제 이외에도 진로에 관심을 갖고, 다양한 생활 경험과 새로운 도전을 격려한다. 새로운 분야에 관심을 가지고 다양한 경험을 통해서 자신감을 형성하고, 생활과 학습활동 적응에 긍정적인 영향을 미칠 수 있다.

다섯째, 타인을 존중하고 원활한 인간관계를 증진한다. 학업에 대한 부모의 과한 기대와 자녀의 학업성취의 불만족으로 인한 부모-자녀 관계에서의 스트레스 그리고 경쟁의식에서 이루어지는 또래관계 갈등으로 인해 심리적 문제가 발생한 내담자는 타인에게 별로 관심이 없으며 원활한 대인관계를 맺지 못한다. 그러므로 학습상담을 통해 부모 및 또래 간의 갈등 문제를 해결하도록 조력하며, 자신과 타인의 다름을 인정하고 의사소통 기술들을 습득하여 원활한 대인관계 형성에 도움을 준다.

5. 학습상담의 특징

학습상담에서는 내담자의 학습문제와 관련된 모든 활동과 주변 환경까지 다루어야 한다. 이런 점에서 학습상담의 특징을 살펴보면 다음과 같다.

첫째, 내담자의 호소문제를 학습문제와 구분한다. 내담자가 호소하는 문제가 단순하고 명확하다면 그에 맞는 학습전략 및 학습방법 개선 등 내담자에게 맞는 정보를 제공한다. 그러나 대부분의 내담자는 학습문제로 인한 정서적 어려움과 학습 이외의 다른 영역에서 심각한 문제를 갖고 있거나, 내담자가 속한 환경에서 복합적 요인으로 문제가 발생하기도 한다. 예를 들어, 학습문제 외에 부모와의 갈등, 가정불화, 부모의 이혼, 가정 경제의 문제, 또래 및 이성 관계에서의 문제가 있을 수 있다. 그러므로 상담자는 내담자가 당면한 문제를 명확히 구분하기 위해 학습상담 이전에 내담자의 호소문제와 학습문제를 구분해야 한다. 문제를 명확히 구분하여 문제해결을 위한 우선순위를 정하고 촉발 원인을 찾는다면 학습상담은 효과적으로 이루어질 수 있다.

둘째, 학습과 관련한 전문적인 조력이 필요하다. 학습상담의 목표는 학습과 관련한 전문적인 조력으로 학업성취 경험과 학습동기를 향상시키는 데 있다. 상담자는 학습부진의 원인과 내담자의 호소문제를 파악한 후에 이를 어떻게 해결할 것인지, 어떤 것이 내담자에게 최선인지를 파악하고 도움을 주어야 한다.

셋째, 비자발적 내담자가 많다. 일반학교 상담 장면에서는 자신의 학습문제를 해결하고자 찾아오는 자발적 내담자가 많은 반면에, 학습상담 장면에서 상담실에 오는 청소년은 부모의 큰 기대와 요구에 의해 강제적으로 오는 비자발적 내담자가 많다. 그러므로 처음부터 상담자와 상담과정에 비협조적이거나 거부적인 모습을 보인다(장수한, 2018). 학습상담은 이러한 내담자를 동기화하는 것이다. 대부분의 비자발적 내담자는 부모와의 관계가 원만하지 않고, 스트레스 상황에 있기 때문에 학습자의 스트레스를 관리하여 부모와 좋은 관계를 형성할 수 있게 도움을 준다. 또한 집단상담 및 사이버 상담, 전화 상담, 매체 상담 등 다양한 상담 방법을 활용하여 상담에 대한 내담자를 동기화한다.

제2장

학습상담의 이론적 배경

1. 행동주의 학습이론

행동주의 학습은 연합의 과정으로 조건화를 통해 환경에서 발생하는 자극 간의 연관성을 배움으로써 새로운 행동을 학습하는 것을 의미한다. 행동주의 학습이론은 직접적으로 사건 간의 관계나 반응과 반응 결과의 인과관계를 경험함으로써 새로운 행동을 학습하거나 유지한다고 여긴다. 또한 직접적인 경험이 아니라 이러한 사건의 발생을 관찰하는 것만으로도 새로운 행동을 학습하거나 유지하게 한다고 본다.

행동주의의 대표적인 학습이론은 Thorndike의 S-R 결합 이론, Pavlov의 고전적 조건화, Skinner의 조작적 조건화 등이 있다. 그리고 Bandura의 사회학습이론은 환경에서 발생하는 사건 관계의 관찰을 통해 학습이 발생한다는 측면에서 행동주의에 포함된다.

1) Thorndike의 S-R 결합이론

미국의 심리학자인 Edward L. Thorndike(1874~1949)는 처음에 문학에 관심이 있어서 하버드 대학원에서 영문학을 공부하다가 이후에 심리학으로 전공을 바꾸었다. 실험실 공간이 없었던 그는 자신의 방에서 동물을 기르며 실험을 수행했다. 그러다 William James(현대 심리학의 창시자 중 한 사람)가 자기 집의 지하실을 제공해 주어서 Thorndike는 그곳에서 실험을 진행하였다. 이후, 뉴욕의 컬럼비아 대학교의 연구원으로 있다가 동물 지능에 대한 연구를 하였다. Thorndike는 동물의 학습을 연구함으로써 동물의 지능을 연구하려고 하였다.

(1) 실험 상황

Thorndike의 가장 유명한 실험은 고양이를 대상으로 한 것이다. 그는 굶주린 고양이를 문제상자(puzzle box)에 넣고, 발이 닿지 않는 곳에 먹이를 잘 보이도록 놓아 두었다([그림 2-1] 참고).

문제상자에는 문이 달려 있는데, 이 문은 철사 고리를 당기거나 페달을 밟는 것과 같은 간단한 행동으로 열리게 되어 있다. 문제상자 안에 갇힌 고양이는 처음에는 틈 사이로 발을 내밀기도 하고 상자를 물어뜯고 할퀴는 등 효과가 없는 행동을 많이 하였다. 결국 고양이는 우연하게 고리를 당기거나 페달을 밟게 되어 문이 열리고 자유와 먹이를 찾아 상자에서 탈출했다. Thorndike가 다음 시행(trial)을 위해 고양이

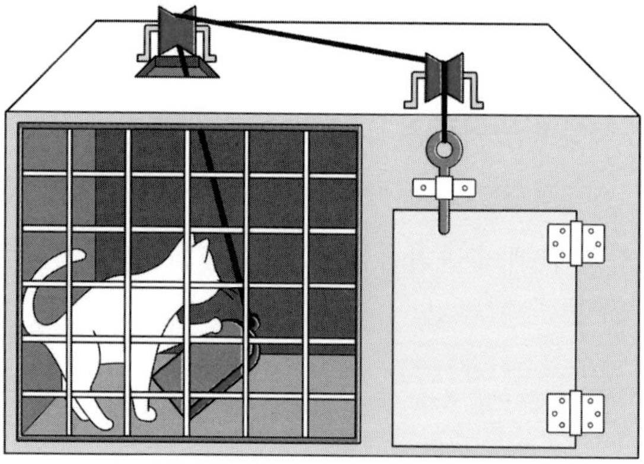

[그림 2-1] Thorndike의 문제상자

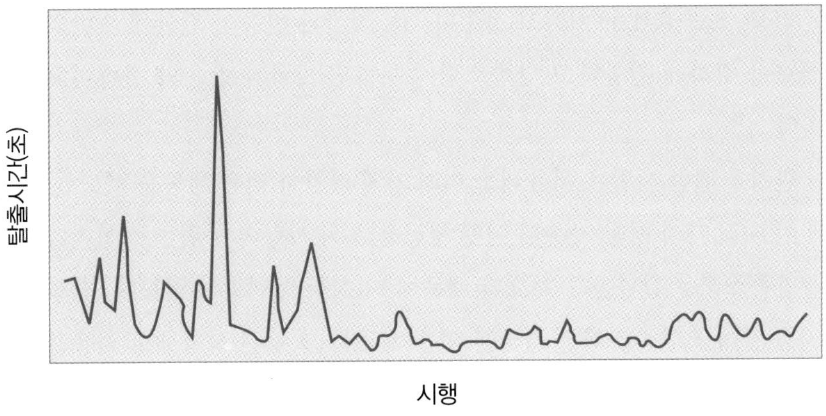

[그림 2-2] 문제상자에서의 학습곡선

를 다시 문제상자에 넣으면, 고양이는 문이 열리는 데 필요한 그 반응을 다시 할 때까지 앞서 했던 활동을 거쳤다. 하지만 시행이 거듭될수록 고양이는 효과가 없는 행동을 점점 더 적게 하게 되었고, 많은 시행 후에는 즉시 고리를 당기거나 페달을 밟아서 빠져나갈 수 있게 되었다. 문제상자와 고양이의 탈출 반응은 탈출이라는 만족스러운 결과와 탈출 이후에 얻은 먹이를 통해 강하게 결합하였다. 즉, 성공적인 탈출과 먹이는 문제상자(자극, stimulus)와 고양이의 탈출(반응, response)을 강하게 결합했는데, 이것을 자극-반응 결합론(S-R connectionism) 또는 S-R 결합 이론(S-R bond theory)이라고 한다.

Thorndike는 동물이 각 시행에서 탈출에 걸린 시간을 기록하여 그 자료를 그래프로 그렸는데, 이렇게 해서 만들어진 것이 아마도 최초의 학습곡선일 것이다([그림 2-2] 참조).

(2) 효과의 법칙

Thorndike는 행동은 보통 두 가지 중 한 가지 결과 혹은 효과를 초래한다고 결론을 내렸다. 한 가지는 고양이가 문제상자에서 철사 고리를 당기면 문이 열려서 빠져나가 음식을 먹을 수 있는 만족스러운 사태 그리고 다른 한 가지는 굶주린 고양이가 문제상자의 틈 사이로 비집고 나오려고 하면 계속 갇힌 상태에서 배가 고픈 성가신 사태가 뒤따른다. Thorndike는 행동과 그 결과 사이의 이러한 관계를 '효과의 법칙

(law of effect, 또는 효과율)'이라고 불렀다. 즉, 자극과 반응의 결합에 수반되는 만족감이 클수록 강하게 결합하고 만족스럽지 못하면 자극과 반응의 결합이 약해진다는 것이다.

낯선 환경을 접한 사람은 처음에는 여러 가지 다양한 적응 행동을 시도할 것이다. 그런데 이 여러 가지 행동 가운데 어떤 행동은 주위 사람의 불편한 시선이나 냉소를 받는 불만족스러운 결과를 가져오기 때문에 더 이상 선택되지 않는다. 반면에 인정과 지지를 끌어낸 만족스러운 결과를 얻은 행동은 그 낯선 상황에서 적응하는 행동으로 선택될 것이다. 효과의 법칙은 행동의 결과에 대한 만족의 정도가 특정한 상황과 행동을 결합하는 힘으로 작용한다고 본다.

2) Pavlov의 고전적 조건화

러시아의 Ivan P. Pavlov(1849~1936)는 처음에 목사가 되기 위하여 공부를 하다가 마음을 돌려서 일생의 대부분을 생리학을 공부하는 데 보내었고, 1904년에는 소화 생리학을 연구한 공로로 노벨상을 받았다. 그는 50세가 넘어서야 조건반사의 연구를 시작하였다.

(1) 실험 상황

Pavlov의 유명한 연구는 실험 장치([그림 2-3] 참고)를 이용해서 개의 타액분비를

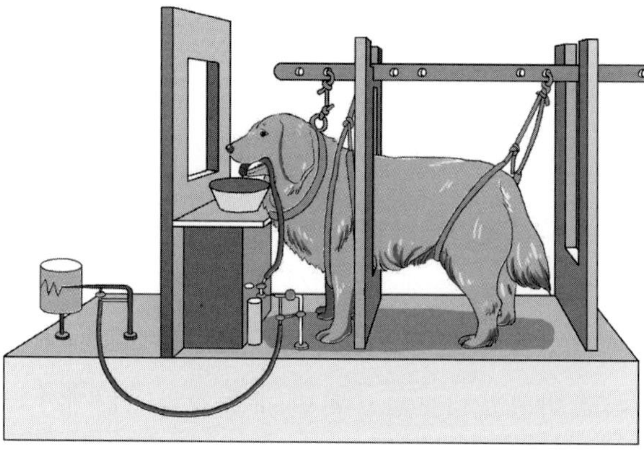

[그림 2-3] Pavlov의 고전적 조건화의 실험장치

조건화하는 것이다. Pavlov는 개가 음식을 먹는 동안이나 음식을 먹기 전에 타액을 분비하며, 또한 음식을 보거나 음식을 주는 실험자의 발자국 소리에 대해서도 타액을 분비하는 것을 관찰했다. 이러한 관찰에 기초하여 그는 개에게 음식을 주기 직전에 타액분비와 관계없이 종소리(중성자극)를 들려주는 것을 반복했는데, 그 결과 음식 없이 종소리만 제시해도 개는 타액을 분비하였다.

Pavlov는 관찰을 통하여 반사에는 서로 다른 두 종류가 존재한다고 결론을 내렸다. 그 한 가지는 선천적이고 대개는 영구적인 반사로서, 동물에 속하는 모든 종에서 나타나며 개체에 따른 차이가 거의 없다. 먹이가 입속에 들어오면 개가 침을 흘리는 것은 이런 유형의 반사다. 이런 반사들은 어느 정도 무조건적으로 일어나기 때문에 Pavlov는 이를 무조건반사(Unconditioned Reflex)라고 불렀으며, 선천적 반사, 비학습 반사 또는 종(species) 반사라고도 한다. 무조건반사는 무조건자극(Unconditioned Stimulus: UCS)과 그에 의해 유발되는 행동인 무조건반응(Unconditioned Response: UCR)으로 이루어진다. 땀 분비를 일으키는 더운 날씨, 타액 분비를 일으키는 레몬, 눈물을 흘리게 하는 매운 고추, 눈을 순간적으로 감게 하는 먼지바람 등은 무조건자극이며, 요란한 소리에 놀라는 것, 뜨거운 그릇에서 순간적으로 손을 떼는 것 등은 무조건반응이다.

다른 한 가지 종류의 반사는 출생 시에는 존재하지 않는다. 즉, 경험을 통하여 습득되어야 하며, 선천적 반사에 비해 상대적으로 비영구적이다. Pavlov는 이러한 반사를 심적 반사라고 명명했는데, 이 심적 반사들은 경험에 의존하기 때문에 각각의 개체에서 상당히 다른 형태로 나타난다. 특정인의 발자국 소리에 개가 침을 흘리는 것은 이런 유형의 반사다. Pavlov는 이를 조건반사(Conditioned Reflex)라고 불렀으며, 습득된 반사, 학습된 반사 또는 개체적 반사라고 부르기도 한다. 조건반사는 조건자극(Conditioned Stimulus: CS)과 그에 의해 유발되는 조건반응(Conditioned Response: CR)으로 이루어진다. Pavlov가 가졌던 의문은 일상적으로는 반사 반응을 일으키지 않는 자극인 중성자극(Neutral Stimulus: NS)이 어떻게 반사 반응을 일으키게 되는가였다.

- 무조건자극(Unconditioned Stimulus: UCS): 필연적으로 어떤 반응을 일으키게 하는 자극

- 무조건반응(Unconditioned Response: UCR): 무조건자극이 반응을 일으키는 필연적인 반응
- 조건자극(Conditioned Stimulus: CS): 무조건 자극과 함께 제시되는, 본래는 어떤 반응을 일으키지 않았던 자극
- 조건반응(Conditioned Response: CR): 조건자극에 대하여 나타나게 된 반응

[그림 2-4]는 음식과 종소리를 반복적으로 연합 제시하여 타액분비가 조건화되는 과정을 나타낸 것이다. 음식에 대한 타액분비는 생물적으로 프로그램화된 반사반응으로 특정 자극(음식)에 대해 자동적으로 발생되는 학습되지 않은 무조건반응(UCR)이다. 이때 무조건반응인 타액분비를 일으킨 음식은 무조건자극(UCS)이다. 종소리는 음식과 함께 제시되기 전까지 타액분비를 일으키지 않는 중성자극(NS)이었다. Pavlov는 개에게 음식과 함께 종소리를 들려주었고 이때 무조건자극인 음식은 개에게 무조건반응인 타액분비를 일으켰다. 이렇게 종소리와 음식의 두 자극을 연합하여 반복해서 제시한 결과, 개는 종소리만 듣고도 타액을 분비했다. 즉, 무조건자극(UCS, 음식)과 중성자극(NS, 종소리)을 반복적으로 연합하여 조건

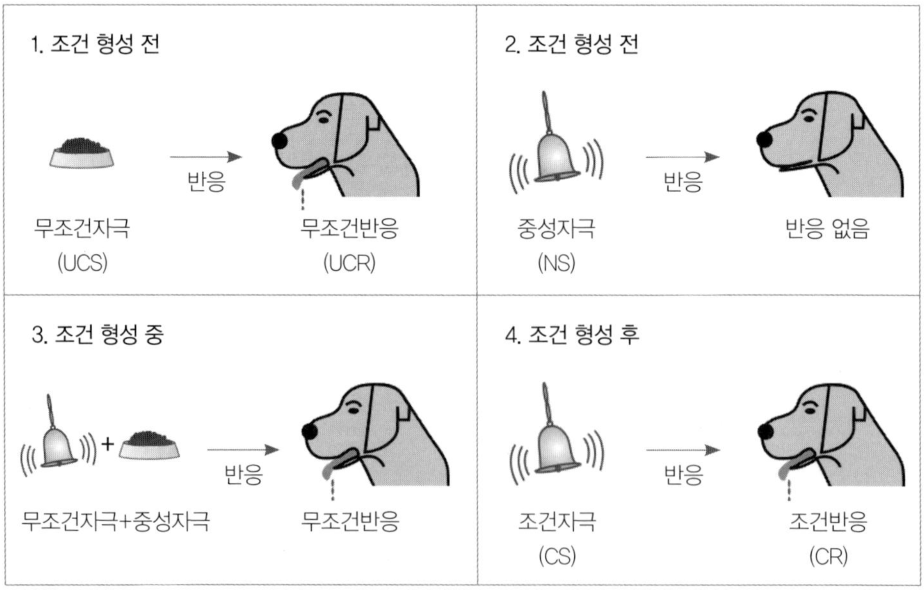

[그림 2-4] Pavlov의 조건형성 과정

자극(CS, 종소리)에 대해서 조건반응(CR, 타액분비)을 일으키는 이 절차를 Pavlov식 조건형성, Pavlov식 조건화(Pavlovian conditioning) 또는 고전적 조건형성(classical conditioning)이라고 한다. 이는 다른 용어로 신호 학습, 자극 학습, S-S 학습, 반응적 학습으로도 불린다.

간호사만 보아도 우는 아동의 행동 또한 고전적 조건화에 의해 학습되었다고 볼 수 있다. 처음에 병원에서 만난 간호사는 아동의 회피반응과 관계없는 중성자극이었다. 하지만 간호사가 주사(UCS)를 놓자 아동은 아파서 울었고(UCR), 이러한 병원 경험이 반복되면서 간호사(NS)와 주사(UCS)가 연합되어 아동은 간호사(CS)를 보면 소리를 지르며 우는 행동(CR)을 보이게 된다. 이렇게 조건화 과정을 통해 중성자극이었던 다양한 상황, 장면, 사람에 대해 정서반응까지 조건화된다.

(2) 학습활동에서의 적용

공포뿐만 아니라 사랑, 증오, 혐오를 비롯한 우리의 정서반응 대부분은 학습되며, 그 학습은 주로 Pavlov식 조건형성을 통해 이루어진다. John B. Watson(1878~1958)은 이를 조건정서반응(Conditioned Emotional Response: CER)이라고 불렀다. Watson과 대학원생이었던 Rosalie Rayner는 고전적 조건형성을 통해 공포반응을 확립시키려 하였다.

이들의 피험자는 앨버트(Albert)라는 11개월 된 건강한 유아였다. 앨버트는 흰쥐, 비둘기, 토끼, 개, 원숭이, 솜 혹은 불 붙은 신문 등의 물체에 대해 아무런 공포반응을 나타내지 않았으나 연구자들은 큰 소리가 앨버트에게 공포를 일으키는 무조건자극(UCS)임을 확인하였다. 즉, 앨버트의 머리 뒤에서 쇠막대를 망치로 치면 앨버

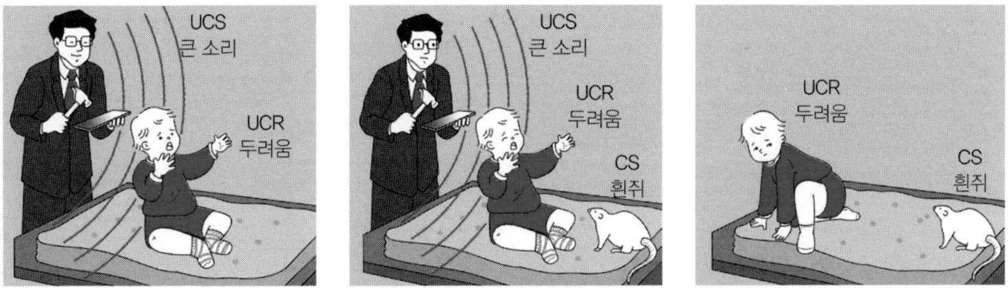

[그림 2-5] 고전적 조건형성과 앨버트

트가 깜짝 놀랐던 것이다. 이런 큰 소리를 무조건자극으로 사용한 결과, 흰쥐에 대한 조건 공포(conditioned fear) 반응을 형성시켰다. Watson과 Rayner는 앨버트가 흰쥐와 함께 할 때 뒤에서 망치로 쇠막대를 쳤다. 이와 같은 짝짓기를 몇 번 하자 앨버트는 쥐를 보는 순간 울기 시작하였다. 앨버트는 Pavlov식 학습을 통해 흰쥐 무서워하기를 학습한 것이다([그림 2-5] 참고).

학습자의 학교에 대한 정서반응도 Pavlov의 조건형성에 의해 학습된다. 초등학교에 입학한 어린 아동에게 보여 주는 교사의 미소, 친절, 칭찬은 교사에 대한 호의적 반응을 유발하고 학교를 선호하는 태도를 일반화한다. 교사의 미소나 칭찬(UCS)에 대해 아동이 즐거운 정서반응을 보이는 것은 무조건반응이다. 이 무조건자극과 함께 있는 교사는 조건자극이 되어 아동에게 긍정적인 정서반응을 유발하는 조건화가 형성된다. 반대로 교사의 엄격함, 처벌, 비난은 교사에 대한 부정적인 정서반응을 조건화한다. 이처럼 학교, 교사, 친구, 수업에 대한 정서반응은 고전적 조건형성에 의해 학습되는 경우가 많기 때문에 교사는 학습 상황에 대한 학습자의 정서와 태도가 긍정적으로 조건화될 수 있도록 학습활동을 흥미롭게 다루어야 한다. 따라서 고전적 조건화를 다음과 같이 적용해 볼 수 있다.

첫째, 학습활동을 가능한 한 즐겁고 흥미로운 반응을 유발하는 자극과 연합한다. 흥미로운 게임 활동을 통한 개념 설명이 학습자의 흥미를 더 쉽게 유발할 수 있다. 정리된 교실, 적합한 조명 등 쾌적하고 편안한 환경 또한 공부를 더 즐겁게 한다. 지나친 경쟁을 자극하는 학습환경은 학습자에게 긴장을 유발하고 또래, 학습, 학교생활 전반에 대한 부정적 태도를 일반화할 수 있다.

둘째, 불안을 일으키는 상황을 불쾌하지 않고 편안하게 직면하도록 도와준다. 수업 장면에서 긴장이나 불안을 유발하는 자극을 줄임으로써 수업활동에 대한 긴장반응이 조건화되지 않도록 한다. 긴장을 줄이는 방법으로 역조건화(counter-conditioning)를 사용할 수 있다. 역조건화는 조건형성의 원치 않은 효과를 역전시키는 데 Pavlov식 조건형성을 사용하는 것이다. 역조건형성 방법을 처음 인간에게 적용한 것은 Mary Cover Jones의 실험에서였다. Jones는 어쩌다가 토끼에 공포증이 생긴 세 살 난 피터(Peter)라는 아이를 조건형성을 통해 치료하기 시작했다. 처음에는 토끼를 피터가 볼 수 있는 곳에 가져오되 충분히 멀리 두고 피터가 크래커와 우유를 간식으로 먹는 동안 불안해하지 않게끔 하였다. 이런 방식으로 Jones는 공포

조건자극(CS, 토끼가 보이는 것)과 긍정적인 무조건 자극(UCS, 크래커와 우유)를 짝지었다. 실험자는 항상 크래커와 우유를 짝지으면서 토끼를 피터에게 조금씩 더 가까이 하기를 매일 계속했는데, 나중에는 피터의 무릎에 토끼를 놓아도 전혀 공포를 보이지 않게 되었다.

이러한 역조건화는 긍정적 방향으로 사용할 수 있는데, 교사와 질책이 연합되어 교사에 대한 부정적 정서를 가지고 있는 학생에게 교사와 함께 영화 보기, 노래하기, 게임하기 등의 활동을 통해 긍정적 태도로 역조건화할 수 있다. 학생이 좋아하는 영화, 노래, 게임 등은 학생에게 즐거운 반응을 일으키는 무조건자극이 된다. 이 자극과 교사의 연합은 교사에 대한 긍정적인 반응을 재조건화하게 된다.

3) Skinner의 조작적 조건화

미국의 Burrhus Frederick Skinner(1904~1990)는 인문주의 교육을 받고 소설가가 되려고 하였으나 Pavlov와 Watson의 연구를 접하고 나서 행동 연구를 위해 하버드 대학원에 진학하였다. Thorndike가 마련한 기초 위에 Skinner는 1930년대에 학습과 행동에 관한 우리의 이해를 획기적으로 진전시키게 될 일련의 연구를 시작하였다.

(1) 실험 상황

Skinner는 자발적인 능동적 행동이 환경적 단서에 의해 통제되는 과정을 실시하기 위해 스키너 상자(Skinner box, [그림 2-6] 참고)를 제작하여 사용했다. 스키너 상자에는 먹이통, 먹이 배식 기계와 연결된 지렛대, 전구 그리고 바닥에는 실험 대상에게 약간의 전기 충격을 주는 전기 장치가 설치되어 있다.

상자 안의 쥐는 상자 안을 왔다 갔다 하다가 우연하게 지렛대를 눌렀다. 이때 스키너 상자 밖에 있던 배식 기계가 작동하고 먹이가 상자 안에 있는 먹이통으로 공급되어 쥐는 음식을 먹게 되었다. 이렇게 먹이로 강화된 쥐의 지렛대 누르기 행동은 증가했다(강화). 또 다른 상황에서는 지렛대 누르기 행동에 대해 전기 충격을 반복해서 제시하자 지렛대 누르기 행동은 감소했다(처벌). 행동이 그 결과에 의해 증가되거나 약화되는 이와 같은 경험을 Skinner는 조작적 학습(operant learning)이라고

[그림 2-6] 스키너 상자

불렀는데, 이는 그 행동이 환경에 조작을 가하는 것이기 때문이다. 그런 행동은 일반적으로 중요한 결과를 초래하는 데 도구적인 역할을 하기 때문에 이런 종류의 학습을 때로는 도구적 학습(instrumental learning), 반응 학습, 결과 학습 및 R-S 학습이라고도 부른다.

Skinner는 조작적 절차를 정적 강화, 부적 강화, 정적 처벌 및 부적 처벌로 규명했다(〈표 2-1〉 참고). 이 중 두 가지는 행동을 증강시키고 다른 두 가지는 행동을 약화시킨다. 먼저, 학습에서 강화(reinforcement)란 결과에 기인한 행동 강도의 증가를 의미하며 여기서 사용한 후속 자극은 강화물(reinforcer)이다. 강화에는 정적 강화와 부적 강화가 있다. 정적 강화(positive reinforcement)에서는 행동의 결과가 어떤 자극의 출현이나 강도 증가이다. 정적 강화물(positive reinforcer)이라고 불리는 이 자극은 보통 유기체가 원하는 어떤 것이다. 정적 강화물은 일반적으로 대부분의 사람이 보상적이라고 생각하는 것(성공, 칭찬, 음식, 인정, 허용, 돈, 특권 등)이기 때문에 정적 강화는 보상 학습(reward learning)이라고도 한다. 부적 강화(negative reinforcement)에서는 행동이 어떤 자극의 제거나 자극 강도의 감소를 통해 증강된다. 부적 강화물(negative reinforcer)이라 불리는 이 자극은 대개 유기체가 그로부터 도피 또는 회피하려고 하는 어떤 것이다. 부적 강화에서 행동을 강화하는 것은 혐오스러운(불쾌한) 상황에서 벗어나는 것이다. 한 번 그렇게 하는 것을 학습하고 나면 이후에는 그것을 아예 회피하는 것을 학습한다. 이런 이유로 부적 강화는 때때로 도피 학습(escape learning) 또는 도피-회피 학습(escape-avoidance learning)이라고도 한다. 정적 강화와 부적 강화는 모두 행동의 강도를 증가시킨다는 점에서는 같지만, 둘 사이의 차이는 정적 강화에서는 무언가가 그 상황에 첨가되는 반면 부적 강화에서는 무언가가 제거된다는 점이다. 정적 또는 부적이라는 말은 그 결과의 성질(긍정적 또는 부정적)을 기술하는 것이 아니라 무언가가 가해졌거나(+) 감해졌다(-)는 점을 나타낸다. 즉, 부적 강화에서 '부적'이란 전기 충격, 경고음, 꾸중과 같은 혐오자극을 제거(-)한다는 의미이며 이를 통해 반응을 증가시키기 때문에 '강화'다.

다음으로, 처벌(punishment)은 행동의 결과로 인한 행동 강도의 감소를 의미한다. 처벌에도 두 가지 유형이 있다. 정적 처벌(positive punishment)에서는 행동의 결과가 어떤 자극의 출현이 더해지고 그 자극이 행동의 강도를 감소시킨다. 정적 처벌에 속하는 전형적인 처벌물에는 질책, 전기 충격, 엉덩이 때리기 등이 있으며, 제시형 처벌 또는 수여성 처벌이라고도 한다. 부적 처벌(negative punishment)에서는 어떤 자극의 제거 혹은 그 강도의 감소에 의해 행동이 약화된다. 이 자극은 보통 그 개체가 찾아 나서는 무언가이다. 벌금이 좋은 예이며, 부모나 교사가 디저트 먹기, TV 보기, 게임하기, 컴퓨터하기 등의 특전을 빼앗아 가는 것이 이런 종류의 처벌을 사용하는 것이다. 부적 처벌은 무언가의 제거 혹은 감소를 의미하기 때문에 벌금 훈련(penalty training) 혹은 박탈형 처벌이라고도 한다. 벌금 훈련의 대중적인 형태 중 하나는 타임아웃(Time Out: TO)이다. 이것은 주로 어린 아동에게 사용되며, 말 안 듣는 아이를 강화가 주어지는 장소로부터 데리고 나오는 것이다. 강화에서와 마찬가지로 정적, 부적이라는 용어는 무엇인가가 그 상황에 더해지거나 그 상황에서 감해졌다는 사실을 가리키는 것이다. 무언가가 더해지면 정적 처벌이라고 하고, 무언가가

표 2-1 강화와 처벌의 종류

		행동의 강도	
		증가	감소
행동의 결과	자극제시	정적 강화 (보상 학습)	정적 처벌 (제시형 처벌/수여성 처벌)
	자극제거	부적 강화 (도피 학습)	부적 처벌 (벌금 훈련/박탈형 처벌)

제거되면 부적 처벌이라고 한다. 이 두 종류의 처벌은 각각 제1유형 처벌과 제2유형 처벌이라고도 한다.

(2) 고전적 조건형성과 조작적 조건형성의 비교

Pavlov의 고전적 학습과 Skinner의 조작적 학습의 차이는 〈표 2-2〉와 같다. 먼저, 고전적 조건화에서는 하나의 자극(UCS)이 또 다른 자극(CS)에 수반되는 반면, 조작적 조건화에서는 자극(강화적 또는 처벌적 결과)이 행동에 수반된다는 것이다. 또한 절차에서 두 가지 학습은 상이한 종류의 행동과 관련된다. 고전적 조건학습은 대개 눈 깜박임이나 소화액의 분비와 같은 불수의적(비자발적, 반사적) 행동 또는 반응적 행동(respondent behavior)에 영향을 미친다. 반응적 행동이란 자극에 대한 자동적인 반사 반응(reflex)이다. 반면에 조작적 학습은 윙크하기나 음식 구매 같은 수의적(자발적) 행동에 영향을 미친다. 반응적 행동이 아닌 유기체가 환경 자극에 대해 행위를 가하는 자발적인 임의의 행동을 다룬다. 즉, 유기체가 환경을 능동적으로 다루며 통제하는 임의의 의도적인 행동인 조작적 행동(operant behavior)에 초점을 둔다. Pavlov와 Skinner의 조건화에서 다루는 행동은 각기 다르지만 환경적 단서를 통해 행동을 통제한다는 점은 동일하다.

표 2-2 고전적 조건화와 조작적 조건화의 차이점

구분	고전적 조건화	조작적 조건화
주요 관계	UCS와 CS 관계	조작적 행동과 결과(보상과 벌)의 관계
학생 활동	비자발적 행동 (UCS와 CS의 연합)	자발적 행동(행동결과로 행동발생 빈도 증가 또는 감소)
조건화 결과	조건화 전 – UCS, CS 조건화 후 – UCR, CR	조작적 행동 후 – 보상 – 행동 증가 조작적 행동 후 – 벌 – 행동 감소
사례	부정적 피드백(UCS) → 속상함(UR) 발표(NS) + 부정적 피드백(UCS) → 속상함(UR) 발표(CS) → 속상함(CR)	조용히 할 때 칭찬하기 → 행동 증가 떠들면 휴식시간 줄이기 → 행동 감소

(3) 학습활동에서의 적용

David Premack(1959)은 어떠한 특정 상황에서도 어떤 행동은 다른 행동보다 일어날 가능성이 높다는 사실은 명백하다고 하였다. 쥐는 기회가 주어진다면 보통 레버 누르기보다는 먹는 행동을 할 가능성이 더 높다. 따라서 어떤 특정 순간에 서로 다른 종류의 행동은 상대적으로 서로 다른 가치를 갖는다. Premack은 행동의 강화적 속성을 결정하는 것은 이와 같은 상대적 가치라고 말했다. 한 개인의 발생 빈도가 높은 행동의 순서가 컴퓨터 게임하기, TV 보기, 친구와 놀기, 독서하기, 숙제하기의 순서라면 컴퓨터 게임하기를 허락함으로써 독서 또는 숙제 행동의 발생 비율을 높일 수 있다. 즉, 발생 빈도가 높은 행동(고확률 행동)을 강화물로 사용하여 발생 빈도가 낮은 행동(저확률 행동)을 강화하는 것이 프리맥 원리(Premack's principle)이다.

프리맥 원리를 적용하려면 우선 개인의 활동 목록을 작성하여 가장 발생 빈도가 높은 행동을 찾아야 한다(〈표 2-3〉 참고). 이때 강화물로 사용하는 행동은 개인이 가장 선호하거나 자주 발생하는 활동이다. 이것은 "우선 내가 원하는 것을 네가 하면, 네가 원하는 것을 허락할게."로 각 학습자가 가장 선호하는 활동을 강화물로 사용하는 것이기 때문에 개인에게 가장 효과적인 강화물을 선택할 수 있다.

표 2-3 선호행동 목록 작성 예시

하고 싶은 활동은 무엇입니까?
이름: ____________ 학년: ____________ 날짜: ____________
다음 질문에 솔직히 답해 주세요.
1. 가장 좋아하는 교과목은:
2. 학교에서 가장 하고 싶은 것은:
3. 학교에서 30분간 자유시간을 준다면 가장 하고 싶은 활동은:
4. 가장 좋아하는 과자는:
5. 휴식시간에 가장 하고 싶은 것은:
6. 학교에서 하고(맡고) 싶은 역할은:
7. 학교에서 함께 활동하고 싶은 두 사람은:

출처: 정순례 외(2013).

4) Bandura의 사회학습이론

캐나다계 미국인 Albert Bandura(1925~)는 사회학습이론으로 유명한 심리학자이다. 그는 브리티시 컬럼비아 대학교에서 심리학을 전공하였으며, 미국에 와서 아이오와 대학교에서 석사와 박사 과정을 거쳐 1953년부터 스탠퍼드 대학교에서 교수로 지내면서 많은 업적을 남겼다.

(1) 실험 상황

Pavlov의 고전적 조건화와 Skinner의 조작적 조건화는 직접적 경험을 통한 학습이다. 반면에 Bandura는 모델을 관찰함으로써 행동이 습득되는 간접적 경험의 학습을 설명하였다. 간접적 학습은 강화와 처벌에 대한 직접적인 경험이 없이 다른 사람의 행동이 강화되거나 처벌받는 것을 보는 것만으로도 학습이 일어나는 것을 의미한다. Bandura(1965)는 환경적 모델을 관찰하는 간접적 경험이 학습에 얼마나 많은 영향을 주는가를 실험했다. [그림 2-7]과 같이 성인이 소리를 지르며 보보 인형(Bobo doll)을 발로 차고 때리고 짓밟는 등 공격적 행동을 하는 것을 관찰한 어린 아동을 실험실에 들여보냈다. 실험실에 들어간 아동들은 성인들의 관찰 행동 그대로 보보 인형을 발로 차고 때리는 등 공격행동을 하면서 놀이를 하였다. 아동의 이러한 행동은 모델의 공격적인 행동을 단지 관찰함으로써 학습한 것이다.

[그림 2-7] Bandura의 보보 인형 실험

(2) 상호결정주의

실제로 아동의 행동은 부모, 친구, 교사의 행동을 관찰하여 학습한 경우가 많다. 이와 같이 사회적 모델을 관찰하여 학습한 것을 관찰학습(observational learning) 또는 모델링(modeling), 사회학습이론(social learning theory)이라고 한다. 사회학습이론은 학습과정에서 행동주의가 완전히 배제한 인지적 요인을 중요한 학습의 요인으로 다루며 사고, 기대, 동기와 같은 인지과정이 관찰학습의 중요한 요인임을 강조하기 때문에 사회인지이론(social cognitive theory)으로도 불린다. 사회학습이론에서는 행동의 원동력이 본질상 환경이라는 초기 행동주의의 기본 가정에서 벗어나, 발달과정을 개인과 환경 간의 상호성으로 보는 양방향성을 가정한다. Bandura는 이러한 견해를 상호결정주의(reciprocal determinism)라고 불렀다. 환경이 아동의 성격과 행동을 조성한다는 Watson과 Skinner와 달리 Bandura는 개인(person), 행동(behavior), 환경(environment) 간의 관계는 양방향적이라고 주장한다. [그림 2-8]에서 보듯이, 상호결정론의 모형은 상호작용의 삼각형을 구성한다.

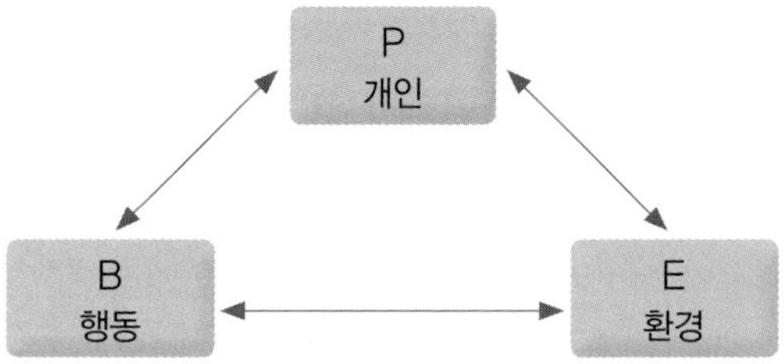

[그림 2-8] 상호결정주의 모형

(3) 관찰학습의 과정

Bandura는 관찰학습이 주의집중 과정, 파지 과정, 운동재생산 과정 및 동기화 과정을 거쳐 일어난다고 하였다. 첫째, 관찰학습에서 가장 중요한 것은 모델에 대한 학습자의 주의집중 과정(attentional process)이다. 학습자가 모델에 대해 주의와 관심을 기울이지 않으면 정확하게 학습할 수 없다. 주의에 영향을 미치는 요인은 여러 가지가 있다. 먼저, 모델의 성(性), 나이, 명성과 권위, 능력, 매력, 모델과의 관련성 등 관찰자가 모델에게 주의나 관심을 갖게 하는 모델의 특성이 관찰자의 주의에 영향을 준다. 그리고 관찰자의 과거의 강화 경험이 주의에 영향을 준다. 예를 들어, 관찰자는 이전에 강화를 받은 행동과 비슷한 행동 유형에 더 쉽게 주목한다.

둘째, 관찰한 모델에게서 얻은 정보를 학습하려면 그 정보를 유지, 파지하는 과정(retentional process)이 있어야 한다. 정보를 저장하는 두 가지 방법은 심상과 언어를 통한 상징화가 있다. 심상적 상징(imagery symbol)은 관찰자가 모델의 행동을 영상적으로 저장한 것이다. 관찰자는 모델을 관찰한 후 상당한 시간이 지난 뒤에 저장된 심상 정보를 인출하여 행동을 모방하게 된다. 아동이 집에 돌아와 교사의 행동을 모방하는 것은 교사의 행동에 대한 심상 정보를 인출하여 행위로 옮기는 것이다. 언어적 상징(verbal symbol)은 관찰한 장면을 언어적 기호로 간단하게 표상하여 저장한 것이다. 예를 들어, 운전을 배우는 사람이 '먼저 시동을 걸고, 주차 브레이크를 풀고, 변속 기어 D에 놓은 후에 천천히 가속 페달을 밟는다.'를 '시동, 주차 브레이크, 변속 기어 D, 가속 페달'의 언어적 부호로 저장하는 것이다.

셋째, 운동재생산 과정(reproductive process)은 관찰한 것을 행동으로 전환하는 것인데, 관찰자가 관찰한 모든 행동을 학습할 수 있는 것은 아니다. 즉, 관찰자가 모델을 관찰하고 심상적 또는 언어적 정보를 저장하고 있더라도 그것을 재연할 수 있는 능력이 없다면 관찰학습은 일어나지 않는다. 행동을 재연하기 위해서는 신체적 능력뿐만 아니라 인지적 재연이 필요하다.

넷째, 모델을 관찰하고 모방하려는 동기화 과정(motivational process)이 있어야 학습이 발생한다. 관찰자가 아무리 모델 행동에 주의를 기울이고 그것을 기억하고 수행할 수 있는 능력이 있다고 하더라고 충분한 유인가나 동기 없이는 그 행동을 수행하지 않을 것이다. 관찰학습은 결과기대와 자기효능감에 의해 동기화된다. 관찰학습에서 강화는 중요한 기능을 갖는데, 강화받는 모델을 관찰한 사람은 자신도 모델과 같이 행동하면 강화받을 수 있을 것이라는 기대(expectation), 즉 강화에 대한 기대를 갖게 된다. 결국 강화 모델은 관찰자에게 강화에 대한 기대화 행동을 시연하려는 동기를 부여한다. 자기효능감(self-efficacy)은 과제 수행에서 요구되는 행동을 실천하고 조직하는 능력에 대한 개인의 평가다. 사람들은 자신이 잘할 수 있다고 믿는 행동을 수행하려는 경향이 있다. 따라서 관찰한 행동에 대해 높은 자기효능감을 갖고 있는 사람은 쉽게 동기화될 것이다. 자기효능감을 향상하는 것은 학습동기에서 매우 중요하다는 것을 의미한다.

2. 학습동기이론

1) 학습동기의 정의

동기(motive)는 행동을 일으키고 유지하는 원인 또는 에너지다. 행동을 하게 된 계기와 그 행동을 지속하는 이유를 질문하는 것은 바로 행동의 동기를 알고자 하는 것이다. 예를 들어, '저 학생은 시험기간이 아닌데도 뭘 그리 열심히 공부하지?' 또는 '왜 수학학원을 다니기 시작했을까?' 등이다. 학습동기는 무언가를 배우고 익히고자 하는 행동 에너지로 학습자로서의 기능을 수행하기 위해 반드시 필요한 요소다.

(1) 내재적 동기와 외재적 동기

사람마다 행동을 시작하게 된 계기와 그 행동을 지속하게 되는 이유는 다양하다. 어떤 학생은 일등을 하면 최신 휴대전화를 사 준다는 부모와의 약속에 공부를 열심히 하기도 하고, 또 다른 학생은 어려운 문제를 풀고 나서 얻는 자기만족감에 누가 시키지 않아도 공부를 한다. 보상, 인정, 승진, 일에 대한 만족, 성취, 가치관, 신념, 흥미, 호기심, 불안, 기대 등의 요인은 행동의 원인이 될 수 있다. 행동을 일으키는 요인은 매우 다양하고 복잡하지만, 크게 개인의 내적 특성과 상황적 요인으로 분류할 수 있다.

동기는 개인의 내적인 특성에 의해 행동이 동기화되는 내재적 동기(intrinsic motivation)와 일시적인 외적 상황이 행동을 동기화한 외재적 동기(extrinsic motivation)로 구분할 수 있다. 친구와 놀거나 컴퓨터 게임을 하는 행동은 누가 시키지 않아도 자주 쉽게 일어난다. 보상이 주어지지 않아도 학습자가 자주 선택하는 행동은 활동 자체가 즐겁거나 학습자의 관심과 흥미와 관련한 것이다. 행동을 유발하는 개인의 흥미, 관심, 호기심, 신념, 가치 등은 개인 내면의 특성으로 내재적 동기다. 내적으로 동기화된 사람은 외부에서 요구하거나 보상하지 않아도 일 자체의 즐거움 때문에 행동을 선택하고 수행하면서 성취감과 만족감을 얻는다. 반면에 일 자체에 대한 만족이나 즐거움과 관계없이 일시적인 외적 상황(예: 부모의 인정이나 보상, 시험 결과) 때문에 일어나는 행동도 많다. 보상, 사회적 지위와 명예, 타인의 요구나 압력과 같은 외적 상황이나 요인이 행동을 일으키는 것을 외재적 동기라고 한다. 보통 외적 요인이 사라지면 행동도 함께 사라질 가능성이 많다. 시험을 앞두고 공부를 시작하거나 여름이 다가오기 시작하면 다이어트를 시작하는 것이 외재적 동기의 예다.

현실에서는 행동을 내재적 동기와 외재적 동기로 명확하게 구분하기는 어렵다. 대부분의 행동은 내재적 동기와 외재적 동기의 연속선상에 있으며 부분적으로 영향을 준다. 예를 들어, 부모의 권유로 피아노를 시작했지만 피아니스트의 꿈을 갖고 열심히 노력하는 것은 외재적 동기(부모의 권유)가 내재적 동기(열정, 만족)로 내면화된 것이다. 학습활동에서 내재적 동기와 외재적 동기 모두 중요하지만 내재적 동기에 의한 학습활동은 적극적이며 오래 지속될 가능성이 높다. 하지만 모든 학습활동이 내재적 동기에 의해서만 일어나는 것이 아니기 때문에 보상과 같은 외적 자극을 통해 학습행동을 동기화할 필요도 있다. 외적 동기에 의해 학습자가 성공적인 학습활동을 경험하고 관심과 흥미를 갖게 되면 다음 학습활동을 내적으로 동기화할 수 있다. 외적 동기는 학습활동을 동기화하는 데 중요한 역할을 하지만 보상, 인정, 평가와 같은 외적 보상으로 동기화한 학습활동은 보상이 사라지면 유지하기 어려울 수 있다. 또한 반복해서 외적으로 동기화하는 것은 학습자의 내적 관심이나 호기심을 약화시킬 수 있다.

(2) 성취동기

학습과제를 성실하게 수행하려는 학습자와 도중에 포기하는 학습자의 성취동기 수준은 다르다. 학습동기에 가장 강력한 영향을 미치는 동기 중의 하나는 성취동기다. 성취동기(achievement motive)는 가치 있는 목표를 달성하고 훌륭한 행위 수준에 도달하려는 개인의 요구다. 성취동기는 수준의 높고 낮음에 따라 학습과 행동에 다르게 영향을 준다. 학습활동에서 학업성취동기가 높은 학습자는 학습활동을 방해하는 상황이나 요인에 잘 대처하면서 과제를 성공적으로 수행하기 위한 노력에 최선을 다한다. 또한 쉽게 해결할 수 있는 과제보다 도전할 만한 어려운 과제를 선택하고 성공적인 수행을 기대하면서 인내하며 노력한다.

성취동기는 성공-추구 동기와 실패-회피 동기로 구분할 수 있다. 인간은 누구나 성공을 추구하는 동기를 가지고 있지만 동시에 실패를 회피하고자 하는 동기를 가지고 있다. 먼저 성공-추구자는 쉬운 과제보다 사고력이 필요하고 도전할 만하며 재미있으면서도 어려운 과제를 선택하는 경향이 있다. 이들은 지식의 습득과 기술의 숙련에 초점을 맞추고 실패를 극복하기 위해 더 많은 노력과 효과적인 학습활동을 계획한다. 간혹 반복되는 실패에 대해서도 쉽게 좌절하지 않고 높은 자기효능감과 가치감을 유지하면서 실패를 성공으로 이끌어가려고 노력한다. 반면에 실패-회피자는 거의 실패할 가능성이 없는 쉬운 과제나 실패를 하더라도 비난받지 않을 아주 쉬운 과제를 선호한다. 따라서 이들은 실패를 경험하면 이를 극복하기 위한 노력을 하지 않는 경향이 있으며, 수행 결과를 자신의 효능감과 가치를 판단하는 중요한 근거로 여긴다. 따라서 실패 경험을 줄이고 쉽게 성공할 수 있는 과제를 선택하여 자기 가치감을 유지하려고 한다. 하지만 학습자가 항상 학습활동 수준을 선택할 수 없고 실패 또한 완벽하게 회피할 수 없기 때문에 실패-회피자는 실패가 반복되면 자기효능감과 가치감을 쉽게 잃는다. 결국 실패 경험을 자신과 동일시하여 무능함과 좌절을 느끼고 결국 학습활동을 회피한다.

2) 학습동기의 이론

행동의 이유와 원인을 설명하는 동기이론 가운데 행동주의, 인본주의, 인지주의 이론을 간단히 살펴본다.

(1) 행동주의 동기이론

행동주의적 관점에서 동기는 강화와 벌에 의해 설명된다. 행동주의에 따르면, 동기는 식욕이나 성욕과 같은 기본적인 생리적 욕구를 해소하고자 하는 경향성에 의해 유발되는데 이러한 생리적 욕구를 해소시킬 수 있는 음식과 같은 강화물은 일차적 강화물(primary reinforcer)에 해당한다. 그리고 일차적 강화물과 연합하면서 강화적 속성을 획득하게 된 강화물을 이차적 강화물(secondary reinforcer)이라고 한다. 예를 들어, 음식을 주면서 머리를 쓰다듬는 경우는 머리를 쓰다듬는 것이 이차적 강화물이 된다.

행동주의적 관점에서는 학습동기 역시 일차적 강화물 혹은 이차적 강화물이 제공될 때, 즉 외재적 강화물이 있을 때나 벌과 같은 불쾌한 자극을 피할 수 있을 때 형성되는 것으로 기대된다. 마찬가지로 학습 무동기는 외부로부터 적절한 강화가 주어지지 않거나 학습을 하지 않았을 때 받게 되는 벌의 정도가 낮은 상태가 지속될 때 발달할 수 있다.

(2) 인본주의 동기이론

인본주의적 관점에서 동기는 자신의 잠재력을 최대한 실현하기 위한 개인의 경향성으로 설명된다. 인본주의적 관점은 욕구를 충족하기 위해 행동이 동기화된다고 설명한다. 대표적인 인본주의 학자인 Abraham Maslow(1908~1970)는 인간의 욕구는 위계적으로 배열되어 있고 위계적인 욕구를 충족하기 위해 행동이 발생하며 하위 욕구가 충족되어야만 상위 욕구가 발생한다고 주장하며 욕구위계이론(need hierarchy theory)을 제안하였다([그림 2-9] 참고).

- 1단계 생리적 욕구(physiological needs): 욕구위계의 맨 아래에 위치한 인간의 가장 기본적인 욕구로 음식, 물, 수면, 체온 유지 등 생존에 필요한 생리적 욕구를 말한다.
- 2단계 안전의 욕구(safety need): 생리적 욕구가 충족되면 위험에서 보호를 받고 편안함을 추구하는 안전에 대한 욕구가 발생한다. 주택 마련, 안정된 직장, 저축, 보험 등은 안전에 대한 욕구에 의해 동기화된 행동이라고 볼 수 있다.
- 3단계 소속과 애정의 욕구(love and belongingness needs): 자신이 속한 집단에서 소속감을 느끼고 타인과 애정의 관계를 맺고자 하는 욕구다. 단체나 동아리에 가입하여 소속감을 느끼기도 하고, 특정한 사람과 친밀한 관계를 가짐으로

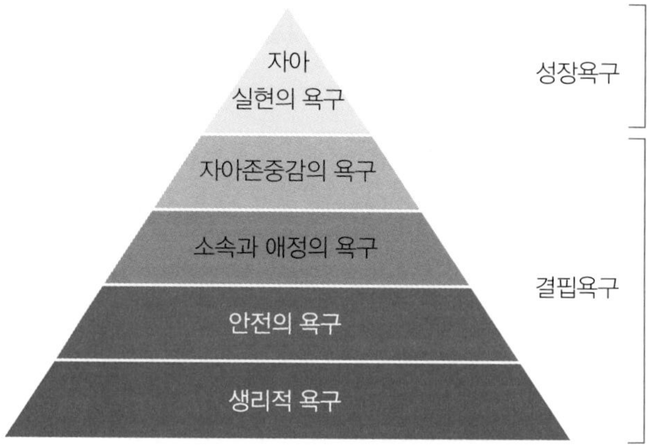

[그림 2-9] Maslow의 욕구위계

써 획득될 수 있다.

- 4단계 자아존중감의 욕구(self-esteem needs): 자신을 가치 있는 사람으로 인정받고자 하는 욕구다. 자아존중감의 욕구는 기술을 습득하고 맡은 일을 훌륭하게 해내고 작은 성취나 칭찬 및 성공을 통해서 그리고 다른 사람들로부터 긍정적인 평가를 들음으로써 충족된다. 자아존중감을 지닌 사람은 자신감, 유용감, 가치감 등을 갖게 되지만, 그렇지 못한 경우 열등감, 무력감, 허탈감에 빠지게 된다.
- 5단계 자아실현의 욕구(self-actualization needs): 알고자 하는 지적 욕구, 질서와 아름다움을 추구하는 심미적 욕구, 그리고 인간의 욕구 위계 중 가장 높은 단계로 성장과 잠재력 발현에 대한 자아실현의 욕구가 포함되어 있다.

Maslow는 욕구위계에 제시되어 있는 다섯 가지 욕구 중 하위 네 개의 욕구(생리적, 안전, 소속과 애정, 자아존중감의 욕구)를 결핍욕구로 그리고 자아실현의 욕구(지적, 심미적, 자아실현의 욕구)를 성장욕구로 구분한다. 하위 욕구가 충족되어 지적 욕구에까지 이른 개인은 높은 학습동기를 갖게 되지만, 하위 욕구가 충족되지 않는 개인은 하위 욕구를 먼저 충족시키고자 하는 욕구를 갖기에 학습에는 크게 관심이 없을 수밖에 없다. 또한 결핍욕구는 반드시 충족하여야 하고 일단 충족하면 이 욕구에 의한 동기는 약해지는 반면, 성장욕구인 지적, 심미적 그리고 자아실현의 욕구는 결핍욕구와 달리 완전하게 충족하지 못한다. 따라서 알고자 하는 지식의 욕구를 충족할수록 여전히 더 많은 지식을 얻고자 하는 욕구가 생긴다.

(3) 인지주의 동기이론

동기를 사건이나 상황에 대한 개인의 해석에 초점을 두고 내적 동기를 강조하는 인지주의의 대표적인 동기이론은 Weiner의 귀인이론, Seligman의 학습된 무력감, 그리고 Deci와 Ryan의 자기결정성이론이다.

① 귀인이론

귀인(attribution)이란 행동의 원인을 추론하는 과정으로 성공과 실패의 원인을 어디에 두느냐는 것이다. 귀인이론(attribution theory)은 성공과 실패의 원인을 귀인하는 방식을 원인의 소재, 안정성, 통제 가능성의 세 가지 차원으로 구분해서 설명하

표 2-4 귀인 및 귀인 차원

귀인	원인의 소재	안정성	통제 가능성
능력	내적	안정	통제 불가
노력	내적	불안정	통제 가능
과제 곤란도	외적	안정	통제 불가
운	외적	불안정	통제 불가

고 있다(〈표 2-4〉 참고).

첫째, 원인의 소재(locos) 차원으로 성공과 실패의 원인을 개인의 내부 또는 외부에 귀인하는 것이다. 내적 귀인(internal attribution)은 행위 당사자의 성격, 태도, 능력, 노력 등 개인의 내적 특성(내부)에서 성공과 실패의 원인을 찾는 것이다. 외적 귀인(external attribution)이란 환경, 운, 타인, 압력, 과제의 난이도와 같은 상황적 요인(외부)에 귀인하는 것이다. 우수한 학업성취의 귀인을 노력과 태도에 돌리는 내적 요인에 귀인하면 자신감이 증가하고 학습행동은 더 잘 동기화될 것이다. 반면에 운이나 과제 수준 때문에 좋은 성적을 받았다고 여기는 외적 요인에 귀인하면 학습행동은 동기화되지 않는다.

둘째, 안정성(stability) 차원으로 능력이나 과제의 난이도는 비교적 안정적 요인으로 변하지 않지만 노력이나 운은 변할 수 있는 요인이다. 성공을 예측할 수 없는 운에 귀인하면 다음 기회의 성공 가능성을 기대하지 않기 때문에 행동이 동기화되지 않을 수 있다. 또한 낮은 성적의 원인을 쉽게 바뀌지 않는 능력에 귀인한다면 마찬가지로 학습행동이 동기화되기 어려운 반면, 실패를 변화할 수 있는 노력에 귀인하면 실패를 극복하기 위한 행동이 동기화된다.

셋째, 통제 가능성(controllability) 차원으로 성공과 실패의 원인을 개인의 의지에 의해 조절할 수 있는가의 문제다. 성공과 실패의 원인에 대한 가능성은 자신감과 행동의 동기 증진과 관계가 있다. 우수한 학업성취를 자신의 노력에 귀인하면 미래의 좋은 결과에 대한 기대가 생기고 학습행동을 더욱 잘 동기화할 것이다. 그러나 개인이 통제할 수 없는 행운이나 쉬운 난이도에 귀인한다면 우수한 성취에 대한 기대나 자신감도 낮을 것이고 학습행동은 동기화되기 어렵다. 일반적으로 무동기 혹은 낮은 동기는 실패에 대한 귀인을 개인 내부보다는 외부의 안정적인 요인에서 찾으며,

자신이 그 결과를 변화시킬 수 없다고 믿는 것과 관련이 있다.

② 학습된 무력감

학습된 무력감(learned helplessness)은 거듭된 실패 경험으로 인해 자신의 반응이 혐오자극에 어떠한 영향을 미칠 수 없다는 것을 사전에 학습한 결과에서 기인한다(Seligman & Maier, 1967). 학생이 기대에 못 미치는 낮은 성적과 같은 부정적 결과를 자주 경험하면서 자신의 노력 여하가 성적 변화를 이끌 수 없다는 믿음을 갖게 되면서 성적 향상을 위한 어떠한 노력도 하지 않는 무동기 상태에 쉽게 빠질 수 있다. 현재의 실패 경험을 인지적으로 해석하는 과정에서 자신이 결과를 통제할 수 없다는 것과 함께 그 결과가 미래에도 여전히 통제 불가능할 것이라는 믿음을 형성할 때 무기력과 우울함에 빠지게 된다. 이러한 믿음은 기대와 다른 부정적 결과에 대한 귀인성향의 영향을 받게 된다. 즉, 불안정, 내적 요인(노력)보다 안정적, 내적 요인(지능)이나 안정적, 외적 요인(난이도), 또는 불안정, 외적 요인(운) 등에 더 자주 귀인하면 무력감을 더 많이 느껴서 무동기에 이르기가 쉽다.

③ 자기결정성이론

Deci와 Ryan(1985)은 자기결정성이론(self-determination theory)을 바탕으로 단순히 외재적 동기와 내재적 동기의 관계가 대립적이고 경계가 분명히 구분되는 것이 아니라 자율성 혹은 자기결정성에 따라 연속선상에 위치하며 외재적 동기의 개인이 있어도 자기결정성을 가질 수 있다고 주장하였다. 이는 외재적 동기가 개인이 지각하는 상대적인 자율성 정도에 따라 다양하게 존재한다는 것이다. 동기 간의 관계도 단순히 대립적이라기보다는 서로 상호작용하면서 공존한다고 보았다. 자기결정성이론에서 개인은 알맞은 사회환경적 조건에 처해 있을 때 내적 동기가 촉발되고, 자율성, 유능성, 관계성의 세 가지 기본 욕구가 만족될 때 내적 동기가 증진된다고 보았다. 여기서는 자율성을 중심으로 설명하고자 한다. Deci와 Ryan은 자율성과 관련하여 여섯 가지 학습동기를 제시하였다(〈표 2-5〉 참조).

- 1단계 무동기(amotivation): 학습동기가 전혀 내면화되지 않은 상태다.
- 2단계 외적 조절(extrinsic regulation): 외적 동기 유형 중 가장 극단적인 형태로

표 2-5 자율성에 따른 동기 유형

행동	비자기결정적				자기결정적	
동기 유형	무동기	외재적 동기				내재적 동기
조절 양식	무	외적 조절	부과된 조절	확인된 조절	통합된 조절	내적 조절
인과관계	없음	외적	다소 외적	다소 내적	내적	내적

출처: 정순례 외(2013).

자기결정성의 부재 상태에서 수행되는 행동으로 외부 상벌에 의해 행동하는 상태다. 예를 들어, 부모가 약속한 보상을 받기 위해 공부하거나 야단맞고 싶지 않아서 특정한 행동을 하는 경우다.

- 3단계 부과된 조절(introjected regulation): 외재적 동기 중에서 가장 낮은 자율성을 갖는 형태이며 자기 자신이나 다른 사람의 인정을 받거나 비판을 회피하기 위해 행동한다. 부모의 명령, 규칙, 사회적 고정관념 등을 무비판적으로 받아들여 이에 따라 학습하는 상태다. 예를 들어, '선생님이 나를 좋은 학생으로 생각해 주길 원하니까……' '내가 하지 않으면 부끄러우니까…' 등의 반응이 여기에 해당한다.
- 4단계 확인된 조절(identified regulation): 가치를 인정하여 수용한 상태로 그 행동이 자신에게 가치가 있고 유용한 것으로 판단하여 행동을 한다. 하지만 그 자체에 대한 기쁨이나 자기만족이나 목표를 달성하기 위한 행동이기 때문에 동기가 완전히 내재화된 것은 아니다.
- 5단계 통합된 조절(integrated regulation): 외재적 동기의 가장 자율적인 형태로 외부 관점이 개인 내면과 통합되어 비교적 자기 결정력이 높은 상태다. 통합된 조절은 내적 조절과 유사한 것처럼 보이지만 내적 조절의 행동이 흥미에 기초하고 자신에게 보상을 제공하는 반면에 통합된 조절에서의 행동은 자신에 의해 가치화된 결과를 위해 도구적으로 수행하는 것에서 차이를 나타낸다.
- 6단계: 내적 조절(intrinsic regulation): 개인의 즐거움과 흥미로 인해 행동을 하는 경우다. 내적 조절은 과제 자체에 대한 관심과 기쁨으로 행동을 하게 되는 가장 자율적이고 자기결정성이 높은 유형이다. 인간 내적인 욕구와 유능감, 자기 결단을 기초로 유발된 동기 유형으로 내적 동기에 속한다.

제3장

학습 관련 요인

학습은 학습자가 사용하는 학습방법에 따라 이루어진다(김은정, 2005). 학습방법은 학습하는 과정에서 지식을 떠올려 보면서 학습하는 학습자, 관찰 후 동기화되어 학습하는 학습자, 학습에 흥미와 호기심을 갖고 학습하는 학습자, 외적 보상을 기대하며 학습하는 학습자 등 학습자마다 차이가 있다. 학습방법은 학습자의 인지적 · 정의적 · 환경적 특성과 상호작용하기 때문에 학습과 관련된 요인을 안다는 것은 중요하다. 가령 어떤 행동 후 만족감을 주는 상태(보상)가 계속되어 학습과 주의집중이 증가한다면, 이 학습자에게는 보상이 중요하다는 것이다(Ormrod, 2008). 이 장에서는 학습의 요인을 인지적, 정의적, 환경적 요인으로 구분하여 알아보고자 한다.

1. 인지적 요인

1) 두뇌의 기능

인간의 뇌는 약 120억 개의 신경세포로 조직되어 있으며, 각 부분들이 유기적으로 활동하면서 인간의 기억, 사고, 문제해결, 학습 등의 정보처리를 담당하고 행동까지 통제한다. 뇌는 시냅스의 형성을 통해 만들어지고 발달한다. 신경세포는 뉴런(neuron)이라고도 불리는데, 이는 신경계를 구성하는 기본 단위로 신경계가 정보를 전달하고 조정할 수 있는 역할을 하면서 복잡하고 고등적인 사고 기능을 발휘하는 곳이기도 하다. 이러한 뉴런에 영향을 미치는 것은 영양소와 감각 및 인지적인 자극이다(이대식, 2020). 뉴런은 수없이 많은 뉴런과 시냅스로 연결되어 있다(신명희 외, 2017). 시냅스(synapse)란 뉴런들 사이의 좁은 틈으로 뉴런과 뉴런이 만나는 부위의 신경세포(뉴런)를 연결하는 지점이다. 시냅스는 출생 시 상당 부분이 형성되어 있지만, 출생 이후에도 지속적으로 추가 혹은 소멸의 과정을 거친다.

시냅스의 증가 시기는 뇌의 영역에 따라 차이가 있으며, 시냅스의 생성은 생후 약 1년경에 고등 수준의 사고와 자기통제를 담당하는 전두엽 피질에서 가장 많이 발생하고 청소년 중반 후기에 시냅스 밀도가 성숙해진다([그림 3-1] 참고). 이 과정에서 중요한 삶의 사건 등이 시냅스에 영향을 미친다. 발달단계에서 특정 시기에 적절한 자극과 경험을 하지 않으면 이후에 경험을 해도 같은 정도의 발달에 도달하지 않을 수도 있다. Lenneberg(1967)에 따르면, 인간의 언어는 2세부터 사춘기에 이르는 시기 동안에 발달한다. 언어발달에서 어릴 때 자주 듣거나 사용하지 않는 음소에 대해서는 그 경계를 구별할 수 있는 능력을 상실한다. 특히 고등인지 기능을 담당하는 대뇌피질 영역에서 다른 영역보다 시냅스가 좀 더 천천히 소실되고 형성된다.

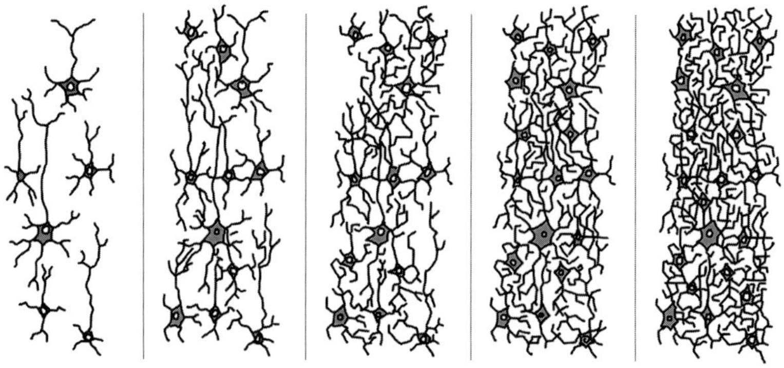

[그림 3-1] 신경세포의 연결과정

뉴런은 모양과 크기가 다양하며, 뉴런의 구조는 수상돌기(dendrite), 세포체(soma), 축삭돌기(axon)로 이루어진다([그림 3-2] 참고). 가지 모양의 구조인 수상돌기는 다른 뉴런으로부터 정보를 받아들이는 역할을 하며, 가지들이 많을수록 기능을 제대로 발휘할 수 있다. 이 기능을 발휘하는 데 영향을 주는 것은 영양소와 다양한 자극이다. 축삭돌기는 다른 수상돌기에 신호와 정보를 전달하는 이동통로다. 이 과정에서 수초(myelin sheath)는 축삭돌기에 정보 전달을 신속히 이루어지게 하는 역할을 한다. 이때 뉴런으로부터 전달받은 정보들을 신속히 이동하는 것이 바로 인지 기능의 핵심이다. 수초화 과정은 사춘기 이후 계속 진행되어 학습의 결정적인 시기와 관련이 있다(신재한, 이은정, 2019). 이 수초 발달에 영향을 주는 것은 적절한 영양 공급이며, 정보를 받아들이는 수상돌기와 정보 전달의 이동 경로인 축삭돌기는 가지의 많고 적음 그리고 연습의 양이다.

이와 같이 뇌의 신경세포들은 정보를 전달하고 정보를 이동하는 역할을 하기 때문에 학습과 기억의 기반이 된다. 학습은 뇌피질 영역이 복잡하게 연결된 회로의 작용을 통해 기억이 형성, 재생되면서 일어나는 것이다. 즉, 뇌를 기반으로 작용하는 뇌의 정보 전달 과정이며 외부에서 들어오는 정보와 뇌의 상호작용을 통해 뉴런의 물리적 · 화학적 변화가 일어나는 과정이다. 뇌는 새로운 정보를 학습할 때 정보의 특성에 따라 독특한 기능을 수행할 수 있는 특정 영역이 있다(Connell, 2008). 이를 위해 학습자가 새로운 정보를 받아들이거나 학습을 할 때 시냅스가 이를 알아차리고 활성화하여 결과적으로 뉴런에 그 정보가 직접적으로 전달되도록 하는 것이 중요하다. 지금까지 살펴보았듯이, 뇌의 정보 전달이 신속히 이루어지기 위해서는 학

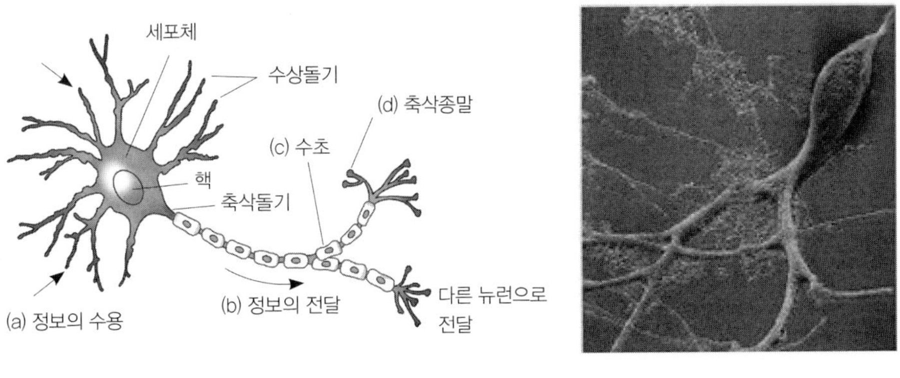

[그림 3-2] 뉴런

습에서 다양한 형태의 자극과 인지 기능을 발휘할 수 있도록 하는 것이 중요하다(신명희 외, 2017).

대뇌피질은 뇌 구조 중 뉴런과 시냅스 수가 가장 많고 언어, 학습, 지각, 사고 등과 같이 지적 기능에 중요한 역할을 한다. 대뇌피질은 4개엽(전두엽, 후두엽, 측두엽, 두정엽)의 구조로 되어 있고, 각 엽은 세분화된 기능을 한다([그림 3-3], 〈표 3-1〉 참고). 첫째, 전두엽은 운동 및 사고, 정서 기능과 계획과 사고를 처리하는 기능을 하는 곳으로 작업기억과 주의집중이 발생하는 영역이다. 둘째, 후두엽은 시각을 처리하는 곳으로 외부로부터 들어오는 다양한 시각 자극을 처리하는 데 중요한 역할을 한다. 입력된 새로운 정보가 후두엽에 모아지면 2차 시각영역에서 기존 정보와 새로운 정보를 비교하여 사물을 인지하고 판단한다. 셋째, 측두엽은 감정 조절, 청각 처리와 언어 처리 기능을 한다. 일차적으로 청각 영역에서 자극을 받았을 때 어떤 소리인지 구분한다. 마지막으로, 두정엽은 신체 감각의 정보처리를 하는 곳으로 고차원적인 감각과 언어 처리의 기능을 한다. 환경의 촉각, 피부의 통각 등 감각자극의 수용을 담당하는 곳으로 주의집중과 공간적인 주의를 유지할 때 활성화된다.

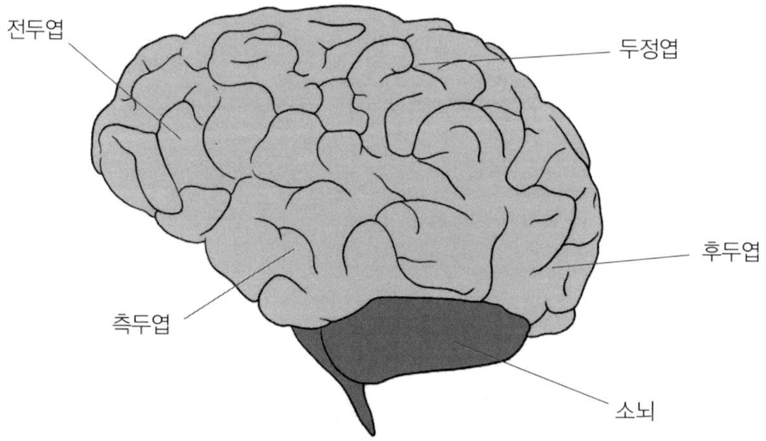

[그림 3-3] 대뇌피질의 구조

표 3-1 대뇌피질의 구조와 기능 및 특징

구분	기능	특징
전두엽	기억, 계획, 문제해결	• 계획 및 사고, 고차적 사고, 문제해결, 주의집중, 창의성 • 변연계와 관련 • 전전두엽: 동작 조절, 인성, 호기심, 의사결정, 반성, 정서 조절
후두엽	시각 정보 수용/처리	• 시각처리 • 시각을 언어 영역과 연결
측두엽	언어, 청각, 기억	• 언어센터(좌반구) • 음악, 얼굴 및 사물 인지 • 듣기, 기억, 의미, 언어 담당
두정엽	공간, 공감각, 단기기억, 계산	• 공간지각, 계산, 인지 담당 • 고차원적인 감각처리, 언어처리 • 학습자가 특정한 자극에 주의를 집중하거나 주의를 환기할 때 활성화

출처: 신재한, 이은정(2019).

대뇌피질을 구성하는 각 반구가 좌반구와 우반구로 분리되어 각기 다른 기능을 담당하고 있는 것을 뇌 편재화(cerebral lateralization)라고 한다. 학습하는 과정에서 두 영역 중 한쪽을 더 선호하는 것은 개인차가 있으며, 학습유형, 성격, 능력, 문제 상황에서 정보를 처리하는 방식에도 영향을 미친다(서유헌, 2015; 하정혜, 2016; Melillo, 2015). 이는 학습자의 인지처리 기능에 영향을 미쳐 학습 속도에 직접적인 영향을 주며, 인출하는 과정과 밀접한 관련이 있다. 좌반구는 언어능력, 청각, 언어기억, 의사결정, 긍정적 정서의 표현 등을 주관하며, 신체의 오른쪽 부분을 통제한다. 우반구는 공간지각력, 촉각, 음악과 같은 비언어적 소리, 부정적 정서의 표현 등을 관장하며, 신체의 왼쪽 부분을 통제한다. 좌반구와 우반구는 독립된 것이 아닌 영역에 들어온 정보를 고유한 방식으로 분석하고 정보처리가 이루어지며(Jensen, 2010), 서로 상호작용을 통해 복잡한 사고가 가능하도록 한다. 좌반구와 우반구의 구체적인 역할은 〈표 3-2〉와 같다.

표 3-2 좌뇌와 우뇌의 역할

좌뇌(언어 뇌) 이성적, 논리적, 합리적	우뇌(이미지 뇌) 감정적, 직관적, 창의적
• 청각적 수용, 언어적 표현을 담당한다. • 단어, 논리, 분석적 사고, 읽기와 쓰기를 전문적으로 다룬다. • 언어, 문자, 숫자, 기호, 분석능력이 뛰어나다. • 학교에서 배우는 주요 과목은 주로 좌뇌의 능력을 요구한다. • 순차적으로 계속적인 행동을 끊임없이 점검한다. • 시간, 계열, 세부(details), 순서에 대한 인식을 담당한다.	• 관계를 형성하고 유지를 잘한다. • 그림, 음악, 스포츠 분야의 능력이 뛰어나다. • 전체적인 상황을 이해하는 것이 탁월하다. • 책을 읽거나 이야기할 때 심상(mental images)을 형성하도록 돕는다. • 시각-공간적 인식능력 및 시각-운동적 활동능력, 공감능력이 뛰어나다. • 우뇌가 뛰어나면 분위기 파악을 잘하고 상상력이 뛰어나다.

출처: Jensen(2010): 신명희 외(2017) 재인용.

뇌 기반 학습연구에 따르면, 두뇌는 학습 특성을 갖고 있으며 전체와 부분을 동시에 처리하고 인지, 정서와 밀접한 관련이 있다. 뉴런끼리 서로 잘 연결되어 있어야 학습자에게 의미를 부여하고 학습자의 주의를 끌며, 적절한 도전을 하도록 하여 반복적으로 연습할 기회를 제공할 수 있다. 그러므로 학생에게 생소한 질문하기, 개인적인 의미 부여하기, 생활 경험과 연결하기, 다양한 방법으로 학습내용을 표현하기, 심화 및 확장시키기 등의 과제와 지도 방식을 적용해야 한다(이대식, 2020).

2) 지능

지능(intelligence)은 인간의 지적 능력을 나타내는 대표적인 심리학적 개념이며, 인간이 합리적 사고를 할 수 있고 환경을 효과적으로 다룰 수 있는 개인의 종합적 능력이다(Wechsler, 1944). 지능은 학생들의 다양한 수준에 맞는 효율적인 수업을 위해 개인 차이를 살펴보는 중요한 기준이기도 하다. 개인차는 예컨대 동일한 수업을 받은 학습자들 간의 이해 속도의 차이가 발생한다거나, 읽기, 셈하기 등의 차이가 나는 것이다. 그 이유는 개인의 지적 능력이 학업성취에 영향을 주기 때문에 일부 학습자가 다른 학습자에 비해 더 뛰어난 능력을 가지고 있는 것이다. 따라서 학습부진의 문제를 진단하고 평가할 때는 학생의 지능을 우선적으로 고려하게 된다. 지능이 학습에 영향을 주기는 하지만 학업성취의 모든 것을 결정하는 것처럼 인식해서는 안 되며, 그렇다고 지능이 주는 영향력을 완전히 무시해서도 안 된다. 지능은 학습역량, 한 인간이 획득한 총 지식, 새로운 상황과 환경에 대한 적응능력이다. 이 외에도 문제해결 능력, 기억력, 고등정신기능(예: 독창적인 아이디어 생각하기, 개념 잘 활용하기, 생각 또는 아이디어 통합하기, 언어 작업과 관련된 문제 해결하기) 등 목적적으로 행동하고 합리적으로 사고하며 환경을 효과적으로 다루는 종합능력이다.

한편, 지능의 객관적인 측정 결과 못지않게 지능에 대한 학습자의 주관적인 인식도 학습 태도에 영향을 준다. 어느 학습자는 지능이 학습자의 노력 여부에 따라 변할 수 있다는 인식(증진론적 관점)을 가지고 열심히 공부하려는 태도를 갖는 반면, 또 다른 학습자는 지능은 고정적인 것이어서 학습자가 노력을 해도 변화 불가능하다는 생각(실체론적 관점)으로 공부를 하지 않는 태도를 갖기도 한다(Dweck, 1999). 후자의 관점보다는 전자의 관점을 가질 때 학습자는 훨씬 더 적극적인 학습 태도를 갖는다.

1921년의 지능은 주로 학교 장면에서의 검사와 밀접한 관계를 가지고 있었으며, 1986년 후반에는 다양한 분야에서 지능을 다루고 있다(임규혁, 임웅, 2007). 지능이론을 살펴보면, 지능의 개인차를 확인하고 지능을 양적 측정에 초점을 맞춘 Spearman의 지능의 2요인설로 일반요인(general factor: g요인), 특수요인(specific factor: s요인), Thurstone의 기본정신능력(Primary Mental Ability: PMA), Guilford의 지능구조모형(Structure of Intellect: SOI), Cattell(1971)의 유동지능(fluid intelligence: Gf)과 결정지능(crystallized intelligence: Gc)이 있다. 그리고 지능의 대안적 접근으로 정보처리론적 · 상황주의적 접근으로 사회적, 범문화적, 실생활에서의 지능을 강조하는 이론으로 Gardner의 다중지능이론(Theory of Multiple Intelligence)과 Sternberg의 삼원지능이론(Triarchic Theory of Intelligence)이 있다. 지능이론별 요인과 내용은 〈표 3-3〉과 같다.

표 3-3 지능이론별 요인과 내용

<table>
<tr><th>이론</th><th>요인</th><th>내용</th></tr>
<tr><td rowspan="2">Spearman
(1863~1945)
2 요인설</td><td>일반요인(g요인)</td><td>많은 지적과정에 넓게 적용할 수 있는 능력</td></tr>
<tr><td>특수요인(s요인)</td><td>특정 과제의 수행에만 적용할 수 있는 능력</td></tr>
<tr><td>Thurstone
(1887~1955)
기본정신능력
(PMA)</td><td>지각속도 요인, 기억 요인, 언어이해 요인, 수 요인, 공간시각 요인, 단어유창성 요인, 추리 요인</td><td>지능은 7개의 각자 독립적인 능력으로 구성</td></tr>
<tr><td rowspan="3">Guilford
(1897~1987)
지능구조모형(SOI)</td><td>• 내용차원: 지적 활동에 사용되는 정보의 종류(시각적, 청각적, 상징적, 의미론적, 행동적)</td><td rowspan="3">• 지능은 내용(5개), 조작(6개), 산출(6개)의 지적 국면(face of intellect)로 구성
• 각 차원의 내용을 곱하여 (5×6×6) 180개 복합 요인</td></tr>
<tr><td>• 조작차원: 정신적 과정(수렴적 사고, 확산적 사고, 기억파지, 기억부호화, 인지, 평가)</td></tr>
<tr><td>• 산출차원: 내용에 대해 조작을 하여 생성된 결과(단위, 유목, 관계, 체계, 변환, 함축)</td></tr>
<tr><td rowspan="2">Cattell
(1860~1944)
유동지능(Gf)+
결정지능(Gc)=
일반요인(g요인)</td><td>유동성 지능(Gf)</td><td>• 유전적 · 신경생리적 영향
• 청소년기까지 계속 발달
• 일반적 추론능력의 정확성, 단순암기력, 암기속도
• 수열, 분류, 비언어적, 비표상적 도형검사</td></tr>
<tr><td>결정성 지능(Gc)</td><td>• 환경 및 경험, 문화적 영향
• 성인기 이후에도 계속 발달
• 사회관계 능력, 언어이해 능력, 일반적 지식, 문제해결 능력
• 일반정보검사, 어휘력</td></tr>
<tr><td>Gardner
(1943~)
다중지능이론</td><td>신체운동지능, 음악지능, 언어지능, 대인관계지능, 논리수학지능, 공간지능, 자기이해지능, 자연탐구지능</td><td>• 인간의 신경체제인 뇌 영역과 문화적 관점에서 지능을 기준으로 분석
• 모든 학습자는 서로 다른 능력과 흥미를 지니며, 개인마다 지능의 조합이 다름
• 인간의 지적 능력은 서로 독립적, 상이한 여러 유형의 능력으로 구성
• 지능을 적절한 수준까지 개발
• 핵심 활동이 존재함</td></tr>
</table>

Sternberg (1949~) 삼원지능이론	분석적 지능	• 새로운 지식을 획득하고 문제를 분석, 평가, 비판, 판단하기 위한 능력(메타요소, 수행요소, 지식습득요소)
	창의적 지능	• 새로운 상황과 문제에 대처하는 능력(새로운 경험을 과거의 경험에 연결하는 능력, 정보처리 자동화)
	실제적 지능	• 실생활에 대한 문제해결 방법과 계획이 실제로 효과가 있는지를 판단할 수 있는 능력(환경적응, 환경변화, 환경선택)

3) 선수학습 수준

학업성취에 영향을 주는 요인으로 개인의 지능지수나 학습능력과는 별도로 각 과목별 선수학습 수준이 있다. 예를 들어, 중학교 2학년의 수학 내용이 미지수가 2개인 연립일차방정식이라면 중학교 1학년의 일차방정식 개념을 잘 이해한 학습자는 현재 2학년의 내용을 이해할 수 있다. 하지만 1학년의 일차방정식 개념의 선수학습 수준이 낮으면 현재 2학년의 학습을 이해할 수 없다. 특히 수학처럼 위계적 구성이 높은 과목의 경우, 이전 학년 과목의 내용을 이해하지 못하면 상위 학년의 학습은 제대로 이루어지기 어렵다. 또한 위계적 구성이 높지 않은 교과목에서도 상급학교로 갈수록 교과 내용은 더욱 추상적이고 논리적인 내용이므로 학습자는 이전 학년의 과목별 선수학습이 반드시 이루어져 있어야 한다.

선수학습 수준을 파악하기 위해서는 표준화된 학업성취 검사 등을 사용할 수 있다. 또한 표준화된 검사를 사용하지 않고도 해당 학년의 교과 내용을 기반으로 문제를 추출하여 결손된 부분이 어느 영역에서 발생되었는지 확인할 수도 있다. 그리고 학업성취 검사와 지능검사를 함께 실시한다면 지능검사를 통해 학습문제에 영향을 주는 요인과 지적 능력의 문제의 원인, 특정 교과의 선수학습 결손의 주된 이유를 이해하는 데 도움이 된다. 과목별 선수학습 결손 부분을 정확히 파악하면 학습자에게 현재 학습내용의 이해를 높이고, 이후 누적된 선수학습 결손을 예방하여 학습부진아가 되는 것을 피할 수 있다.

4) 학습전략

학습자가 학습내용을 이해하고 활용할 수 있어야 학습이 이루어진 것으로 간주한다. 따라서 학습자는 자신의 지식을 상기시켜 새로운 내용과의 관련성을 파악하고 구조를 분석하는 등 스스로 학습내용을 조절 · 점검할 수 있는 인지적 활동이 필요하다. 이러한 활동을 학습전략(learning strategy)이라고 하며, 학습자가 의도적으로 학습을 위해 수행하는 공부 방법과 기술을 의미한다.

학습전략은 1970년대 이후 인지심리학의 발달에서 비롯되었으며 정보처리적 관점에 대한 활발한 연구가 이어졌다. 학습전략은 단순한 학습방법과 시험공부를 위한 전략뿐만 아니라 학습 정보를 처리, 기억, 인출, 활용하는 방법 등에 대한 전반적인 인지과정이다(김명숙, 2007). 그러므로 학습전략은 학습자가 학업성취를 이루는 데 큰 영향을 미친다. 학습전략은 공부전략, 공부방법, 공부기법 등으로 불리기도 하며(김현진, 2007), 정의와 분류는 학자마다 다양하다. 그러나 일반적으로 학습전략은 학습자가 새로운 정보를 선택하고 획득하고 조직해서 저장하는 방식에 영향을 미치는 모든 정보처리 활동(정신적 조작)으로 정의한다(Dansereau, 1988). Dansereau(1985), Derry와 Murphy(1986) 그리고 McKeachie 등(1986)의 학습전략의 분류를 정리하면 〈표 3-4〉와 같다.

일반적으로 상급학년으로 갈수록 교과의 난이도는 높아지고 학습동기와 흥미가 낮아서 학습내용을 더 깊이 있게 이해하려는 전략적 시도를 하지 않는 경우에 학습전략의 필요성이 대두된다. 따라서 학습상담을 할 때 상담자는 학습자에게 맞는 학습전략에 대한 이해와 적절한 사용이 가능해야 하며, 이를 위해서는 개인별 특성에 따른 학습자의 동기, 흥미 요인을 고려한 개별화의 학습전략을 활용할 수 있어야 한다. 학생들의 개인별 특성을 고려하지 않는다면 학습전략 관련한 상담의 효과는 제한적일 수 있다. 따라서 상담자는 학습상담 시 우선적으로 학생의 특성을 파악하는 것이 중요하다.

표 3-4 학습전략의 분류

학자	학습전략 요인		하위 요소
Dansereau (1985)	주전략		이해전략, 파지전략, 회상전략, 사용전략
	보조전략		목표계획과 설계전략, 주의집중 전략, 자기점검과 진단 전략
Derry & Murphy (1986)	기억전략		항목, 어휘
	읽기전략		특정 유형 교재
	문제해결 기능		산수영역
	정의적 지원전략		모든 영역
McKeachie 등 (1986)	인지적 전략	시연전략	밑줄치기, 암송, 따라읽기, 복사
		정교화전략	매개 단어법, 장소법, 심상법, 요약정리 유추, 노트정리, 질문하고 답하기
		조직화전략	기억조성법, 핵심 단어선택, 개요화, 다이어그램화
	초인지 전략	계획전략	훑어보기, 목표 설정하기, 질문 생성
		점검전략	자기점검, 시험전략
		조정전략	독서 속도 조정, 재독서, 복습하기, 수검
	자원관리 전략	시간관리	학습시간표 작성, 목표 설정하기
		타인의 조력	교사 및 또래 추구, 동료집단 학습
		공부환경관리	공부 장소 정리, 학습 장소 관리
		노력관리	자기대화, 끈기, 자기강화, 노력에 대한 귀인

출처: 김동일 외(2011): 장종은(2019) 재인용.

2. 정의적 요인

1) 동기와 정서

동기와 정서는 학습을 시작하고 지속적으로 수행하는 것과 관련성이 높은 변인이다. 앞서 제2장 학습동기이론에서 살펴보았듯이, 동기(motivation)는 행동의 활성을 증가시키고 행동의 방향을 정해 주는 심리적 요인으로 개체의 행동을 특정한 목표로 이끄는 내적 충동 상태를 의미한다(임규혁, 임웅, 2007). 이러한 관점에서 동기는 인간 행동의 출발점이라는 전제조건으로 목표를 이루기 위해서 물리적 혹은 정신적 활동을 활성화하여 사람들의 성공과 실패에 영향을 주는 중요한 변인이다. 그리고 동기는 그 자체가 교육의 목적으로 작용하기 때문에 학습과정에서도 밀접한 관련이 있다. 학습동기는 학습자가 어떤 내용을 공부할 것인지 선택하고, 언제 공부를 할 것인가의 공부시기, 어떤 방법으로 공부할 것인가의 공부방법에도 영향을 준다. 이 외에도 동기는 특정한 행동을 시작할 수 있게 하는 힘이다. 특정 과제에 대한 높은 동기는 오랫동안 깊이 있는 학습을 지속하도록 하며, 학습전략에도 영향을 준다. 학습동기의 증가는 학습자의 자세를 전환하여 학습에 적극적으로 참여하게 하고 학습 효과의 극대화를 가져올 수 있다.

동기는 의지(will)를 포괄하는 개념으로 의지는 여러 가지 방해요소를 이기고 지속적으로 하던 일을 실천할 수 있는 힘을 뜻한다(Ach, 1910). 학교에서 교사의 열정, 교사의 온정과 감정이입, 교사의 기대 등 학습 환경은 학습동기에 영향을 준다. 예를 들어, 교사의 열정으로 교과목에 대한 흥미를 전달하며, 가르치는 내용이 중요하다는 사실을 학생들과 소통하면서, 교과의 선수학습이 부족한 학습자에게 기초 부분을 보완해 준다면 성적은 능력이 아닌 노력에 의해 극복될 수 있다. 교사의 기대는 자성예언 또는 자기충족적 예언(self-fulfilling prophecy)이라고도 하며, 교사가 학생에 대한 기대 수준에 근거하여 학습자의 성적이 향상되는 것을 말한다(Good & Brophy, 1995). 이같이 교사의 기대는 학업성취에 매우 중요한 변인이다(Rosenthal & Jacobson, 1968). 같은 학년에서 성적이 제일 우수한 반과 성적이 낮은 반에서 교사가 학생들에 대한 기대의 피드백에 따라 학생들의 성취는 달라진다는 것이다. 성적이 낮은 반의 학생들이 교사로부터 친절한 대우와 긍정적 기대를 받는다면 이들의 학업성취가 높아질 수 있기 때문이다.

인지주의 동기이론에서 귀인(attribution)으로 외적보다는 내적, 안정보다는 불안정, 통제 불가능보다는 통제 가능으로 귀인할 때 학습동기가 증가한다. 또한 학습자의 노력으로 귀인할 때 학습동기가 가장 많이 증가한다. 귀인 유형과 자아개념과의 관계에서 긍정적인 자아개념은 성공은 내적으로, 실패는 외적으로 귀인했을 때 형성된다. 귀인 유형과 자기효능감의 관계에서 성공은 능력으로 그리고 실패는 노력으로 귀인했을 때 자기효능감이 높아진다.

정서(emotion)는 동기와 같이 학습을 시작하고 유지하는 데 밀접한 관련이 있다. 긍정적 정서를 갖고 있는 학습자는 동일한 문제에 부딪혔을 때 어려운 문제를 쉽게 포기하지 않고 문제를 해결하려는 적극적인 자세를 취하고 사회적으로 원만한 관계를 형성하여 주변의 조력(친구나 교사의 도움)으로 학습을 유지한다. 반면, 부정적 정서를 갖고 있는 학습자는 어려운 문제를 쉽게 포기하고 자신을 무능력한 사람이라고 판단할 뿐만 아니라 '난 머리가 나빠서 공부가 안 돼.'라는 비합리적 생각으로 쉽게 공부를 포기하는 태도를 갖는다. 그러므로 정서는 학습을 동기화하여 학습을 유지하고 집중할 수 있는 중요한 요인이라고 할 수 있다.

2) 자아개념

자아개념(self-concept)은 개인이 가지고 있는 자신에 대한 포괄적인 견해를 말하며, 학습자가 겪은 경험을 토대로 자신에 대해 갖고 있는 인식(perception), 느낌(feeling), 태도(attitude)다. 자아개념은 개인의 사고와 행동의 중심적 내적 성향이며, 대인관계에 영향을 주는 중요한 변인이다(송인섭, 1994). 긍정적 자아개념을 가진 사람은 자신이 어떤 일을 수행할 때 성공할 것이라는 기대를 갖고 일을 함으로써 실제로 성공할 가능성이 높은 반면, 부정적 자아개념을 지닌 사람은 쉽게 불안해하고 자책감과 좌절감에 빠지기 쉽다.

Shavelson, Hubner와 Stanton(1976)은 자신이 속해 있는 환경에서 경험을 통해 환경과 자신에 대한 의식적인 자각이 중요하다고 하였다. 즉, 개인의 성취 경험이 자아개념으로 형성된다고 하였다. 이들은 자아개념을 학문 자아개념, 사회 자아개념, 정서 개념, 신체 자아개념으로 나누고 사회, 정서, 신체 자아개념을 비학문 자아개념으로 구분하였다. 송인섭(1989)은 자아개념을 학문 자아개념, 중요 타인 자아개념 그리고 정의 자아개념으로 나누고, 학문 자아개념을 다시 학급 자아개념, 능력 자아개념과 성취 자아개념으로, 중요 타인 자아개념을 사회 자아개념과 가족 자아개념으로, 마지막으로 정의 자아개념을 정서 자아개념과 신체 자아개념으로 구분하였다. 이 중 학문 자아개념의 세 가지 하위 요인인 학급, 능력, 성취 자아개념을 다음과 같이 정의하였다(이재규 외, 2013).

- 학급 자아개념: 학급에서 이루어지는 학업과 관련된 활동, 예를 들어 수업시간에 질문을 받거나 친구들과 관계를 맺는 데 있어 자신에 대한 지각
- 능력 자아개념: 학습과 관련하여 자신이 성취할 수 있다고 느끼는 정도, 즉 자신의 잠재 능력에 대한 지각
- 성취 자아개념: 학업성취에 있어 자신이 성공했다고 느끼는지 혹은 실패했다고 느끼는지에 대한 것, 즉 실제로 얻은 학업성취 결과와 관련된 지각

학문 자아개념은 학업의 실패나 학업 스트레스에 대처하는 태도, 자기주도적 학습, 학교 적응능력에 영향을 주기 때문에 학업성취에 영향을 미치는 중요한 요인이다(김영규, 2018; 이재규 외, 2013). 따라서 학문 자아개념에 영향을 주는 개인의 내적 요인과 환경적 요인이 무엇인지 관심을 두어야 한다. 부모 또는 학생 스스로 높은 학업성취 수준을 목표로 하고 있는지, 능력이 없다고 실망하고 있는지, 학문 자아개념에 영향을 주는 것이 무엇인지 세심하게 관찰하고 개입할 필요가 있다.

3) 흥미

흥미(interest)는 학습자의 내적 동기로서 긍정적인 정서는 흥미를 유발한다(Hidi & Anderson, 1992). Ormrod(2008)는 흥미를 크게 개인적 흥미와 상황적 흥미로 구분하였다. 먼저, 어떤 흥미들은 개인적으로 내재해 있거나 흥미를 유발하는 주제나 활동에 자발적으로 참여하여 개인적 관심과 즐거움을 갖고 있다. 이러한 개인적 흥미(personal interest)는 상대적으로 안정되어 있고 장기간에 이루어진 것으로 일관성 있게 나타나며, 어떤 활동에 지속적으로 참여할 수 있게 한다. 그리고 개인적 흥미는 학습을 유도하여 학습내용에 흥미를 갖고 학습동기가 증가된다(Tobias, 1994).

상황적 흥미(situational interest)는 새롭거나 독특한 것, 놀라운 것과 같은 어떤 상황에 의해서 유발되는 흥미로 짧은 시간 동안에 주의집중을 하게 한다(Hidi & Renninger, 2006). 예컨대, 죽음, 위협, 사랑, 파괴와 같은 인간의 본성과 관련된 주제는 상황적 흥미를 증진시킨다. 예측할 수 없는 주제는 흥미를 유발하고 높은 활동과 정서도 함께 증진한다(Schank, 1979). 상황적 흥미에서 유발된 사건과 활동은 지속적으로 유지할 수 있는 개인적인 흥미로 변화하는 자원이 될 수 있기에 상황적 흥미

에 관련한 다양한 지식을 익히는 것이 필요하다(Alexander et al., 1997). 특정 분야에 대한 많은 지식과 기술은 자아효능감을 향상시켜 내적 강화를 제공하므로 흥미와 지식은 서로 보완적임을 알 수 있다.

흥미는 대체적으로 정보처리를 증진하고 흥미 있는 주제에 주의를 기울여 인지적으로 집중하게 된다. 그러므로 학습자가 어떠한 주제와 활동에 흥미를 가졌다면 의미 있고, 정교화, 조직화된 정보를 처리하려고 한다. 또는 이미 알고 있는 정보와 연결해서 이해하거나 추론을 이끌거나, 시각적 이미지를 형성하여 스스로 문제해결방법을 확인한다. 학습내용에 흥미가 있는 학습자는 그것을 기억할 가능성이 높고 지속적으로 공부하고 필요한 정보를 적극적으로 습득하려고 노력하여 높은 학업성취를 이룬다(Hidi & Harackiewicz, 2000; Schiefele, 1998).

Krapp, Hidi와 Renninger(1992)는 학습자의 흥미에 대한 세 가지 관점을 개인의 기질적 특성, 내용 및 상황의 특성, 개인의 심리적 상태로 나누었다([그림 3-4] 참고). 첫째, 흥미를 학습자의 기질적 특성의 하나로 보는 관점이다. 기질적 특성은 변화가 쉽게 이루어지지 않는 것으로 개인이 오랫동안 관심을 갖고 있는 분야의 특정영역이나 특정과목에 대한 관심을 의미한다(김동일 외, 2011). 예를 들어, 사회적 민감성이 낮고 탐구적 기질의 특성을 가진 학습자의 흥미를 살펴보면 좋아하는 과목과 싫어하는 과목이 확실히 구분되고, 관심 있는 과목에만 집중을 한다. 기질적 개념에서의 흥미는 쉽게 변하는 것이 아니므로 상담자는 학습자의 기절적 특성을 고려하여 이들의 관심 영역을 찾을 수 있도록 도와준다.

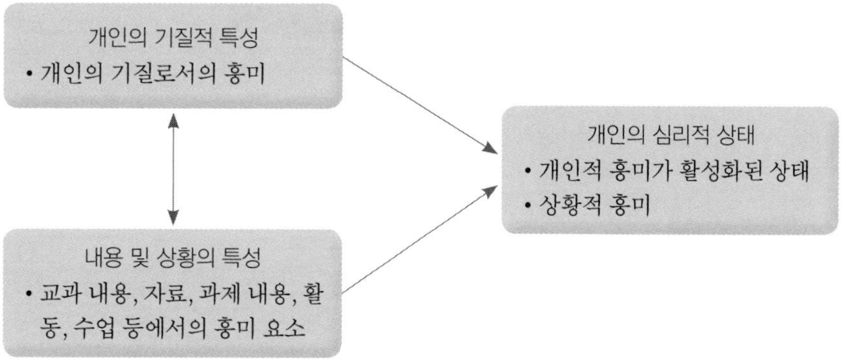

[그림 3-4] 흥미에 대한 세 가지 관점

출처: Krapp, Hidi, & Renninger(1992)

둘째, 흥미를 교과 내용, 학습방법 등과 같은 상황적 · 환경적 특성에 의해 생기는 것으로 파악하는 것이다(김동일 외, 2011). 예를 들어, 다문화에 관심이 있는 학습자는 문화의 다양성이나 다문화 관련 교과 내용을 학습할 때 흥미를 갖거나, 수업 참여도가 높고, 영상매체에 관심이 있는 학습자는 영상매체를 활용한 수업에 반응을 하거나, 면역체에 관심이 많은 학습자는 과학 시간의 세포분열과 화학에 흥미를 갖는 것이다.

셋째, 흥미를 개인적 성향이 특정한 맥락과의 상호작용을 통해 흥미를 느끼는 심리적 상태로 활성화되는 것이라고 보는 관점이다. 이와 같은 의미에서의 흥미가 활성화되려면 그 주제나 활동에 대해 얼마나 가치를 부여하는지, 그리고 관련된 선행지식을 얼마나 가지고 있는지 등에 영향을 준다고 본다.

학습자의 선행지식과 활동에 대한 가치 부여가 흥미에 어떤 영향을 주는지에 대한 Renninger(1990, 1992)의 연구에 따르면, 흥미는 선행지식의 수준과 가치 부여에 관한 정서적 측면이 중요하다는 것을 알 수 있다([그림 3-5] 참고). 그는 학습자의 활동 가치가 높고 선행지식의 수준 높으면 학습에 '흥미'를 가질 수 있고, 활동 가치는 높으나 선행지식의 수준이 낮다면 학습내용의 주제와 활동에 관해서는 일시적인 '매력'을 느끼는 정도라고 하였다. 반면, 활동 가치와 선행지식의 수준 모두 낮으면 학습에 전혀 관심을 갖지 않는 '무시'하는 정도로 느끼며, 활동 가치는 낮으나 선행지식의 수준이 높다면 '흥미 없음'이라고 보았다. Tobias(1994)는 흥미를 개인 성향, 특정한 맥락에서의 상호작용적 관점으로 보았으며, 선행지식 수준이 높지 않아

선행지식 \ 활동 가치	낮음	높음
낮음	무시	매력
높음	흥미 없음	흥미

[그림 3-5] 선행지식과 활동 가치에 따른 흥미의 네 가지 유형

출처: Renninger (1990, 1992).

표 3-5 흥미의 네 가지 발달 단계

	1단계 상황적 흥미의 촉발	2단계 상황적 흥미의 유지	3단계 개인적 흥미의 등장	4단계 개인적 흥미로 자리 잡음
정의	정서적 · 인지적 과정이 변하면서 부정적 경험이 긍정적 경험으로 정서가 변화하는 단계	관심이 촉발된 이후의 심리적 상태로서 집중과 관심을 유지하는 단계	내용에 대한 지속적인 관심이 나타나 흥미가 개인의 성향이 되는 초기 단계	시간이 지나도 특정한 주제에 대해 지속적인 흥미를 보이는 단계
필요한 지원의 유형	퍼즐, 모둠 활동, 컴퓨터 등 흥미를 유발할 수 있는 환경적 조건을 조성함	협동학습과 일대일 학습 등 개인적으로 학습내용을 의미 있게 받아들일 수 있도록 교육적 환경을 조성함	또래나 전문가 등의 지원이 있기는 하지만 스스로도 흥미를 갖게 됨	상당한 정도로 자발적 흥미를 보이며, 외적 지원도 이를 유지하는 데 도움이 됨
특징	관심의 집중과 정서적 반응, 초기에는 부정적인 정서반응이 나올 수 있음	관심의 집중과 정서적 반응, 만일 부정적인 정서가 있다면 개인적 흥미로 발전되기 전에 바뀌어야 함	긍정적인 관심과 내용 관련 지식의 축적이 이루어지며 호기심 어린 질문을 하게 됨	긍정적 감정, 지식의 증가 및 축적, 자기조절 및 자기성찰이 증가함

출처: Hidi & Renninger (2006).

도 흥미로 발전되는 것이 가능하다고 하였다. 특히 연령이 낮을수록 가능성이 높다고 하였다. 이는 흥미는 쉽게 변할 수 있는 것도 아니지만 변화 불가능한 것도 아니라 선행지식의 수준을 높이고 학습자의 학습내용에 가치 부여를 하면 흥미를 변화시킬 수 있다는 것임을 알 수 있다.

이와 관련하여 Hidi와 Renninger(2006)는 흥미가 상황에 대한 일시적 매력 또는 가벼운 흥미에서 시작되었더라도 학습자에게 필요한 자원을 획득하게 되면 흥미는 보다 높은 수준으로 변화 가능하다는 흥미의 네 가지 발달 단계를 제시하였다(〈표 3-5〉 참고).

지금까지 살펴보았듯이, 흥미는 학습자의 개인적, 정서적, 환경적 그리고 인지적 측면을 모두 포괄하는 복합적 개념이다. 그러므로 학습상담 장면에서 상담자는 학습자의 기질적 특성을 고려하고 환경적 측면에서의 학습 조건 및 학습 지지, 학교 진도에 맞춘 일정한 학습내용 선행지식을 지원해야 한다. 이와 함께 상담자는 학습자의 성격적 특성을 고려한 적절한 형태의 교수방법 지원도 확인하여 학습에서 흥미를 촉발하고 촉진할 수 있는 개입방법에 관심을 가져야 한다.

4) 불안

불안(anxiety)은 불확실한 결과를 가져오는 상태에 대한 불편한 감정과 염려다. 불안은 걱정과 정서성의 두 가지 구성요소로 구분된다(Tryon, 1980). 걱정(worrying)은 불안의 인지적 측면으로 어떤 상황을 다룰 수 있는 능력에 대한 당혹스러운 생각과 믿음이다. 즉, 학습자가 걱정을 하면 집중력 저하로 인해 효과적인 인지과정을 방해하게 된다. 그리고 정서성(emotionality)은 불안의 정서적인 측면으로 근육긴장, 심장박동 수 증가와 같은 생리적인 반응을 나타내기도 한다.

또한 불안은 상태불안과 특성불안의 두 가지 유형으로 구분할 수 있다(임규혁, 임웅, 2007). 특정한 자극에 의해서 일시적으로 일어나는 불안을 상태불안(state anxiety)이라고 한다. 예를 들어, 수학 문제 풀이에 자신이 없는 학습자가 수학 시험에 대한 생각을 할 때 나타나는 일시적인 불안이다. 그리고 특성불안(trait anxiety)은 과목에 상관없이 일반적으로 항상 불안을 느끼는 것이다. 모든 시험이나 발표 등에 불안을 느끼는 것으로 어떤 대상에 대해 만성적으로 느끼는 불안이다. 학습 상황과 관련된 대표적인 정서는 시험불안으로 시험불안에는 필기시험, 수업시간 발표, 과제 제출 등 평가가 이루어지는 모든 상황에서 발생할 수 있는 불안이 포함된다. 불안에 대해서는 제11장 '평가불안'에서 자세히 다루고 있다.

3. 환경적 요인

1) 가정

가정은 개인이 가장 먼저 접하게 되는 사회다. 가정의 사회화 과정에서 부모, 형제간의 감정, 태도, 행동은 자녀에게 영향을 주는데(Fitt, 1965), 학업에서도 부모의 양육태도, 신념, 가치관, 의사소통 방식 등은 자녀의 학업성취와 학습동기와 관련이 있다. 부모가 자녀의 학습환경이나 학습에 대해 보이는 관심은 자녀의 학업성취와 밀접한 관련이 있다.

부모의 학습 관여는 부모가 자녀의 학업성취 향상을 위해 학습활동과 관련한 부모의 모든 행동이나 태도를 의미한다(김종덕, 2001). 부모의 관여는 가정에서 자녀에 대한 부모의 기대, 자녀와의 의사소통, 학습에 도움을 주는 행동, 그리고 가정 이외에서 교사와의 면담, 학교 활동 참여 등을 포함한다(Eccles & Harold, 1993). 부모 관여가 긍정적인 영향을 주기 위해서는 자녀의 연령, 현재의 학업성취 수준을 고려한 적절한 수준의 관여가 필요하다. 가정에서 부모와의 대화가 많고 부모의 자녀에 대한 친밀성은 학습에 긍정적 영향을 준다(이주리, 김기홍, 2017). 부모가 자녀를 통제한다는 느낌을 갖지 않고, 적절한 조언과 정보제공을 하고, 자녀의 행동을 믿고 있다는 느낌을 갖는 것, 즉 자녀를 존중하는 부모의 학습 관여 태도는 자녀의 학업성취에 긍정적 영향을 준다. 이같이 가정에서 부모의 긍정적인 학습 관여는 부모-자녀 관계와 자녀의 자아존중감과 높은 관련성을 가지며, 자녀에게 자율성 격려 행동을 촉진함으로써 자녀의 성취동기에 영향을 주게 되어 학업성취도와 학업 스트레스에도 긍정적인 영향을 준다(이선정, 2019). Eccles, Wigfield와 Schifele(1998)는 자녀의 학습과 관련된 부모의 태도를 다음의 여섯 가지로 제시하였다. ① 자녀의 학업수행에 대한 귀인, ② 과제 난이도에 대한 인식, ③ 자녀의 능력에 대한 기대와 확신, ④ 학업에 대한 가치 부여, ⑤ 실제적인 성취수준 그리고 ⑥ 성공하는 데는 장해물이 있으므로 이를 극복하기 위한 전략이 필요하다는 신념이다. 각각의 항목에 대한 부모의 태도가 자녀의 학업에 영향을 준다.

부모의 학습 관여와 자아개념의 관계에서도 부모가 학업 정보를 많이 제공할수록 자녀의 학업 자아개념이 높다(박소희, 조민아, 2013). 반대로 부모가 자녀에게 지나친 학습 부담을 주게 되면 자녀의 정서적 불안감을 증가시킬 뿐만 아니라 부모의 부정적 평가로 인해 학습능력이 부족하다고 스스로 평가를 내리기도 한다. 그러므로 부모가 자녀를 지지·격려하는 가정환경을 조성하고 자녀의 학습태도와 관심 있는 주제에 관련한 정보 및 자료를 제공한다면 자녀의 학습 흥미와 지적 호기심은 활발해질 것이다(Meece, 1997).

의사결정 과정에서도 부모의 일방적인 결정보다는 자녀를 참여할 수 있게 하여 스스로 선택한 것을 실천하게 하는 것이 학습동기에 도움을 주기 때문에 의사결정에 자녀의 참여가 필요하다(Ryan & Deci, 2000). 그러므로 적절한 수준의 부모 관여와 부모의 민주적 · 수용적 · 일관적 태도, 의사소통에서 자녀를 존중하고 제안하는 형태의 촉진이 중요하다. 자녀의 학업성취에 가장 중요한 영향을 주는 요인은 물질적 요소가 아닌 정서적 안정감이므로 학습상담에서 상담자는 내담자의 가정환경을 파악하고 이에 맞는 적절한 수준의 개입을 해야 한다.

2) 학교

학교 환경을 물리적 환경과 사회적 환경으로 구분할 때, 물리적 환경은 구조, 교실 배치, 내부시설, 가구 및 교구 배치, 학교 건물의 크기 등이며, 사회적 환경은 이보다 더 중요한 환경으로 학교 구성원들 간의 서로에 대한 기대와 교사, 또래와의 관계라고 할 수 있다. 이 중 학습자에게 영향을 주는 가장 중요한 사회적 환경 요인으로 교사와 또래에 대하여 살펴보고자 한다.

(1) 교사

교사는 학습자의 학습과정 및 결과에 영향을 미치는 중요한 인물이다. 교사의 역할, 교사의 피드백, 교수방법은 학습자의 학습 흥미와 학습행동에 영향을 미친다. 교사의 언어적 행동과 비언어적 행동을 통해서 교사로서의 열정을 학생들에게 전달할 수 있으므로 학생의 학업수행 결과의 상호작용 방법에 따라 언어적 · 비언어적 행동이 다르게 나타나기도 한다. 학생들의 느낌과 그들의 생각을 이해할 수 있는 감정이입도 중요하다. 그러므로 '내담자와 교사와의 관계가 어떠한가?' 그리고 '내담자가 교사의 피드백을 경험한 적이 있는가?'는 학습상담 장면에서 다루어야 할 중요한 주제다.

교사가 학생에게 주는 피드백을 살펴봐야 하는 이유는 교사의 피드백에 따라 학생 스스로 학습능력을 긍정적 또는 부정적으로 수용하여 학습 수행에 영향을 주기 때문이다. 피드백은 학습 증진에 긍정적인 역할을 하는 것으로 학생의 학습 개선을 위해 필요한 정보를 제공하는 것이다(Cohen, 1985). 학습 개선 외에도 학습에서의 문제를 진단하고 학습의 방향과 내용을 구체적으로 제시해 주어 내적 · 외적 동기화를 향상할 수 있다. 피드백의 목적은 학생이 무엇을 이해하고 배우는지 알아보는 것

표 3-6 교사의 긍정적 피드백

유형	정의	예시
수행 피드백	과제를 얼마나 정확하게 했는지, 그리고 제대로 하기 위해서는 어떻게 수정해야 하는지 등에 대한 피드백을 제공한다.	"5번까지는 잘했는데, 그 다음부터는 연습장에 써야 한단다." "맞았어."
동기 피드백	잘하고 있는지에 대한 정보를 제공하고, 다른 학습자와의 비교나 설득이 포함될 수 있다.	"선생님은 네가 이 일을 잘할 줄 알았단다."
귀인 피드백	학생의 수행을 하나 또는 그 이상의 다른 속성으로 귀인한다.	"포기하지 않고 열심히 노력하더니 좋은 결과를 얻었구나."
전략 피드백	학생이 사용한 전략이 효과적이었는지에 대해 피드백을 제공하고, 아울러 과제를 하기 위해 어떤 전략을 사용해야 할지를 알려 준다.	"순서를 변경하여 한 것은 아주 잘했구나."

출처: Rosonshine & Stevens (1986).

으로 교사와 학생의 상호작용적 관계에서 단순히 학생의 오답을 판단하는 것이 아닌 교사가 학생의 학습 수행에 관심을 갖는 것이다. 학습에 대한 교사의 피드백은 가급적 긍정적으로 즉시 제공한다. 그리고 실제 정답을 찾는 데 도움이 되는 구체적인 지침을 제공하거나 관련 정보를 제시하는 것이 좋다. 이와 관련하여 Rosenshine과 Stevens(1986)는 교사의 긍정적 피드백 유형을 수행 피드백, 동기 피드백, 귀인 피드백, 전략 피드백 네 가지로 구분하여 제시하였다(〈표 3-6〉 참고).

첫째, 수행 피드백은 과제를 얼마나 정확하게 했는지, 그리고 제대로 하기 위해서 어떻게 수정해야 하는지 등 과제 수행의 정확성, 학습 수정에 대한 피드백이며, 잘못된 부분을 다음에는 어떤 방법으로 다르게 해야 하는지 정확하게 구체적으로 짚어 준다. 둘째, 동기 피드백은 답의 정확성에 대한 피드백보다는 학생의 의욕이나 스스로 할 수 있다는 자기효능감을 증진시키는 방법으로 피드백을 준다. 셋째, 귀인 피드백은 학업수행의 결과를 한 가지 혹은 그 이상의 귀인과 연결하는 것이다. 넷째, 전략 피드백은 전략을 얼마나 잘 적용했고 학업수행을 증진시키려면 전략을 어떻게 사용할 수 있는지 등에 대해 피드백을 주는 것이다.

한편, 부정적 피드백은 학생의 수행과 행동이 부적절하거나 부정확한 상황을 학생에게 알리기 위해 사용되는 피드백이다. 예를 들면, "틀렸구나." "똑바로 해야지." 또는 숙제에서 잘못된 철자를 정정해 주는 피드백이다. 부정적 피드백은 대체로 짧게 하거나 자주 사용하지 않는 것이 좋다.

교수방법 또한 학습동기를 증진시키고 최대한 학업성취를 이룰 수 있게 하는 중요한 요인이다(Goetz, Alexander, & Ash, 1992). 효과적인 교수방법은 학생이 수업시간에 능동적으로 참여할 수 있는 수업이거나 수업시간에 학생이 성공 경험과 연습할 기회가 많은 수업이다. 교수방법은 크게 완전학습과 협동학습으로 구분할 수 있다(Nicholls, 1983). 완전학습(mastery learning)은 수업시간에 어떠한 학생이라도 학교에서 수행해야 할 과제를 모두 학습할 수 있다는 것이다. 이러한 학습은 자아개념의 형성과 학교 과제에 대한 긍정적인 태도와 흥미를 갖게 한다. 협동학습(cooperative learning)은 학생들 간의 경쟁을 줄일 수 있고 자신의 학습에 대하여 보다 강한 책임감을 제공할 수 있는 학습방법이다. 교수자의 적극적인 수업 안내와 피드백은 특정 교수법에 관계없이 학습자의 수업 참여를 촉진하며, 교수–학습과정에서 교사의 피드백은 학생의 학습태도, 학습활동을 개선하여 학업성취도에 직접적인 영향을 준다(신소영, 김지심, 2016; 장지윤 외, 2018).

Rosenthal과 Jacobson(1968)은 교사가 학생에 대한 긍정적 기대는 학생 스스로 노력하면 성취를 할 수 있을 것이라는 자기충족적 예언을 현실에서 이루어지도록 꾸준한 노력을 하면 실제로 성취 수준이 높아진다고 하였다. 따라서 교사의 학생에 대한 긍정적 기대는 학생에 대한 관심을 증가시키고 칭찬과 격려, 포용적인 태도를 갖게 되어 학생의 자기효능감이 상승하기에 학업성취에 긍정적인 영향을 준다. 이를 설명하는 개념이 피그말리온 효과(Pygmalion effect)다.

결론적으로 교사의 피드백, 교수 방법 그리고 학생에 대한 긍정적 기대는 학생이 학습과정 및 학업성취에 영향을 줄 수 있는 긍정적인 변인임을 알 수 있다.

(2) 또래

아동기에서 청소년기로 가면서 또래는 더욱 중요해진다. 청소년기의 심리적인 불안감과 소외감은 또래를 통해 정보와 정서적 지지를 얻으면서 해결할 수 있다. 그리고 또래집단으로부터 인정이나 인기 등의 사회적 보상을 획득하여 정체감을 형성하기도 한다. 청소년은 또래를 통해 사회적 · 인지적 자원을 얻고 사회적 기술을 연마하여 성인이 되었을 때 이런 기술을 사용해 보기도 한다.

학교에서 또래와의 관계는 학교 적응 및 학습에 긍정적 또는 부정적으로 영향을 미친다. 먼저 긍정적 측면을 살펴보면, 또래관계는 여가활동의 중요한 자원이며, 서로 가치 있는 소유물을 나누고 정보를 공유하는 관계다. 이 외에도 스트레스 상황에서 공감을 받고 스트레스를 대처하는 능력의 향상과 안정감을 제공하기도 하다. 또래관계에서의 긍정적 상호작용을 통해 정서적인 인정을 받고 있다는 느낌은 청소년의 자아개념과 도덕성에도 긍정적인 영향을 준다. 더 나아가 또래관계에서 발생하는 정서적 안정감은 타인에 대한 이해와 사회 규칙을 이해하는 등 사회 적응에 도움을 준다. 또한 또래는 사회적 비교의 기제로 자신의 사고나 활동을 또래와 비교하면서 또래의 행동과 특성을 관찰하고 모방하여 비슷한 행동을 하기도 한다. 이는 지각된 유사성으로 모델과 자신이 유사하다고 느낄수록 행동을 따라 할 가능성이 높다. 이러한 특징은 학습 장면에서도 자신과 유사한 학습 특징을 갖고 있는 학습자의 태도와 학습기술을 지각하기에 학습에 대한 긍정적 또는 부정적 영향을 줄 수 있다.

반면에 또래의 부정적 측면은 인터넷 중독, 일탈 행동 등의 반사회적 행동과 자기 파괴적 행동, 따돌림과 거부, 지위와 인정을 인한 경쟁 등으로 인한 스트레스를 초래할 수 있다. 이로 인해 결과적으로 학습 흥미를 점차 저하시키며 학교 부적응 및 학교 교사와의 관계 또한 원만하지 않을 수 있다.

이처럼 학습과 관련하여 또래는 긍정적인 영향을 주기도 하고 부정적 영향을 주므로 상담 장면에서 상담자는 '내담자의 또래관계가 어떠한지?' '친구와 어떠한 경험이 있었는지?' 등 또래관계 등을 구체적으로 탐색해 보아야 한다.

제2부

학습상담의 대상

제4장

특수아동 및 청소년

1. 학습 관련 장애의 분류

1) 정신질환 진단 및 통계 편람

『정신질환 진단 및 통계 편람(Diagnostic and Statistical Manual of Mental Disorders: DSM)』은 미국정신의학협회(American Psychological Association: APA)에서 정신장애를 보다 신뢰성 있게 진단하고 분류하기 위해서 제작하였다. 1952년에 DSM-I이 처음 발행된 이후 임상적 유용성과 진전된 연구 결과를 반영하여 여러 차례의 개정 과정을 거쳤으며, 가장 최근의 버전은 2013년 5월의 다섯 번째 개정판인 DSM-5다. DSM-5는 정신장애를 20개의 주요 범주로 나누고 그 하위 범주로 300여 개 이상의 장애를 포함하고 있다. 이 중에서 학습문제와 가장 관련이 깊은 장애는 신경발달장애 범주다. DSM-5에서 신경발달장애의 하위 장애는 〈표 4-1〉과 같다. 이 장에서는 이 중에서 학습장애, 주의력결핍 과잉행동장애, 자폐스펙트럼장애 그리고 지적장애를 중심으로 살펴보고자 한다.

표 4-1 DSM-5에서 신경발달장애의 하위 장애와 특징

하위 장애	특징
지적장애	IQ 70 미만으로 학업을 비롯한 대부분의 적응 활동에서 부진을 보임
의사소통장애	말이나 언어 사용에 결함이 있는 경우에 언어장애, 말소리장애, 아동기발병 유창성장애, 사회적(실용적) 의사소통장애로 구분
자폐스펙트럼장애	DSM-IV의 자폐증, 아스퍼거장애, 소아기붕괴성장애, 레트장애, 광범위성 발달장애를 아우르는 장애로 사회적 의사소통이 부족하고 제한되고 반복적인 행동을 보임
주의력결핍 과잉행동장애	주의집중의 어려움과 산만함, 충동성, 과잉행동을 보임
특정학습장애	지능은 정상적이지만 지능 수준에 비해 읽기, 쓰기, 산술 계산과 같은 영역에서 학습부진을 보임
운동장애	연령이나 지능 수준에 비해 운동능력이 현저하게 미숙하고 부적응적인 움직임을 반복하는 것으로 틱장애, 발달적 협응장애, 상동증적 운동장애가 있음

출처: 이우경(2016).

2) 특수교육

특수아동이라고 하면 흔히 장애아동만을 생각하게 된다. 장애아동은 주로 법이 정한 장애아동, 즉 법정장애아동 그리고 법에서 정한 장애아동의 범주에는 해당되지 않지만 일상의 과제를 순조롭게 수행하기 어려운 준장애아동을 포함한다. 하지만 특수아동은 이런 장애아동뿐만 아니라 영재아동까지를 아우르는 개념이다.

장애에는 크게 정신장애, 신체장애, 발달장애, 정서장애 등이 있다. 정신장애란 주로 조현병, 우울장애, 불안장애와 같은 정신의학분류에서 장애로 취급하고 있는 장애를 말한다. 신체장애란 지체장애, 시각·청각장애, 언어장애 등을 말하며 발달장애란 지적장애, 자폐스펙트럼장애 등을 말한다.

우리나라에서 특수교육의 대상은 「장애인 등에 대한 특수교육법」 제15조에 의거하여 약 10개의 장애로 분류한다.

「장애인 등에 대한 특수교육법」

제15조(특수교육대상자의 선정) ① 교육장 또는 교육감은 다음 각 호의 어느 하나에 해당하는 사람 중 특수교육을 필요로 하는 사람으로 진단 · 평가된 사람을 특수교육대상자로 선정한다.

1. 시각장애
2. 청각장애
3. 지적장애
4. 지체장애
5. 정서 · 행동장애
6. 자폐성장애(이와 관련된 장애를 포함한다)
7. 의사소통장애
8. 학습장애
9. 건강장애
10. 발달지체
11. 그 밖에 대통령령으로 정하는 장애

또한 교육부는 매년 특수교육통계를 발표하는데, '2020 특수교육통계'에 따르면 2020년 특수교육대상자는 95,420명이며, 이 중 지적장애의 특수교육대상자가 50,693명(53.1%)로 가장 많았으며 다음으로 자폐성장애가 13,917명(14.6%)이었다. 정서행동장애는 1,993명(2.1%)이며, 학습장애는 1,226명(1.3%)이었다.

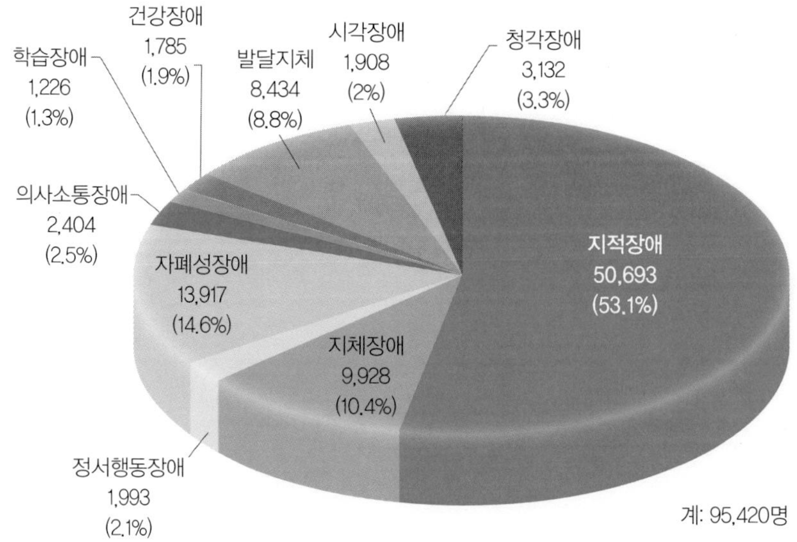

[그림 4-1] 장애영역별 특수교육대상자 현황

출처: 교육부(2020).

2. 학습장애

학교 장면에서 학습문제를 가지고 있는 아동·청소년들이 종종 있다. 이들은 흔히 게을러서, 열심히 노력을 안 해서 등의 이유로 공부를 못하는 것으로 여겨진다. 이들에게 학습 및 심리 상담을 제공하기 위해서는 학습 및 주의행동의 문제를 유발하는 원인과 이들의 인지적·정의적·행동적 특성을 이해하고 있어야 한다.

1) 학습장애 정의

과거에는 '뇌 손상'이나 '미세 뇌기능 이상(minimal brain dysfunction)'이라는 용어로 학습장애를 지칭하였으나, 이러한 용어가 내포하고 있는 부정적 의미 때문에 1963년 Samuel Kirk가 처음으로 학습장애(Learning Disability: LD)라는 용어를 사용하였다.

(1) 미국 교육부

학습장애를 정의하는 다양한 접근 가운데 가장 고전적이고 전문가들이 가장 타당한 것으로 받아들이고 있는 정의는 1977년 미국 교육부(U.S. Office of Education)의 정의다. 미국 교육부에서 제안한 학습장애에 대한 정의는 다음과 같다.

> 학습장애란 구어나 문어의 사용이나 이해와 관련된 기본적 인지기능의 장애를 말한다. 이같은 인지기능의 장애는 듣기, 말하기, 읽기, 쓰기, 산수 등의 학습기능 수행에 어려움을 초래한다. 학습장애는 지각장애, 뇌손상, 미세 뇌기능 이상, 난독증, 발달실어증 같은 상태를 포함한다. 하지만 시각장애, 청각장애, 운동장애, 정신지체, 정서장애로 인한 학습결손 그리고 환경, 문화, 경제적 결핍으로 인한 학습결손은 학습장애에 포함시키지 않는다.

(2) 장애인 등에 대한 특수교육법

우리나라 「장애인 등에 대한 특수교육법」 제15조(특수교육대상자의 선정)에 따르면 학습장애가 특수교육대상자임을 알 수 있다. 같은 법 시행령 제10조에 제시된 특수교육대상자 선정 기준에서 학습장애를 지닌 특수교육대상자는 "개인의 내적 요인으로 인하여 듣기, 말하기, 주의집중, 지각(知覺), 기억, 문제해결 등의 학습기능이나 읽기, 쓰기, 수학 등 학업성취 영역에서 현저하게 어려움이 있는 사람([별표]〈개정 2016. 6. 21.〉)"을 말한다.

2) 학습장애 진단 및 검사

(1) DSM-5 진단기준

학습장애를 DSM-5에서는 '특정학습장애(Specific Learning Disability: SLD)'로 부르며, 이는 신경발달장애의 하위 유형에 해당한다. 같은 연령, 지능지수(IQ), 교육 환경인 사람들과 비교하여 학업적으로 많이 떨어지는 사람이 여기에 분류된다. 학습장애의 개념을 구체적으로 이해하기 위해서는 DSM-IV와 최근 개정된 DSM-5의 특정학습장애 관련 정의를 비교해서 살펴볼 필요가 있다(〈표 4-2〉 참고). DSM-5에서 제시한 특정학습장애 정의의 특성은 다음과 같다(김동일 외, 2016).

첫째, DSM-IV에서는 읽기, 수학, 쓰기 장애 등으로 분리되었던 학습장애의 영역을 특정학습장애(Specific Learning Disability: SLD)로 통합하고 하위 요소로 분류하였다. 또한 하위 요소에 대해서도 경도(mild), 중도(moderate), 최중도(severe)로 명확하게 해석할 수 있도록 하였다.

둘째, 불일치 진단기준을 삭제하고 중재반응(Response to Intervention: RTI)모형을 수용하였다. DSM-5에서는 지능과 학업 수준의 현저한 차이로 학습장애를 진단하는 불일치 진단기준을 삭제하고 어려움이 있는 학습 영역에서 적절한 중재를 제공하였음에도 지속적인 학업의 어려움을 6개월 이상 보이는 경우를 제시하였다.

셋째, 생애 주기를 고려하여 학습장애를 진단할 수 있는 시기를 확장하였다. DSM-IV에서는 학습의 어려움의 원인이 되는 특정 학업기술의 결손을 학령기에 국한하여 적용하였으나 DSM-5에서는 저성취기준을 도입하여 학업기술이 같은 연령보다 낮은 수준의 점수(최소 −1.5 표준편차)를 보이고, 표준화된 검사와 종합적인 임상결과가 있을 경우 학습장애로 정의할 수 있음을 명시하였다. 학령기에만 사용할 수 있는 표준화검사 결과를 학습의 어려움에 관한 기록 등으로 대체함으로써 학령기 이후에도 학습장애를 진단할 수 있음을 명시한 것이다.

넷째, 학습장애의 정의와 관련된 배제요인을 DSM-IV에서는 시각 · 청각의 결함에 따른 학업의 어려움만을 배제요인으로 제시하였지만, DSM-5에서는 배제요인을 구체적으로 제시하였다. 즉, 지적장애, 시각 · 청각 결함 또는 다른 신경학적 장애, 심리사회적 문제, 언어 문제, 부적절한 교수로 발생하는 학업 어려움을 배제요인으로 제시하면서 학습장애가 과잉진단되는 것을 방지하였다.

다섯째, 난독증(dyslexia)과 난산증(dyscalculia)에 관한 명확한 개념을 제시하였다. DSM-5에서는 난독증을 정확한 단어인지 능력에 비해 부족한 해독능력과 철자능력을 보이며 이로 인해 심각한 학업적 어려움을 보이는 것으로 정의하였다. 또한 난산증은 수 정보처리 과정에서 결함이 보이며 수 연산과 관련한 학업적 어려움을 보이는 것으로 설명한다.

표 4-2 학습장애에 대한 DSM-IV와 DSM-5 비교

	DSM-IV	DSM-5
용어	학습장애	특정학습장애
진단기준	1. 개별적으로 실시된 표준화검사에서 읽기, 수학, 쓰기 능력이 개인의 생활연령, 측정된 지능 그리고 나이에 적합한 교육에 비해 기대되는 정도보다 현저히 낮다(표준화검사 결과와 지능지수 사이에 2표준편차 이상 차이가 남). 2. 학업적 기술이 요구되는 학업의 성취나 일상생활의 활동을 현저하게 방해한다. 3. 감각결함이 있다면 통상적으로 감각결함에 동반되는 정도를 초과해서 심한 정도를 나타난다.	1. 학습과 학업기술을 사용하는 것의 어려움이 그에 맞는 중재를 제공했음에도 최소 6개월 이상 지속된다. 2. 학업기술이 개인의 생활연령에 비추어 기대되는 정도보다 현저히 낮아 학업 및 직업상의 성취 또는 일상생활 활동을 현저히 방해한다. 이는 개별적으로 수행된 표준화된 성취도평가와 종합적인 임상검사에 의해 공식적으로 확인된다. 17세 이상의 개인의 경우 손상된 학습의 어려움에 대한 기록물이 표준화된 평가를 대체할 수 있다. 3. 학업적 어려움은 학령기 동안 발생하지만 개인의 제한된 능력을 초과하는 학업기술에 대한 요구가 있기 전까지는 분명하게 드러나지 않을 수 있다(예: 시간이 정해진 시험, 제출기한이 빠듯한, 복잡한 읽기 및 쓰기 능력이 요구되는 과제, 부담이 큰 과제). 4. 학업적 어려움은 정신지체, 교정되지 않은 시력 및 청력의 문제, 다른 정신 또는 신경학적 장애, 심리사회적 역경, 학업교수에서 사용하는 언어의 문제, 교육기회 부족으로 인해 기인되지 않는다.
지원 강도 제시	×	현재 상태에 따라 경도, 중도, 중등도로 지원 강도 표시
하위 장애 분류	• 읽기장애 • 산술장애 • 쓰기장애 • 달리 분류되지 않는 장애	하위장애를 구분하지 않고 '특정학습장애'라는 용어로 통합함 하위장애명 대신 손상된 학업영역 및 하위기술을 반드시 기록하도록 함 읽기 곤란형 쓰기 곤란형 산술 곤란형

난독증, 난산증	언급하지 않음	특정 학습장애에 포함되는 난독증과 난산증에 대한 명확한 개념과 이들 용어를 사용했을 때 고려해야 할 점을 제시함
진단적 특징	1. 학습장애는 읽기, 산술, 쓰기를 평가하기 위해 개별적으로 시행된 표준화 검사에서 나이, 학교교육, 지능에 비해 기대되는 수준보다 현저하게 낮게 나올 때 진단한다. 2. 현저하게 낮다는 것은 표준화검사 성적과 지능지수 사이에 2표준편차 이상 차이가 날 때 정의한다. 3. 때로는 성적과 지능지수 사이의 작은 점수 차이(1~2표준편차 사이)는 개인의 지능검사가 인지과정과 연관된 장애, 개인의 정신장애, 일반적인 의학적 상태 또는 개인의 인종적·문화적 배경에 의해 영향을 받은 경우 적용된다. 4. 감각결함이 있다면 학습장애는 통상적으로 감각결함에 동반되는 정도를 초과해서 심하게 나타나야 한다.	1. 특정학습장애는 중요한 학업기술을 학습하는 데 지속적인 어려움을 가진다. 2. 개인의 학업기술의 성취가 실제 연령에서 기대되는 수준의 평균 이하다. 3. 대다수의 학생의 경우 학업적 어려움은 학령기 초기에 나타난다.
배제 기준의 예	• 부적절한 교육 • 시각과 청각의 감각기능상의 결손 • 지적장애 • 광범위성 발달장애 • 의사소통장애	• 정신지체 • 교정되지 않은 시력 및 청력의 문제 • 정신 또는 신경학적 장애 • 심리사회적 역경 • 언어문제 • 부적절한 교육

출처: 김동일 외 (2016), p. 142.

(2) 검사도구

학습장애의 진단은 부모 면담, 교사 면담, 신체검사(학습에 장해를 줄 수 있는 만성질환, 영양실조, 시각장애, 청각장애 등), 심리검사, 심리교육 평가(학습성취도, 인지 기능, 언어발달검사 등)를 통해서 할 수 있다.

학습장애 선별검사(Learning Disability Screening Scale: LDSS)는 초등학교 1학년부

터 6학년을 대상으로 학습장애 위험 가능성이 있는지를 평가하는 선별검사도구다. 이 검사도구를 통해서 일반교육 이외에 부가적인 지원이 요구되는 학생(예: 기초학력이 현저하게 떨어지는 학생, 학습부진학생)을 선별하며, 읽기, 쓰기, 수학, 듣기, 말하기, 사고 추론 영역에서의 학습장애 위험 학생을 선별한다.

학령기 아동의 학습장애 여부 및 문제의 심각성, 학습장애 유형을 객관적으로 평가하기 위한 한국판 학습장애 평가 척도(Korean version of Learning Disability Evaluation Scale: K-LDES)는 6~11세를 대상으로 한다. 이 검사는 7개의 하위 영역(주의력, 사고력, 말하기, 읽기, 쓰기, 철자법, 수학적 계산)에서 아동이 보이는 문제를 부모나 교사가 평가하도록 되어 있다.

3) 학습장애 개입전략

(1) 심리상담

① 학습된 무력감

학습장애 학생의 심리적 문제를 대표하는 것은 학습된 무력감(learned helplessness)이다. 이는 누적된 실패 경험을 통한 심리적 좌절로, 학생이 이를 극복할 수 있도록 돕기 위한 체계적 상담 서비스가 제공될 필요가 있다. 학습된 무력감을 극복해 주기 위해 사용할 수 있는 방법으로는 두 가지가 있다. 첫째, '노력해도 소용없다'는 자포자기적 심리상태를 극복하기 위해 사용될 수 있는 상담기법으로 행동주의이론에 근거하여 개발된 응용행동분석(Applied Behavioral Analysis: ABA)이 있다. 응용행동분석은 내담자가 보이는 문제행동(behavior)에 영향을 미치는 선행사건(antecedent)과 결과물(consequence)을 관찰과 면담을 통해 밝혀내고, 선행자와 결과물의 체계적인 변화를 통해 문제행동의 변화를 도모하는 접근방법이다(Smith, 1993). 학습된 무력감의 변화에 영향을 미칠 수 있는 선행요인으로는 과제의 난이도, 수업의 체계성, 학습환경 등을 생각해 볼 수 있으며, 행동에 뒤따르는 결과요인으로 노력이나 결과에 대한 주위의 관심과 인정, 학생 자신의 내적 성취감, 외부에서 주어지는 긍정적 평가 등을 들 수 있다. 상담기법으로 응용행동분석은 외부적 환경 변화를 통한 행동 변화를 계획한다는 측면에서 초등학생에게 더욱 효과적으로 사용될 수 있다.

둘째, 멘토링(mentoring)을 활용할 수 있다. 멘토링을 통한 행동 변화의 모색은 이론적으로 Bandura의 사회학습이론에 근거한 방법이다. 사회학습이론에 따르면, 직접적 보상에 의해서뿐만 아니라 다른 사람의 행동과 결과에 대한 직간접적 관찰을 통해 새로운 행동을 획득하거나 기존 행동이 변화할 수 있다. 이러한 멘토를 통한 사회적 망(social networking)의 형성은 계속된 실패로 인해 자신감을 잃은 학생을 도와줄 수 있다. 학생을 지속적으로 지지해 주고 도와줄 수 있는 친구 또는 멘토와 연결해 주거나, 가족이 지지체계로 활용될 수 있도록 부모와 가족들에게 협조를 요청하는 것도 도움이 된다. 멘토는 내담자와 비슷한 환경적 · 심리적 경험을 가진 적이 있거나 현재는 성공적으로 자신의 일을 수행하는 주변의 상급 학년의 학생이나 성인이 적합하다.

② 학습장애에 대한 생각 바꾸기

학습과 연관된 긍정적 사고를 심어 준다.

- 내가 시험에 대해 세워 놓은 계획대로만 실행을 한다면, 이번엔 성공할 수 있다.
- 나는 똑똑하다.
- 나는 이번에 최선을 다해서 준비할 만큼 했다.
- 내가 아는 것만 다 쓸 수 있다면 나는 합격할 수 있다.

학습과 연관된 부정적 사고를 바꾼다.

- 나는 할 수 없어. → 이번 시험이 힘들긴 하지만 난 해낼 수 있어!
- 이번에도 실패할 거야. → 이번에는 내가 충분히 준비를 했기 때문에 전과 같지는 않을 거야!
- 이번에도 효과가 없을 것 같아. → 시험 볼 내용을 충실히 공부하면, 좋은 성적을 거둘 수 있어!
- 난 한 번도 제대로 된 적이 없어. → 이번에는 이전과는 사정이 달라. 잘할 수 있어!

(2) 교육적 접근

학습장애 학생의 문제는 교사가 가장 먼저 발견하기 때문에 교사는 이들의 상담 및 교육에 있어서 중요한 역할을 하게 된다. 그러므로 교사는 학습장애가 의심되는 행동 특성들을 이해하여 적절한 시기에 전문적인 도움을 제공하는 것이 중요하다. 또한 이들이 적절한 진단과정을 거쳐 특수교육 서비스를 받게 될 때에도 진단 자료를 수집하거나 교육 서비스를 제공하는 중요한 역할을 담당하게 된다.

① 개별화 교수법

모든 학습장애 학생에게 적용되는 가장 좋은 교수방법은 존재하지 않으며, 무엇보다 철저한 개별적 관심과 지도가 핵심이다. 교사는 개별 아동에게 적절한 교수방법을 사용하기 위해서 개별화 원리에 따른 진단과 교육과정을 준비해야 한다. '무엇을 가르칠 것인가?'와 '어떻게 가르칠 것인가?'를 동시에 평가하고 결정한 후, 개별화 교육프로그램(Individualized Education Program: IEP)을 선정하여 접근한다.

② 이해 중심의 교수법

학습장애 학생이 새로운 정보와 개념을 이해하려면 충분한 예와 실제적인 경험을 제공하는 이해 중심의 교수법이 제공되어야 한다. 이해 중심의 교수법은 학생들이 정보를 조직화하고 이해하고 기억할 수 있도록 교사가 중요한 교과 내용을 잘 전달하기 위해 사용하는 내용 강화법을 포함한다. 내용 강화법은 표준 단서와 특정 여백을 남겨 둔 안내 노트(guided notes)를 제공하여 아동이 중요 사실이나 개념, 관계성을 기록하도록 하는 방법 그리고 그래픽을 이용하여 연결된 내용이나 정보가 포함된 단어들을 시공간적으로 배열함으로써 의미 있고 체계적이며 비교적 쉽고 순차적 관계를 이해하도록 도울 수 있다. 또 특정 학습내용을 회상하도록 기억증진 전략을 사용할 수 있는데, 이 전략은 학생들에게 친숙하지 않은 다량의 정보를 기억하도록 돕거나 두 개 이상의 사실 혹은 개념들을 관련짓도록 도울 수 있다.

다음은 학습장애 학생에 대한 교사의 역할과 자세다.

- 아동에게 거는 기대나 활동은 구체적 · 일관적 · 체계적이어야 한다.
- 정직해야 하고, 피드백과 칭찬에 인색하지 말아야 한다.

- 많은 연습의 기회를 제공한다.
- 교과 내용의 위계를 잘 설명해 준다.
- 목소리의 높낮이나 음색 등을 바꿔 가며 중요한 내용을 지적해 준다.
- 중요한 내용을 가르친 후 학생이 이해하고 있는지 점검한다.
- 학습보조도구와 시청각 매체를 적극 활용한다.
- 학생에게 지나친 과제를 내주지 않는다.

(3) 부모교육

① 학습장애 공부

자녀의 학습장애가 의심이 들거나 학습장애로 진단을 받게 되면, 부모는 가능한 한 이를 수용해야 한다. 당황하지 말고 학습장애에 대하여 정확하게 이해하고 부모가 자녀에게 할 수 있는 일을 찾는다. 전문가나 서적을 통해 학습장애의 정의, 원인, 치료법, 지도 방법 등을 공부한다. 부모는 전문가의 설명을 잘 듣고 늘 메모를 하며 내용을 실천하고 구체적으로 문의하는 것이 좋다.

② 실패의 고리 끊기

실패는 낮은 자존감과 동기 부족 및 학습에 관한 부정적인 감정이 어우러져 악순환을 거듭하므로, 이를 분리시켜 실패의 고리를 끊어 주는 일이 중요하다. 실패의 고리를 끊기 위해서는 인내와 지속적인 노력, 많은 시간이 투자된다. 자녀가 해야 할 과제를 정확히 분석하여 성공 가능성을 높이도록 한다. 성공할 수 없는 계획은 오히려 실패를 재경험하게 하므로 주의한다. 분석한 과제를 월별, 주별, 하루의 작은 단계로 쪼개어 매일 또는 주간 별로 점검이 가능하도록 한다. 자녀가 잘 실천하도록 격려하며, 노력에 의한 작은 변화라도 보이면 격려한다.

③ 자녀의 재능 확인

체육에 소질이 있는 자녀는 스포츠를 즐기도록 배려하고, 요리에 소질이 있다면 그 소질을 살릴 수 있는 기회를 제공한다. 부모는 자녀에게 무리한 요구나 기대를 하지 않고 스스로 자신의 한계를 용이하게 극복할 수 있게 도와준다.

④ 자녀의 주변 학습환경 정리

주의집중이 어려운 자녀에게는 형제들과 함께 있는 방보다는 혼자서 공부하도록 하며 동생의 장난감이나 TV, 휴대전화 등 방해 물건을 주변에서 치워 준다. 부모가 옆에서 독서, 공부, 정리 등을 함께하도록 한다.

⑤ 부모-자녀 관계 개선에 노력

학습장애 학생은 학업 실패를 경험하고 학업에서 많은 스트레스를 받아 온 학생들이다. 이들은 학습장애로 진단받기 전까지 부모로부터 제대로 이해받지 못한 채 부정적인 평가를 받아 왔고, 부모 또한 자녀의 특성 때문에 자녀 교육에 회의를 갖고 스트레스를 받는다. 시간이 경과하면서 부모-자녀 관계는 악화된다. 자녀와의 관계를 개선하기 위해서는 부모가 먼저 자녀를 대하는 태도를 바꾸어야 한다. 부모의 지지와 격려, 관계 개선 노력이 필요하다. 자녀에게 학업과 관련한 스트레스 해소 방법을 모색하게 하고, 부모와 대화의 창을 만들어 정서적인 안정감을 획득하도록 해 주어야 한다. 부모는 자녀를 학교 성적이나 학업성취만으로 평가하지 않고 자녀를 이해하고 지지해 주면 신뢰하는 관계를 재형성할 수 있다.

⑥ 자녀에게 맞는 학습습관 형성

공부 장소, 준비물, 스케줄, 공부해야 할 내용, 학습방법 및 학습전략을 점검하고 가르쳐서 올바른 학습습관이 형성되도록 한다.

- 공부 전에 합리적으로 계획하는 습관을 길러 준다.
- 공부할 때는 집중해서 하고, 안 할 때는 철저히 공부로부터 벗어나는 것, 즉 '놀 때는 놀고 실컷 놀아라!'를 강조한다.
- 자녀의 신체리듬에 맞는 생활주기를 파악한다. 올빼미 스타일은 밤에, 종달새 스타일은 이른 아침에 공부하게 조언을 한다.
- 주말 중 하루의 오후는 스트레스를 푸는 시간으로 배정한다. 신체 활동을 적극적으로 격려한다.
- 일요일 오전에는 늦잠을 재워 일주일의 피곤을 해소시켜 준다. 단, 오후에는 월요일을 위해 공부를 하는 습관을 들인다.

- 부모 스스로가 롤 모델이 되어 TV시청을 자제하고 독서를 하는 분위기로 바꾼다.
- 여가 활동의 활용을 권장한다. 적당한 스포츠, 현장탐방, 예술 활동, 여행, 등산, 봉사활동, 종교 활동 등도 공부에 도움이 된다.
- 자녀의 특성이나 적성에 맞는 진로지도를 한다.

3. 주의력결핍 과잉행동장애

1) 주의력결핍 과잉행동장애 정의

주의력결핍 과잉행동장애(Attention Deficit Hyperactivity Disorder: ADHD)는 발달 수준에 부적절한 정도의 주의산만, 과잉행동, 충동성 등을 주요 행동 특성으로 나타내는 장애다. 즉, 주의력결핍 장애(Attention Deficit Disorder)와 과잉행동장애(Hyperactivity Disorder)라는 두 개의 장애를 병렬적으로 연결해 놓은 것이다. 주의력결핍(부주의)이 있다고 해서 반드시 과잉행동장애가 있는 것은 아니며, 반대의 경우도 마찬가지다. 과잉행동 없이 부주의 문제만 심각한 개인과 부주의 문제없이 과잉행동만 두드러지는 개인도 모두 ADHD로 진단될 수 있다. 물론 부주의와 과잉행동을 함께 가지고 있는 ADHD도 있다. 그만큼 ADHD는 매우 다양하면서도 이질적인 집단이다.

주의산만, 과잉행동, 충동성은 모든 아동·청소년의 행동 특성이기 때문에 과잉진단될 위험이 매우 높다. 발달 수준에 적절한 주의산만이나 과잉행동을 ADHD와 혼돈하지 않기 위해서는 문제행동의 정도와 빈도, 지속기간 등을 면밀히 검토하여야 한다.

(1) 부주의

ADHD의 부주의한 행동은 세부적인 면에 면밀한 주의를 기울이지 못하여 일상생활이나 학습 장면에서 사소한 실수를 하는 것과 관련된다. 부주의한 특성으로 인해 이들은 무질서하고 산만하게 행동한다. 공부나 놀이를 할 때는 시작한 지 얼마

안 돼 싫증을 내고, 하고 있던 활동과 아무 상관이 없는 다른 자극에 관심을 보이기도 한다. 해야 할 일을 잊어버리는 경우가 많고, 정리 정돈을 잘 못해서 자기 물건을 자주 잃어버리거나 망가뜨린다. 또한 숙제나 수업과 같은 체계적이고 지속적인 활동에 집중하는 것을 매우 어려워하기 때문에 과제를 완수하기 힘들어한다.

하지만 이들의 부주의한 특성은 멍하니 딴 생각을 하거나 낙서나 손장난을 하는 것과 같이 조용하게 나타나기 때문에 수업의 흐름을 깨거나 다른 사람을 방해하지는 않는다. 그러므로 부주의만 가진 ADHD의 경우, 교사의 눈에 잘 띄지 않을 수 있으며, 학습부진으로 이어지기 쉽다.

대인관계에서도 부주의한 행동은 문제가 된다. 이들은 다른 사람의 말을 경청하지 않는 듯 보이고, 다른 사람의 요청이나 지시와 다르게 과제를 수행하는 경우가 많다. 때문에 반항적이거나 지능이 낮다는 오해를 받기도 한다. 대화의 주제가 자주 바뀌고 대화에 집중하지 않는 듯한 인상을 주기 때문에 상대방의 기분을 상하게 하기 쉽다.

다음은 학습 상황에서 주로 발견되는 부주의 행동들이다(김동일 외, 2016).

- 학습할 내용에 주의를 기울이는 대신 창밖을 보거나 낙서를 하거나 딴생각에 쉽게 빠진다.
- 학용품이나 물건을 잘 정리정돈하지 못하고, 책상 주변이 지저분하다.
- 자기 물건이나 기억해야 할 사항을 잘 잊어버린다.
- 시작은 하지만 끝을 내지 못하는 과제가 많다.
- 교사의 지시와 다른 엉뚱한 과제나 행동을 자주 한다.

(2) 과잉행동-충동성

ADHD의 과잉행동-충동성은 무언가를 계속해서 만지작거리거나, 잠시도 가만히 앉아 있지 못하며 성급하게 말하거나 행동하는 것 등으로 나타난다. 이들은 상황에 맞지 않게 지나치게 뛰어다니거나, 아무 데나 기어오르고, 일을 조용하고 차분하게 하지 못한다. 끊임없이 활동하거나 마치 무언가에 쫓기는 사람처럼 보이고 지나치게 수다스럽게 말하기도 해서 정신없이 뭔가를 하는 것처럼 보인다.

학교에서도 자리에 계속 앉아 있지 못하고, 몸을 뒤틀고 옴지락거리거나 의자에서 일어난다. 또한 손, 발, 다리를 자주 움직이고, 교사의 질문이 채 끝나기도 전에 성급하게 대답하며, 자기 차례를 기다리지 못하고, 다른 사람의 활동을 방해하며, 자신과 관련 없는 일에 종종 끼어든다. 이로 인해 교사에게 자주 지적을 당하고 또래관계가 원만하지 못한 경우가 많다.

다음은 학습 상황에서 주로 발견되는 과잉행동-충동성의 특징이다(김동일 외, 2016).

- 한자리에 가만히 앉아 있지 못하고 불필요한 몸 움직임을 많이 한다.
- 수업시간에 떠들썩하게 구는 등 상황에 알맞은 행동을 하지 못한다.
- 아무 데나 올라타고 뛰어넘고 기어오르는 등 위험하게 행동한다.
- 지나치게 질문하거나 끼어듦이 많고 시끄럽다.
- 질문이 끝나기도 전에 큰소리로 답을 외친다.
- 순서나 규칙을 잘 지키지 못하고 자기 마음대로 하려고 한다.
- 한 과제를 끝마치기 전에 다른 과제에 덤벼든다.
- 쉽게 화를 내거나 흥분을 잘한다.

2) 주의력결핍 과잉행동장애 진단 및 검사

ADHD를 진단할 수 있는 타당하면서도 신뢰할 만한 단일의 검사도구는 없다. 현재 ADHD의 주의집중 능력을 평가하기 위해 지능검사, 컴퓨터를 이용해서 연속적으로 제시되는 자극에 대한 수행능력을 평가하는 연속수행검사(Continuous Performance Test: CPT)가 있다. 토바검사(Test of Variables of Attention: TOVA)는 대표적인 CPT로 세모, 네모, 원과 같은 매우 단순한 자극에 대한 연속적인 반응을 통해 주의력을 평가한다. 국내에서 개발된 CPT 방식의 검사로는 한국판 주의력장애 진단 시스템(ADHD Diagnostic System: ADS)과 종합 주의력 검사(Comprehensive Attention Test: CAT)가 있다. 그 외에도 전두엽 실행 기능검사, 부모와의 면담 등을 활용하고 있다.

(1) DSM-5 진단기준

ADHD 진단에서 가장 보편적으로 사용되는 도구는 DSM이다. DSM-5 분류에 따르면, 주의력결핍 과잉행동장애는 신경발달장애의 하위 유형에 해당한다.

다음은 DSM-5(2013)의 ADHD 진단기준이다.

A. 기능 또는 발달을 저해하는 지속적인 부주의 및 과잉행동-충동성이 (1) 그리고/또는 (2)의 특징을 갖는다.

1. 부주의

다음 9개의 증상 가운데 6개 이상이 6개월 동안 발달 수준에 적합하지 않고 사회적·학업적/직업적 활동에 직접적으로 부정적인 영향을 미칠 정도로 지속됨

주의점: 이러한 증상은 단지 반항적 행동, 적대감 또는 과제나 지시 이해의 실패로 인한 양상이 아니어야 한다. 후기 청소년이나 성인(17세 이상)의 경우에는 적어도 5가지의 증상을 만족해야 한다.

a. 종종 세부적인 면에 대해 면밀한 주의를 기울이지 못하거나, 학업, 작업 또는 다른 활동에서 부주의한 실수를 저지름(예: 세부적인 것을 못 보고 넘어가거나 놓침, 작업이 부정확함)

b. 종종 과제를 하거나 놀이를 할 때 지속적으로 주의집중을 할 수 없음(예: 강의, 대화 또는 긴 글을 읽을 때 계속해서 집중하기가 어려움)

c. 종종 다른 사람이 직접 말을 할 때 경청하지 않는 것처럼 보임(예: 명백하게 주의집중을 방해하는 것이 없는데도 마음이 다른 곳에 있는 것처럼 보임)

d. 종종 지시를 완수하지 못하고, 학업, 잡일 또는 작업장에서의 임무를 수행하지 못함(예: 과제를 시작하지만 빨리 주의를 잃고 쉽게 곁길로 샘)

e. 종종 과제와 활동을 체계화하는 데 어려움이 있음(예: 순차적인 과제를 처리하는 데 어려움, 물건이나 소지품을 정리하는 데 어려움, 지저분하고 체계적이지 못한 작업, 시간 관리를 잘 하지 못함, 마감 시간을 맞추지 못함)

f. 종종 지속적인 정신적 노력을 요구하는 과제에 참여하기를 기피하고, 싫어하거나 저항함(예: 학업 또는 숙제, 후기 청소년이나 성인의 경우에는 보고서 준비하기, 서류 작성하기, 긴 서류 검토하기)

g. 과제나 활동에 꼭 필요한 물건들(예: 학습 과제, 연필, 책, 도구, 지갑, 열쇠, 서류 작업, 안경, 휴대폰)을 자주 잃어버림

h. 종종 외부 자극(후기 청소년과 성인의 경우에는 관련이 없는 생각들이 포함될 수 있음)에 의해 쉽게 산만해짐

i. 흔히 일상적인 활동을 잊어버림(예: 잡일하기, 심부름하기, 후기 청소년과 성인의 경우에는 전화 회답하기, 청구서 지불하기, 약속 지키기)

2. 과잉행동–충동성

다음 9개 증상 가운데 6개 이상이 적어도 6개월 동안 발달 수준에 적합하지 않고 사회적, 학업적/직업적 활동에 직접적으로 부정적인 영향을 미칠 정도로 지속됨

주의점: 이러한 증상은 단지 반항적 행동, 적대감 또는 과제나 지시 이해의 실패로 인한 양상이 아니어야 한다. 후기 청소년이나 성인(17세 이상)의 경우, 적어도 5가지의 증상을 만족해야 한다.

a. 종종 손발을 만지작거리며 가만두지 못하거나 의자에 앉아서도 몸을 꿈틀거림

b. 종종 앉아 있도록 요구되는 교실이나 다른 상황에서 자리는 떠남(예: 교실이나 사무실 또는 다른 업무 현장, 또는 자리를 지키는 게 요구되는 상황에서 자리를 이탈)

c. 종종 부적절하게 지나치게 뛰어다니거나 기어오름(주의점: 청소년 또는 성인에서는 주관적으로 좌불안석을 경험하는 것에 국한될 수 있다)

d. 종종 조용히 여가 활동에 참여하거나 놀지 못함

e. 종종 "끊임없이 활동하거나" 마치 "태엽 풀린 자동차처럼" 행동함(예: 음식점이나 회의실에 장시간 동안 가만히 있을 수 없거나 불편해함. 다른 사람에게 가만히 있지 못하는 것처럼 보이거나 가만히 있기가 어려워 보일 수 있음)

f. 종종 지나치게 수다스럽게 말함

g. 종종 질문이 끝나기 전에 성급하게 대답함(예: 다른 사람의 말을 가로챔, 대화 시 자신의 차례를 기다리지 못함)

h. 종종 자신의 차례를 기다리지 못함(예: 줄 서 있는 동안)

i. 종종 다른 사람의 활동을 방해하거나 침해함(예: 대화나 게임, 활동에 참견함, 다른 사람에게 묻거나 허락을 받지 않고 다른 사람의 물건을 사용하기도 함, 청소년이나 성인의 경우 다른 사람이 하는 일을 침해하거나 꿰찰 수 있음)

B. 몇 가지의 부주의 또는 과잉행동–충동성 증상이 12세 이전에 나타난다.

C. 몇 가지의 부주의 또는 과잉행동–충동성 증상이 2가지 또는 그 이상의 환경에서 존재한다(예: 가정, 학교나 직장, 친구들 또는 친척들과의 관계, 다른 활동에서).

D. 증상이 사회적 · 학업적 또는 직업적 기능의 질을 방해하거나 감소시킨다는 명확한 증거가 있다.

E. 증상이 조현병 또는 기타 정신병적 장애의 경과 중에만 발생되지는 않으며, 다른 정신장애(예: 기분장애, 불안장애, 해리장애, 성격장애, 물질 중독 또는 금단)로 더 잘 설명되지 않는다.

(2) 검사도구

ADHD 평정을 위해 개발된 검사도구는 한국판 ADHD 진단검사(Korean ADHD Symptom Checklist: K-ADHD-SC), 한국 ADHD 진단검사(Korean ADHD Diagnostic Scale: K-ADHDDS) 등 다양하지만, ADHD 평정척도(Korean ADHD Rating Scale: K-ARS)가 가장 활발히 사용되고 있다. K-ARS는 DSM 진단기준을 근거로 DePaul 등(1998)이 개발한 것을 한국어로 번역한 것이다. 〈표 4-3〉의 문항은 부주의성을 반영하는 9개 문항(홀수 문항), 과잉행동-충동성을 반영하는 9개 문항(짝수 문항), 총 18개 문항으로 구성되어 있다. 총점이 19점 이상일 때 전문가와 상담하는 것을 권유하나, 미국 소아과학회의 경우 총점을 산출하는 방식보다는 부주의, 과잉행동-충동성 문항 각 9개 중 2(상당히 그렇다) 혹은 3(매우 자주 그렇다)에 체크된 문항이 6개 이상인지를 확인하는 것을 권장한다.

표 4-3 ADHD 평정척도: K-ARS

지난 일주일 동안 자녀가 집안에서 보인 행동을 가장 잘 기술한 번호에 체크해 주십시오.

	문항	전혀 그렇지 않다	약간 그렇다	상당히 그렇다	매우 자주 그렇다
1	학교 수업이나 일 혹은 다른 활동을 할 때, 주의집중을 하지 않고 부주의해서 실수를 많이 한다.	0	1	2	3
2	가만히 앉아 있지를 못하고 손발을 계속 움직이거나 몸을 꿈틀거린다.	0	1	2	3
3	과제나 놀이를 할 때 지속적으로 주의집중하는 데 어려움이 있다.	0	1	2	3
4	수업시간이나 가만히 앉아 있어야 하는 상황에서 자리에서 일어나 돌아다닌다.	0	1	2	3
5	다른 사람이 직접 이야기하는데도 잘 귀 기울여 듣지 않는 것처럼 보인다.	0	1	2	3

6	상황에 맞지 않게 과도하게 뛰어다니거나 기어오른다.	0	1	2	3
7	지시에 따라서 학업이나 집안일이나 자신이 해야 할 일을 끝마치지 못한다.	0	1	2	3
8	조용히 하는 놀이나 오락활동에 참여하는 데 어려움이 있다.	0	1	2	3
9	과제나 활동을 체계적으로 하는 데 어려움이 있다.	0	1	2	3
10	항상 끊임없이 움직이거나 모터가 달려서 움직이는 것처럼 행동한다.	0	1	2	3
11	공부나 숙제 등 지속적으로 정신적 노력이 필요한 일이나 활동을 피하거나 싫어하거나 또는 하기를 꺼려 한다.	0	1	2	3
12	말을 너무 많이 한다.	0	1	2	3
13	과제나 활동을 하는 데 필요한 것들(장난감, 숙제, 연필 등)을 잃어버린다.	0	1	2	3
14	질문을 끝까지 듣지 않고 대답한다.	0	1	2	3
15	외부자극에 의해 쉽게 산만해진다.	0	1	2	3
16	자기 순서를 기다리지 못한다.	0	1	2	3
17	일상적인 활동을 잊어버린다(예: 숙제를 잊어버리거나 도시락을 두고 학교에 간다).	0	1	2	3
18	다른 사람을 방해하고 간섭한다.	0	1	2	3

총점: ___ 개
부주의(홀수 문항 합): ___ 개
과잉행동-충동성(짝수 문항 합): ___ 개

이 검사도구는 DSM-5 진단기준의 A 항목만을 포함하기 때문에, 나머지 B~E 항목에 대한 정보는 부모 및 아동의 면담과 심리검사 등을 통해 보충해야 한다.

3) 주의력결핍 과잉행동장애 개입전략

(1) 심리상담 및 교육

ADHD 아동·청소년은 과도한 활동량과 부주의한 행동 특성으로 인해 학교는 물론 가정에서도 문제아로 낙인찍히기 쉽다. 이들은 타인과의 관계에서 어려서부터 반복적으로 부정적 상호작용을 경험할 가능성이 높고, 이로 인해 부모, 교사, 또래,

형제 등과의 관계에서 불유쾌한 정서를 자주 느끼게 된다. 그리고 이러한 감정이 잘 처리되지 못할 경우 우울장애, 불안장애, 반항성장애, 품행장애 등을 동반하게 된다. 특히 생애 초기 주 양육자와 안정적인 관계를 형성하지 못한 ADHD 아동・청소년의 경우 정서에 초점을 맞춘 심리상담이나 가족상담이 효과적일 수 있다. 주 양육자와의 관계에서 공감적 이해와 정서적 교류를 충분히 경험하지 못했던 ADHD 아동・청소년은 공감적이고 반응적인 상담자와의 관계 형성을 통해서 자신의 감정과 행동을 조절하는 능력을 새롭게 학습할 수 있게 된다(Ladnier & Massanari, 2000). 이때 상담자는 ADHD 아동・청소년을 발달적이고 가족 체계론적 관점으로 이해하고 상담과정에 가족을 적극적으로 개입시키는 것이 바람직하다.

이 외에도 미술치료, 놀이치료, 음악치료와 같은 표현예술 치료를 적극 활용하여 ADHD 아동・청소년의 정서를 편안하게 인식하고 사회적으로 바람직한 방식으로 표현할 수 있게 한다. 부모와 교사가 ADHD 아동・청소년에게 보다 지지적이고 수용적인 태도를 견지하고 긍정적 정서를 경험할 수 있는 기회를 생활에서 자주 접할 수 있도록 하기 위한 부모상담과 교육도 필요하다.

(2) 사회성 증진 프로그램

ADHD 아동・청소년은 자신의 정서를 인식하고 표현하는 능력이 또래에 비해 부족하기 때문에 사회적 상황에서 다양한 문제를 겪는다. 이들은 상황에 맞지 않게 과도한 화를 폭발하거나 울음을 터뜨리는 경우가 잦고, 상대방의 말과 행동을 객관적이면서도 타당한 관점으로 받아들이기보다는 일부의 단서만 왜곡해서 받아들여 상대방의 기대와는 동떨어진 정서적 반응을 나타내는 경우가 많다. 타인의 눈빛이나 얼굴 표정, 목소리 톤 등에서 나타나는 미묘한 감정 변화를 인식하는 능력도 부족하여 '눈치 없이 구는 듯한' 인상을 남기기도 쉬워 또래와 어울리고 다른 사람들과 친밀한 관계를 유지하는 데 어려움을 느낀다. 이러한 ADHD의 특성은 타인과의 긍정적 상호작용의 기회를 줄이게 되어 사회성 발달의 기회가 제한되는 결과로 이어지기 쉽다.

ADHD 아동・청소년은 상황마다의 적절한 행동을 하나씩 가르치고 반복 연습시켜야 하므로 이들을 위한 사회성 프로그램의 특성은 사회 적응을 위한 매우 구체적인 기술을 알려 주고 반복적으로 연습시키는 데 있다. 또한 사회적 기술은 단기간의 개입으로 효과를 얻기 힘들기 때문에 가르쳐야 할 사회적 기술의 목록을 구조화한 후 다양한 놀이 장면에서 적용하는 과정을 도와주는 것이 좋다.

(3) 부모교육

자녀의 끊임없는 문제행동으로 인해 부모들은 많이 지쳐 있고, 부모-자녀 관계 역시 부정적인 상태가 대부분이다. 특히 비순응, 거짓말, 도둑질, 감정 폭발, 적대적 반항장애나 품행장애 행동양식을 함께 보일 경우, 부모는 자신의 부모 역할에 대한 기술과 지식이 부족하다고 여기면서 자녀 양육에 대해서도 심각한 스트레스를 받는다. 이 상황에서 부모가 더 강압적으로 많은 지시와 처벌을 하면 안 되고, 자녀의 행동은 반항하기 위함이 아니고 자기 스스로 조절하기 어렵기 때문임을 부모가 이해해야 한다.

정적 강화에 기반을 둔 몇몇 행동수정 프로그램들이 ADHD 아동·청소년의 행동을 개선시킬 수 있다는 예가 많이 있다. 물론 토큰 강화나 칭찬이 처벌보다 효과적이지만, ADHD 자녀를 양육하다 보면 부득이하게 벌을 주어야 할 때가 생기게 되고 벌 주는 것에 망설이지 말아야 한다. 벌을 줄 때에는 타임아웃(Time-Out: TO)이나 특권 빼앗기가 효과적이다. 타임아웃은 주로 어린 아동에게 시행하는데, 아동을 정해진 방(놀 것이 없는 심심하고 지루한 방)에 두거나 의자를 벽을 바라보게 하여 일정 시간 앉아 있게 하는 것이다. 보통 5~10분 정도 시행하며, 나이에 따라 시간을 다르게 적용할 수 있다. 특권 빼앗기는 아동이 좋아하는 것을 빼앗아 보관하거나 못하게 하는 것인데, 좀 더 큰 아동·청소년에게 효과적이다. 예를 들어, 숙제를 안 하면 TV시청이나 게임을 금지한다.

다음은 ADHD 자녀를 둔 부모의 자세, 태도 및 지도방법이다.

- 자녀의 행동을 적극적으로 관찰하기
- 격려하기
- 문제 행동에는 최소반응, 좋은 행동에는 최대반응 보이기
- 목록화해서 정리해 주기
- 행동의 우선순위 정해 주기
- 자녀가 실수에서 배우도록 하기
- 가능한 규칙을 만들고, 그 규칙을 일관성 있게 실행하기(예: 기상습관, 식습관 등)

- 자녀를 믿고 계속 지지해 주기
- 다른 자녀나 형제자매와 비교하지 않기

(4) 약물치료

ADHD 아동·청소년에게 가장 많이 그리고 손쉽게 개입하는 방법의 하나가 약물치료다. 약물치료는 ADHD가 생물학적 원인에 의해 발달한다는 주장에 근거한 접근법으로 중추신경자극제를 투여하여 학습과 사회적 관계를 형성할 수 있을 정도로 활동성을 억제하는 기능을 한다. 약물치료의 효과는 교실에서 소리를 지르는 행동, 지속적 주의력, 충동성, 단기기억 등에서 긍정적인 변화를 이끌어 내며, 성인의 지시에 대한 순응도도 높이는 것으로 보고된다.

ADHD 치료를 위해 일차적으로 처방되는 중추신경제는 중추신경계의 시냅스 부위로부터 카테콜아민(catecholamine)을 방출하여 전두엽 피질, 뇌간, 중뇌 등의 도파민(dopamine) 농도를 상승시켜 행동 통제의 결과를 낳는다. 도파민은 인체에 존재하는 수백 개의 신경전달물질 중 하나로 다른 신경전달물질과 상호작용하면서 운동 조절, 호르몬 조절, 감정 및 동기 형성, 욕망 및 쾌락 조절, 학습 등에 영향을 미치는 것으로 알려져 있다.

대부분의 약물이 개인마다 차이가 있고 부작용이 존재하듯이, ADHD에 처방되는 약에도 부작용이 있다. 그 대표적인 부작용은 식욕감퇴와 수면장애다. 이 외에도 두통, 위통, 과민하고 갑작스러운 감정 변화 등이 있다. 성장기 아동에게 나타나는 식욕감퇴와 수면장애는 성장부진으로 이어질 가능성이 있으므로 약물 복용자와 보호자는 가까이에서 관찰하고 의사에게 보고해야 한다. 무엇보다 중요한 점은 약물치료 단독으로 ADHD를 치료할 수 없으므로 ADHD를 가진 개개인에게 맞는 상담과 교육 활동 등 포괄적이고 다원적인 치료적 접근이 필요하다.

4. 자폐스펙트럼장애

자폐스펙트럼장애(Autistic Spectrum Disorder: ASD)는 「장애인 등에 대한 특수교육법」에서는 '자폐성장애'로, DSM-5(2013)에서는 '자폐스펙트럼장애'로, 그 밖에 전반적 발달장애, 자폐증 등 다양한 용어로 사용되고 있다. 여기서는 DSM-5에 근거한 자폐스펙트럼장애라고 기술한다.

1) 자폐스펙트럼장애 정의

자폐는 스스로 자(自)에 닫을 폐(閉)로 자신만의 세계에 갇혀 지내는 장애로 볼 수 있다. 자폐스펙트럼장애는 사회적 상호작용, 의사소통 그리고 행동에서의 손상이 특징인 신경발달장애다.

(1) 장애인 등에 대한 특수교육법

우리나라 「장애인 등에 대한 특수교육법」 제15조(특수교육대상자의 선정)에 따르면 자폐성장애는 특수교육대상자임을 알 수 있다. 같은 법 시행령 제10조에 제시된 특수교육대상자 선정 기준에서 자폐성장애를 지닌 특수교육대상자는 "사회적 상호작용과 의사소통에 결함이 있고, 제한적이고 반복적인 관심과 활동을 보임으로써 교육적 성취 및 일상생활 적응에 도움이 필요한 사람"([별표]〈개정 2016. 6. 21.〉)을 말한다.

2) 자폐스펙트럼장애 진단 및 검사

(1) DSM-5 진단기준

DSM-IV에서는 자폐장애, 비전형자폐장애, 아스퍼거장애, 레트장애, 소아기붕괴성장애를 포함하는 전반적 발달장애(Perversive Developmental Disabilities: PDD)로 언급하였지만, DSM-5에서는 이러한 장애들은 증상의 심각도만 다를 뿐 연속선상에 존재하는 하나의 장애로 보았다. 따라서 DSM-5에서는 기존의 DSM-IV에서 분류한 자폐증, 소아기붕괴성장애, 아스퍼거장애, 기타 전반적 발달장애를 자폐스펙트럼장애(ASD)로 통합하였고, 레트장애는 고유한 유전적 원인이 밝혀졌기 때문에 ASD에서 제외하였다. DSM-5에 명시되어 있는 ASD의 대표적인 두 가지 특징은 사회적인 상호작용과 의사소통의 결함과 행동, 관심, 활동의 제한적, 반복적인 것이다.

① 사회적 상호작용과 의사소통의 결함

ASD 아동 · 청소년은 사회적 상호작용에서의 결함과 의사소통에 있어서 질적인 손상을 보인다. DSM-5는 이 두 증상을 하나의 일반적인 증상(사회적 의사소통과 상호작용)으로 합쳐서 분류하고 있다. 이들은 발달 초기 단계에서부터 눈 맞춤, 얼굴 표정, 시선, 자세, 몸짓 등과 같은 비언어적 사회적 상호작용과 모방 기능에 결함이 있으며, 발달 연령에 맞는 사회적 관계를 맺기 어렵다. 또한 또래와 함께 있어도 또래가 관심을 보이거나 관심 있는 물건을 보여 주려 하지 않으며, 즐거움이나 관심 등을 자발적으로 나누려 하거나 사회적 몸짓을 사용하지 않는다.

ASD 아동 · 청소년은 들은 그대로 다른 사람이 한 말을 똑같이 반복하는 반향어(echolaria)를 보이거나 질적으로 다른 특이한 언어를 사용하기도 한다. 이들은 억양이 독특하고 단조로워 기계적이고 로봇이 말하는 것과 유사하다는 인상을 준다. 비언어적 의사소통에서도 손상을 보인다. 고개 끄덕임, 몸짓이나 표정 등 구어를 대체할 수 있는 의사소통을 사용하지 않는다. 사회적 상황에서 사람들의 감정, 의도, 입장이나 얼굴 표정을 파악하기 어렵고, 대화의 복잡한 비언어적 특성을 이해하기 힘들다.

② 행동, 관심, 활동의 제한과 반복

ASD 아동 · 청소년의 더 두드러진 특징은 매우 제한적이며 반복적이고 같은 행동을 보인다는 것이다. 이들은 물건들이 같은 자리에 그대로 있는 것을 좋아한다. 조그만 변화라도 생기면 극도로 짜증을 낸다. 이렇게 변화를 주지 않는 것을 선호하는 것을 단조로움의 유지라고 한다.

이들은 종종 계속해서 원을 그리며 돌거나 손을 특이한 자세로 비틀거나 움직이고, 고개를 한쪽으로 젖히고 계속해서 깨무는 행동이나 벽에 머리를 박는 등의 공격적이고 자해행동을 보이기도 하는 등 상동적이고 반복적인 행동을 보인다.

의례적 · 의식적(ritual)이고 동일성에 대해 비합리적으로 고수하는 강박적인 행동을 보이는데, 특정 절차를 엄격하게 지켜야 하고, 친숙한 환경의 사소한 변화에도 유연하게 대처하지 못한다. 예를 들어, 집에 가는데 항상 똑같은 길로만 가기를 고집하는 등 반복되는 일상사에 작은 변화만 생겨도 쉽게 격분한다. 또한 자신의 관심사나 주제(예: 지하철 노선, 공룡 이름, 역사적 사실, 날씨 정도 등)에만 지나친 관심을 보여 상당한 시간을 몰두하고 비상한 암기능력을 보이나 그 밖의 일에는 일체의 관심을 보이지 않는다.

또한 특정 감각자극에 대해 과잉반응이나 과소반응을 보이는 것과 같이 감각 경험에 대한 비정상적인 반응을 보인다. 대부분의 사람이 반응하는 감각자극에 대해 둔하거나 기계음, 세탁기 소리, 비행기 소리, 천둥소리 등 특정한 일상적 소리를 견디지 못하여 귀를 막거나 빛, 소리, 회전 물체, 촉감에 사로잡혀 있기도 한다.

다음은 DSM-5(2013)의 자폐스펙트럼장애 진단기준이다.

A. 다양한 분야에서 나타나는 사회적 의사소통과 사회적 상호작용의 지속적인 결함으로 현재 또는 과거에 다음의 특징이 나타난다.
   1. 사회적-감정적 상호성의 결함(예: 비정상적인 사회적 접근 또는 일반적인 대화의 주고받음의 실패, 흥미가 감정의 공유 감소 그리고 사회적 상호작용의 개시나 응답 실패)
   2. 사회적 상호작용에 필요한 비언어적 의사소통 행동의 결함(예: 언어적, 비언어적 의사소통의 통합의 실패, 비정상적인 눈맞춤과 신체언어 또는 제스처의 이해와 이용의 결함, 얼굴 표정과 비언어적 의사소통의 전반적인 결핍)
   3. 관계 발전, 유지 그리고 이해에 대한 결함(예: 다양한 사회적 맥락에서 적절한 행동의 어려움, 상상놀이를 공유하거나 친구를 사귀기가 어려움, 또래에 대한 흥미 결핍)

B. 행동, 흥미, 활동의 제한적, 반복적인 패턴이 현재 또는 과거에 다음 중 적어도 두 개 이상으로 나타난다.
   1. 상동적이거나 반복적인 움직임, 물건 사용 또는 언어
   2. 동일성에 대한 고집, 일상적인 것에 대한 비융통성 또는 언어 또는 비언어적 행동의 의례적 패턴
   3. 강도나 초점에 있어서 비정상적으로 매우 제한되고 고정된 흥미
   4. 감각적인 환경에 대해서 과잉 또는 과소 반응

C. 증상은 초기 발달 시기에 나타나지만, 사회적 요구가 대인의 제한된 능력을 넘어서기 전까지는 증상이 완전히 나타나지 않거나 학습된 기술로 드러나지 않을 수 있다.

D. 이러한 증상은 사회적, 직업적 또는 다른 중요한 현재 기능 영역에서 임상적으로 상당한 손상을 초래한다.

E. 이러한 장애의 방해는 지적장애 또는 다른 발달 지연으로 설명되지 않는다. 지적장애와 자폐스펙트럼장애는 주로 함께 나타날 수 있다. 지적장애와 자폐스펙트럼장애를 함께 진단하기 위해서는 사회적 의사소통이 현재 발달수준으로 기대되는 것보다 낮아야 한다.

(2) 검사도구

우리나라에서 가장 많이 사용되고 있는 도구로 알려진 한국판 아동기 자폐평정척도2(Korean-Childhood Autism Rating Scale, 2nd: K-CARS 2)는 자폐스펙트럼장애를 지닌 사람을 판별하고 이들을 다른 장애로부터 구별하도록 돕기 위해 개발된 평가 체계다. 표준형 평가지(ST)와 고기능형 평가지(HF), 부모/양육자 질문지를 통해 수집된 근거로 수량화할 수 있는 검사도구다. K-CARS2-ST는 6세 이하의 아동에게 사용되며, 6세 이상이더라도 IQ가 79 이하이거나 주목할 만한 의사소통 결함을 지닌 아동에게 사용되며, K-CARS2-HF는 IQ 80 이상인 구어가 유창한 6세 이상의 아동을 대상으로 사용된다.

3) 자폐스펙트럼장애 개입전략

자폐스펙트럼장애에 대해 일반화할 수 있는 것은 아직 완전히 효과적인 치료법이 존재하지 않는다는 것이다. 이들의 치료와 상담을 위한 노력은 의사소통 능력과 일상생활 기술의 향상, 그리고 떼쓰기, 자해행동과 같은 문제행동을 감소시키는 데 중점을 둔다. 또한 치료는 가능한 한 빨리 시작할수록 좀 더 강력하므로, ASD 아동·청소년을 대상으로 효과적인 치료적 개입이 조기에 집중적으로 이루어지는 것이 중요하다.

(1) 행동치료

행동치료의 기본 원리는 바람직하지 않은 행동은 감소시키면서 상대적으로 바람직한 행동은 증가시키는 것이다. 즉, 선행자극이나 선행사건으로 어떤 행동이 일어났을 때 그에 따르는 즉각적이고 일시적인 환경 변화 혹은 후속자극을 조작적으로 제공하게 되면 그에 따르는 후속결과가 발생한다. 그 후속결과가 자신에게 보상이 될 경우 미래에 행동이 일어날 확률이 증가하고, 보상이 되지 않는 경우는 감소한다. 행동치료는 중재의 대상이 되는 바람직하지 않는 행동을 바람직한 행동으로 대체시키기 위한 긍정적인 행동 지원을 내용으로 한다. 따라서 철저한 행동분석을 기반으로 하여 ASD 아동·청소년의 내적·외적 환경을 조절해 준다는 입장에서 이해해야 한다. 내적 환경을 조절하기 위해서는 ASD 아동·청소년이 자신에게 바람직한 행동이 어떤 것인지 이해하고 스스로 선택할 수 있는 내적 동기부여가 우선되어야 한다. 내적 동기부여는 외부로 나타난 자신의 행동에서 반복적으로 긍정적 강화가 되어 스스로 바람직한 행동을 수행하고 그 행동으로 인해 자기만족감이 형성되고 증가될 수 있는 환경이 제공되는 것을 원칙으로 한다.

이 중 응용행동분석(Applied Behavioral Analysis: ABA)은 행동치료적 접근 중 가장 효과적인 과학적 근거를 가지고 있는 치료기법으로 앞서 학습장애의 개입전략에서도 간략히 언급하였다. 먼저, 응용행동분석은 행동을 환경적 변인의 함수로 보고 조작적 조건형성원리의 적용을 강조하는 일종의 행동수정 방법으로, 행동에 영향을 주는 변인들을 분석·평가하여 학습과 행동 변화를 정확히 측정해 체계적이고 과학적으로 접근한다. ABA는 측정 가능한 행동에 초점을 두며, 평가는 행동의 발생에 영향을 미치는 배경 사건 같은 맥락적 속성, 행동의 발생을 이끄는 선행사건, 문제행동, 행동 결과로서 어떤 것을 획득 또는 회피하게 될지와 같은 행동의 기능으로서의 동기적 속성으로 구성된다. 평가를 통해 ASD 아동·청소년의 행동을 변화시키기 위한 개별적인 중재를 계획하고 실시할 수 있다. ABA는 선행사건, 행동, 행동 결과의 세 가지 측면에서 실행하여 긍정적인 행동 변화를 가져올 수 있다. 첫째, 문제행동을 보이기 전에 환경 및 조건을 바꿔 줌으로써 긍정적 행동을 촉진할 수 있거나 문제행동을 최소화할 수 있는 선행사건을 변화시킨다. 둘째, 좀 더 적응적인 행동기술을 가르쳐서 자신의 욕구를 충족시키기 위해 문제행동을 하지 않아도 욕구가 충족될 수 있도록 행동을 다룬다. 셋째, 긍정적 행동을 보상하거나 그동안 문제행동을 통해 얻었던 보상을 제거하거나 문제행동을 처벌함으로써 행동 결과를 변화시킨다.

ASD 아동·청소년 중재에서 치료자의 관심의 대상이 되는 행동은 언어, 의사소통, 사회기술, 놀이기술, 인지 및 학업 기술, 운동기술, 독립적 생활기술 등을 포함한다. ABA는 아동·청소년에게 계획된 대로 기술을 가르치기 위해 정적 강화, 원하는 반응이 발생할 가능성을 증가시키는 추가된 자극을 촉진, 이전에 강화된 행동에 뒤따르는 후속결과를 제거하여 원하지 않는 행동을 약화시키는 소거, 그리고 특정 반응이 발생한 후에 원하지 않는 후속결과를 제시함으로써 행동을 약화시키는 벌 등을 사용한다. 아동의 행동에 대한 강화물로서의 보상은 음식, 컴퓨터나 휴대전화 사용, 하이파이브(high five), 좋아하는 장난감, 스티커 등 다양하며, 아동에게 어떠한 것이 강화물이 되는지를 확인하는 것이 필수적이다. 언어적 칭찬이 보상이 되지 않는 경우가 종종 있기 때문에 주의 깊게 확인해야 한다.

ABA 기반은 학급, 지역사회 또는 가정의 일상적인 일과 내에서도 사용할 수 있다는 장점이 있다. ABA의 효율성은 수많은 연구를 통하여 ASD 아동·청소년의 지적 기능, 언어, 사회 기능 등에 유용하다는 증거가 꾸준히 제시되어 왔지만, 유지와 일반화의 문제에 대한 비판은 계속되고 있다. ABA의 단독 실시가 ASD 집단에 효과적이기는 하지만 고기능 ASD 아동·청소년에게는 인지행동치료(Cognitive Behavior Therapy: CBT)의 병행이 더 큰 혜택을 줄 수 있다.

(2) 부모교육 및 훈련

부모는 중요하고 쉽게 접근 가능한 자원이고 집에서의 공동치료자(co-therapist) 역할을 할 수 있기에, 부모교육 및 훈련을 ASD 아동·청소년의 치료에 추가하여 복합적 중재가 이루어지는 것이 필요하다. 다양한 이유에서 부모가 새로운 기술을 연습하고, 치료 상황에서 배운 기술을 가정에서 일반화하고 효과를 유지하도록 하는 것은 비용 대비 효과적이다. 주당 20~40시간의 집중적 행동치료를 받는 것이 ASD 아동·청소년에게 가장 긍정적인 결과를 준다는 것에 대한 증거는 명백하다. 그러나 이는 가족에게 상당한 경제적·시간적 투자와 부담을 준다. 따라서 부모를 공동치료자로서 활용하는 것은 치료의 강조를 증가시키고 치료자가 제공하는 치료에 대한 보충이 될 수 있다. 이러한 방식을 통해 ASD 아동·청소년은 배우는 데 어려움이 있는 많은 사회기술과 의사소통 기술을 자연적인 가정환경을 포함한 다양한 상황에서 지속적으로 배울 수 있고 연습할 수 있다. 부가적으로, 한 번 훈련된 부모는 종종 다른 가족 구성원 혹은 양육자들이 ASD 아동·청소년과 함께 작업하도록 가르칠 수 있고, 그들이 더 많은 배움의 기회를 갖도록 하고, 보조치료자들을 확대시키고 가르칠 수 있다. 초기 진단이나 형식적 혹은 구조화된 치료 프로그램이 시작되기 전에 부모는 자녀의 세상에 대한 창문이 되고 이들이 주위 사회에 대해 배울 수 있도록 비공식적 기법을 사용한다. 더욱이 교사는 매년 바뀌고 치료자도 자주 변경되지만 부모는 자녀의 발달을 통틀어 가장 일관적인 대상일 수 있으며, 자녀의 욕구와 동기를 좀 더 인식하기 쉽다. 부모교육 및 훈련은 실제로 가족 스트레스를 완화시키고 그 결과 ASD를 가진 자녀의 비언어적 의사소통과 언어적 의사소통을 향상시킬 수 있다.

5. 지적장애

1) 지적장애 정의

지적장애(Intellectual Developmental Disorder: IDD)가 정신지체(Mental Retardation)라는 용어보다 더 잘 수용됨에 따라 미국은 2007년 1월부터 미국정신지체협회(American Association on Mental Retardation: AAMR)에서 미국지적장애 및 발달장애협회(American Association and Intellectual and Development Disabilities: AAIDD)로 명칭을 변경하였다.

우리나라에서는 「장애인복지법」에서 지적장애로 사용하고, 「장애인 등에 대한 특수교육법」에서는 정신지체라는 용어를 사용하다가 2016년 2월에 정신지체를 지적장애로 변경하여 사용하고 있다.

(1) 장애인복지법

「장애인복지법 시행령」 제2조(장애의 종류 및 기준)에 따르면, 지적장애인은 "정신 발육이 항구적으로 지체되어 지적 능력의 발달이 불충분하거나 불완전하고 자신의 일을 처리하는 것과 사회생활에 적응하는 것이 상당히 곤란한 사람"([별표 1]〈개정 2021. 4. 13.〉)을 말한다.

보건복지부에서는 이전의 1급부터 3급까지의 지적장애인 등급 제도를 2019년 6월 30일부로 폐지하고 같은 해 7월부터 새롭게 장애의 기준을 단순화하여 장애 정도에

• : 경증(장애의 정도가 심하지 아니함)
• : 중증(장애의 정도가 심함)
• : 장애등급제 시행(2019년 6월 30일 이전) 당시 장애부위에 따라 경증과 중증으로 나뉘는 장애등급
• ×: 장애등급이 없거나 불인정되는 장애정도

장애유형	등급(2019년 6월 30일까지)					
	1	2	3	4	5	6
지체장애	○	○	○	○	○	○
뇌병변장애	○	○	○	○	○	○
시각장애	○	○	○	○	○	○
청각장애	×	○	○	○	○	○
언어장애	×	×	○	○	×	×
안면장애	×	○	○	○	○	×
신장장애	×	○	×	×	○	×
심장장애	○	○	○	×	○	×
호흡기장애	○	○	○	×	○	×
간장애	○	○	○	×	○	×
장루.요루장애	×	○	○	×	○	×
뇌전증장애	×	○	×	○	○	×
지적장애	○	○	○	×	×	×
자폐성장애	○	○	○	×	×	×
정신장애	○	○	○	×	×	×

2019년 7월 1일 이후		
지체장애	중증	경증
뇌병변장애		
시각장애		
청각장애		
언어장애		
안면장애		
신장장애		
심장장애		
호흡기장애		
간장애		
장루.요루장애		
뇌전증장애		
지적장애		×
자폐성장애		
정신장애		

[그림 4-2] 지적장애 등급제도의 변화

따라 장애의 정도가 심한 장애(중증)으로 보았다([그림 4-2] 참고). 따라서 「장애인복지법 시행규칙」 제2조(장애인의 장애 정도)에 따르면, 지적장애인(장애의 정도가 심한 장애인에 해당함)은 "지능지수가 70 이하인 사람으로서 교육을 통한 사회적 · 직업적 재활이 가능한 사람"을 말한다([별표 1]〈개정 2021. 4. 13.〉).

(2) 장애인 등에 대한 특수교육법

우리나라 「장애인 등에 대한 특수교육법 시행령」의 제15조(특수교육대상자 선정 기준)에 따르면, 지적장애를 지닌 특수교육대상자는 "지적 기능과 적응행동상의 어려움이 함께 존재하여 교육적 성취에 어려움이 있는 사람"([별표]〈개정 2016. 6. 21.〉)으로 정의하고 있다.

우리나라 교육부의 '2020 특수교육통계'에 따르면, 2020년 특수교육대상자는 95,420명이며, 이 중 지적장애의 특수교육대상자가 50,693명으로 전체 특수교육대상 학생에서 가장 많은 비율(53.1%)을 차지하는 것으로 나타났다([그림 4-1] 참고).

(3) 미국지적장애협회

미국지적장애협회(2010)는 지적장애를 "지적 기능과 함께 광범위한 사회적 및 실제적 일상 기술에 걸친 적응 행동 영역에서 심각한 제한이 있고, 18세 이전에 나타나는 장애"로 정의(제11차 정의)하고 있다. 이 정의를 세 가지로 나누어서 살펴보면, 첫째, 연령, 성별, 사회문화적 배경이 일치하는 또래에 비해 전반적인 정신능력의 결함으로 IQ가 70~75 이하인 경우다. 둘째, 일상의 적응 기능에 손상은 비슷한 연령과 사회문화적 배경을 지닌 다른 사람과 비교하여 독립성과 사회적 책임에 대한 공동체 기준에 얼마나 잘 부합하느냐에 연관이 있다. 적응 가능은 개념적(conceptual) 영역, 사회적(social) 영역 그리고 실행적(practical) 영역 등 세 영역에서의 적응적 추론을 포함한다. 개념적(학습) 영역에는 기억, 언어, 읽기, 쓰기, 수학적 추론, 실질적 지식의 획득 등이 포함된다. 사회적 영역에는 타인의 생각이나 감정, 경험 등을 인지하는 능력, 공감, 의사소통 기술, 친선능력, 사회적 판단, 규칙 준수 등이 포함된다. 그리고 실행적 영역에는 금전 관리, 오락, 자기 행동 관리, 여행, 교통, 전화 사용 등과 같은 삶에서 자기관리를 포함한다. 셋째, 발현 연령은 지적장애가 발달 시기 동안에 나타나는 증거임을 의미하고, 18세 이전까지라고 정의한다.

2) 지적장애 진단 및 검사

(1) DSM-5 진단기준

DSM-5는 지적장애를 ① 개념적 기준(예: 언어, 추리, 지식, 기억과 같은 영역의 결함), ② 사회적 기준(예: 사회적 판단과 친구관계를 형성하고 유지하는 능력의 문제) 그리고 ③ 실용적 기준(예: 개인관리 또는 직업적 책임의 문제)으로 분류한다.

미국정신의학회(APA, 2013)가 DSM-5에서 제시한 지적장애의 기준은 다음과 같다. 지적장애의 첫 번째 기준은 DSM-5에서 지적장애로 진단받기 위해서는 유의하게 낮은 지적 기능을 보여야 하는데, IQ 검사를 통해 DSM-5에서 정한 절단 점수인 70을 넘지 말아야 한다. 두 번째 기준은 적응 기능에서의 결함(concurrent deficits)으로 지적장애 진단에 '70 이하'의 IQ 점수만으로 충분하지 않으며, 다른 영역에서 분명한 어려움을 가지고 있어야 함을 의미한다. 예를 들면, 의사소통, 자기관리, 가정생활, 사회적 및 대인관계 기술, 지역사회 자원 활용, 자조능력, 기초 학습기술, 여가, 건강 그리고 안전과 같은 것들이 이에 속한다. 지적장애를 진단하는 두 번째 기준은 사회에서 잘 기능할 수 있지만 IQ 검사에서만 낮은 점수가 나오는 사람을 배제한다는 측면에서 중요하다. 마지막 기준은 발병 연령으로 만 18세 이전에 평균보다 낮은 지적 수준과 적응능력이 분명하게 드러나야 한다.

다음은 DSM-5(2013)의 지적장애 진단기준이다.

지적장애는 발달 시기에 시작되며 지적 기능과 적응 기능의 개념적, 사회적, 실용적 영역의 결함을 포함한다. 다음 세 가지 기준이 충족되어야 한다.

A. 표준화된 지능검사와 임상 평가로 확인된 추론, 문제해결, 계획, 추상적 생각, 판단, 학업 습득 그리고 경험학습과 같은 지적 기능에 결함이 있다.
B. 적응 기능의 결함으로 발달적, 사회문화적 표준을 만족시키지 못한다. 지속적인 도움 없이는 집, 학교, 직장, 사회 등 다양한 환경에서 의사소통, 사회적 참여, 독립적 생활과 같은 활동에 제한을 받는다.
C. 지적 결함 그리고 적응 결함은 발달 시기에 시작된다.

(2) 검사도구

지적장애가 의심되어 선별(screening)된 학생을 대상으로 진단 및 평가를 하기 위해서는 지적 기능과 적응행동 영역에서 모두 심각한 제한이 있는지를 판단해야 한다. 일반적으로 지적 기능 수준을 평가하기 위해서는 표준화된 지능검사를, 그리고 적응행동 수준을 평가하기 위해서는 표준화된 적응행동검사를 활용한다.

① 지적 기능

우리나라에서 지적 기능을 평가하는 데 활용되고 있는 지능검사로는 인물화에 의한 간편지능검사, 종합인지기능진단검사(Cognitive Assessment System: CAS), 한국판 웩슬러 아동용 지능검사(Korean-Wechsler Intelligence Scale for Children: K-WISC-V), 한국 웩슬러 유아지능검사(Korean-Wechsler Preschool and Primary Scale of Intelligence: K-WPPSI), 한국판 그림지능검사(Korean-Pictorial Test of

Intelligence: K-PIT), 한국판 라이터 비언어성 지능검사(Korean-Leiter International Performance Scale-Revised: K-Leiter-R), 한국판 색채누진행렬(Korean-Coloured Progressive Matrices: K-CPM), 한국판 카우프만 아동지능검사(Korean Kaufman Assessment Battery for Children: K-ABC), 국립특수교육원 한국형 개인지능검사(Korea Institute for Special Education-Korea Intelligence Test for Children: KISE-KIT) 등이 있다(김동일 외, 2016).

가장 널리 활용되고 있는 검사도구는 K-WISC-V이며, 2019년에 5판이 개정되어 사용되고 있다. 이 도구는 만 6세부터 만 16세 11개월까지 아동의 지능을 평가하기 위해 개별적으로 실시하는 종합적인 임상도구다. K-WISC-V는 전반적인 지적 능력(즉, 전체 IQ)은 물론 다섯 가지 특정 인지 영역(언어 이해, 시공간, 유동 추론, 작업 기억, 처리 속도)의 지적 기능을 나타내는 16개의 소검사 및 지표 점수를 제공한다.

② 적응행동

우리나라에서 적응행동을 평가할 수 있도록 개발된 검사도구로는 사회성숙도검사, 한국판 적응행동검사(K-ABS), 지역사회적응검사(Comunity Integration Skills-Assessment: CIS-A), 파라다이스 한국 표준 적응행동검사(Paradise Adaptive Behavior Scale-Korea Standard: PABS-KS), 한국판 적응행동검사-개정판(Korean-Scales of Independent Behavior-Revised: K-SIB-R) 등이 있다(김동일 외, 2016).

현재 우리나라에서 가장 널리 활용되고 있는 검사도구인 국립특수교육원 적응행동검사는 사회적 변화를 반영하여 새로운 적응행동검사도구의 개발 필요성에 따라 2018년 개정되어 기존 NISE-SAB(National Institute of Special Education-Scales of Adaptive Behavior)에서 NISE-K · ABS(National Institute of Special Education-Korean · Adaptive Behavior Scale)로 바뀌었다. 유아용 검사는 24~77개월, 초 · 중등용 검사는 만 6세부터 만 18세를 대상으로 하며 세 가지 영역인 개념적 기술(기능적 언어와 같은 일상생활에 필요한 기초학습 능력), 사회적 기술(사람들과 접촉하여 관계를 형성하고 유지하는 기술) 그리고 실제적 기술(일상생활에 필요한 도구를 사용하는 것과 같은 지역사회의 여러 기관을 이용하거나 참여하는 기술)을 측정한다.

3) 지적장애 개입전략

효과성이 입증된 지적장애아를 위한 교육방법으로는 주로 교사 주도적으로 이루어지는 직접교수법, 학생주도의 자기점검법, 자기교수법 및 자기강화법, 또래 주도적 방법으로 또래교수를 활용하는 방법, 그리고 자기결정력 증진을 위한 방법 등이 있다.

(1) 교사 주도적 교수방법

지적장애 아동 · 청소년은 가르치는 내용이 분명하고 체계적일 때 가장 잘 배울 수 있으며, 과제를 분석하여 작게 나누어 직접적이고 반복적으로 가르치는 것이 중요하다.

- 과제분석: 주어진 과제 수행을 위해 우선적으로 필요한 선행기술이 무엇인지 먼저 분석한 다음 해당 과제를 구성하고 있는 각각의 하위 단계를 분석하여 지적장애 학생이 새로운 기술을 쉽게 배울 수 있도록 과제를 만들어 제공한다.
- 모델링: 교사가 직접 과제를 수행하는 것을 보여 주는 방법으로 교사가 여러 번 시범을 보인 후 학생이 따라 하게 한다. 학생이 충분히 연습을 하게 하고 교사는 학생에게 강화와 피드백을 많이 제공하는 것이 중요하다.

(2) 학생주도

지적장애 아동 · 청소년의 독립성을 증진시키는 교수방법이다. 자기점검과 자기강화는 자신이 이미 알고 있는 행동의 빈도를 높일 때 사용하며, 자기교수법은 아직 완전히 숙달되지 않은 과제를 가르칠 때 유용한 방법이다.

- 자기점검법: 자신의 행동을 기록하게 함으로써 자기 행동에 대한 인식을 높여서 스스로 통제하도록 하는 방법이다.
- 자기강화법: 미리 약속된 기준에 따라 스스로에게 행동의 결과를 제공하는 방법이다.
- 자기교수법: 스스로 과제 수행 단계를 말하면서 과제를 하도록 하는 방법이다.

(3) 또래 주도적 방법

또래를 활용하는 방법으로 학급의 인원이 많고 이질적인 학생으로 구성되어 있을 때나 지적장애 학생이 필요로 하는 추가적인 연습과 개인적인 도움을 제공하기 위한 방법이며, 학업적 · 사회적 · 행동적으로 영향을 준다.

- 또래교수자: 새로운 것을 가르치기보다 배운 것을 복습하거나 연습할 때 또래가 피드백과 강화를 주는 역할을 한다. 이때 교사는 또래 교수자를 정기적으로 만나서 지시와 지원을 제공해야 한다.
- 또래지도 유형: 또래지도 유형에는 상급 학년 또래지도, 동 학년 또래지도 그리고 학급 전체 또래지도로 구분된다. 상급 학년 또래지도는 상급 학년 학생이 교사의 역할을 그리고 하급 학년 학생이 학습자의 역할을 한다. 동 학년 또래지도는 상위 수준의 학생이 교사로 하위 수준의 학생이 학습자로 활동하며, 학급 전체 또래지도는 학급 내 모든 학생이 둘씩 짝을 지어 교사와 학습자의 역할을 수행한다. 이를 효과적으로 운영하기 위해서는 치밀한 사전 계획이 요구된다.

(4) 자기결정력 증진을 위한 교수법

자기결정(self-determination)이란 외부의 영향이나 간섭을 부당하게 받지 않고 자신의 삶의 질에 관한 선택과 결정을 내리는 데 주체적으로 활동하는 것을 말한다. 지적장애 아동 · 청소년을 가르칠 때 학생 스스로 효과적인 결정을 내릴 수 없다고 생각하거나 잘못된 의사결정을 내릴 것이라고 가정하고 중요한 선택을 대신해 주는데, 이로 인해 성인이 되어서도 스스로 결정하고 책임지는 것을 할 수 없게 된다. 하지만 성인이 되어 사회에서 독립적이고 성공적으로 살기 위해서는 자기결정 능력을 가지는 것이 필수적이기 때문에 어린 시절부터 다양한 교육 경험과 학습 경험을 쌓을 수 있는 기회를 많이 주어야 한다. 임은영 등(2007)이 사용한 자기결정 기술 향상 프로그램의 하위 영역으로는 자기인식, 자기관리, 선택하기, 자기옹호, 지원망 구성, 지역사회 활용 등이 있다. 각각의 하위 기술 영역을 포함한 자기결정 기술 프로그램은 〈표 4-4〉와 같다.

표 4-4 자기결정 프로그램의 하위 영역과 내용

영역	내용
자기인식	자신을 독특한 개인으로서 개념화하는 것으로, 특정 장애로 말미암아 초래된 자신의 제한된 능력을 인식하는 장애 인식을 포함한다.
자기관리	장애아동의 문제행동을 감소시키고 새로운 기술을 가르치기 위한 것으로, 자기교수법, 자기강화법, 자기평가법 등의 중재 유형이 있다.
선택하기	자신이 선호하는 것을 표현하고 선택할 기회를 제공하여 아동이 스스로 선택하게 하는 기술을 말한다.
자기옹호	자신의 권리를 주장하고 타협점을 찾기 위해 상대방의 의견과 절충하는 기술을 말한다.
지원망 구성	장애아동이 가능한 한 독립적인 생활을 하도록 그들을 포함한 모든 사람이 지역사회의 다른 구성원들에게 지원과 도움을 제공할 수 있는 능력을 말한다.
지역사회 활용	장애학생이 성인이 되어 독립적인 기능을 하도록 하기 위해 지역사회에서의 일상생활에 적용할 수 있는 생활기술을 교수하는 것을 말한다.

출처: 임은영 외(2007).

관련 영화 소개

–학습장애

- 〈지상의 별처럼(Like Stars on Earth)〉 2007년. 인도. 감독 아미르 칸, 아몰 굽테

–자폐스텍트럼장애

- 〈레인맨(Rain Man)〉 1988년. 미국. 감독 배리 레빈슨
- 〈카드로 만든 집(House of Cards〉 1993년. 미국. 감독 마이클 레삭
- 〈말아톤(Malaton)〉 2005년. 한국. 감독 정윤철
- 〈템플 그랜딘(Temple Grandin)〉 2010년. 미국. 감독 믹 잭슨
- 〈내 이름은 칸(My Name is Khan)〉 2010년. 인도. 감독 카란 조하르
- 〈증인(Innocent Witness)〉 2018년. 한국. 감독 이한

–지적장애

- 〈포레스트 검프(Forrest Gump)〉 1994년. 미국. 감독 로버트 저메키스
- 〈맨발의 기봉이(Barefoot Gi Bong)〉 2006년. 한국. 감독 권수경

- 〈아이 엠 샘(I am Sam)〉 2001년. 미국. 감독 제시 넬슨
- 〈7번 방의 선물(Miracle in Cell No. 7)〉 2012년. 한국. 감독 이환경
- 〈채비(The Preparation)〉 2017년. 한국. 감독 조영준
- 〈나의 노래는 멀리멀리(Free My Soul, Free My Song)〉 2019년. 한국. 감독 현진식

관련 서적 소개

-주의력결핍 과잉행동장애

- 『리틀 몬스터』(조아라, 이순 공역, 학지사, 2005)

제5장 학습부진아

학습 부적응은 학습능력, 학습동기, 자아존중감 등의 다양한 원인이 있다. 이러한 문제를 갖고 있는 학생은 학교생활에 흥미를 느끼지 못하고, 자긍심이 낮고, 불안한 정서와 비합리적인 신념을 가지고 있으며, 책임 회피의 경향을 보이며, 부모나 교사와의 관계가 미숙하다(윤만석, 2010). 학년이 올라갈수록 학습내용의 난이도가 높아지고 성적의 압력이 커지면서 학업 실패로 인한 무력감에 빠지기도 싶다(차윤숙, 2008). 더불어 부정적 자아개념을 갖고 계속된 정서적 긴장과 불안으로 정신장애를 가질 가능성이 높은데, 이는 학생 개인의 문제에서 그치는 것이 아니고 사회적인 문제로 이어질 수 있다.

이같이 학습 및 정서 문제의 어려움을 겪는 학생을 일반적으로 학습부진아(underachiever)라고 하며, 정상적인 학습을 할 수 있는 잠재능력이 있으나 성격, 학습습관, 학습태도 등의 개인요인이나 환경요인으로 교육과정에서 설정된 교육 목표에서 학업성취 수준에 도달하지 못한 학습자를 의미한다(김수동 외, 1998). 이러한 학습부진의 해소를 위해 정부와 시 · 도 교육청은 학습부진학생들에게 높은 관심을 갖고 학습부진 문제의 심각성을 파악하고 지속적이고 체계적인 방법을 모색하는 데 노력을 하고 있다(김민영, 2014). 이 장에서는 학습상담의 주 대상이 되는 학습부진아를 이해하고 학습부진의 주요 특징과 원인, 평가 및 진단 그리고 학습부진아의 유형별 대처방안에 대해서 알아보고자 한다.

1. 학습부진의 이해

1) 학습부진의 정의

학습부진(underachievement)은 대체로 학습동기가 낮거나 학습능력이 상대적으로 떨어지는 학생에게 나타나며, 기대되는 성취보다 실제로 나타난 성취 결과가 현저히 낮은 상태를 의미한다(김계현, 이상희, 2002; Rimm, 1997; Whitmore, 1980). Kirk와 Gallagherm(1983)은 특정 생활과 성취 사이의 불일치나 현재 학습능력과 실제 학업성취 사이에 불일치가 있는 경우, 정상적인 지적 능력을 지니고 학교 수업을 할 수 있는 "잠재력을 가지고 있으나 학습수행에 필요한 내적 · 외적 요인의 문제로 인해서 최저 수준의 학업성취에 이르지 못한 것"이라고 하였다.

교육과학기술부(2008b)는 학습부진학생을 기초학습부진학생과 교과학습부진학생으로 분류하고 있으며, 학교 현장에서는 기초학습부진학생, 교과학습부진학생, 기초학력미달학생으로 구분하고 있다. 먼저, 기초학습부진학생은 초등학교 3학년 수준의 읽기, 쓰기, 셈하기와 같은 능력에 도달하지 못하는 학생으로 학습의 가장 기본이 되는 기초학습능력이 부족한 학생이다. 비교적 단순하고 낮은 수준의 사칙연산 계산, 주어진 철자를 소리 내어 읽기, 불러준 단어나 문장 받아쓰기 등의 능력이 부족한 학생이다. 이러한 학생은 특수교육의 대상과 ADHD, 우울증, 자폐스펙트럼 등 학습부진 범위에 포함하지 않았던 선천적 조건의 학업 저성취에 있는 학생들도 포함된다(김동일 외, 2018). 둘째, 교과학습부진학생은 해당 학년의 교과 교육과정에 제시된 영역별(국어, 영어, 수학, 사회, 과학)에서 최소 수준의 목표에 도달하지 못해서 상급학년으로 넘어가기 어려운 학생이다. 마지막으로, 기초학력미달학생은 중학교 3학년에서 국어, 영어, 수학, 사회, 과학을, 고등학교 2학년을 대상으로 국어, 영어, 수학을 평가하는 국가수준 학업성취도 평가에서 평가결과가 목표성취 수준의 20%에 도달하지 못하는 학생이다.

학습부진의 개념을 정의하는 것은 간단하지 않으며, 학자에 따라 정의를 다르게 내린다(이대식, 2020). 일반적으로 학습부진은 학업성적이 특정한 기준보다 낮은 경우를 의미하지만, 이때 특정 기준이 무엇이냐에 따라 학습부진학생의 수는 달라질 수 있다. 만약 기준 점수를 또래 성적으로 한다면, 또래의 지능 수준과 사전학습 정도에 따라서 기준 점수는 높아지거나 낮을 것이다. 또한 또래의 범위를 동일한 학교, 지역, 또는 전국 단위로 하느냐에 따라 학습부진학생의 수도 달라진다. 이 외에도 문항의 난이도, 상대적 위치와 하위 몇 %를 기준으로 할 것인지에 따라서도 학생의 수는 변할 수 있다. 따라서 학습부진의 개념을 학습부진의 특정 기준으로 정하여 단정 지을 수는 없다. 이대식과 황매향(2019)은 현행 학교 현장에서 사용하고 있는 학습부진은 잠재적인 학습능력을 고려하지 않고 자신이 통제할 수 없는 외적 요인인 점수로만 결정하기 때문에 적절하지 않다고 하였다.

학습자의 잠재능력을 고려해서 내린 학습부진의 정의는 정상적인 지적 능력과 학교 수업을 올바로 할 수 있는 잠재력이 있지만, 학습 수행에 필요한 요인과 외적 요인으로 인해서 학교 부적응 및 학업성취에 도달하지 못한 학습자를 말한다.

2) 학습부진과 유사한 개념

학습부진의 개념은 다양한 의미로 사용되고 있으며, 학습부진을 이해하기 위해서는 먼저 유사한 개념과의 구분이 필요하다(김선 외, 2001; 서우경, 2005). 학습부진은 학습장애와 구분되기도 하나 중복되는 부분도 있다(임규혁, 임웅, 2017). 학습부진과 학습장애의 공통점은 정상적인 지능 수준을 포함하며 학업성취가 부진하다는 것이다. 학습장애로 인한 학업성취 부진은 읽기, 쓰기, 말하기, 셈하기 등의 특정 분야 혹은 여러 분야의 장애를 갖고 있다. 그러나 학습부진은 그 원인이 무엇이든지 학습 결과가 최저 수준에 미달된 경우라는 점에서 학습장애와 차이가 있다(Reynolds, 1986). 이를 종합해 보면, 학습부진아는 잠재능력에 비해 실제 학업 수행과 학업성취가 부진한 학생을 지칭한다.

- 학습지진(slow learn): 지적 능력의 저하로 인하여 학업성취가 뒤떨어지는 상태를 말한다. 지능 수준은 하위 3~25%가량이고, 지능지수는 약 75~90 정도에

속하는 학습자를 말한다.

- 학업 저성취(low achievement): 개인의 성취를 집단과 비교하여 실제 성취의 비교 준거에 따라 하위집단에 속하는 경우를 말한다. 흔히 성취 수준이 하위 5~20%에 속하는 학습자를 말한다.
- 학업지체(academic retardation): 국가적 혹은 지역적으로 규정된 학기나 학년의 학습목표를 달성하지 못하여 뒤처지는 상태를 말한다.
- 학습장애(learning disability): 지적장애, 정서장애, 환경 및 문화적 결핍과는 관계없이 듣기, 말하기, 쓰기, 읽기 및 산수 능력을 습득하거나 활용할 때 한 개 이상의 분야에서 심한 어려움을 보이는 장애다. 지각장애, 신경체계의 역기능 및 뇌 손상과 같은 정보처리 과정의 장애로 인해 성취가 낮은 것을 지칭하는 개념이다(제4장의 '학습장애' 절 참고).

2. 학습부진아의 특징

학습부진아는 지능과 성취 간의 불일치인 학생들로 자극에 대한 반응시간이 늦는 특성이 있다. 학습부진아는 교육과정과 자신의 수업 수준이 맞지 않기 때문에 초등학교 때부터 어려움이 있었던 학생이 상급 학년에 진학하면 학습에 적응하기는 더 어렵다. 학습부진의 지속기간은 부모의 이혼, 질병, 전학, 교사와의 갈등으로 인해 일시적으로 나타나기도 하고, 장기간에 걸쳐 지속되기도 한다. 학습부진의 범위는 특정 교과 및 기능의 결핍이나 기초학습 기능의 부족으로 인해 기초가 되는 교과목에서 성취점수에 도달하지 못하기도 하고, 모든 교과목에서 낮은 성취를 보이기도 한다. 학습부진의 결과로 낮은 자아존중감과 자기비판적인 태도를 보이거나 개인의 건전한 성장을 방해하는 부적절한 대처행동을 유발하여 사회적으로 파괴적인 모습을 나타내기도 한다.

연구자들은 학습부진의 다양한 특징을 보고하였다. Kauffman과 Hallahan(1976)은 학습부진아는 정서나 행동 문제 또는 공존 질환을 가지고 있는 경우가 많은데, 과잉행동, 특정장애, 주의집중장애, 충동성, 정서불안정, 기억 및 개념적 사고장애, 방향감각 및 편측(laterality)장애, 지각운동장애가 공존하는 경우가 많다고 하였다.

Myers와 Hammill(1976)은 정서불안정, 지각장애, 기호화 장애, 주의집중장애, 기억장애로 구분하였으며, 주의집중장애와 과잉활동이 다른 특징에 미치는 영향을 설명하였다. 주의집중 부족이 식별 장애로 이어지고 이로 인해 부적절한 자극을 수용하면서 일반화를 할 수 없게 된다. 이것은 학업 실패로 이어져 정서불안정을 느끼면서 자극이 보다 약한 것을 수용하는 것이다. 그리고 과잉활동은 주의집중을 하지 못하여 잘 기억을 할 수 없게 하여 학업에 실패하면서 다시 과잉활동이 증가하는 것이다.

학습부진아가 이러한 특징을 모두 갖고 있는 것은 아니며, 일반 학생들에서도 이런 특징은 나타날 수 있다. 그러므로 학습부진아의 특징을 구분할 때에는 모든 특징을 고려함과 동시에 기대되는 학업성취와 실제 학업성취 간의 의미 있는 차이를 살펴보아야 한다(임규혁, 임웅, 2007).

1) 개인적 특징

학습부진아의 특징은 매우 다양하며, 한 가지 특징이 아닌 여러 가지 특징을 동시에 갖고 있는 경우가 많다(이대식, 2020). 그러므로 학습부진아의 개인적 특징을 파악하기 위해서는 학습 영역에서 인지적 특징과 정의적·행동적 측면을 동시에 고려해야 한다.

(1) 인지적 특징

학습부진아의 인지적 특징으로는 낮은 지능, 부족한 기억능력, 낮은 어휘력, 기초학습능력과 선수학습의 부족, 학습전략 부족, 정보처리 능력 부족 등을 들 수 있다(박성익, 1986; 이대식, 2020; 임규혁, 임웅, 2007). 학습부진아는 또한 심리검사를 할 때 검사자에게 자신이 잘 모른다는 모습을 보이는 것을 꺼리며, 자신감이 부족하여 체크한 문항을 몇 번이나 수정하기도 한다.

① 지능수준이 낮다

일반학생과 지능의 차이가 크지는 않으나 일반적으로 전체 학생 중에서 하위 부분에 분포되어 있다. 낮은 지능으로 인해 학습과제를 완수하는 데 시간이 많이 걸린다.

② 기억능력이 부족하다

학습부진아는 시청각 지각이 낮아서 인내력, 주의집중력, 추리력, 분석력, 기억기술을 요구하는 과제를 수행하는 데 어려움이 있다. 장기기억에서는 학습부진아가 일반학생과 크게 차이가 없으나 단기기억에서는 학습부진아가 낮은 경향이 있다. 정보를 회상하는 과정을 보면, 학습부진아는 중요하지 않은 정보를 회상하는 데 어려움이 없어 보이지만 중요한 정보를 회상하는 데는 어려움이 있다. 그리고 유도 질문이 있으면 중요한 정보를 기억하는 데 어려움이 덜 하지만 유도 질문이 없으면 일반학생보다 기억하는 데 어려움이 있다.

③ 어휘력이 낮다

학습부진아에게 일찍부터 나타나는 공통적인 특징은 낮은 어휘력이다. 알고 있는 단어 수와 지식의 깊이는 관련성이 높다. 교과 내용은 주로 언어를 매개로 이루어지고 있으므로 어휘는 사고발달과도 관련이 높으며, 학업성취는 언어능력과 밀접한 관계가 있다(김병성, 1984). 특히 상급 학년으로 올라갈수록 중요한 개념과 내용을 이해하기 위해서 풍부한 어휘능력이 요구된다. 그러나 학습부진아가 어휘력 부족으로 교과 내용을 이해하기 힘들어하는 것은 학습에 심각한 영향을 준다. 독서는 어휘를 높이는 데 중요한 방법이지만, 학습부진아는 독서 활동을 많이 하지 않아서 어휘의 양을 늘리기가 쉽지 않다.

④ 기초학습능력 및 선수학습이 부족하다

기초학습능력과 선수학습의 부족으로 인해 학습과정에서 정보가 필요할 때 쉽게 인출하지 못한다. 기초학습능력과 선수학습은 학습내용을 정확하게 이해할 수 있게 하고 필요할 때 신속하게 정보를 인출하게 할 뿐만 아니라 일정 수준 학습을 이해하고 정보를 유지할 수 있게 하기 때문에 매우 중요하다. 언어능력, 수 개념의 이해와 기초계산능력은 학습의 기초가 되는 능력이다. 언어능력이 부족하면 추상적 개념을 이해하기 어렵고, 수학과 과학에서 요구하는 기초계산능력이 부족하면 학습 시간이 오래 걸리고 잦은 실패 경험을 갖는다.

⑤ 학습전략이 부족하다

학습전략은 학습자가 과제를 수행하기 위해 스스로 계획하고 수행하고 평가하는 개인에 대한 과제 수행 방식을 의미한다(Schumaker & Deshler, 2006). 학습부진아는 학습전략이 무엇인지 잘 알지 못할 뿐만 아니라 안다고 해도 사용해야 할 시기와 방법을 잘 알지 못하여 비효율적 · 비합리적 방법을 사용한다. 노트필기 방법을 배웠어도 실제로 적용하지 못해서 활용하지 못하기도 한다. 그러므로 학습전략을 체계적으로 이해시키고, 활용하는 방안을 지도해야 한다. 학습전략에 관한 구체적인 내용은 제13장에서 다루고 있다.

⑥ 정보처리 능력이 부족하다

학습부진아는 작업기억의 정보를 조직화하고 장기기억에 정보를 인출하는 방법에 있어서 일반학생과 차이가 있다. 비언어적으로 된 추상적 모양(예: 수학 기호)을 보고 언어화하여 이해하고 과제를 수행하는 것은 일반 학생과 유사한 것처럼 보이지만, 학습부진아는 실제로 정보의 시연과 범주화, 정보의 장기기억의 저장 등에 문제가 있다. 그래서 작업기억 속에 정보를 저장하는 방법인 시연(예: 반복하여 읽기)과 내용을 범주화(예: 동물을 분류)하는 것에 어려움으로 인해 장기기억의 정보를 인출할 수 없거나 시간이 걸린다. 이러한 정보처리 능력을 직접적으로 향상시킬 수는 없으므로 학습전략과 수업의 질 등을 통한 보완적 방법을 선택하는 것이 좋다(이대식, 2020).

(2) 정의적 특징

정의적 특징은 학생의 태도, 흥미, 가치 등과 같은 학습자의 내면적 특징을 말한다. 학습부진아의 정의적 특징은 과거에 실패한 축적된 학습경험과 관련이 있으며, 낮은 성취동기 수준, 사회적 부적응, 외적 동기, 부정적 자아개념, 정서불안 등이 있다(박명희, 2014; 윤만석, 2010; Schunk, 1981; Weiner, 1979). 다행히도 학습으로 인한 정서적 특징은 학업성적이 향상되면 일부는 호전될 수 있다(이대식, 2020). 학습부진아의 정의적 특징은 다음과 같다.

① 성취동기 수준이 낮다

학습부진아는 장기목표보다는 눈앞에 보이는 즉각적인 성취와 보상을 추구하려고 한다. 목표의식이 부족하고 자신의 능력보다 더 높은 목표를 세우거나, 꾸준한 노력은 부족하면서 즉각적으로 효과적인 결과를 기대한다. 이를 충족시키지 못하면 쉽게 좌절한다. 학습의 성공 및 실패의 경험은 학습에의 흥미, 태도에 영향을 미치며, 이러한 흥미와 태도는 내면화된다(정종식, 2000).

② 사회적 부적응을 나타낸다

학습부진아는 새로운 상황과 인물에 대한 적응력이 부족하며, 충동적으로 행동하고, 결과에 대한 조급한 기대감을 지닌다. 또래관계에서 소외되거나 거부당한 느낌을 갖기도 하고, 교사의 훈계는 학습의 동기 저하와 학교 부적응을 일으킨다. 가정에서는 부모가 학습부진아 자녀의 성적에 대한 불만족으로 형제간에 차별적으로 대우를 하거나 부모의 무관심이 학습부진아의 사회적 부적응의 원인이 된다.

③ 외적동기가 높다

학습부진아는 과제 수행의 실패 원인을 자신이 통제할 수 없는 외적 귀인으로 생각한다. 학교와 사회의 경쟁 환경은 학습부진아에게 성취지향적인 학습동기를 갖게 한다. 이는 타인의 평가를 의식하고 인정받으려는 외적 동기를 높여서 학습의 반복적인 실패 경험을 야기한다. 이는 학습 무기력으로 이어진다(김아영, 조영미, 2001).

④ 부정적 자아개념을 가지고 있다

학업성취 경험은 자아개념과 관련이 높기 때문에(전경진, 2007) 성취 경험이 많은 학생은 긍정적 자아개념을 가지고 스스로 공부하는 습관이 형성되어 있으며, 학습과 생활이 독립적인 경향이 있다. 반면에 성취 경험이 부족한 학습부진아는 부정적 자아개념을 형성하여 의존감이 높고 학습에 대한 책임을 회피하여 학업에 있어서도 독립성이 부족하다(이옥형, 채영신, 2004).

⑤ 과도한 불안을 가진다

불안으로 학업에 집중하지 못하게 되면 학습부진이 될 가능성이 높다. 모든 학습부진아들이 과도한 불안을 갖고 있는 것은 아니지만 불안은 상담자가 학습부진아의 특성을 파악할 때 점검해야 하는 필수적인 요소다. 너무 낮거나 과하게 높은 불안은 좋지 않다. 낮은 불안 수준의 학습자는 목표 설정을 낮게 하여 학습량이 적게 된다. 반대로 높은 불안은 학업수행을 방해하여 학업성취에 부정적으로 영향을 줄 수 있기 때문에 이 경우에는 불안을 낮출 수 있도록 한다. 불안으로 인한 누적된 학업성취 실패는 자기비판적이고 부적절감을 형성하여 만성 우울증으로 이어진다.

(3) 행동적 특징

학습부진아는 충동적인 행동을 하거나 끈기가 부족하여 과제를 마무리하지 못하는 횟수가 잦고, 주의집중 시간과 학습시간이 비교적 짧다. 하지만 학업성적이 향상된다면 행동적 특징은 긍정적으로 변화 가능하다.

① 충동성이 강하다

학습부진아는 끈기가 부족하고, 문제해결 과정에서 지나치게 빨리 해결하거나 회피하기 위해서 깊이 생각하지 않고 충동적으로 행동하거나 쉽게 포기한다.

② 주의력과 집중력이 부족하다

주의력과 집중력의 부족은 자극에 대한 반응 시간을 늦춘다. 학습부진아는 학습과정에서 들어온 자극에 즉각적으로 반응하여 한 가지 과제에 끈기를 가지고 집중하지 못하고 산만한 행동을 보인다. 지속적으로 학습을 수행하지 못하고 흥미 범위가 좁을 뿐만 아니라 상상력, 창의력, 사고력도 부족하다(신현오, 2003; 조은주, 2007).

③ 학습시간이 부족하다

학습부진아는 다른 활동에 비해 학습시간이 상대적으로 적다. 좋은 성적을 위해서는 다른 활동에 비해 더 많은 학습시간이 필요하지만 학습부진아는 적절한 학습습관이 형성되지 않아서 이를 실천하는 데 어려움을 겪는다. 그러므로 학습부진아가 시간관리를 통해 집중할 수 있는 공부시간을 확인하고 집중할 수 있도록 도와야 한다. 시간관리에 관한 자세한 내용은 제13장에서 다루고 있다.

2) 환경적 특징

많은 연구에서 가정 환경이 학습부진에 있어서 중요한 원인임을 보고하였다(Gallagher & Rogge, 1966). Strang(1960)은 부모, 또래, 교사에 의한 부적응의 요인으로 부모의 지나친 학습에 대한 압력, 부모의 무관심과 방치, 사고와 공부 방법에 대한 지도의 부재, 폭넓고 도전적인 교육과정의 부재 등을 제시하였다. 여기서는 환경적 특징을 가정 환경과 학교 환경으로 구분하여 살펴보고자 한다.

(1) 가정 환경

가정 환경 요인은 부모의 양육태도, 풍부한 자극과 경험의 결핍, 부적절한 학습 환경, 낮은 사회경제적 지위, 부모의 자녀에 대한 과도한 학습의 기대감, 그리고 낮은 학습활동 지원 등이 있다. 부모의 양육태도가 권위주의적 · 지시적 · 강요적이거나 가정 내의 추상적 언어 사용이 부족하면 여러 가지 문제를 일으킬 수 있다. 또한 가족 간의 정서적인 공감대 형성이 부족한 상태에서 부모가 오직 자녀의 성적에만 관심을 보이고 지나친 공부 압박감을 가하는 것도 부정적인 요인이 된다. 부모가 자녀에게 과잉학습을 요구하거나 기대하는 태도는 자녀에게 학습에 대한 부담감과 심리적 문제를 야기한다. 권위주의적인 양육태도를 가진 부모가 자녀에게 성적으로 인한 잦은 훈계를 하면, 자녀는 부모로부터 인정받지 못하는 상태가 누적되고, 자신이 이해받지 못한다고 생각하여 심리와 정서 및 학습동기에도 부정적인 영향을 미친다. 학습결과에 대한 피드백이 부족하거나 학습활동 지원이 많지 않고 사회경제적 지위가 낮은 것도 자녀의 낮은 학업성취 수준과 관련이 있다(오계훈, 김경근, 2001; 임현정, 2009; Emon, 2002; Rumberger & Willms, 1992). 가정 경제의 위기로 학습을 지속할 수 없는 경우, 학습에 대한 지지를 받지 못하는 경우, 또는 부모의 잦은 싸움과 이혼 등의 불안정한 가족 분위기가 조성되는 경우에도 학습에 집중하기 어려워서 학습결손이 될 수 있다.

(2) 학교 환경

학교 환경 또한 학습부진에 영향을 미치는 중요한 환경이다. 학생들과 교사로부터 인정보다는 잦은 지적을 받는 학생은 자신을 무능력하다고 생각하는 비합리적인 신념을 갖게 된다(Rathvon, 1996). 그리고 교사의 인정과 수용을 받지 못한 누적된 경험은 학습동기를 저하시키고 권위적 인물의 요구에 맞추려는 불안 심리를 갖게 하여 학업수행에 방해가 된다(Mandel & Marcus, 1995). 이 외에도 자신이 교사로부터 다른 학생들과 평등한 대우를 받지 못한다고 느끼면 학습부진이 발생할 수 있다. 이러한 환경에서 친구들의 무시와 왕따, 교사와의 갈등도 학습부진의 원인이 된다.

학교 환경과 관련한 연구에 따르면 경쟁적인 교육 환경, 지식 전달에 집중된 교과서, 경직된 교육과정 운영방식, 학교장의 지도력, 학업성취에 대한 교사들의 기대 수준, 학생들에 대한 관심의 정도, 학교 구성원의 공동체 의식 등이 학업성취에 영향을 준다(강은영, 김진구, 2018; 김경근 외, 2007; 류방란, 김성식, 2006; 양정호, 김경근, 2003; 이화진 외, 2012; 정수경, 2017; Brookover et al., 1979). 또한 학생과 교사의 신뢰 수준도 학업성취와 관련이 있다(곽수란, 2003; Ryan & Grolnick, 1986; Tschannen-Moran & Hoy, 1998).

학습부진아는 권위적인 교사의 태도에 대한 반항적 태도를 보이기도 한다. 또한 학습부진아의 흥미와 학교 교육과정에서 요구하는 흥미 간의 불일치로 갈등이 발생되어 학습능력을 발휘하지 못하고 결국 학습부진으로 이어진다.

3. 학습부진의 원인

학습부진아를 이해한다는 것은 부모, 교사, 상담자가 학습부진 현상을 잘 알고 학습부진의 원인을 파악하여 이를 해결하는 데 있다. 학습부진아에 관한 정보는 학습부진 문제를 개선하기 위해 어떠한 방법을 선택할 것인지 결정하는 데도 유용하다(이대식, 황매향, 2019). 예컨대, 읽기 문제로 학업성취가 낮다면 그 이유가 낮은 어휘력으로 인한 것인지, 검사 당일 컨디션이 좋지 않아서인지, 교사와의 갈등으로 인한 것인지에 따라 다르게 접근해야 한다. 따라서 학습부진의 원인을 파악할 때는 학습자 특징 이외에도 교수의 질과 특정 변인에서도 살펴봐야 한다.

상담자는 학습부진아를 대할 때 특별한 학생이라는 인식을 갖지 말아야 할 뿐만 아니라 다른 영역의 특징과 능력까지도 전부 학습부진 능력과 동일한 것으로 판단해서는 안 된다. 상담자는 학습부진의 원인을 파악하여 학습부진의 정보를 제공해 줄 수 있어야 한다(이대식, 2020). 첫째, 원인을 파악할 수 있어야 한다. 학습부진의 원인이 학생 개인에게 있다면 그 원인이 심리적인 것인지, 물질적 환경에 있는지, 인지능력에 있는지, 교수의 질 때문인지를 확인해야 한다. 둘째, 교과영역에서 부족한 영역에 관한 정보를 구체적으로 제공해 줄 수 있어야 한다. 예를 들어, 동일한 국어 교과 중에서도 특정 단원, 특정 내용에서 학습부진이 나타나는지 알 수 있어야 한다. 이러한 정보는 학업성취검사나 학력진단검사로 확인이 가능하다. 셋째, 학습부진 정도에 관한 정보를 제공해 줄 수 있어야 한다. 이는 특정 영역의 부진이라는 단순한 정보가 아닌 학습내용에 있어 국어의 독해 영역의 현저한 부족 또는 사고력의 부족인지, 수학의 도형 영역에서 개념의 부족 또는 계산력의 부족인지 등을 기준 집단에 비해 어느 정도 수행하고 있는지에 대한 정보를 제공하는 것이다.

학습부진의 원인은 기준과 관점에 따라 다양하게 분류할 수 있다. 학습부진의 원인을 정원식 등(1979)은 학습 관계에서의 조건, 개인의 환경조건, 개인의 신체 건강조건, 학습결손 누적으로 보았다. 서근원 등(2009)은 학습부진 원인을 학습형, 또래형, 놀이형, 심리장애형, 인지장애형, 사회형, 가정환경형, 복합형 등의 학습자 개인 특징과 환경에 맞추어 구분하였다. 학습부진의 원인은 학습부진아의 특징으로 분류할 것인지, 교과학습 영역의 부족으로 할 것인지, 학습부진 정도에 따라 볼 것인지 등에 따라 다양하게 분류할 수 있다. 선행 연구자들의 분류를 참고하여 여기서는 학습부진의 원인을 개인적 측면과 환경적 측면 그리고 혼합형으로 살펴본다.

1) 개인적 측면

학습부진의 개인적 요인으로는 불안정한 심리와 정서, 부정적 자아개념, 낮은 성취동기, 학습의지 부족, 학습동기 부족, 선수학습의 결함, 학습전략의 미형성, 건강 및 신경학적 문제, 교과내용 영역의 결함, 그리고 적성과 성취 간의 불일치 등을 들 수 있다.

(1) 불안정한 심리와 정서

학습을 성공적으로 수행하는 데 있어서 안정적 심리와 정서는 중요한 요인이다. 개인이나 가정문제, 주변 환경으로부터 받는 과도한 불안 정서는 인지능력과 학습동기가 있는 학습자일지라도 학습에 집중하기 어렵게 하고, 새로운 학습에 대한 동기를 저하시킨다. 학습부진아의 정서와 지능을 분석한 연구(윤만석, 2010)에서 학습부진은 지적 능력보다 심리와 정서가 더 큰 원인이라고 하였다. 개인(건강 문제, 친구 및 교사와의 갈등, 이성문제), 가정(부모의 잦은 싸움이나 이혼) 혹은 주변 여건(전학, 환경 변화)으로 심리적 · 정서적으로 안정되지 못한 환경, 또는 잦은 질책과 훈계는 심리적 불안감을 낳는다(김선 외, 2001). 이렇게 되면, 학생은 학습에 집중하지 못하게 되고, 만성적일 경우 장기간에 걸쳐 학습부진이 나타난다.

(2) 부정적 자아개념

학습부진아는 부정적 자아개념을 형성하고 학업적 자기효능감이 낮다. 부정적 자아개념의 원인은 정서적 결함과 주위 환경에 대한 접촉 결여, 현실에 대한 좌절과 잘못된 해석에 있다. 이러한 부정적 자아개념은 동기, 관심, 초인지적 능력, 정서적 · 사회적 적응, 자기 효능감, 자기 가치에 부정적인 영향을 준다(김윤옥, 2000; Butler-Por, 1987). 이런 정서적 욕구의 결핍은 성장과정에서 성공보다는 실패 경험이 누적되어 정서적 불안으로 이어진다. 그리고 이런 불안은 학업미성취와 부정적 자아개념의 결과를 가져온다(송정용, 2000; Rathvon, 1996).

(3) 낮은 성취동기

학습부진아는 성취동기가 낮다. 이들은 자신감 부족, 부정적 자기인식, 자신에 대한 무가치의 생각이 누적되어 정서적 · 사회적으로 열등감을 갖는다. 장기적인 목표 달성을 위해 노력을 기울이거나 시간을 많이 투자하지 않는다. 또한 즉각적인 결과를 기대하고 결과가 만족스럽지 못하면 쉽게 포기한다.

(4) 학습의지 부족

공부하고자 하는 의욕, 적절한 외적 환경과 학습능력을 갖추어서 학습을 시작하였으나 일정 시간 동안 또는 끝까지 지속하고자 하는 의지력이 부족하다. 일반적으로 교과학습을 하려면 일정 시간이 요구되는데 이러한 학습의 의지가 부족하다는 것이다. 이와 관련하여 학습자가 학습을 지속할 수 있는 시간을 Carroll(1963)은 학습지속력이라고 하였다. 학습지속력(perseverance)은 학습자마다 그리고 과제의 종류, 수업의 질, 흥미, 학습태도, 학습 이해력, 적성 등 다양한 변인에 따라 다양하게 나타난다. 학습부진아는 학습지속력이 짧아서 주어진 과제를 수행하기 위해서 계획된 시간보다 더 많은 시간을 투입하거나 감수하려는 의지가 부족하다.

(5) 학습동기 부족

학습동기의 부족은 공부에 흥미나 관심이 없는 것이다. 부모의 방임적 양육태도와 자녀 성적에 대한 무관심, 학습자의 학교 공부 이외에 다른 일에 대한 관심, 초등학교 입학 전의 과도한 학업 경험 등이 학습동기 부족의 원인이 된다.

(6) 선수학습의 결함

선수학습이란 이전까지 배운 내용으로, 앞서 받았던 학습내용을 의미한다. 학교 교과는 보통 위계적으로 구성되어 있다. 선수학습 결손은 해당 학년의 교과학습에 어려움을 초래하며, 다른 학생들에 비해 문제 수행능력이 현저히 떨어지게 되어 학습을 포기하는 사태가 발생된다. 따라서 선수학습의 결손으로 인한 학업미성취는 학습부진의 주원인이 된다. 상급 학년으로 올라갈수록 선수학습은 중요하다. 특히 수학처럼 위계성이 높은 과목에서 선수학습의 결손은 해당 학년의 교과과정뿐만 아니라 상급 학교에서 학업미성취가 된다. 그러므로 선수학습이 부족한 학습자는 선수학습의 결손이 시작된 점을 잘 진단하여 이에 맞는 보완책과 학습전략을 사용할 수 있게 해 주어야 한다.

(7) 학습전략의 미형성

학습동기와 학습의지력은 있으나 노력한 시간과 투입에 비해 학습 성과를 얻지 못하는 학생이 있다. 학습부진아는 인지과정과 관련된 정보처리 과정의 결함 그리고 자원관리 전략이 부족하다. 이들은 과제를 수행할 때도 계획을 세우는 인지전략(시연, 정교화, 조직화 등)이 부족할 뿐만 아니라 인지전략을 초인지적 지식과 분리하여 생각하는 초인지 전략(계획, 점검, 조절 등) 또한 부족하다. 즉, 학습부진아는 학습에 도움이 되는 학습전략 지식이 부족하거나 사용한 학습전략이 효과를 거두지 못하는 경우가 많다. 이러한 학생의 구체적인 예는 다음과 같다.

- 자신의 학습능력을 이해하지 못하고 친구들의 학습방법을 그대로 따라 한다.
- 내용 이해의 학습을 통한 체계적 학습보다는 문제풀이식 학습방법에 익숙해 있다. 이해가 필요한 내용임에도 무조건 암기한다.
- 인지수행 과정에서 적극적으로 조사, 계획, 점검, 교정, 평가, 성찰하기의 과정을 통한 인지활동 능력이 부족하다.
- 중요한 내용 파악이 힘들다(예: 사회 교과서를 읽고 단원의 중심 내용 및 핵심 단어를 찾기가 힘들다).
- 중요한 내용보다는 주변 내용에 더 관심이 많다.
- 사고능력이 부족하다.
- 초인지 전략이 부족하다. 즉, 학습내용에 관하여 자신이 아는 내용과 모르는 내용에 대한 인식이 부족하다.
- 시간관리와 공부환경 관리가 부족하다.

(8) 건강 및 신경학적 문제

학습에 방해가 될 정도의 건강 문제로 결석이 잦거나 ADHD 등의 문제를 갖고 있는 경우다. 학습의지와 학습동기 그리고 심리적 · 정서적 문제가 없는 학습자라도 이러한 문제를 갖고 있다면 학습에 집중하기는 힘들 것이다.

(9) 교과내용 영역의 결함

학습부진이 국어, 영어, 수학, 사회, 과학 등 어느 교과에서 발생하는지 알아야 한다. 교과 내에서도 구체적인 단원과 내용에 있어 어떤 결함이 있는지 알고 있어야 한다. 특정 영역에서 결함의 심한 정도를 파악하는 것도 중요하다. 예컨대, 국어 교과의 문학(예: 시, 소설, 수필, 희곡), 비문학(예: 비평, 논설문, 설명문, 동시, 동화, 철학서)에서 결함이 많은 글의 종류를 파악하여 주제 찾기의 어려움이 있는지, 어휘에 결함이 있는지, 난독증이 있는지 등을 파악한다.

(10) 적성과 성취 간의 불일치

적성과 성취 간의 불일치는 자신이 갖고 있는 적성과 흥미가 학교 교육과정에서 적성과 흥미를 충족하지 못해서 갈등을 일으킨다. 이런 경우에는 학교 공부에 흥미를 갖지 못하고 방황하거나 부모와 진로 갈등으로 인해 학습동기가 저하되어 학습에 흥미를 잃는다.

2) 환경적 측면

환경적 측면은 학습부진아가 가정이나 학교 등의 환경으로부터 격려, 관심, 지지 등을 받지 못하거나 학습에 필요한 물질적 지원을 받지 못한 것으로 심리와 학습 지원 결여, 물질적 지원 결여 그리고 교수방법 미흡 등으로 구분하여 살펴보고자 한다.

(1) 심리 및 학습 지원의 결여

학습부진아가 속한 주변 환경으로부터 심리적 · 학습적 지지를 받지 못하면 결과적으로 학습에 대한 흥미를 갖지 못하고 학습결손이 발생된다. 여기에는 부모의 낮은 교육수준, 부모의 양육태도, 자녀의 행동 특성 등이 원인이 된다. 부모나 가족으로부터 공부를 하는 데 필요한 관심, 심리적 지원과 지지, 공부나 과제 수행에 있어서 학습 지지와 지원을 받지 못하는 경우다. 이와 관련한 연구에서 부모-자녀 관계와 부모의 학업적 지원활동은 교과목의 효능감과 학업 자아개념과 학업성취에 영향을 준다고 하였다(Coleman, 1988; Schneider & Coleman, 1993). 반대로 부모의 지원과 지지를 지나치게 받는 자녀는 부모가 자녀의 성적에 대한 높은 기대감이나 압력으로 인해 학업적 부담감을 갖는다. 이는 오히려 학습동기를 저하시키는 결과를 초래한다. 부모의 무관심과 방치 또한 학습부진과 관련성이 높으며, 사고와 공부방법에 대한 지도의 부재로 인한 학습동기 저하로 학습부진이 될 수도 있다.

(2) 물질적 지원 결여

가정의 사회경제적 지위가 낮은 아동이 낮은 학업성취 수준을 보인다(백병부, 2010; Brooks-Gunn & Duncan, 1997; McLanahan & Sandefur, 1994). 예를 들어, 문제집이나 참고서를 사지 못하거나, 방과 후 수업을 수강하지 못하는 등 물질적 지원이 부족한 것이다. 가정의 경제적 한계에 부딪히게 되면 학습에 집중할 수 없으며 학습동기가 낮아진다.

(3) 교수방법의 미흡

교사의 교수방법이 어떤지에 따라 학생들의 학습동기, 학습 의지를 갖는 데 영향을 준다. 교사가 내용을 명확히 전달하고 학생이 수업내용을 얼마나 이해하고 있는지 점검하면서 진행되는 수업은 학생으로 하여금 수업에 적극적으로 참여하게 하여 학습에 긍정적으로 영향을 미친다. 이와 반대로 교사의 설명이 명확하지 않고 충분하지 않으며, 수업내용을 학생들이 이해하고 있는지 교사가 점검하지 않은 채 진행되는 수업을 듣는 학생은 아무리 학습동기와 의지가 있더라도 수업내용을 이해할 수 없어서 학습에 어려움을 겪는다. 이처럼 교사의 교수방법은 학습과 관련성이 높다(Carroll, 1963).

3) 혼합형

개인과 환경요인 등 두 가지 이상의 원인들이 혼합적으로 이루어진 학습부진을 의미한다. 학습부진아는 한 가지 원인에 의해서 발생하기보다는 보통 혼합형으로 나타난다. 무엇보다 여러 가지 원인에 의해 학습부진이 발생한 경우에는 이에 따른 진단과 대처 또한 힘들어진다. 그러므로 상담자는 여러 가지 원인 중에서 촉발원인을 파악하는 것이 중요하다.

4. 학습부진의 평가 및 진단

학습부진아를 효과적으로 지도하기 위해서는 서열화된 점수의 정보만으로는 부족하며 구체적인 정보가 필요하다. 이를 위해서는 먼저 학습부진아의 선별과 진단이 중요한데, 그 이유는 선별과 진단은 앞으로 진행될 학습부진아에 대한 개입과 관리의 선행 단계이기 때문이다. 이러한 선행 단계에서 착오가 발생하면 반드시 포함되어야 할 학생이 선발되지 않거나 필요한 지원의 출발점을 잡는 것이 무의미해질 수 있다. 여기서는 학습부진아의 평가유형을 확인하고, 진단의 목적을 살펴본다.

1) 학습부진의 평가유형

학습부진아의 선별, 진단, 평가를 위해서는 평가의 목적과 특징을 이해해야 한다(이대식, 2020). 평가 목적이 어떠하냐에 따라 평가방법과 기준, 도구, 결과의 해석 등이 달라질 수 있기 때문이다. 평가의 목적은 내담자에 대한 의사결정과 내담자 관련 정보를 체계적으로 모으는 것이며, 내담자에 대한 의사결정을 위한 관련 정보를 구체화하고 확인하는 역동적인 과정이다(Salvia & Ysseldyke, 1995). 학습부진 평가에서는 학습부진 영역과 학습부진 정도, 학습부진 원인 등을 파악한다(이대식, 황매향, 2019). 평가유형으로 선별, 진단, 학습진전도 검사, 판별, 총괄평가를 살펴보도록 한다.

(1) 선별

선별(screening)은 모든 학생을 대상으로 간편한 평가방법을 통해 학습부진의 특징이 보이거나 학습부진의 가능성이 있는 학생을 뽑는 것을 말한다. 즉, 학습부진 정도를 더 정확하고 심도 있게 평가하기 위한 것으로 학습부진아 누락을 예방하기 위해 선별 대상 범위를 최대한으로 한다. 선별할 때는 되도록 조기에, 간편한 절차와 방법, 최소한의 시간으로 한다. 선별을 위해서는 평가할 교과 영역, 검사의 구성, 평가 문항의 난이도, 선별 기준, 평가 시기 등을 결정한다(이대식, 2020). 선별 기준은 선별 영역(일반적으로 국어, 영어, 수학, 사회, 과학 등의 주요 교과)과 목적 등에 따라 다르게 정할 수 있다. 선별 영역에서 특히 국어와 수학의 학습부진 여부는 중요하다. 이 과목들은 상위 학년에 가서 학업 수행에서 해당 학년의 학습내용을 이해하거나 다른 과목 학습에 많은 영향을 주기 때문이다.

선별도구는 교과학습 진단평가, 기초학력 진단평가, 기초학습기능수행평가체제(읽기, 쓰기, 셈하기)에 따라 다양하다. 이 중에서 교과학습 진단평가(〈표 5-1〉 참고)가 가장 많이 사용된다(이대식, 2020). 학습부진인 경우 선별 결과가 진단이나 판별 용도로 사용되기도 한다.

표 5-1 교과학습 진단평가

대상	• 초등학교 2학년~중학교 2학년 정상적인 교육과정을 이수한 학생
시기 및 평가내용	• 매 학년도 초기 • 직전 학년 해당 교과의 필수 학습목표를 중심으로 출제
선별 기준	• 이전 학년의 교과별 최소 도달 기준에 도달하지 못한 학생을 선별 • 학습부진 기준은 지역, 교과 영역별, 학년별 학습부진으로 교육청마다 기준이 달라질 수 있음
시험지 구성	• 당해 연도 학습을 위한 선수학습의 인지도를 묻는 쉬운 문제 중심으로 출제
목적	• 학습부진 요인 파악, 수준에 맞는 교수방법을 제공하기 위함

평가를 학교 자율에 맡기므로 전국 단위의 평가는 아님
(구체적인 평가방법과 대상 교과는 교육지원청마다 다를 수 있음)

(2) 진단

진단(diagnosis)은 대상자의 학습이 어려운 이유와 원인을 파악하고, 지도 계획, 지원할 출발점과 초점을 두어야 할 곳 등을 결정하는 데 필요한 정보를 제공하는 것이다. 학습부진아 진단을 위해서는 반드시 구체적으로 학습부진 원인과 유형에 관한 정보 제공, 학습부진아의 현재 상태를 파악(무엇을 알고 또는 모르는지)하고, 어느 영역에서 어느 정도 심각한지, 관찰과 면담을 병행한다. 관찰과 면담이 필요한 이유는 특정 오류, 특정한 방식의 문제해결의 수행으로만 판단하기 어렵기 때문이다. 그러므로 학습부진 진단에서는 학습부진아의 현재 수준, 장단점, 학습습관, 학습 관련 핵심 인지 기능 정도 등에 관한 정확하고 구체적인 정보가 제공되어야 한다.

진단도구는 진단하고자 하는 영역과 진단 목적 등에 따라 다양하다. 진단을 위한 검사는 편리성, 신속성, 검사 결과를 신속히 확인할 수 있는 것이어야 한다. 진단도구로는 한국교육과정평가원 기초학력향상지원사이트 '꾸꾸(KU-CU)'(www.basics.re.kr)에서 일반적인 수준의 학습부진 원인 검사(학습 저해요인 진단검사, 학습유형검사, 정서행동환경검사, 수학과 사회 학습동기 검사, 학교생활 적응도 검사 등)와 학습부진 정도와 양상, 학습 수행상의 장단점 파악(기초학력향상지원사이트 '꾸꾸'의 교과학습진단평가, 학업성취도 평가정보 서비스 사이트 활용)이 가능하다. 기초학력향상지원사이트 '꾸꾸'는 이 외에도 학업성취도 검사, 맞춤형 학력진단 검사 등의 정보를 제공하고 있다(〈표 5-2〉 참조). 교과별 학습부진을 진단하고 학습결손 보충에 필요한 콘텐

표 5-2 한국교육과정평가원의 진단도구

진단	기초학력향상지원사이트 '꾸꾸' (www.basics.re.kr)	학업성취도 평가 정보 서비스
학습부진 원인 파악	학습저해요인 진단검사, 학습유형검사, 정서행동환경검사, 수학과 사회 학습동기 검사, 학교생활 적응도 검사 등	
학습부진 정도의 양상, 학습 수행상의 장단점 파악	교과학습 진단평가	학업성취도 평가 정보
교과별 학습부진 진단 및 학습 결손 보충관련 콘텐츠 정보	기초학력 진단-보정 시스템 활용	

츠의 정보는 기초학력진단-보정 시스템을 활용하면 된다. 가장 최근의 검사도구를 사용하는 것이 좋다.

(3) 형성평가 또는 학습진전도 검사

형성평가 또는 학습진전도 검사(formative evaluation or progress monitoring)는 학습과정에서 현재의 수행과 도달 정도를 확인하는 것으로 개별화 교육 프로그램을 계획하고 진행하는 데 도움을 주기 위해 정기적으로 실시되는 평가다. 이 검사에서 중요한 것은 검사 시간이 매우 짧으면서 해당 시간에 학습한 결과의 확인이 가능해야 한다. 검사는 개인 혹은 집단으로 실시할 수 있으며, 평가 결과에 따라 교수방법을 수정할 수 있다.

검사도구로는 교육과정중심평가 형태인 기초학습기능 수행평가체제(Basic Academic Skills Assessment: BASA) 읽기, 쓰기, 셈하기 기초평가 문제지 등을 사용할 수 있다. 그리고 교육과정중심측정(Curriculum-Based Mesasurement: CBM)과 교사가 자체 제작한 형성평가도 사용할 수 있다. 초등 수준의 기초학력 진단이 필요할 때에는 기초학습기능 수행평가체제와 국립특수교육원의 기초학력검사(Korea Institute of Special Education-Basic Academic Achievement Test: KISE-BAAT), 한글 읽기 진단검사(기초학력향상지원사이트 '꾸꾸'의 한글 읽기 진단검사 등)를 활용한다. 〈표 5-3〉은 BASA 읽기검사, 〈표5-4〉는 BASA 수학검사를 설명한 것이다.

표 5-3 기초학습기능 수행평가체제 읽기검사 (BASA:R)

특징	• 교육과정중심평가 형태 • 비교적 짧은 시간에 학습자의 수행 정도를 확인
구성	• 읽기검사는 읽기 검사자료 1(읽기 유창성 검사), 읽기 검사자료 2(독해력 측정을 위한 빈칸에 알맞은 어휘 선택하기 검사)로 구성
대상	• 초등학교 1학년~청소년
검사방법	• 읽기 검사자료 1: 1분 동안 읽기 유창성 검사 • 읽기 검사자료 2: 5분 동안 읽기 독해력 검사

표 5-4 기초학습기능 수행평가체제 수학검사(BASA:M)

특징	• 수학 학습 수준의 발달과 성장을 측정 • 학습부진 여부를 확인
구성	• I단계 검사는 1학년 수준, II단계 검사는 2학년 수준, III단계는 3학년 수준, 통합단계는 1, 2, 3학년의 내용을 모두 다루는 문제로 구성
대상	• 초등학교 1학년~청소년
검사방법	• 초등 1학년 학생에게는 I단계와 통합단계, 초등 2학년 학생에게는 II단계와 통합단계, 초등 3학년 이상 학생에게는 III단계와 통합단계 검사

(4) 판별

판별(deciding eligibility)은 어떤 학생이 학습부진에 속하는지 최종적으로 판단하는 것이다. 일반적으로 판별은 다양한 자료를 사용하여 여러 번에 걸쳐서 여러 사람이 최종적으로 판단을 내리는 것을 원칙으로 한다. 판별에서는 평가의 타당도와 신뢰도가 중요하다. 그리고 표준화와 전국 단위의 규준이 중요하기 때문에 검사도구로는 검사 실시 방법, 절차, 검사 결과 해석 등이 표준화되어 있는 학력검사, 지능검사, 기타 심리검사 등을 활용한다. 그러나 학습부진 판별과정은 별도로 하지 않으므로 선별을 기준으로 한다.

(5) 총괄평가

총괄평가(summative evaluation)는 프로그램이나 교수방법을 활용한 후 그 효과를 확인하기 위한 평가를 말한다. 프로그램이나 교수방법이 매우 효과적이었다면 이를 지속할 것인지 변경할 것인지를 결정할 때 활용한다. 예를 들어, '맞춤형 디딤돌 학습 프로그램' 실시 후 최종 평가를 실시하는 것이다.

2) 학습부진 검사도구

학습부진 유형 검사는 학습부진아의 원인을 파악하고 학습부진의 유형을 분류하여 교사 및 상담자가 학생의 주요 특성을 파악함으로써 효과적이고 체계화된 학습 지도를 제공하기 위해 개발된 것이다. 또한 학습부진아 스스로 학습 특성을 살펴보

표 5-5 학습부진 유형 진단용 간편 체크리스트 예시

학습부진 유형		전혀 아니다	아니다	보통이다	그렇다	아주 그렇다
개인의 심리적 차원	학습 의지(과제 지속력, 정신 에너지)가 부족하다.	1	2	3	4	5
	공부방법이 부적절하다.	1	2	3	4	5
	정서 및 심리적으로 불안정하다.	1	2	3	4	5
	교과학습 동기가 부족하다.	1	2	3	4	5
	건강 및 신경심리학적 문제를 갖고 있다.	1	2	3	4	5
사회적 관계 차원	친구관계가 부적절하다.	1	2	3	4	5
선수학습 차원	누적된 학습결손을 갖고 있다.	1	2	3	4	5
외적 여건 차원	물리적 여건 혹은 심리적 지원이 부족하다.	1	2	3	4	5
수업 질 차원	수업의 질이 미흡하다.	1	2	3	4	5
교과 영역 차원	언어 구사 영역(말하기, 듣기) 필수 학습기능이 부족하다.	1	2	3	4	5
	수리 영역 필수 학습기능이 부족하다.	1	2	3	4	5
	읽기 영역 필수 학습기능이 부족하다.	1	2	3	4	5
	쓰기 영역 필수 학습기능이 부족하다.	1	2	3	4	5
	인지능력(지능, 사고력 등)이 부족하다.	1	2	3	4	5

출처: 이대식(2020), p. 77.

고 적절한 학습방법을 탐색할 수 있게 도움을 준다. 학습부진 유형 검사는 학습부진아에게 영향을 미치는 인지적 영역, 개인의 특성과 가정환경을 함께 살펴보고, 학습부진을 촉발하는 배경 변인에서 위기 요소로 분리하여 유형화하였다. 이 검사도구는 교사가 작성하는 부분과 학생이 작성하는 부분으로 구성되었으며, 교사 작성 부분은 학습자를 잘 아는 담임교사가 학습부진아의 기초 정보 및 위기 요소 정보를 작성한다. 그리고 학생이 작성하는 부분은 자신의 학습 관련 특성에 대해 자기보고식 형식으로 응답한다. 이 검사 결과를 활용하기 위해서는 다음의 세 단계가 필요하다. 〈표 5-5〉는 학습부진 유형 파악을 위한 간편 체크리스트의 예시다.

① 1단계: 학습자의 기초 정보 및 위기 요소 분석

학습자의 기초 정보와 위기 요소를 먼저 파악한다. 기초 정보는 작성일, 작성자, 학생과의 관계, 학생 인적 사항, 학력진단 결과(기초/교과)로 구성된다. 이 양식은 면담 질문을 활용한다. 위기 요소 분석은 교사의 관찰 보고식 검사로 환경 차원(부모무관심, 경제적 곤란, 다문화 가정, 비행집단, 기타)과 개인 차원(학업관련 장애, 중독, 건강문제, 기타)을 포함한다.

② 2단계: 학습부진 유형 파악

학습자의 학습과 직접 관련된 학습동기, 자기통제성, 학습행동에 대하여 응답한다. 이 검사는 학습과 밀접히 관련되면서 지속적인 전문가 지도, 효과적인 수업과 교재의 충실한 지원, 심리적·정서적·사회적 지원서비스 제공을 통해 변화 가능한 중요한 영역으로서 학습동기, 자기 통제성, 학습행동 등을 측정한다. 총 20문항이며, 학습동기 영역은 목표 유무, 내적 동기, 외적 동기, 관련 요인, 저해 요인을, 자기 통제성 영역은 만족지연, 즉각 만족 추구를 그리고 학습행동 영역은 주의집중, 공부 방법, 시험준비, 자원관리를 포함한다.

학습유형은 학습자가 응답하는 학습 관련의 정의적 특성 중 학습동기와 자기 통제성을 중심으로 하여 1유형(노력형)은 학습동기와 자기 통제성이 모두 우수한 학생이다. 2유형(동기형)은 학습동기가 높은 반면 자기 통제성이 낮은 학생이며, 3유형(조절형)은 학습동기는 낮으나 자기 통제성이 높은 학생이다. 4유형(행동형)은 학습동기와 자기 통제성이 모두 낮은 학생이다. 학습동기와 자기 통제성의 수준에 따른 학습부진 유형화와 함께 학생들의 학습행동 수준을 파악하여 지도해야 한다. 2단계는 교사가 채점 가능하며, 채점 결과를 바탕으로 학습부진아의 유형을 파악할 수 있다.

③ 3단계: 학습유형 분류 및 결과 활용

면담 및 검사 결과를 바탕으로 위기 요소, 학습유형, 학습행동의 정보가 제공된다. 이 중 학습자의 위기 요소에 대한 지원을 먼저 계획하여 이에 대한 조치와 개입으로 학습 지원이 들어가야 한다. 이때 학습지도 및 지원 지침을 따른다.

5. 학습부진아의 유형별 대처방안

학습부진아의 학습을 증진시키기 위해서는 학습부진아의 특징과 원인을 파악해야 할 뿐만 아니라 전체적인 학습환경이나 어떠한 요소를 변화시켜야 하는지의 전략이 필요하다. 학습부진아는 적절한 난이도로 공부할 때, 높은 성공률을 경험할 때, 연습을 충분히 할 때, 학습할 내용이 흥미가 있을 때 그리고 자신의 실생활과 관련성이 있을 때 효과적인 학습이 일어난다. 효과적인 상담을 위해서 학습부진 유형에 따른 대처방안을 알아보고자 한다(이대식, 2020).

1) 정서적 문제를 가진 학습부진아

학습부진아의 학습동기, 흥미, 학습의욕의 부족 그리고 심리적·정서적 불안정이 원인이 되어 학습에 집중할 수 없다. 상담을 통해 심리적 촉발 원인이 무엇인지 탐색하여 조력하면 학습에 대한 몰입도와 학습효과는 높아진다. 상담자는 학습내용을 기반으로 내담자 스스로 학습할 수 있도록 학습목표를 갖게 한다. 이 유형의 학습부진아는 상담자와 함께 학습계획서를 작성하고 이를 실천하면서 스스로 할 수 있다는 자기 언어화를 하도록 한다. 반복된 경험을 통해 학생 스스로가 학습할 수 있는 습관을 형성하도록 한다.

2) 학습된 무기력 학습부진아

학습된 무기력은 학습행동의 결손을 초래하고 이는 동기적 · 인지적 · 정서적 결손으로도 이어진다. '나는 공부를 해도 소용없어.' '열심히 했으나 어떤 결과에 영향을 미치지 못한다.'라는 생각으로 학습을 회피하고 학습의 계속된 실패 경험이 학습속도를 느리게 하고, 무기력, 의욕상실, 낮은 자아개념을 형성하게 한다. 이에 대한 대처방안은 학습부진아의 학습능력을 방해하거나 장애가 되는 약점 등을 파악하고 제거하여 장점을 극대화하는 데 중점을 둔다. 이는 긍정적 자아개념을 형성할 수 있는 전략으로 학업에서 성공을 경험하게 한다. 예컨대, 수학 연산을 빠르고 정확하게 하는 능력이 결여된 학생에게 주의집중하여 문제를 끝까지 수행하도록 하여 성공경험을 갖게 하는 것이다. 그리고 학습내용이 자신의 삶과 주변 세계와 어떤 관련성이 있어서 배우는지 그 이유를 알면 학습에 흥미를 갖고 학습동기가 더 높아진다.

3) 누적된 학습결손 학습부진아

학습결손이 누적되면 학습내용을 이해하는 데 어렵기 때문에 학습을 쉽게 포기하게 된다. 학습부진아마다 학습의 진행 속도와 누적된 학습 영역이 다르므로 누적된 학습내용과 영역을 확인하여 일대일 수업 또는 소집단을 통한 집중교육으로 학습하도록 한다. 각 단원별, 차시별 수업 개요를 제시하여 학습부진아가 수업내용을 이해하는 데 도움을 준다.

4) 주의집중력 부족 학습부진아

주의집중력이 부족한 학습자는 학습을 지속적으로 유지하고 수행하는 데 시간이 오래 걸리거나 해야 할 학습량을 마치지 못한다. 이러한 과정이 반복되다 보면 학습량이 증가하고, 학습의 부담감으로 학습을 하지 않게 된다. 이에 대한 대처방안으로는 공부를 끝내는 시간을 학습자가 스스로 정하도록 한다. 예컨대, 수학문제 5개를 풀고 학습을 마치도록 하는 것보다는 현재 시간에서 학습자 스스로 마칠 수 있는 시간을 정해서 문제를 풀도록 하는 것이다.

5) 학습전략 및 학습기술 부족 학습부진아

학습전략 및 학습기술이 부족한 학습부진아는 학습전략에 대한 방법을 알고 있어도 적용하지 못하거나 자신에게 맞지 않는 방법을 사용하고 있다. 그러므로 상담자는 학습자가 학습전략을 적용할 수 있도록 학습전략 방법(예: 시험준비, 노트필기 방법, 기억 방법)을 함께 시연하면서 학생이 활용할 수 있도록 훈련한다. 또한 학습부진아의 수준에 맞는 과제를 제공한다. 높은 수준의 과제는 학습부진아의 과제 수행을 오히려 방해하며 학습 흥미에 부정적인 영향을 준다. 그러므로 과제 부여 시 학생 수준에 맞는 과제를 제공한다. 학습부진아는 어휘력이 낮고 추상적 개념 이해가 부족하므로 전문적 어휘 목록이나 추상적 개념에 대한 해설 자료, 그리고 학습내용을 이해하는 데 도움이 되는 자료를 제공해 준다. 학습부진아가 학습한 내용을 다른 사람에게 설명해 보게 함으로써 내용을 더 깊이 있게 이해할 수 있게 되고 이러한 경험으로 자신감을 형성한다.

6) 가정환경 원인 학습부진아

부모와 학교가 협력하여 환경요인을 파악하고 학생에게 도움을 줄 수 있도록 한다. 부모상담을 통해 조력하도록 한다.

7) 사회적 기술과 대인관계 기술 부족 학습부진아

사회적 기술과 대인관계 기술 부족으로 인해 학습에 집중하지 못하게 되어 학습을 방해한다. 그러므로 사회적 기술을 익히고, 대인관계 기술을 훈련하고, 자아개념을 형성할 수 있는 전략을 세워서 내담자가 긍정적 자아개념을 갖도록 도와준다.

제6장

미성취 영재

1. 영재와 미성취 영재의 이해

읽기능력과 이해력이 뛰어나거나 풍부한 상상력과 창의적 특성을 보이는 학생을 흔히 영재(gifted)라고 한다. 영재는 다른 사람들보다 높은 지적 능력(IQ)을 지닌 사람으로 타고난 능력이 뛰어나기 때문에 흔히 특별히 교육을 시키지 않아도 재능을 발휘한다고 생각한다. 그러나 이러한 영재성을 조기에 발견하지 못하고 외부의 적절한 도움과 자극을 받지 못한 재능은 사라질 수 있고, 이들의 특별한 재능과 특성을 이해하지 못하고 장시간 방치하면 학교에서 잘 적응하지 못할 수도 있다.

미국은 1980년대부터 본격적으로 미성취 영재에 관한 연구가 이루어져 왔다. 우리나라에서는 2002년 3월 1일에 「영재교육진흥법」이 시행된 후에 본격적으로 영재교육에 관심을 갖게 되었다. 2004년부터 일반학교가 아닌 영재교육기관의 영재들을 대상으로 미성취 영재에 대한 연구가 진행되었고(이명자, 문병상, 2007), 2007년부터는 일반 학교에서도 미성취 영재에 관심을 갖게 되었다(김옥분, 김혜진, 2011).

1) 영재의 개념

영재의 기준은 시대와 함께 변하고, 학자의 관점에 따라 다양하게 정의하고 있다. 특히 영재에 관심을 갖기 시작한 초기에는 주로 지적 능력(IQ)을 중심으로 정의하였다. 초기 영재의 정의를 이해하는 데 유용한 자료를 제시한 Terman(1959)은 교사 추천과 지적 능력(IQ)을 중심으로 IQ 140 이상인 아동을 영재로 정의하고 그들의 성장과정을 추적하였다. 연구결과 영재 학생들은 학문적으로 우수하고, 연령에 따른 자신의 역할에 잘 적응하였다. 또한 매우 뛰어난 성취 수준을 보이고, 보다 쉽게 학습하고, 많은 취미생활을 가지며, 책을 즐겨 읽으며, 신체적으로 매우 건강하였다.

Marland(1972)는 영재를 '뛰어난 능력을 갖고 있어서 높은 성취를 보일 가능성이 있는 자로서 자신과 사회에 기여하기 위해서 정규학교가 제공하는 특별한 프로그램이나 도움을 필요로 하는 사람'이라고 하였다. 그리고 영재성의 영역을 일반적 지적 능력, 특수 학업영역에서 적성, 창의적, 지도자적인 능력, 시각예술, 정신운동 등 여섯 가지 영역으로 세분화하여 이 중에서 한 영역 또는 여러 영역에서 영재성이 나타날 수 있다고 하였다.

Renzulli(1986)는 평균 이상의 능력, 높은 과제 집착력과 높은 수준의 창의성 등 세 가지 특성을 공유해야 영재라고 하였다. 특히 과제 집착력과 같은 성격적 요인이 영재의 성취에 매우 중요하다고 강조하였다. '능력'은 일반적 능력으로, 즉 언어 유창성, 외부환경에 대한 적응력, 정보처리의 자동화 능력, 추상적 사고, 기억력, 새로운 환경의 조성능력, 언어 및 수리력, 공간지각력, 어휘력이 있다. '과제 집착력'은 동기적인 측면으로 과제를 해결하려는 의지와 과제 수행에 들이는 인내와 노력 등을 포함한다. '창의성'은 전문 영역의 지식을 활용하는 능력, 특수한 영역에 필요한 전략이나 기법을 습득하고 적용하는 능력, 적합한 정보를 가려내는 능력을 말한다. 즉, 영재는 지적 특성 외에 심리적 · 사회적 · 동기적 특성까지 영재성 정의에 포함한다.

Feldhusen(1986)은 영재성이 높은 수준의 일반적 능력과 긍정적인 자아개념, 동기 및 창의성의 상호작용으로 나타난다고 하였으며, 영재를 '일반적 영역이 아닌 특수한 영역에서 뛰어난 성취 영역을 보이는 사람'이라고 개념화하였다. 그에 따르면,

'능력'은 주어진 정보를 받아들여 처리하고 환경에 적응하는 일반적 능력을 의미한다. 그리고 '자아개념'은 자신에 대한 인식 및 해석, 이상적인 자아로 설명되는 것으로 긍정적인 자기 인식을 통한 만족감도 영재에게 중요한 것이다.

Guilford(1988)와 Torrance(1962) 등을 비롯한 창의성을 연구하는 학자들은 지능의 다양한 측면과 창의성의 개념을 발달시켜 영재아의 개념을 확장시켰다. Piirto(1999)는 관찰력, 창의성, 호기심, 기억력 등을 통해 교과목을 빠르게 학습할 수 있는 능력이 있는 사람을 영재라고 정의하였다.

우리나라의 「영재교육진흥법」(2001년 전문개정) 제2조(정의)에서는 영재를 "재능이 뛰어난 사람으로서 타고난 잠재력을 개발하기 위하여 특별한 교육을 필요로 하는 자"로 정의하고 있다. 그리고 제5조(영재교육대상자의 선정)에서 일반 지능, 특수학문 적성, 창의적 사고 능력, 예술적 재능, 신체적 재능, 그 밖의 특별한 재능에 대해서 어느 하나의 사항에 대하여 "뛰어나거나 잠재력이 우수한 사람 중 해당 교육기관의 교육 영역 및 목적 등에 적합하다고 인정하는 사람을 영재교육 대상자로 선발한다."고 하였다. 이와 같이 영재에 대한 공통적인 의견은 지적인 능력 외에도 창의성, 동기나 과제 집착력 같은 정의적 특성도 포함한다.

2) 미성취 영재의 개념

영재성을 가지고 있으나 여러 가지 요인으로 자신의 잠재력을 최대한 발휘하지 못하는 학생들이 있다. 학습자가 자신의 잠재능력에 맞는 학습 수행을 하지 않을 때 미성취라고 한다(김은아, 박기수, 유미현, 2019; Greene & 이미순, 2010). 미성취 영재(gifted underachiever)는 높은 성취와 의미 있는 기여를 할 수 있는 잠재력을 갖고 있으나 성취의 불일치로 자신의 능력을 발휘하지 못하는 학생을 의미하고, 학습부진 영재라고도 한다. 이들은 실제 학업수행에서 성취 수행이 이루어지지 않아서 학교에서 학습부진아라는 오해를 받기도 한다. 미성취 영재에 대한 정의는 학자에 따라 다양하게 제시하고 있다. Davis와 Rimm(2000)은 '지적 능력은 우수하나 자신의 능력만큼 학교에서 학업 수행을 못하는 학생', Gallagher(1991)는 '잠재능력과 학업 성취가 서로 일치하지 않는 학생' 그리고 Whitmore(1980)는 '높은 적성 점수에 비해 낮은 성적과 성취검사 점수를 가진 학생 또는 높은 성취검사 점수를 가지나 성적이 낮은 학생'을 미성취 영재라고 하였다. 이와 같이 대부분의 연구자들이 미성취 영재를 잠재능력과 실제 성취 간의 차이, 기대된 성취와 실제 성취 간의 차이, 잠재능력을 사용하지 못하거나 개발하지 못하는 것으로 보았다(Dowdall & Colangelo, 1982).

미성취 영재는 일반적으로 초등학교 말이나 중학교 시기에 나타나는 것으로 알려져 있다(McCall, Evahn, & Kratzer, 1992). 미성취 영재는 학습 장면에서 전통적인 방식이 아닌 다른 방식으로 지식을 배우고 축적한다. 이들은 과제를 수행하지 않거나 충동성 등의 문제를 발생시키기도 하며 학교 환경 전체를 거부하여 학교 부적응아로 인식되기도 한다.

미성취 영재는 타고나는 것이 아닌 개인, 가정, 학교 등 여러 가지 요인으로 인해 나타나기 때문에 예방 및 해결이 가능하다. 그러므로 가능한 한 조기에 발견하여 적절한 개입 방안을 마련하는 것이 바람직하다(Reis & McCoach, 2000).

2. 미성취 영재의 특징

미성취 영재는 영재의 특징과 학습부진아의 특징이 모두 나타나고 개인차가 심하며 다양하기 때문에 이들의 특징을 이해하는 것이 중요하다(Donna, 1996; Roger, 1998). 미성취 영재의 가장 대표적인 특징은 낮은 자아존중감이며, 이들은 이러한 자신의 모습을 타인에게 보이지 않으려고 과제를 아예 하지 않거나 교사의 지시에 저항하고, 규칙을 거부하며, 충동성으로 문제를 일으킨다(Fine & Fitts, 1980). 학교에 반항적 · 비순응적 · 적대적 태도를 보이고, 사회적으로 미숙하고 학업에 흥미를 잃거나 낮은 자아개념을 갖기도 한다(Rimm, 2003). 또한 자신의 빠른 지적 성장에 비해 상대적으로 늦은 신체적 · 정서적 성장이 원인이 되어 심리적 부담을 가지거나, 스트레스에 적절한 대처능력이 부족하기도 하다. 그러나 학문적 자기지각 영역에서는 성취 영재와 차이를 보이지 않는다(McCall & Siegle, 2003). 일반 학생과 다른 미성취 영재의 지적 · 정의적 특징으로 독특한 발상을 하며, 시사적인 내용에 관심이 많고 자신이 좋아하는 것에는 몰입하나 싫어하는 것에는 반응을 보이지 않으며, 그리고 친구와 교사와의 관계가 잘 형성이 되지 않아서 대인관계와 사회성의 문제가 있다. 영재가 갖고 있는 지적 총명함, 높은 창의성, 독특해야 한다는 기대감에 부담감을 갖기도 한다(Rimm, 2003). 학령기 이전이나 초등학교 저학년에서 보였던 영재 학생의 특별한 재능이 발휘되지 않으면 영재의 재능을 기대했던 부모나 교사가 실망하게 되고 이러한 부담감으로 자신감의 결여, 낮은 자아존중감, 인내심 부족, 열등감, 학업회피 행동, 부적절한 학습습관 등이 상호 복합적으로 나타난다. Baker, Bridger와 Evans(1998)는 영재와 미성취 영재의 가장 큰 개인적 특징은 학습전략에 있다고 하였으며, 영재는 인지적 능력보다 정의적 영역과 사회적 특성이 복합적으로 나타난다고 하였다.

Singh, Granville과 Dika(2002)는 일반적으로 미성취 영재는 인지 및 정서와 사회적 변인들 간의 상호작용에 기인한다고 하였는데, 발달적, 인지적, 정서적 특징으로 나누어 살펴보면 다음과 같다. 첫째, 발달적 특징으로는 비동시성과 다재능성이 있다. 비동시성은 각 영역의 성장과 발달이 동시에 이루어지지 않음을 뜻한다. 즉, 일반 학생보다 지적 성장이 빠르게 나타나는 데 비해 신체적 · 정신적 · 사회적 성장이 느리다(Kaufman, 2005). 이런 비동시성 발달은 영재에게 정서적 어려움과 사회적 부적응으로도 나타난다. 그리고 다재능성은 일반 학생과 미성취 영재의 연령, 경험 및 환경에서 비교했을 때 창의적 · 예술적 분야에서의 탁월한 재능과 매우 높은 성취를 할 수 있는 잠재능력을 갖고 있다. 이 외에도 특정 학문 영역에서 탁월하다.

둘째, 인지적 특징으로는 높은 지적 능력, 창의력, 과제집중력, 수리적 독창성(산술, 추리, 계산), 학습방법에 관한 지식과 기술의 부족으로 인한 학습전략상의 문제, 의존성, 외적 통제 소재가 있다. 개념 형성과 추상적 개념을 조정하는 능력이 뛰어나다. 어휘력이 풍부하고 정보습득 능력이 빠르며, 지루한 학업 과제나 능력과 적성에 맞지 않는 획일적 교육에 저항하여 교사로부터 문제 학생으로 인식되기도 한다. 과제를 수행할 때는 독자적으로 하거나 내향적인 경향으로 인해서 사회성 부분에서 문제가 발생한다(Myers & McCaulley, 1985). 그리고 좋아하는 것에는 몰입을 잘하나 자신이 싫어하는 것에는 지속시간이 짧다. 머릿속에 갖고 있는 광범위한 생각이나 개념을 정리하여 순차적으로 표현하거나 세부적으로 내용을 설명하는 것이 부족하고, 여러 영역에서 재능이 있어서 한 영역에 집중하기가 힘들다. 미성취 영재는 목표 지향적인 행동이 결여되어 있고 좋지 못한 학습습관과 학습기술을 갖고 있다. Borkowski와 Thorpe(1994)의 연구에서 미성취 영재는 학습전략이 낮고 관련 정보가 매우 부족하며 학습전략의 필요성을 느끼지 못한다고 하였다.

셋째, 정서적 특징으로는 정서적 불안정, 민감성과 흥분성으로 파괴적 행동을 하고 정서를 표현하는데 자유와 만족감이 충분하지 않다(Glendia, 1997). 또한 낮은 자아존중감, 자기 확신의 부족, 내향성, 완벽주의, 과도한 자기비판, 회피, 우울감, 높은 이상주의 등을 들 수 있다. 여러 자극에 지나치게 예민한 반응을 보이기도 한다(Clark, 1992; Freeman, 1985). 성공은 자신과 관련이 없으며 자신이 통제할 수 없는 것으로 생각하지만, 실패에 대한 지각은 높은 편이다. 즉, 성공은 운이 좋아서 된 것으로 여기고 실패는 자신의 능력 부족으로 인한 것으로 생각해서 실패에 대해서 자책과 책임을 느낀다. 이러한 생각은 자기 확신의 부족으로 성공 여부에 대한 과도한 불안과 우울을 유발한다. 이들은 또한 높은 수준의 성취를 기대하는 완벽주의 성향을 가지고 목표를 높게 정하고 시간과 에너지를 과하게 사용한다. 또한 자신이 추구하는 이상형에 집착하여 자신에 대한 과도한 비판을 한다. 높은 이상을 가진 미성취 영재는 자기만족, 믿음과 행동 간의 일치, 직업 선택, 도덕적 행동, 삶에 대한 지속적인 가치 등을 추구한다. 그러나 불안정한 자기 위치와 제한된 노력은 미성취 영재의 삶의 의미와 존재 그리고 가치에 의문을 갖게 함으로써 실존적인 우울감을 경험한다(Piechowski, 1991; Webb, 1993).

Reis와 McCoach(2000)는 미성취 영재에 관한 정의를 분석하여 미성취 영재의 특징을 다섯 가지로 제시하였다. 첫째, 성격적 특징으로 자신에 대한 낮은 인식, 낮은 자아존중감, 낮은 자아개념, 낮은 자기 효능감을 갖는다. 회피적 · 비관적이고, 신뢰수준이 낮고, 불안하고 충동적으로 ADHD나 ADD 증상을 보일 수 있다. 공격적 · 적대적이고, 화를 잘 내거나 까다롭고, 우울하고, 수동적 · 의존적이며 성취 영재보다 쾌활함이 적다.

둘째, 내부적 특징으로 성공과 실패의 원인을 외적 요인, 외부통제로 귀인한다. 실패는 자신의 능력 부족으로 돌리고, 성공은 운으로 생각하며, 갈등과 문제를 외적 원인으로 돌린다. 성공과 실패에 대한 두려움이 있어서 자신의 능력을 방어하기 위해서 경쟁과 도전적 상황을 회피하기도 한다. 자기비판적 · 완벽주의적이고, 다른 사람의 기대에 못 미치는 것에 대하여 죄의식을 느끼거나 반사회적 또는 반항적인 태도로 학교에 대한 부정적 인식을 갖는다.

셋째, 특별한 사고 기술 및 양식에서의 미성취 영재의 특징은 성취 영재보다 세부 지향적이고 수렴적 사고 기술을 필요로 하는 과업 수행이 부족하다. 그리고 물리적 · 사회적 환경으로 지원받을 때 지적으로 사고하고 행동하는 것이 미흡하다. 이러한 특성으로 미성취 영재는 숫자와 문장 반복, 부호화, 계산, 철자 등의 계열적 과제 수행에서 성취 영재보다 더 낮고, 다양한 정보를 조직하고 처리하기 위한 상황을 통찰할 수 있는 능력과 비판적 능력이 부족하다.

넷째, 스스로 학습할 수 있는 자기조절 전략과 반복되고 지루한 학습과정을 지속할 수 있는 행동 통제 그리고 실패에 대한 참을성이 부족하다. 이 외에도 현실적인 목표를 설정하는 것을 어렵게 느끼거나 스트레스에 대처할 수 있는 대처기술이 부족하여 이를 방어하려는 태도를 보인다.

다섯째, 긍정적 특징으로는 자신에게 주어진 창의적 · 도전적인 과제를 거절할 수 있는 정직함과 창의적인 문제를 해결하려는 과정에서 다양한 정보를 탐색하여 분석하는 통합적 태도다. 그리고 학교 내용 이외의 다양한 분야에 흥미가 높으며, 자신이 좋아하는 일을 수행할 때는 몰입도가 높다.

3. 미성취 영재의 판별

학습상담에서 상담자는 먼저 내담자의 정보 수집을 위한 평가를 한다. 검사, 관찰, 면접 내용 등을 토대로 정보를 수집하고 분석한다. 특히 영재의 판별에 있어 창의성, 과제 집착력 등 다양한 방법으로 재능이 표현될 수 있으므로 학생의 중요 특성을 판단하기 위해서는 표준화된 지능검사만으로는 부족하고 다양한 검사를 실시하는 것이 좋다. 미성취 영재를 판별하기 위해서는 우선적으로 특정한 능력과 흥미를 확인하는 것 이외에도 추상적 사고과정에서의 평균 이상의 능력을 확인해야 한다. 그리고 정보처리의 문제점을 파악하고 학습행동을 파악해야 하는데, 이때 학생이 선호하는 학습과 의사소통도 평가한다. 미성취 영재는 특정 지능검사 점수와 능력 검사의 점수 차이, 학교 성적, 표준화된 성취도 검사 결과 등을 준거로 한다(Whitmore, 1980). Hall(1983)은 IQ가 130 이상인 영재아 중에서 과제를 하지 않은 것에 대해 항상 변명을 하며 자신에게 주어진 일을 완수하지 못해 시간을 낭비하고 모든 것에 흥미를 보이지 않는 수동적 · 의존적인 태도를 지닌 미성취 영재를 판별해야 한다고 하였다. 이 외에도 남의 의견을 듣지 않으려 하고, 동료들과 잘 지내지 못하지만, 말장난을 지나치게 좋아하는 것처럼 미성숙하고, 하던 일에 쉽게 싫증을 내는 특징이 미성취 영재라고 하였다. 측정 기준이 임의적이고 다양하기 때문에 미성취 영재를 판별하는 일은 쉽지 않다(이명자, 문병상, 2007). 특히 잠재능력을 정확히 측정하는 것이 어렵기 때문에 잠재력 판별 기준은 지적 능력 검사를 그리고 실제 수행의 기준으로는 표준화된 학업성취도 검사와 학교 성적, 교사의 관찰을 사용한다.

미성취 영재의 정의가 다양한 만큼 미성취 영재의 판별 방법도 다양하다(이재규 외, 2013). 미성취 영재를 판별하기 위해서는 지능검사, 성취도 검사, 창의성 검사, 교사 추천, 부모 추천, 또래 추천, 자기 추천의 방법을 사용한다. 미성취 영재의 판별은 보통 선행 판별과 역동적 판별의 두 단계로 진행한다(김동일 외, 2011). 먼저, 선행 판별은 현재 학습부진 상태나 잠재적으로 영재성을 지닌 학생을 구분하는 데에 초점을 두고 학생이 기존에 가지고 있는 검사 자료나 면접 정보를 수집해서 분석하는 것이다. 다음으로, 역동적 판별은 학생의 흥미와 재능을 잘 파악할 수 있는 상황을 관찰하는 것이다. 이때 학생의 다양한 정보를 수집하고 단계를 걸쳐 판별한다. 미성취 영재는 다양한 영역과 상황에서 나타나므로 여러 가지 검사 방법과 도구를 활용해야 다양한 정보를 수집할 수 있다. 특수 영역에서의 정보는 창의성 검사, 행동 관찰, 산출물 등을 통해 관찰될 수 있다. 그리고 학생의 신체적 · 정신적 특성에 따라 적합한 방법과 검사도구를 활용해야 한다. 가령, 집중 시간이 짧고 읽기 능력이 부족한 학생에게는 개인 검사를 실시한다.

1) 미성취 영재 판별 절차

미성취 영재에 대한 판별 절차(이병상, 문병상, 2007; Whitemore & Maker, 1985)를 살펴보면 다음과 같다. 첫째, 정보를 제공할 가능성이 있는 사람에게 영재의 특성과 미성취 영재의 특성에 관한 자료를 제공한다.

둘째, 집단 성취도 지능검사를 실시하고 부모 면접, 교사 면접, 학생 면접, 또래 면접 등을 통해 구체적인 자료를 수집한다. 이때 여러 출처로부터 다양한 자료가 수집되어야 하며, 정보를 제공하거나 수집하는 사람은 영재성에 관한 지식이 있어야 한다. 체크리스트(〈표 6-1〉 참고), 교사나 부모의 면접(〈표 6-2 참고〉), 관찰 등을 통해서 학생의 구체적인 특성에 관한 자료를 얻을 수 있다. 다음 단계를 위한 미성취 영재의 판별은 다양한 자료에 의해 결정해야 한다.

지능검사의 하위 영역에서 강점 요인을 찾아내고 요인 간의 논리적 관련성을 해석하는 것이 중요하다. 상담자는 지능검사를 활용할 때 약점으로 인해 강점이 파악되지 않는 경우가 없도록 주의해야 한다. 즉, 학생의 인지적 장단점을 함께 확인해야 한다. 보통 미성취 영재는 인지적 영역에서 공간 조작, 주의, 기억, 패턴화된 계열화, 추상적 개념화의 한두 가지 영역에서 강점이 나타난다. 그러나 미성취 영재는 분산적 지능영역인 정보를 조작하고 처리할 수 있는 세부적 기억과 즉시적 정보처리가 패턴화되지 않은 계열화에서는 약점으로 나타난다. 그러므로 상담자는 보통 지능검사에서 언어성 검사와 동작성 검사의 전체 점수로 보고가 되는 경우에도 두 검사를 교차하여 확인해야 한다.

평균 이상의 인지능력을 평가하고자 할 때는 지능검사를 실시한다. 이때 상담자는 전체 지능지수만으로 학습자를 평가해서는 안 되며, 잠재적인 지적 능력을 함께 살펴봐야 한다. 추상적 사고능력과 개념적 영역에서도 평균 이상의 인지능력을 확인한다.

셋째, 수집한 자료를 바탕으로 개별화 평가를 실시하여 적절한 교육을 받을 수 있는가를 최종적으로 판단한다. 미성취 영재를 판단하는 데 가장 많이 사용하는 것은 능력과 수행 수준의 편차를 살펴보는 것이다. 검사를 통해 해당 학년의 평균에서 상대적 위치를 강조하는 통계적 절차를 따른다. 이와 같이 합리적이고 적절한 기준에 의해서 미성취 영재도 학습부진의 특징인 개인의 지적 능력과 수행에서의 차이를 본다. 그리고 잠재능력과 수행 간의 차이는 학습자가 정보를 인식하고 처리하는 과정에서 문제가 발생할 수 있기 때문에 정보처리의 문제점을 구체적으로 밝히는 과정이 필요하다. 정보처리의 심리적 처리과정에 대한 검사로는 디트로이트 학업적성검사(Detroit Tests of Learning Aptitude: DTLA), 시지각검사(Motor-Free Visual Perception Test: MVPT), 청각변별검사(Auditory Discrimination Test) 등이 있다.

넷째, 학생의 흥미와 선호하는 학습 및 관심 영역, 의사소통 양식을 평가한다. 역동적 판별은 인지능력을 통해 학생의 재능이나 흥미가 잘 나타나는 상황을 관찰하는 것으로 기존 검사에서 영재성을 파악할 수 있는 정보를 제공하지 못할 때 유용하게 사용되는 검사다. 영재성은 변화할 수 있으므로 일회적 검사가 아니라 주기적으로 관찰 등을 통해 지속적으로 판별한다. 지속적인 판별 활동을 통해 수집된 자료는 정확성을 갖고 영재를 판별하는 데 유용하게 활용될 수 있다. 학생의 재능이나 흥미가 잘 나타나는 상황을 관찰하는 것은 미성취 영재의 능력, 흥미, 창의적 과제에 몰두할 수 있는 능력을 판별하는 역동적 판별이다. 가령, 학교에서 과학 학습내용 중 별자리에 호기심을 갖고 관련 질문과 수업시간에 몰입하는 행동 등 영재의 능력이 보이는 학생이라면 그 능력이 충분히 발현될 수 있도록 개방적 · 창의적으로 구체적인 활동을 할 수 있게 하여 학생의 관심 영역을 관찰한다.

미성취 영재의 학습을 파악하기 위해서는 학생의 흥미와 선호하는 학습, 의사소통을 평가한다. 이러한 평가를 통해 미성취 영재의 정의적 특성과 일반적 특징을 파악할 수 있어서 지능지수에 비해 학습 수행이 미흡한지, 반복적인 과제를 하지 않고 도전적인 과제를 학습하는 것이 어떤 것인지 알 수 있다. 미성취 영재는 주의집중 과제를 어려워하며 내용이 강조되는 영역에서는 우수하지만 언어를 이해하고 반응하는 데 시간이 많이 소요되기도 한다. 이 외에도 읽기, 쓰기에서 힘들어하는 등 학업 패턴이 고르지 않게 나타나기도 한다. 미성취 영재의 실제 학업수행을 측정하기 위해서는 학업성취검사(Achievement Identification Measure: AIM, Group Achievement Identification Measure: GAIM, Achievement Identification Measure-Teacher Observation: AIM-TO), 학습태도검사(〈표 6-3〉 참고), 부모 면담 및 교사 관찰 등이 사용된다.

자아개념은 자신의 능력, 행동, 가치에 대한 견해 등을 포괄하는 의미다. 자아개념은 학업성취에 영향을 주며, 학업성취는 자아개념에 영향을 주기도 하는 것으로 이 둘은 관련성이 높다. 이렇듯 자아개념은 미성취 영재의 특성 요인에서 가장 일반적으로 연구되어 온 요인으로 학문적 자아개념은 학업적 성취를 이루는 데 관련이 높다(McCoach & Siegle, 2003). 미성취 영재의 자아개념 검사는 이들의 자아개념을 측정하고 개입이 필요한 영역을 파악할 수 있다. 학습에 영향을 미치는 학습자의 정의적 특성에 대한 검사로는 투사검사인 HTP, SCT, TAT를 사용하여 낮은 학업성취와 우울, 불안 등의 심리적 요인, 대인관계 등의 이차적 요인의 원인을 확인한다.

2) 미성취 영재 판별 양식

(1) 체크리스트

Whitmore(1980)의 미성취 영재 판별 체크리스트는 미성취 영재들을 오랜 기간 동안 관찰한 후에 보이는 공통적인 특성들을 나타낸 것으로 개인적인 특성을 판별하기 위한 것이다. 총 20개 문항을 응답자가 자신에게 해당하는 곳에 중복해서 체크할 수 있다. 1~5번 문항과 11, 12번 문항을 모두 포함하여 10개의 문항에 체크한 경우에 미성취 영재로 간주하였다.

표 6-1 미성취 영재 판별 체크리스트

학생을 최소한 2주 정도 관찰한 후 다음의 항목에 해당하는지 평가한다.

번호	문항	체크
1	능력에 비해 시험 성적이 저조하다.	
2	읽기, 쓰기, 수학 등과 같은 기초기술에서 한 가지 혹은 모든 영역의 성적이 기대되는 학년 수준에 해당되거나 그 이하에 해당된다.	
3	그날 제시되는 과제를 완성하지 못하거나 미숙하게 수행하는 일이 많다.	
4	자신이 좋아하는 분야의 개념에서는 탁월한 이해력과 기억력을 보인다.	
5	말하기와 쓰기 능력 간의 과제 수행에서 격차가 심하다.	
6	다양한 영역에 흥미를 갖고 있으며 사실적 지식을 많이 소유하고 있다.	
7	상상력이 풍부하고 창의성이 높다.	
8	자신이 완성한 과제에 대해 만족하는 일이 거의 없다.	
9	불완전한 수행을 피하기 위해 새로운 활동을 시도하지 않는 것처럼 보인다.	
10	자신이 직접 선택한 프로젝트를 가정에서 수행할 때 적극성을 보인다.	
11	다양한 영역에 흥미를 갖고 있으며, 특히 연구와 조사 분야에 전문가적인 식견을 갖고 있다.	
12	학급에서 소극적 또는 공격적으로 활동하면서 자신을 스스로 낮게 평가한다는 증거가 있다.	
13	집단활동이 요구되는 과제를 잘 수행하지 못한다.	
14	자아, 타인 그리고 일반적인 삶과 관련된 민감성과 지각력을 갖고 있다.	
15	목표를 너무 높게(혹은 낮게) 설정하는 것과 같이 지나치게 비현실적으로 기대치를 설정하는 경향이 있다.	

16	단순히 기억을 하거나 숙달을 하기 위한 연습이나 훈련을 싫어한다.	
17	주의가 쉽게 산만해져서 과제에 주의를 집중하거나 전력을 다하는 것이 불가능하다.	
18	학교 교육에 부정적인 태도를 갖고 있다.	
19	학습에서 학습동기를 유발하려고 하거나 행동을 수정해 주려는 교사의 노력에 저항한다.	
20	또래들 간의 관계가 원만하지 못하여 친구가 많지 않다.	

출처: Whitmore (1980): 백중열(2010), p. 9에서 수정함.

(2) 구조화된 면접양식

학생의 영재성 특성을 파악할 수 있으며, 구조화된 면접지를 미리 작성하여 과잉행동, 충동성, 주의력 결핍, 공격성, 낮은 자존감, 위축된 행동 등의 정서적 특징을 파악할 수 있다.

표 6-2 구조화된 면접양식

1. 학생의 흥미나 관심 사항을 기술해 주세요.
2. 학생이 특정 영역의 활동에 완전히 몰두해 있는 상황을 관찰한 적이 있습니까? 있다면 그 상황을 자세히 기술해 주세요.
3. 학생이 정치나 종교, 시사와 같이 어른스러운 주제를 이야기하는 것을 관찰한 적이 있습니까? 있다면 그 상황을 자세히 기술해 주세요.
4. 학생이 자기주장적이고 고집이 세며 공격적인 모습을 보이는 상황을 본 적이 있습니까? 있다면 그 상황을 자세히 기술해 주세요.
5. 학생이 특별히 하기 싫어하는 활동이 있습니까? 있다면 그 활동과 상황을 자세히 기술해 주세요.
6. 학생이 특별히 호기심을 보이는 상황을 관찰한 적이 있습니까? 있다면 그 상황을 자세히 기술해 주세요.
7. 학생이 특히 상상을 잘하는 상황을 관찰한 적이 있습니까? 있다면 그 상황을 자세히 기술해 주세요.
8. 학생이 유머가 풍부하거나 유머를 잘 이해하는 상황을 관찰한 적이 있습니까? 있다면 그 상황을 자세히 기술해 주세요.

출처: Davis & Rimm(2001): 김동일 외(2011), p. 240에서 재인용.

(3) 학업수행 측정 검사

미성취 영재의 학업수행을 측정할 수 있는 검사로 학업성취검사와 학습태도검사가 있다(〈표 6-3〉 참고).

표 6-3 학업수행 측정 검사

학업성취검사	5개 교과목(국어, 영어, 수학, 사회, 과학)의 중간 및 기말 고사 성적을 수집하여 활용한다. 학교별 시험문제 난이도 및 수준별 차이를 고려하여 학업성취도 검사는 표준점수(T점수)로 변환하여 사용
학습태도검사	학습흥미검사, 학업동기검사(Academic Motivation Test: AMT), 학업동기 및 학습전략검사(Learning-Motivation and Strategy Test: L-MOST), 학습습관검사

4. 미성취 영재의 원인

미성취 영재는 기억력과 추론능력 및 어휘력이 일반 학생들보다 탁월하여 학습능력이 높을 것이라는 인식을 갖는다. 간혹 현재는 학업성취가 낮아도 언제든지 학습문제를 해결할 수 있다는 강한 믿음으로 학습능력이 부족해도 관심을 덜 받아서 높은 지적 능력을 지녔음에도 불구하고 미성취로 남게 되는 경우가 있다. 미성취 영재의 원인을 상대적인 지속 기간을 근거로 일시적 또는 지속적 원인과 학습부진의 원인이 학습자 내부와 외부에 기초하는가에 따른 내부적 또는 외부적인 원인으로 구분한다. 미성취 영재는 개인, 가정, 학교 환경의 복합적 원인으로 발생하며 이들 간의 상호작용의 결과이므로 각 요인들을 파악할 필요가 있다. 여기서는 미성취 영재의 원인을 개인 요인, 가정 환경 요인, 학교 환경 요인으로 구분하여 살펴보고자 한다.

1) 개인 원인

개인 원인으로 낮은 자아개념, 정서적 민감성, 이상주의, 비동시성, 높은 불안, 자신감 결여, 낮은 자기효능감, 학습동기 부족, 위험 회피 욕구, 완벽주의, 외적 통제 소재, 높은 자기비판 능력, 놀림이나 소외에 대한 두려움, 학습전략의 부족 등을 제시하고 있다. 자기비판적인 영재 학생은 학교 성적에 민감하여 낮은 자아존중감을 형성한다(Diaz, 1998). 미성취 영재의 개인 원인을 구체적으로 살펴보면 다음과 같다.

첫째, Anonymous(1998)와 Morelock(1992)은 낮은 자아개념이 미성취 영재의 원인이며, 자기의 능력만큼 성취를 하지 못하여 자신이 영재아임을 인식하지 못한다고 하였다. 그러나 미성취 영재가 모두 낮은 자아개념을 가지고 있는 것이 아니며 미성취 영재에 영향을 주는 하나의 요인이라 하였다(McCoach & Siegle, 2003). 낮은 자아개념은 자신감 결여, 낮은 자기효능감, 인내력 부족, 높은 불안, 과민성, 낮은 수준의 성숙도, 비효율적인 문제해결 방식, 자기조절 능력 부족, 공부기술 부족, 대인관계 기술 부족에도 영향을 준다. 그리고 미성취 영재는 자신의 능력 이상의 비현실적 목표를 설정하여 시간과 에너지를 과하게 소모하여 반복된 부정적 경험을 한다. 이는 우울, 불안감 등의 심리적 문제를 야기하여 자신감 결여 및 낮은 자기효능감, 높은 불안 등으로도 나타난다. 이상적 자아와 실제적 자아의 불일치로 자신의 기대에 충족되지 않아 분노와 실망감의 심리가 장기적으로 이어져 스트레스가 증가하고 이에 낮은 자아존중감과 우울감이 발생하기도 한다(Whitmore, 1980). 즉, 낮은 자기평가와 부정적 자아개념은 학업성취 과정에 영향을 주어 낮은 학업적 자아개념을 초래한다. 학업적 자아개념은 학습, 학업 수행, 공부습관에 대한 학생의 태도와 관련된 것으로 성취 영재와 미성취 영재 간에 가장 큰 차이가 있다(Van Boxtel & Monks, 1992). 그리고 내향성으로 사회성을 향상시킬 기회가 적고, 다른 사람을 자신의 방식으로 규칙을 준수하도록 강조하는 자기중심적 성향으로 인해 또래 친구와의 갈등이 발생하며, 이를 해결할 기술이 부족하다. 위험을 피하려는 욕구는 실패에 대한 두려움 때문이며, 이는 낮은 자아개념과 관련이 있다.

둘째, 영재는 비동시성으로 자신의 지적 성장에 비해 신체적 · 정신적 · 사회적 성장이 상대적으로 늦은 것에 대한 부담감을 갖는다. 이러한 심리적 부담감은 스트레스로 이어지는데, 스트레스를 대처하지 못하는 것이 미성취 영재의 원인이 된다. 또한 이러한 결과로 정서와 지적 발달의 불일치가 사회 적응 능력을 저하시키기도 한다.

셋째, 학습동기 부족이 미성취 영재의 원인이 된다. 개인의 특성을 고려하지 않는 일반 교육과정에서 미성취 영재는 학습에 흥미를 갖지 못하고 낮은 학습동기를 가진다. 이러한 환경에서 정보를 빠르게 학습하고 통합하는 능력을 충족시키지 못하여 과제에 대한 도전감 또한 느끼지 못하게 된다. 자신의 능력 향상에 초점을 두기보다는 자신의 정체성에 초점을 두기 때문에 도전적인 과제를 회피한다(McNabb, 2003). 이러한 결과는 실패의 두려움으로 성취목표를 낮게 설정하여 자신을 방어하고 위험을 회피하려는 행동은 완벽주의 성향처럼 보일 수도 있으나 사실은 목표에 도달하지 못할 과제 수행을 회피하는 것이다(Davis & Rimm, 2000). 미성취 영재는 강박적인 학생에게서 흔히 나타난다(Rimm, 1995; Whitmore, 1980).

넷째, 학습습관 및 학습전략의 부족이 미성취에 영향을 미친다. 미성취 영재는 학습하는 일관된 행동양식이 부족하다. 획득한 정보를 저장하고 활용하는 과정에서 특히 교과 내용과 인지 수준의 차이가 클수록 학습전략은 미흡하다. 그중에서 구체적 조작을 요구하는 분석적 과제와 정확한 정보처리를 필요로 하는 수렴적 · 계산적 문제 해결이 부족하여 조직화 전략이 부족하다(Schunk & Zimmerman, 1994).

2) 가정 환경 원인

미성취 영재의 수행과 성취에 가장 큰 영향을 주는 요인은 가정이다. 첫째, 부모가 영재에 대한 지식과 정보가 부족하여 영재의 욕구를 충족시키지 못하고, 지적 자극과 교육 경험의 제공 등에서 일관되지 않는 교육방식과 정보를 제공하거나, 영재성에 대한 지지와 격려의 부족이 미성취 영재의 원인이 된다. 이러한 양육과정에서 자녀의 인지 발달을 소극적으로 대처하면 성장하는 과정에서 문제를 제대로 해결하지 못하게 되어 가족 간의 문제가 발생한다. 반대로 부모가 자녀의 우수한 능력에 만족해하며 높은 기대심을 보이면 미성취 영재는 주변의 자극에 지나치게 과민한 반응을 보여서 그에 대한 심리적 압박감이 충동성, 과잉 행동성으로 나타난다.

둘째, 미성취 영재와 교육에 대한 무관심이다. 그리고 부모의 능력과 성취에 대한 지나친 강조는 자녀의 정서와 사회적 관계를 억제시키고 대인관계의 어려움을 야기한다. 지적 성취를 중요시하나 자녀가 이를 성취하지 못하면, 자녀는 스스로를 무가치하다고 생각하고, 낮은 자존감, 우울감, 학업 실패 등의 결과를 얻게 된다(Hewitt & Flett, 1993; Rimm, 1995).

셋째, 형제간의 갈등도 원인이 된다. 부모가 영재 자녀에 대한 과도한 집중과 관심을 주면 영재 자녀는 자신이 우월하다고 생각하고 다른 형제를 무시하는 한편, 일반 형제는 부모의 관심 부족과 영재 형제와 비교되는 상대적인 과소평가를 받고 소외감을 느낀다. 이러한 형제들 간의 갈등이 심화되면 영재는 적응의 한 방식으로 자신의 영재성을 감추려는 행동양상을 보이기도 한다. 또한 영재 자녀에게만 너무 초점을 맞추면, 가족 내에서 영재 자녀의 심리적 위치가 상대적으로 높아져서 자기중심적인 행동을 하게 되어 사회성의 문제를 유발할 수도 있다(이재규 외, 2013).

3) 학교 환경 원인

창의성을 북돋워주지 못하는 획일적 교육, 저학년에서 완성되지 않은 선수학습의 부족으로 인해 종종 상급 학교에서 문제를 갖게 되는 경우도 있다. 학교 환경의 원인으로 개별 학생의 특성을 고려하지 않은 적절한 교육의 부재, 권위적·통제적인 교사, 원만하지 못한 또래관계, 노력과 결과의 불일치 등이 있다(전경원, 1992). 정해진 교과과정의 과제와 학습자의 개인차를 고려하지 않은 획일화된 교수-학습 방법은 창의성, 호기심, 독특한 아이디어를 가진 영재에게 지적인 자극이 결여되며, 결국 학교 수업의 흥미를 낮춘다.

첫째, 개인의 특성을 고려하지 않은 적절한 교육의 부재가 원인이 된다. 경쟁적인 성적 평가와 교육 구조에서 미성취 영재는 연속된 실패 경험에서 자신은 우수하지 못하다고 느끼게 된다. 따라서 이들은 학습 이외에서 개인적 가치를 얻기 위한 다른 일에 관심을 가지려 한다. 또한 이들은 궁금한 내용을 질문하기를 좋아하는데, 비판과 토론식 수업방식이 아닌 획일적인 교육방식에서 미성취 영재는 지적·창의적 욕구를 충족시키지 못하고 학교를 지루하게 생각한다.

둘째, 권위적·통제적인 교사의 특성이 원인이다. 정형화된 학교 수업이나 과제에서 자신의 방법으로 학습활동을 수행하려 하거나 융통성과 역량을 발휘하는 활동에서 제지를 받고, 학습의 난이도 있는 질문을 수용하지 않는 교사의 특성 그리고 이로 인한 교사의 지적과 체벌에 부당함을 느끼면서 교사에 대한 적대감, 교수방법에 불만, 학습동기의 저하, 학교 수업에 대한 지루함으로 학교에 대한 부정적인 태도를 갖게 된다(Compton, 1982). 이는 곧 학업 자체에 대한 높은 스트레스로 이어진다(유형근, 2009).

셋째, 미성취 영재의 원만하지 못한 또래관계가 있다. 높은 지적 능력과 수준 높은 질문으로 인해 또래들 사이에서 독특한 학생으로 여겨지는 부담감으로 영재의 능력을 최대한 발휘하지 않으려 한다. 그리고 관심 있는 과제에 대한 과몰입과 혼자서 수행하려는 태도는 또래관계를 형성하는 데 어려움이 있다.

넷째, 노력과 결과의 불일치가 원인이 된다. 미성취 영재는 학교 과제가 도전적이거나 흥미가 있거나 몰입할 수 있는 과제가 주어지면 동기유발이 되기 쉽다(Rea, 2000). Davis와 Rimm(2000)은 내적 동기는 자신의 노력과 결과의 관계에서 형성되는 것으로 보고 스스로 환경에 잘 적응하는 것을 중요하게 인식하거나, 좋은 성적을 받는다는 것은 노력 없이도 가능하다는 생각이 미성취를 유발한다고 하였다. 가장 심각한 미성취 수준은 이 두 가지가 일정 기간 변화되지 않고 지속적일 경우에 나타난다. 이러한 미성취 영재는 창의성이나 자신의 능력을 학습활동에서 나타나지 않기 때문에 거의 판별할 수 없다.

5. 미성취 영재의 상담과 지도방안

상담을 할 때 미성취 영재의 원인을 파악하고 그 원인을 해결하는 데 초점을 두면 효과적이다. 개인 상담은 주로 개인적 문제를 해결하고, 집단 상담은 인지적 문제나 자신들의 행동과 동기를 이해하고 상호작용하는 방법을 배우는 데 도움이 된다(Colangelo, 2003). 미성취 영재의 특성을 이해하고 이들의 다양한 욕구와 잠재성이 환경에 잘 적응할 수 있도록 적절하게 지도하기 위한 방법을 탐색해야 한다.

1) 상담을 통한 방법

미성취 영재는 영재 중에서 약 15~50% 정도에 해당하며, 미성취 영재의 상담이 점차 증가하고 있다. 이들의 요구는 중·고등학교에서 갑작스러운 성적 하락과 심각한 심리적 부적응을 보이거나, 자살 시도를 하기 전에는 주위 사람들의 관심 밖에 있다. 따라서 이들의 복지와 성장에 도움이 되고 그들의 요구에 초점을 맞춘 지속적인 상담이 요구된다(유형근, 2009).

첫째, 상담자의 전문성이 요구된다. 미성취 영재의 행동과 생각을 수용하고 이해할 수 있는 전문가의 역할이 필요하다. 부모나 교사는 영재의 행동에 대한 높은 기대와 더불어 영재의 잠재능력이 발휘되지 않는 것에 대한 실망감으로 이들을 부정적으로 바라보며 영재에게 스트레스를 주게 된다(Webb, 1993). 상담자는 이러한 주변인의 상황을 고려하여 영재의 강점에 초점을 맞추어 이들을 긍정적으로 인정하고 수용해야 한다. 또한 영재의 지적 측면 이외의 다른 영역에 대한 기대에 합리적 수정이 필요하다. 부모상담, 교사상담, 집단상담을 통해 미성취 영재의 생각과 행동을 이해하고 미성취 영재의 학교 적응을 도와서 학업성취를 이룰 수 있도록 한다. 그러므로 미성취 영재의 부모, 교사, 전문가가 서로 협력해서 원활한 정보 교환과 소통이 이루어져야 한다.

둘째, 진로상담을 실시한다. 능력, 흥미, 적성 등을 객관적으로 파악하고 자신을 명확히 이해하여 자신이 원하는 직업에 대한 정보를 충분히 제공하여 진로상담을 한다. 진로상담에서 자신의 적성에 따른 활동을 한 후 잠재적인 욕구 해소를 통해 우울과 불안감을 해소한다.

셋째, 자기인식을 하도록 한다. 빠른 지적 성장에 비해 신체적 · 정서적 · 사회적 성장이 상대적으로 늦은 비동시성에 기인하는 부담과 스트레스에 적절히 대처하여 지적 차이의 본질과 중요성을 인식하고 그에 수반하는 열등감과 부적합한 감정을 다룬다.

넷째, 관심사가 독창적이어서 자신의 생각을 충분히 표현할 수 있는 시간과 공간을 제공해야 한다. 예를 들어, 백중열(2010)의 연구에서 미성취 영재는 자신의 생각을 그림으로 표현하면서 자신감이 향상되고 친구들과의 소통이 조금씩 원활해졌다.

다섯째, 스스로 성취감을 가질 수 있도록 한다. 그러기 위해서는 영재를 학교 성적이나 성취의 기준으로 평가하는 것을 자제해야 한다. 미성취 영재는 스스로 자신 능력 이상의 목표를 설정하고 그 목표를 이루지 못한 것에 대한 심리적 우울과 불안을 종종 경험한다. 따라서 개인상담이나 심리검사를 통해서 자신의 능력을 객관적으로 파악하는 것이 도움이 된다. 상담을 통해 비현실적인 목표를 수정하고 현실적이고 적절히 도전적인 목표를 설정할 수 있게 하여 성공 경험을 통한 자신감 및 성취감을 높인다.

여섯째, 다양한 집단상담에 참여할 기회를 제공한다. 미성취 영재는 타인과의 관계에서 어려움을 겪게 되어 사회 부적응을 경험한다. 그러므로 상호작용할 기회가 많은 집단상담에 참여하여 모든 사람이 나의 기준에 행동할 수 없음을 인식하고 타인의 감정을 수용할 수 있게 한다. 예를 들어, 자기조절훈련 프로그램, 분노조절훈련 프로그램, 교우관계 향상 프로그램, 사회성 증진 프로그램에 참여할 것을 격려한다.

(1) 미성취 영재 상담의 특징

미성취 영재는 학습부진과 영재성의 특징이 보이며 개인적 차이가 다양하다. 미성취 영재 상담의 특징을 살펴보면 다음과 같다.

첫째, 인지적 능력이 뛰어난 영재의 특성을 상담과정 중에 활용하여 인지 · 정서 · 행동의 변화를 통해 문제를 해결할 수 있게 도움을 준다.

둘째, 영재 상담의 과정에서 부모의 역할을 강조한다. Shaw(1960)는 가정에서 부모와 학생의 대화 부족이 미성취 영재의 원인으로 파악하여 지속적인 상담을 통해 효과가 나타났다고 보고하였다.

셋째, 영재 상담과정에서 상담자는 영재의 심리적 정보를 얻고 필요한 경우 검사를 실시한다. 상담을 통해 미성취 영재의 정서적 장애를 제거하고 수동적 · 공격적인 태도를 교정할 수 있도록 한다(Weiner, 1992).

넷째, 미성취 영재에게 가족, 학교, 지역사회가 중요한 역할을 하므로 상담에서 문제를 파악하고 문제의 해결을 위해 가정 및 교사, 학교 등 미성취 영재와 관련한 인물들이 서로 협력해야 한다. 특히 교사는 교육적 결손된 부분을 보충해 주고 인지적 장애를 제거하거나 보상을 통해서 도움을 줄 수 있다.

다섯째, 상담자는 영재의 창의성을 이해하고 이에 따른 영재의 특징을 이해하고 있어야 한다. 상담과정에서 영재의 창의성이 영재에게 중요한 자원임을 인식하여 이를 학습 장면이나 생활에서 다양하게 활용할 수 있게 하면 상담의 효과를 높일 수 있다.

(2) 유형에 따른 상담

미성취 영재의 상담을 위해서 상담자는 영재성과 학습부진 그리고 미성취와 학습부진의 특징이 동시에 있는 학생을 유형별로 이해하여 개입하면 효과적이다.

① 영재성과 학습부진의 특징이 동시에 있는 학생

지적 능력이 최고 높은 범주에 있으며, 어렵고 도전적인 과제를 학습하는 데 관심이 많아서 이를 잘하는 반면, 오히려 쉬운 과제는 잘 못하는 학생이다. 자신이 흥미 있는 영역에서는 창의성이나 문제해결 능력을 발휘한다. 가령, 수학, 예술 등 우수한 능력을 요구하는 분야에서 일반 학생들에 비해 능력이 뛰어나고 탁월한 성취를 보인다. 그리고 자아실현을 하고자 하는 욕구와 사회에 공헌하기 위해 정규학교 과정이 제공하는 것 이상의 특수한 교육 프로그램과 지원을 필요로 한다. 이러한 학생은 전문가에 의해 판단되므로 개인의 능력과 적성검사 결과에서 기대수준 이하의 능력을 보이거나 적성검사에서 나타나지 않은 능력을 발휘한다.

② 미성취와 학습부진의 특징이 동시에 있는 학생

주의집중 과제를 어려워하고, 언어를 이해하고 반응하는 데 일반 학생에 비해 많은 시간이 소요된다. 언어 영역에서 힘든 경험을 하면서 학습행동이 일정하지 않다. 필기체가 나쁘거나 학습과정에서 학습내용을 시연, 정교화, 조직화하지 못한다. 이 외에도 사회적 기술의 부족으로 대인관계와 또래관계에서 갈등을 초래하기도 한다. 일상생활에서 상식적인 문제를 해결하는 능력은 부족하지만 중요한 내용이 강조되는 영역에서 우수한 면을 보인다.

2) 부모를 통한 방법

앞에서 살펴보았듯이, 가정 환경, 특히 부모는 미성취 영재에게 영향을 미치는 중요한 존재다. 부모를 통한 지도 방안을 살펴보면 다음과 같다.

첫째, 상담자는 영재에 대한 이해가 부족한 부모에게 적절한 양육과 지지를 할 수 있도록 도움을 준다. 영재에 대한 명확한 인식을 위해 부모교육을 실시한다. 가족상담을 통해 부모 자신과 영재 자녀를 양육하는 과정에서 겪는 문제점 등을 이해하고 해결하도록 조력한다.

둘째, 상담자는 권위주의적이고 일관성 없는 양육태도를 가진 부모에게 가족상담, 부모교육 등을 통하여 적절한 양육태도에 대한 정보와 훈련 프로그램을 제공하여 영재 자녀의 정보를 공유한다.

셋째, 부모와 자녀 간에 소통은 부족하면서 자녀의 학업성취에 과도한 관심이 있는 부모에 대하여 상담자는 가족상담과 부모교육을 통해 미성취 영재를 소중한 인격체로 존중하고 인정하는 태도를 갖도록 한다. 그리고 자녀의 성취에 적절한 관심을 갖게 한다.

넷째, 형제와의 갈등 관계에 있는 미성취 영재를 상담할 때는 미성취 영재가 가족관계와 일반 형제들 간에 서로의 이해를 높여 갈등을 해소할 수 있도록 도와준다. 부모의 관심을 영재 자녀와 일반 형제들에게 균등하게 하여 일반 형제들이 위축되지 않으면서 영재 자녀가 자기중심적인 특성을 갖지 않도록 조력한다.

3) 교사를 통한 방법

미성취 영재를 위한 교실 환경의 변화, 교육과정과 다양한 교수방법, 특정 영역의 결함을 보완 · 수정한다.

첫째, 일반적인 교육과정은 평균의 능력을 지닌 학생을 위한 것으로 영재성을 지닌 미성취 영재는 이러한 수업에 대한 흥미나 도전을 잘 느끼지 못하고 수업을 등한시한다. 그러므로 교사는 융통성 있는 학습과정과 활동을 계획하여 학생들이 어느 정도의 선택과 자유를 누리게 한다. 영재성을 지닌 학습자에게는 적절한 활동 선택하기, 보상전략, 행동관리, 정서적 지지활동 등을 제공한다.

둘째, 학교 성적과 성취만을 보고 학생들을 평가하는 행동은 자제하고 미성취 영재의 잠재능력을 고려한다.

셋째, 교사는 학생이 존중받고 있다고 느끼고 자신의 재능이 인정받고 있다고 느낄 수 있는 분위기를 조성한다. 상담자는 교사가 학생들의 강점과 흥미를 반영하고 재능을 표현할 수 있는 다양한 방법과 격려를 제공하는 데 조력한다. 즉, 영재에 맞는 학습양식과 학습방법을 조언한다.

넷째, 학생의 개인차를 인정하고 강점을 강조하고 약점을 최소화한다. 즉, 미성취 영재 학생의 약점보다는 장점에 관심을 갖는 것이 중요하다.

4) 프로그램을 통한 방법

(1) 프로그램 지도방안

미성취 영재를 위한 프로그램을 개발하는 데 있어서 교육적 측면과 상담과 연계하는 관점에서 고려한다. 미성취 영재의 특성을 고려하고 프로그램을 개별화하면 미성취 영재의 학습동기 향상과 효과성도 강화할 수 있다.

첫째, 프로그램의 내용이 개인적인 감정과 흥미에 중점을 두어야 한다. 학생이 자신의 목표를 성취해 나가는 데 활용할 수 있는 강점을 극대화하고 방해가 되는 약점을 이해하고 최소화할 수 있도록 한다.

둘째, 프로그램 진행 시 읽기와 쓰기만을 강조해서는 안 된다. 미성취 영재는 보통 글씨체가 나쁘기 때문에 글쓰기를 회피한다. 그러므로 프로그램 진행 시 읽기나 쓰기를 강조하면 미성취 영재는 프로그램에 적극적으로 참여하지 않을 수도 있다.

셋째, 학생들이 독립적으로 학습할 수 없는 경우도 있으므로 구조화된 지도가 적절히 제공되어야 한다. 예컨대, 대안적인 사고 양식 및 의사소통 양식, 교수전략, 동기화, 부모와 협조하기, 정서적 지지의 제공 등이다.

넷째, 미성취 영재는 여러 가지 문제 요인이 복합적으로 작용하므로 학년이 올라갈수록 학생의 교육적 목표를 위해 미성취 영재의 개별 성향을 분석해서 프로그램이 개별적으로 다루어져야 한다(Baum, Renzulli, & Hebert, 1995).

다섯째, 자신의 사고, 감정, 행동을 체계적으로 관리하는 능력을 키워 주는 자기조절 훈련, 또래 관계를 향상시키는 사회성 증진 프로그램을 개발하여 적용한다.

(2) 프로그램 활용 시 유의점

다음은 프로그램 활용 시 유의사항에 관한 내용이다.

첫째, 진로 관련 프로그램을 진행할 때에는 자신의 특성에 맞는 진로를 선택하도록 돕는다. 가령, 대인관계에 어려움이 있는 미성취 영재가 여러 사람과 함께 협력하며 근무하는 환경의 진로를 선택하기보다는 타인과의 협력이 크게 기대되지 않는 일(예: 연구원)이나 소수의 사람들과 근무하는 진로를 고려하도록 한다. 즉, 미성취 영재의 특성에 맞는 진로를 탐색하도록 한다.

둘째, 프로그램 진행 시 학습부진아와 영재성의 특성을 함께 고려한 내용을 제공한다.

셋째, 각 영역의 전문가들과 네트워크를 형성하고 피드백을 자주 제공한다. 도움을 받을 수 있는 특수교사, 상담가 등의 전문가 네트워크를 형성하거나 조직하고 이들에게 학생에 관한 정보를 제공한다. 부모는 가정과 일상생활에서의 행동 관찰을 하고, 교사는 학습 영역에서의 관찰을 하고, 상담자는 정서 영역에서 서로 정보를 공유한다.

넷째, 프로그램 지도자는 프로그램에 참여하는 미성취 영재의 취약성과 정서를 점검하고 이를 수용하고 이해하며, 미성취 영재의 정서적 증상이 3~6개월간 지속될 경우 상담을 해야 한다.

앞에서 살펴보았듯이, 미성취 영재의 특성은 개인차가 있으며 미성취 영재를 돕기 위해서는 단순한 학업성취와 인지능력을 고려하기보다는 학생의 특성과 요구를 파악하고 이해하는 것이 필요하다. 그리고 이들의 잠재능력을 개발할 수 있는 교육적 프로그램을 제공한다. 즉, 효과적인 교육을 위해 학습자들의 수준을 파악하고 흥미와 관심, 적성에 맞는 학습내용과 학습과정, 환경에 맞는 다양한 접근을 계획하고 실천할 수 있는 개별화된 교수-학습의 필요성을 제시한다(정성희, 2013). 이러한 노력이 미성취 영재를 예방하고 궁극적으로는 학생들의 잠재능력을 최대한 발휘할 수 있게 한다.

제3부

학습상담의 진단과 평가

제7장

학습 관련 문제

1. 학습문제의 이해

학습은 특히 초 · 중 · 고등학교 시기에 중요한 과업이며, 인지 · 정서 · 심리 영역을 포괄한다. 학습은 상급 학교로 진학하고 취업 등의 사회진출을 위한 것으로 성인의 삶에도 영향을 주는 중요한 요인이다. 우리 사회는 갈수록 학습을 개인의 성공과 행복의 기준으로 여겨서 학생들의 학습 부담은 더욱 증가하였으며 이로 인한 학습문제가 유발된다. 학습문제는 단순한 성적 관련 문제로 한정하지 말아야 한다. 학교 부적응 및 학습 흥미가 낮은 내담자는 타인으로부터 수용과 존중을 받지 못하고 또래나 교사에게서 따돌림을 받는 경험이 많다. 성취동기와 자아개념 등 정서적 측면에서 문제가 있을 경우에도 학습 흥미를 저하시킬 수도 있다. 상담자는 이러한 내담자의 정서적 측면을 탐색하여야 한다.

학습상담에서 내담자를 효율적으로 돕기 위해서는 내담자가 호소하는 문제를 체계적으로 파악하는 것이 중요하다. 학습문제가 단순한 것처럼 보이지만, 학습자는 여러 가지 원인으로 학습과정에서 어려움을 경험한다. 부모의 갑작스러운 이혼, 선수학습의 부족, 성적에 대한 부담감 등 다양한 원인이 있을 수 있다. 학습부진아는 쉽게 지루해하고 좌절하거나 학습과정에서 산만한 행동을 보이고 누적된 학습 실패의 경험은 학교를 부정적으로 인식하고 부정적 자아개념을 갖게 한다(김선 외, 2001). 그렇기 때문에 학습부진의 문제를 단순히 학습문제로 보는 것에 그치지 말고 여러 가지 원인으로 고려하고 이해해야 한다. 학습과 관련된 최적의 상담 개입을 위해서는 내담자가 호소하는 문제를 평가하여 원인에 대한 이해를 우선적으로 해야 한다.

학습에서의 문제는 학교 부적응의 문제로 이어져 일탈행동 등의 파괴적 행동을 발생하여 청소년 문제의 시발점이 된다(오은순 외, 2013). 그리고 학습과 관련하여 성적에 대한 지나친 경쟁으로 인하여 교우관계에서의 경쟁과 질투심을 갖게 하거나 성적이 부진한 학생에 대한 무시와 놀림, 공부와 학업성적으로 인한 부모-자녀 갈등의 다양한 문제가 발생한다. 그러므로 학습문제는 인지적 · 정서적, 심리적 영역에서 통합적으로 문제가 나타날 수 있다.

2. 학습문제의 요인

학자마다 학습문제의 요인을 다양하게 제시한다. 이재규 등(2013)은 학습문제에 영향을 주는 요인을 크게 성격적 특성, 정서적 특성 및 동기적 특성으로 구분한다. 성격적 특성 요인은 미래에 대한 결과 기대를 나타내는 낙관성, 자기효능감 등이며, 정서적 특성 요인은 우울, 불안 등이며, 동기적 특성 요인은 경쟁동기, 회피동기, 학습동기 등으로 분석하고 있다. 학습전략을 중심으로 학습문제의 요인을 살펴보면, 학습태도, 학습습관, 학습방법, 학습기술로 구분할 수 있다(박상학, 2017; 이화진 외, 2012).

박상학(2017)은 학습문제의 요인을 학습자 요인과 학습환경 요인으로 구분한다. 학습자 요인으로는 신체적 질병으로 인한 걱정, 대인관계로 인한 스트레스, 잦은 실패 경험 등이 있다. 학습환경 요인은 학습자가 속해 있는 환경으로부터 영향을 받는 것으로 가정 환경과 학교 환경으로 나눌 수 있다. 가정 환경 요인은 가정불화, 가정해체, 경제적 문제 등이 있으며, 학교 환경은 학교의 열악한 물리적 환경, 또래관계, 교사와의 갈등, 따돌림 등이 있다. 이러한 문제는 심리적 문제를 유발하며, 학업성취에 영향을 주고 학습부진의 원인이 된다(박상학, 2017).

학습문제를 갖고 있는 학습자는 학습 상황을 부정적으로 인식하여 자신감이 결여되고 정서적으로 우울과 짜증을 표출한다. 낮은 학습동기는 과제에 대한 도전보다 회피를 강화하여 결과에 대하여 외적 귀인을 한다. 이러한 성격, 정서, 동기적 측면에서의 부정적 태도는 학교 부적응을 야기하고 자신감을 잃게 하여 학습문제가 악순환되며 학습부진을 발생시킨다. 학습문제의 원인을 명확하게 구분하기 어려운 이유는 학습문제가 학습자의 인지, 심리, 정서가 통합된 결과이며, 학습문제의 원인은 여러 가지가 있기 때문이다. 학습문제에서 인지적 요인은 교육을 통한 문제해결이 비교적 수월하고, 정의적 요인과 관련된 문제들은 장기적인 시간과 많은 노력이 필요하다(이상수, 2010). 이 장에서는 학습문제를 심리 · 정서 요인, 학습내용과 개인 변인의 불일치로 나타나는 학습문제, 그리고 학습전략의 문제로 구분하고자 한다.

1) 심리 · 정서 요인

학습 상황에서 학습자가 경험하는 심리적 불편감은 학습을 방해한다. 심리적 문제는 학습동기 저하, 학업적 부담감 및 학업 스트레스, 성적에 대한 경쟁 심리로 인한 또래와의 갈등, 부모와의 갈등 등으로 스트레스의 원인이 된다. 이러한 스트레스는 주의집중, 기억 및 인지 과정의 어려움, 정서적 문제 등의 학습문제를 야기한다. 심리 · 정서 요인이 학습문제를 발생시키는 요인으로 개인 요인(성격, 적성과 흥미 간의 불일치, 역기능적 사고, 학습노력과 학업성취 수준 간의 불일치, 우울, 불안, 동기), 가정 요인(부모, 형제, 가족 내 정서, 자녀의 학습에 대한 부모의 가치나 태도), 학교 요인(교사 및 또래 관계의 문제) 등으로 구분하고자 한다.

(1) 개인 요인

① 성격

성격은 어떤 일을 수행하는 과정에서 목표 달성 여부를 결정짓는 데 중요한 영향을 미친다(박동혁, 2006). Chamorro-Premuzic과 Fumham(2003)은 학습자의 성격

특성은 학업성취나 직무 성과와 같은 수행을 예측하는 중요한 변인이며, 5요인(신경성, 외향성, 친화성, 성실성, 경험에 대한 개방성)의 성격 특성 중 특히 성실성이 학업성취에 영향을 준다고 하였다. 자신에 대한 믿음은 목표를 달성하는 데 자신감을 갖게 한다. 이것은 어떤 과제에 직면했을 때 자신의 능력을 스스로 평가하여 '할 수 있다'는 자신에 대한 믿음을 의미한다. 또한 결과 기대는 자신의 노력을 통해 현재보다 더 나은 결과를 얻을 수 있다는 미래에 대한 긍정적인 기대로 현재 수준의 어려움을 극복한다. 학습에 문제를 가지고 있는 학습자는 학업에 대한 부담감이 많으며, 결과에 대한 부정적 기대, 성적에 대한 집착, 경쟁의식, 자기통제의 어려움, 완벽성, 학습행동 지연으로 나타난다.

② 교과와 학습자의 적성과 흥미 간의 불일치

교과와 학습자의 적성과 흥미 간의 불일치는 심리적 · 정서적 차원에서 학업에 대한 회의, 거부감, 낮은 동기 등의 학습문제를 유발한다.

③ 학습에 대한 역기능적 사고

학습에 대한 역기능적 사고는 학습자가 학습에 대한 인지왜곡을 의미하며, 학습과정에서 누적된 결손과 실패로 인해 학습 무기력을 형성하고 학습 자체를 거부한다. 예컨대, '상위 10% 안의 성적이 안 되면 아예 공부를 하지 않는 것이 낫다.' 등의 극단적 사고를 가지고 학습을 거부하기도 한다. 또한 특정 교과에 국한된 흥미를 가지고 전체 과목의 공부를 하는 것은 시간낭비라는 생각을 가지고 다른 과목의 학습을 거부하며 특정 교과에 대한 공부만 하는 학습행동의 불일치가 나타난다.

④ 학습노력과 학업성취 간의 불일치

학습노력과 학업성취 수준 간의 불일치는 열심히 공부했으나 결과가 만족스럽지 못하거나 성적이 제자리 또는 점점 내려가는 것이다. 하위권 학습자 중 학업에 대한 의지와 동기는 있으나 공부를 어떻게 해야 할지를 몰라서 공부를 아예 안 하는 경우가 있다. 가령, 시험 준비를 하는 과정에서 교과서는 읽지 않고 수업시간에 받은 유인물이나 문제집의 요점만을 공부하면서 전체적인 내용 파악을 하지 않기 때문에 공부하는 내용을 조직화하지 못한다. 학업성취 수준이 낮으면 개인 요인으로 인한 학습문제가 표면화되지만 학업성취 수준이 높으면 청소년 후기나 성인기의 진로선택 과정에서 진로정체감 미형성이나 진로 미결정 등의 진로 문제가 줄어든다.

⑤ 우울

자기조절 능력이 떨어지는 청소년은 불규칙한 수면, 불규칙적이고 부적절한 음식 섭취, 게임 몰입 등의 생활패턴을 갖는다. 우울감으로 인해 과도한 스트레스와 주변 환경에 예민하게 반응하며, 학습 동기 부족, 활력 감소, 대인관계 악화, 주의집중 어려움 등의 학습문제를 경험한다.

⑥ 불안

불안은 자신을 부정적으로 평가하게 만든다. 예를 들어, 열심히 공부했음에도 불구하고 성적이 오르지 않거나, 성적으로 인해 부모와 교사로부터 꾸중을 자주 듣다 보면, 자신에 대한 부정적 평가를 하여 시험에 대한 불안감을 갖거나, 주의력, 정보처리, 논리 추론, 문제해결에 부정적 영향을 준다(박동혁, 2006). 학습 상황에서 이런 부정적 정서는 학습환경에 자극적으로 반응하여 불편감을 표현하게 하고, 학습의 난이도가 높아지면 쉽게 짜증을 내거나 집중을 하지 못한다.

⑦ 동기

동기는 사람을 움직이게 하는 힘(power)의 원동력이며, 학업성취와 관련이 높다. 학습동기는 학습자가 학습활동에 적극적으로 참여하게 한다. 따라서 학습동기를 발달시켜 학습기술을 습득하고 새로운 지식에 대한 능동적 자세를 갖추는 것은 중요하다. 학습동기가 높은 학습자는 새로운 내용에 흥미를 가지고 학습활동의 궁극적인 목표를 삼는다. 또한 자신의 힘든 과정을 극복하기 위해 노력한다. 반면에 회피동기는 자신의 부족한 면을 보이지 않기 위해 숨기는 것이다. 회피동기를 갖고 있는 학생은 학습능력의 부족을 감추려고 학습 수행과 학습과정에서 경험하는 어려움을 기피하고 두려워하여 쉽게 포기한다.

(2) 가정 요인

부모, 형제, 가족 내 정서와 관련이 있다. 부모는 학습자의 능력을 고려하지 않은 채 높은 기대나 성취 압력으로 학습자의 생활에 지나치게 관여하거나 통제한다. 부모가 학업을 성공지향의 기준으로 삼고 개인의 능력을 평가하는 수단으로 여기거나, 성공적인 삶에 대한 평가 기준으로 인식할수록 학습자에게 심리적 · 정서적 문제를 유발할 가능성이 높아진다. 부모의 권위에 순종적인 학습자는 과도한 학습량과 학습시간에 대해 거부적인 태도를 부모에게 표현하지 못하고 학습을 하지만, 청소년기에 이르면 학습에 대한 회의나 거부감으로 학업을 아예 하지 않거나 게임에 몰입하기도 한다. 학업성취에서 형제와 차이가 나타나는 경우, 부모가 의도하지 않아도 학습자는 상대적인 열등감을 경험하고 이는 심리적 · 정서적 문제를 유발한다. 또한 가족 전체의 정서나 특성이 학습자의 학습태도에 영향을 미친다.

(3) 학교 요인

학교 요인으로 또래 및 교사와의 문제가 있다. 친구 사귀는 데 어려움을 갖거나 친구에게 몰입하는 태도, 또래의 따돌림은 학습의 흥미를 저하시키며 학습문제의 원인이 된다. 또한 교사의 부정적 평가나 판단, 냉담 등은 학교 부적응의 원인이 되고 학습에 냉소적 태도를 형성한다. 가령, 교사와의 관계가 원만하지 않은 학습자는 수업시간에 자거나, 주변 친구들과 떠들며 수업을 방해하거나, 교사의 질문에 부정적인 답변을 하는 등 학습환경을 저해하는 행동들을 한다.

2) 학습내용과 개인 변인 간의 불일치

학습내용과 개인 변인 간의 불일치는 특정 교과의 학업에 어려움을 경험하는 누적 학습의 결손이나 낮은 어휘력과 이해력 등에 의한 것이다. 예를 들어, 해당 학년에서 요구하는 읽기 수준이 개인의 능력과 현저하게 차이가 있는 것이다. 즉, 적합성 문제로 학습능력과 관련한 주된 호소는 학습의 노력과 결과인 성취 수준 간의 불일치가 된다. 이에 따른 문제로는 교과 계열의 문제(교과과정의 문제, 교육과정 미이수, 선수학습 결핍)와 학습능력의 문제가 있다.

(1) 교과 계열의 문제

① 교과과정의 문제

교과과정의 문제는 학습자와 교과 내용 간의 불일치 그리고 학습자와 학습량 간의 불일치를 들 수 있다. 먼저, 학습자와 교과 내용 간의 불일치는 흔히 지나친 선행학습으로 인해 유발된다. 상위과정의 선행학습이 해당 학년의 교과 수용 수준을 결정하지 않기 때문에 초등학생이 중학교 과정을 선행학습을 하거나 중학생이 고등학교 내용을 공부한다고 해당 학년의 내용을 충분히 이해했다는 것은 아니다. 상위과정의 선행학습으로 인해 오히려 해당 학년의 학습내용을 충분히 이해하지 못함으로써 학습문제가 나타난다.

또한 학습자와 학습량 간의 불일치는 특정 교과의 지나친 학습량의 증가로 인한 전체적인 학습에서의 어려움을 경험한다. 예컨대, 학원에서 영어 단어 100개를 암기해야 하는 과제와 주말에 특강을 듣고는 과제까지 있다면, 학습자는 이 과제들을 수행하느라 다른 과목을 공부할 겨를이 없다. 이렇게 되면 학습자는 자신 있는 과목에만 집중하여 공부를 하고 취약한 과목은 거의 공부를 하지 않게 된다. 결국 특정 과목에서는 좋은 결과를 얻을 수 있더라도 전체적인 교과 성취에서 불균형이 나타난다.

② 교육과정 미이수

유학 또는 해외 주거 등으로 국내의 학습과정에서 결손이 생기는 것을 의미한다. 초등학생 시기에 해외 거주를 할 경우에는 흔히 국어교육의 결손으로 이어진다. 국어교육은 학습에서 내용을 읽고 이해하는 능력에 직접적인 영향을 미치므로 국어교육의 결손은 다른 과목을 공부하는 데에도 영향을 미쳐 학습문제를 초래한다. 교육과정 미이수는 국내의 학습과정을 이수한 후에 나타나는 선수학습의 결손과는 다른 차원의 문제다.

③ 선수학습의 결핍

선수학습 결핍의 문제는 기초학습능력이 부족하고 이전 과정에서 과목별 선수학습의 결손이나 배경지식의 부족으로 인해 해당 학년의 교과 학습을 이해하는 데 어려움을 경험한다. 예컨대, 초등학교 1학년 수학 과목에서 덧셈과 뺄셈의 개념과 원리의 선수학습 부족으로 인해 해당 학년에서 곱셈과 나눗셈의 원리를 이해하지 못하는 것이다. 주로 하위권 학습자에게 많이 나타나고, 중위권 학습자 중에는 초등학교나 중학교 과정에서 시험 대비 위주의 학습을 하고 해당 학년에서 요구되는 독서의 수준이 충분하지 않은 경우에 나타난다.

(2) 학습능력의 문제

학습능력의 문제는 낮은 지적 능력과 특정 영역에서의 낮은 학습능력 및 기초학습의 부족 등을 들 수 있다.

첫째, 지능은 실제적인 학업수행 및 직무수행을 예측할 수 있는 변인으로 학업성취에서 중요한 변인이지만, 지능이 학업성취의 모든 것을 결정하는 것은 아니다(Ackerman & Heggestad, 1997). 특정 영역에서 낮은 학습능력의 문제는 전반적으로 낮은 지능의 문제로 볼 수 있다. 지적 능력이 낮은 학습자는 학습능력에서 평균 수준에 미치지 못하기 때문에 교과 내용 수용과정에서 어려움을 경험하고 대부분의 교과에서 낮은 성취를 보인다. 지적 능력이 낮은 학습자는 사실을 분별하고 판단하는 인지능력도 낮다. 인지능력이 높은 학습자는 인지능력이 낮은 학습자에 비해 학습과정이 효율적이며 다양한 상황에서 문제를 해결하여 높은 학업성취를 나타낸다(Rohde & Thompson, 2007).

둘째, 특정 교과나 동일 교과라도 내용에서 요구되는 학습능력이 다르기 때문에 학습문제가 나타난다. 예를 들어, 사회 과목에서 일반적인 사회현상 관련한 학습내용을 이해할 수 있으나 경제 관련한 학습내용을 이해하지 못한다. 또한 수와 연산은 잘하나 공간지각 능력이 낮아서 도형 부분에서 어려움을 경험하기도 한다.

셋째, 기초학습의 부족은 기본적인 학습을 위한 읽기, 쓰기, 수학 등의 능력이 부족하여 해당 학년에서 기대되는 교과 교육과정의 평균 수준에 도달하지 못해서 학습에 문제가 나타난다.

3) 학습전략 문제

학습전략을 사용하는 데 어려움을 경험하는 학생들은 자기주도적 학습능력이 요구되는 중 · 고등학교 과정으로 갈수록 학습문제가 심해진다. 학습에 영향을 미치는 인지적 · 행동적 요인으로 학습 태도, 학습 계획, 학습방법, 예습과 복습 등이 있다.

(1) 학습 태도 문제

학습자의 공부에 대한 관심은 학습자가 공부나 성적에 대한 근본적인 인식을 나타내는 것으로 '공부에 대한 정체성이 설정되었는가?' '공부를 해야만 하는 이유가 무엇인가?' 등의 질문을 통해서 짐작할 수 있다. 학습 태도의 문제는 공부를 제외한 다른 분야에 관심을 갖고 학업에 집중하지 못하는 것이다. 학업에 전념할 수 있는 바람직한 태도는 학습과정과 결과에 중요한 영향을 미친다. 만약 학습 태도가 부정적인 학습자라면 학업에 대한 회의나 거부적인 태도를 가지며, 게임 중독, 휴대전화 과다 사용, 이성 교제 등 다른 것에 몰입하여 학습에 관심을 기울이지 않는다.

바르지 못한 수업태도는 수업시간에 수업을 듣는 것이 얼마나 중요한지 인식하지 못하거나 수업 중에 주의집중을 하지 않아서 과제를 수행하지 못하는 것이다. 그리고 산만한 학습태도로 수업시간에 집중하지 못하고 피곤과 잡념으로 인해서 수업의 내용을 멀리한다.

(2) 학습 계획 문제

학습 계획에서의 문제는 계획 없이 하고 싶은 대로 하거나 계획을 세워도 공부하고자 하는 노력이 부족하여 행동으로 잘 실천하지 못하는 것이다. 이런 학생은 재미있는 일이 있으면 공부보다는 그것을 먼저 한다. 시험공부를 시작하기 전에 미리 준비를 하고 계획을 하여 공부를 하는 것이 아니라 시험 전날 벼락치기로 공부를 한다. 학습 계획에 문제가 있는 학생들은 학습과정에서 계획이나 순서의 비효율성과 관련이 있다. 일정한 주기 단위로 반복적인 학습을 하면 학습 계획을 유지시키는 데 효과적이다. 학습 계획을 세우기 위해서는 먼저 학습과 관련된 자신의 사고와 행동을 이해하는 것이 중요하다. 이것은 학습 장면에서 반복적으로 보이는 내면적 행동으로 학습태도, 동기, 기술, 환경과 관련이 있기 때문이다. 학습 계획의 실행력을 높이기 위해서는 학습 습관이 중요하며 이를 실천하기 위한 효율적인 시간관리, 시험 전략 등의 방법들이 있다.

첫째, 효율적인 시간관리란 실천 가능한 정도의 계획을 세워 학습목표에 도달하기 위한 방법으로 학습활동에 매우 중요하다. 시간관리는 학습습관을 형성하고 시간의 가치를 높인다. 그러나 공부할 시간과 과목을 순차적으로 정하지 않고 계획 없이 공부를 하는 학생이라면, 첫째 단기 · 중기 · 장기 계획 설정 및 시간관리 방법을 배운다. 둘째, 시험전략은 학습 계획에서 학습 시간을 최대한 극대화하여 시험에 관한 계획을 세워 시험의 부담을 줄일 수 있으며 시험에 대한 자신감과 안정감을 갖게 한다. 그러나 시험전략을 사용하지 않은 학습자는 학업수행과 학습과정에 비효율적인 방법으로 자신의 능력을 최대한 발휘를 하지 못한다. 시간관리 및 시험전략은 제13장에서 자세히 다루고 있다.

(3) 학습방법 문제

학습방법은 학습자가 공부를 할 때 보편적으로 사용하는 것으로 학습의 효과를 높이기 위해서 필요한 것이다. 올바르지 않은 학습방법을 갖고 있는 학생은 학업에 충실하려고 노력은 하지만 노력에 비해 좋은 결과를 얻지 못한다. 예를 들어, 공부시간은 많으나 진도는 얼마 나가지 못한 경우, 무엇을 먼저 공부를 해야 할지 모르는 경우, 책상에 오래 앉아 있기가 힘든 경우다.

올바른 학습방법은 자신만의 학습방법을 터득하여 익힌 학습 노하우로 학습자의 학습을 효과적으로 도와주는 구체적인 방법이다. 이러한 학습방법은 학습경험을 통해 학습자 개인이 갖는 학습기술의 인지적 과정으로 지식 획득을 위한 정보를 처리하는 과정에서 학습자 내부에 일어나는 변화다. 이는 학습내용을 효율적으로 조직화 · 체계화하는 데 도움을 주고 학습의 효율성을 높여 준다. 읽기전략, 기억전략, 학습전략(예습, 복습) 등을 예로 들 수 있다. 읽기 전략은 단순히 문자를 소리로 바꾸는 것이 아닌 학습자가 글을 읽으면서 내용을 이해하고 해석하는 고도의 인지적 과정으로 핵심적인 내용 파악과 중심 문장을 이해하고 인출 및 회상을 통해 학습내용을 이해하는 것이다. 그러나 학습내용에 대한 기본적인 파악이 불가능하고, 내용을 조직화 · 체계화하는 능력이 부족하거나 내용을 비교 · 분류 · 응용하는 데 어려움을 경험하면 핵심 내용을 정확하게 파악하지 못한다. 또한 중요한 내용을 정확하게 구분하는 능력이 낮기 때문에 노트정리를 힘들어한다.

비효율적 학습방법은 학습내용을 지나치게 세부적 · 개괄적으로 파악하여 전체 내용을 제대로 파악하지 못하는 것이다. 학습내용의 기본 개념, 특정 사건, 상황에

단편적으로 내용 위주로 평가하는 경우에는 이런 학습방법이 크게 문제가 되진 않지만 전체적인 맥락 차원에서 내용을 파악하고 원인과 결과 등의 추론능력이 요구되는 상위과정의 학습에서는 문제가 된다. 한국사 공부를 하는 과정을 가정해 보면, 공부할 내용에 관련한 부족한 배경지식과 교과서를 읽지 않은 상태에서 학교 유인물이나 문제집 요약 내용만을 보고 공부를 하는 것은 비효율적인 학습이다.

(4) 예습과 복습

학습전략에서 예습은 학습목표를 명확히 파악하고 수업에 적극적으로 참여하는 의미이며, 복습은 학습한 내용을 명확하게 이해하고 학습내용을 기억하는 과정이다. 기억은 학습한 내용과 정보들을 재생할 때 정확하게 인출할 수 있도록 도와주어 시험까지 효과적으로 유지하여 문제해결에 도움을 주기 때문에 학업성취를 달성하는 데 직접적인 관계가 높다. 학습전략을 활용하지 않는 학습자는 평소 배운 내용을 복습하지 않고 시험을 치르기 전에 벼락치기로 공부를 하므로 기억된 정보를 유지하는 데 한계를 경험한다. 이들은 '난 머리가 나쁜가 봐.' '공부가 적성이 아닌가 봐.' 등 자신을 낮게 평가하여 학습동기를 저하시키고 학습문제를 야기한다. 그러므로 규칙적인 예습과 복습은 학습내용 이해와 기억된 정보를 유지하여 학업성취를 이루는 데 매우 효과적인 학습방법이다.

3. 학습문제의 주요 호소문제

1) 학습 및 성적 문제

(1) 성적 저하로 인한 걱정과 스트레스

학습문제를 가진 학습자는 성적 저하로 인한 심한 좌절감과 불안을 경험하고, 주위 사람들인 부모, 친구, 교사로부터 자신의 가치를 인정받지 못하여 걱정과 스트레스를 받는다. 부모와 교사가 기대한 성적 결과에 미치지 못해서 꾸중과 질책을 받은 학생의 심리적 부담감과 심리적 충격은 더욱 커져서 스트레스로 이어진다.

(2) 시험불안

시험불안은 시험에 대한 일반적인 불안과 특정 과목에 대한 불안으로 구분할 수 있다. 일반적인 시험불안은 시험이 다가올수록 두통, 소화불량, 가슴이 답답하고 두근거림, 손에 땀이 많이 나는 등 여러 신체증상이 나타나거나, 성적에 대한 지나친 집착과 성적 저하에 대한 두려움과 관련이 있다. 또한 특정 과목에 대한 시험불안은 다른 과목에 비해 특정 과목의 낮은 점수가 전체 성적에 영향을 주므로 성적에 대한 집착 성향이 높은 학습자에게 나타난다. 가령, 수학 시험에 대한 시험불안이 있는 학습자는 수학 공부를 다른 시험 때보다 더 열심히 준비하였으나 시험 전날이 되면 수학 시험에 대한 두려움으로 두통, 손에 땀이 나고, 가슴이 답답하고 두근거림이 지속되어 불안감을 갖는다.

(3) 집중력 부족

집중력이 부족한 원인은 불안, 걱정, 또래 관계, 성적에 대한 압박 등 여러 가지가 있다. 또는 공부하는 주변 환경이 산만하거나 머릿속에 잡념이 떠올라서 공부에 집중하기 어렵다. 집중력 부족은 공부나 성적에 많은 영향을 준다. 음악을 들으면서 공부하는 학습이 모두 비효율적이라 말할 수 없으나 대부분의 학습자는 음악을 들으면서 노래를 따라 부르거나 공부를 하다 음악을 듣다 다시 공부하면서 학습시간을 낭비하고 집중을 하지 못한다.

(4) 공부에 대한 회의와 동기 부족

공부에 대한 회의는 공부를 하기 싫고 무의미한 것이라고 느끼며 소홀히 하는 것이며, 동기 부족은 공부를 하고자 하는 마음이 부족한 것이다. 즉, 공부에 대한 부정적인 감정은 없으나 공부하려는 마음이 형성되어 있지 않은 경우를 말한다. 이러한 학습자는 취미, 예술, 종교 활동에 더 큰 가치를 부여하고 상대적으로 공부를 소홀히 한다.

(5) 학습방법 문제

효과적으로 공부하는 방법을 모르거나 부적절한 방법으로 공부함으로써 공부나 성적에 부정적인 영향을 주는 것이다.

(6) 공부에 대한 반감

공부하는 것 자체를 싫어하고 공부를 하지 않는 것으로 공부의 필요성에 대한 반감과 반발심을 갖는다.

(7) 능력 부족

능력 부족은 낮은 어휘력과 단기기억 능력 등 다양한 원인이 있다. 일반적으로 학습내용이 언어적 설명으로 이루어져 있기 때문에 내용을 이해하는 수준에 맞는 적절한 어휘력이 필요하다. 어휘의 수준은 학습에 절대적인 영향을 주어서 어휘 수준이 높은 학습자는 새로운 것을 습득하는 것에 대한 수용의 폭이 높다. 반면에 어휘 수준이 낮은 학습자는 새로운 내용이나 단원을 배우는 과정에서 여러 번 반복 설명을 하며 유사 내용과의 차이점을 설명해야 이해한다. 또한 단기기억 능력이 낮으면 내용의 앞이나 뒤 또는 특정 부분에 대하여 부분적으로 기억하는 경향이 있어서 내용을 전체 맥락에서 파악하는 것이 어렵다.

(8) 학업능률 저하

나름대로 열심히 공부를 했음에도 불구하고 학업성적이 오르지 않지만 뚜렷한 원인을 알 수가 없어 고민하고 좌절감을 갖는다. 이러한 학업 능률이 저하되는 학습자의 문제를 살펴보면 주의집중을 못하는 경우, 공부 방법이 효율적이지 못하는 경우, 잘못된 공부습관을 가지고 있는 경우, 학생의 지적 능력이 낮은 경우 등이 있다.

(9) 비효율적 학습방법

비효율적 학습방법은 학습을 하는 과정에서 학습내용의 중요도를 구분하지 못하고, 비체계적이고, 비효율적인 노트정리와 공부 방법을 가지며, 시험 정보 교환에 관심이 없다. 여기에는 시간관리를 못한다거나 음악을 들으면서 공부하는 경우도 있다. 또는 낮에는 공부를 하지 않고 해가 진 늦은 시간에 공부를 시작하여 새벽까지 공부하고, 다음 날 아침에 일어나기 힘들어하거나 수면시간의 부족으로 인해서 수업시간에 집중을 못한다.

(10) 성적으로 인한 관계

부모의 지나친 성적에 대한 기대, 친구들과의 경쟁심, 교사와의 관계로 문제가 발생한다. 예를 들어, 초등학생 때는 성적이 상위권이었던 학습자가 상위 학년으로 올라갈수록 부모의 자녀에 대한 높은 성적에 대한 기대감에 못 미쳐 성적에 대한 부담감으로 부모와의 갈등 및 공부에 대한 반감 등의 문제를 야기한다.

2) 학교 관련 문제

(1) 학교 환경 및 심리적 환경

학교의 위치와 시설, 학교의 물리적 환경에 대한 불만과 불편, 애로사항 등이 있다. 또는 교사와 친구, 선배들과의 갈등, 학교 부적응, 학교의 여러 가지 규율과 제약 등으로 부담감과 반발심을 갖는다.

(2) 학교활동

학교에서 이루어지는 활동, 자율학습, 과제물 부과, 동아리 등의 여러 활동에 대해 불만이 있다. 학교생활 자체에 대해 의미와 흥미를 못 느끼고 싫증과 회의를 느낀다.

4. 학습문제의 분류

학습문제는 학습부진아 이외에도 모든 학습자에게 발생할 수 있다. 청소년들의 문제를 체계적으로 이해하고 분류하기 위한 연구는 1994년에 청소년대화의 광장(현 한국청소년상담원)에서 실시한 청소년 문제 유형 분류 개발 연구(김창대, 이정윤, 이영선, 남상인, 1994)가 출발점이었다. 이후 1997년까지 문제 유형 분류의 기틀을 마련하고, 2000년에는 활용 지침을 만들었다(김진숙, 강진구, 2000). 학습상담에 활용하기 위한 유형 분류를 위해 학업성취 결정요인을 중심으로 유형을 도출하고 존재를 확인하는 방법에서 학습자들의 학습의 어려움의 공통적인 내용을 요약하여 문제를 제시하는 방법으로 학습문제 유형 분류가 발전해 오고 있다(황매향, 2009). 학습문제와 관련한 유형 분류체계를 호소문제를 중심으로 제1축의 문제 영역으로 추출하여 청소년 자신, 교사, 학부모가 인식하고 있는 문제를 수집하여 청소년 고민과 문제를 특성에 따라 구분하였다. 김창대 등(1996)이 제시한 학업과 관련된 호소문제 유형은 다음과 같다.

① 시험불안: 시험에 따른 불안감, 압박감, 스트레스 등을 경험
② 공부 자체에 대한 회의와 의문: 공부의 필요성에 대한 근본적인 의문과 회의를 가짐
③ 집중력 부족: 집중력이 부족해서 공부나 성적에 부정적인 영향을 미침
④ 성적 저하 및 저조로 인한 걱정과 스트레스: 성적이 떨어지거나 오르지 않아서 걱정 또는 스트레스 등을 경험
⑤ 공부 방법 문제: 효과적으로 공부하는 방법을 모르거나 비효율적인 공부 방법으로 인해 공부나 성적에 부정적인 영향을 미침
⑥ 공부에 대한 반감: 공부에 대한 반감과 반발심을 가짐
⑦ 노력은 했는데 성적이 오르지 않음: 나름대로 공부를 했지만, 뚜렷한 원인을 알지 못한 채 결과가 좋지 않음
⑧ 능력부족: 지능이나 기억력 등 실제 능력이 낮거나 부족하여 공부나 성적에 영향을 미침
⑨ 공부 습관 미형성: 체계적인 공부 습관이 형성되지 않음
⑩ 공부에 대한 동기 부족: 공부에 대한 부정적인 감정은 없지만, 단지 공부하려는 마음이 형성되지 않음
⑪ 성적에 대한 집착: 질적인 측면에서 공부에 치중하기보다 점수, 등수 등 결과에 집착하여 경쟁심과 심리적 스트레스를 경험
⑫ 성적으로 인한 관계에서의 문제: 공부 및 성적으로 인해 친구, 부모 교사와의 관계에서 문제를 경험

기존 연구(김창대 외, 1994)에서 첫 번째 축인 호소문제가 설문조사와 면접조사를 바탕으로 구성된 것과 달리, 김진숙과 강진구(2000)는 상담 현장에서의 자료를 바탕으로 2000년에 청소년 문제를 실용적인 문제 유형 분류체계로 계속 연구하였다. 이들은 청소년 호소문제를 가족, 비행, 학업 및 학교 부적응, 진로, 성, 대인관계, 성격, 정신건강, 생활습관 및 태도 기타 상담, 단순 정보 제공 등으로 분류하였다. 이

중 학업 및 학교 부적응은 학업태도와 학교 적응, 학업 수행과 관련된 제반 문제로 학습문제와 관련된 것이다. 다음은 김진숙과 강진구(2000)의 학습 및 학교부적응의 세부 영역의 분류다.

① 학업 태도 및 학습 흥미: 성적 부진으로 인한 고민, 비효과적인 학습태도나 방법, 학습 정보 부족, 낮은 학습동기나 학습에 대한 노력 부족 등으로 인해 학교생활, 학업에 영향을 주는 경우

예) 중학교에 올라와서 시험을 보았는데, 성적이 많이 떨어져서 고민이다.
공부하는데 집중이 되지 않고 답답하다.
공부를 어떻게 해야 하는지 모르겠다.
공부를 하는 것이 재미가 없다.
수업시간에도 집중이 안 되고 집에 와도 공부를 하는 이유를 모르겠다.

② 주의산만 및 집중력 문제: 주의가 산만하고 집중력이 부족해서 학업에 어려움이 있는 경우(주의력결핍 과잉행동장애 포함)

예) 교실에서 매우 산만하고 학습 분위기를 흐려서 모든 선생님에게 지적받는다.
책상 앞에 오래 앉아 있지 못한다.
공부를 할 때 집중을 하지 못하고 책을 보고 있으면 계속 다른 생각을 하는 것 같다.

③ 시험불안 및 학업 스트레스: 시험에 대한 과도한 불안, 학업성취에 대한 과중한 압박감을 경험하거나 스트레스를 겪는 경우

예) 성적은 상위권이나 시험 보기 전에 극심한 스트레스를 받는다.
성적 이야기가 나오면 스트레스를 받아 아무것도 할 수가 없다.
시험기간이 되면 집중이 안 되고 불안해진다.
성적이 다시 오르지 않을 것 같아 초조하고 불안하다.

④ 학습능력 부족: 읽기, 쓰기, 산수 능력 등 기초학력이나 선수학습의 부족으로 인해 학습에 어려움이 있는 경우(정신지체 제외하나 학습장애는 포함)

예) 중학교 때 공부를 너무 하지 않아서 기초학습 능력 부족으로 고등학교 수업을 따라 갈 수가 없다.

⑤ 무단결석 및 등교거부: 무단 조퇴나 결석, 또는 간헐적이나 지속적인 등교거부 행위

예) 학교에 지나치게 가기 싫어하고 일주일에 서너 번은 결석한다.
잦은 무단 조퇴로 선생님께 여러 번 경고를 받았다.

친구들과 노는 것을 좋아해서 학교를 자주 빠진다.

⑥ 학교 중도 포기: 자퇴나 휴학과 같은 학교생활 중단에 따른 갈등이나 적응 문제

예) 학교를 그만두고 검정고시를 보겠다.

자퇴 후 아무것도 하지 않고 집에서 빈둥거린다.

학교를 그만두고 다른 일을 하고 싶으나 부모님이 허락하지 않는다.

⑦ 복학 후 적응 문제: 자퇴 혹은 휴학 후 복학에 따른 제반 학교 적응 문제

예) 자퇴 후 6개월 정도 쉬다 복학했는데 수업시간에 앉아 있기가 너무 힘들다.

복학을 앞두고 있는데 복학 이후 학교생활이나 친구관계를 잘할 수 있을지 걱정이다.

⑧ 규율 위반: 두발, 복장, 등교 시간 등 여러 가지 학교 내 규율 준수와 관련된 갈등을 보이는 경우

예) 교복을 바르게 입지 않는다고 선생님께 지적을 여러 번 받았다.

두발 규칙을 어겨서 선생님께 여러 번 머리를 잘렸다.

옷, 머리 모양 등을 튀게 하여 학교에서 많은 지적을 받았다.

⑨ 학교풍토 및 교육제도: 학교풍토 또는 우리나라 교육제도에 대한 불만족이나 비판 적태도

예) 입시만을 강조하는 우리나라 교육제도가 너무 싫다.

엄격하게 학생들을 통제하는 학교가 싫어서 이민 가고 싶다.

우열반을 만들어 아이들을 갈라놓는 학교제도에 화가 난다.

⑩ 해외 및 귀국 청소년 적응: 해외 체류 후 귀국한 청소년의 적응이나 해외 거주 청소년의 현지 적응에 관련된 문제

예) 해외에서 살다 귀국한 이후 친구들과 어울리지 못하고 성적이 좋지 않아서 자퇴했다. 외국에 유학 갔다가 비자 문제로 다시 한국에 돌아왔지만 한국 학교에 적응하지 못하고 다시 외국으로 가고 싶다.

⑪ 기타: 기타 학업/학교 부적응과 관련한 상담 내용

홍경자 등(2002)은 학습문제를 대분류, 중분류, 소분류로 구분하였다. 대분류는 인지적 문제, 정의적 문제, 관계 문제로 구분하였다. 인지적 문제는 지적 능력 부족의 문제와 학교전략의 문제로, 정의적 문제는 학습동기 문제, 공부 태도의 문제, 학습 관련 스트레스와 시험불안으로, 마지막으로 관계 문제는 관계 관련 문제로 각각 중분류하였다. 각 중분류에 해당하는 소분류는 〈표 7-1〉과 같다.

표 7-1 학습문제 분류

대분류	중분류	소분류
인지적 문제	지적 능력 부족의 문제	• 능력 부족
인지적 문제	학교전략의 문제	• 집중력 부족 • 공부방법 문제 • 노력은 했는데 성적이 안 오름
정의적 문제	학습동기의 문제	• 공부 자체에 대한 회의와 의문
정의적 문제	공부 태도의 문제	• 공부에 대한 반감 • 공부 습관 미형성
정의적 문제	학습 관련 스트레스와 시험불안	• 시험불안 • 성적 저하 및 저조로 인한 걱정과 스트레스 • 성적에 대한 집착
관계의 문제	관계 관련 문제	• 성적으로 인한 관계 문제 • 관계 문제로 인한 학업 문제

출처: 홍경자 외(2002), p. 115.

황매향(2009)은 학습문제의 원인과 내담자의 호소내용을 통합하여 살펴보는 것이 필요하다고 하였다. 또한 상담을 통해 변화시킬 수 있는 개인 변인과 변화시키기 어려우나 문제를 이해하기 위해 알아야 할 환경 변인을 모두 포함하고 이를 다시 변화 가능한 변인과 변화시키기 어려운 변인으로 분류하여 개인–환경, 변화–불변이라는 두 개의 축으로 나눴다. 상담자는 다양한 변인을 고려하여 내담자의 문제를 이해하고 변화 가능한 환경 변인에 집중하고 개인 변인의 변화를 촉구하여 내담자의 변화를 조력한다. 변화 불가능한 환경 변인은 내담자의 학습부진을 이해하는 정보가 될 수 있으나 개입전략에 포함시킬 수 있는 부분은 적기 때문에 학습문제를 분류하는 요인에 포함시키지 않는다. 그러므로 [그림 7–1]처럼 변화 가능한 개인 변인과 환경 변인 그리고 변화 불가능한 개인 변인과 환경 변인으로 학습부진 요인을 분류하였다.

환경 변인 중 변화 불가능한 변인은 상담 개입전략에 포함시키기 어렵기 때문에 이를 제외하고, 변화 가능한 개인 변인과 환경 변인 그리고 변화 불가능한 개인 변인의 통합적 상담이론의 문제 파악의 단계에 맞추어 인지, 정서, 행동, 능력, 환경 요인의 다섯 가지 범주로 분류하였다(황매향, 2009).

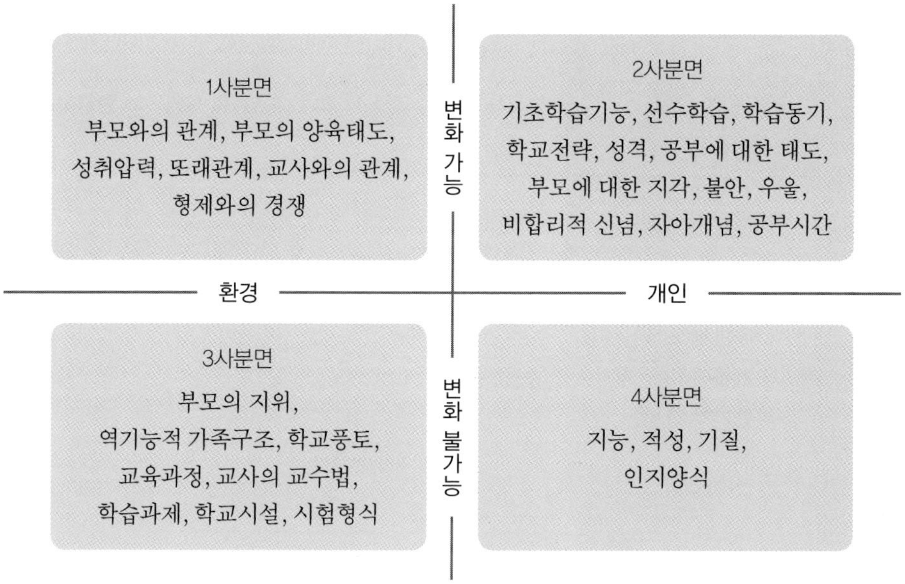

[그림 7-1] 학습문제 요인 분류 예시

① 인지적 요인: 공부에 대한 태도 · 동기, 부모의 기대에 대한 지각, 공부와 관련된 비합리적 신념

② 정서적 요인: 우울(학습된 무기력), 불안, 성취 압력으로 인한 스트레스

③ 행동적 요인: 학교전략, 공부시간

④ 능력 요인: 지능, 기초학습 기능, 선수학습, 적성, 인지양식

⑤ 환경적 요인: 물리적 환경, 심리적 환경(부모, 또래, 교사와의 관계, 형제 경쟁)

또한 호소문제와 학습부진의 요인을 각각 축으로 하여 이를 교차시켜 학습문제를 파악하는 2차원 분류를 제안하였다. 내담자는 한 가지 호소문제에 한 가지 원인만을 가질 수도 있으며 동시에 여러 가지 원인을 가질 수 있다. 즉, 하나의 원인이 여러 가지 문제를 동시에 일으킬 수도 있다. 2차원적 학습문제 분류 유형은 내담자가 호소하는 문제 영역을 정한 후 그 원인이 될 수 있는 원인 축을 점검해 나가는 방법이 된다. 〈표 7-2〉에서 제시한 2차원적 학습문제 분류 유형을 통해 상담에서 변화시키기 어려운 환경 변인도 점검하여 이러한 변인들의 문제를 이해해야 상담의 서비스가 이루어질 수 있다.

표 7-2 **2차원적 학습문제 분류 유형**

호소문제	학습부진 요인				
	인지적 요인	정서적 요인	행동적 요인	능력 요인	환경적 요인
시험불안	비합리적 신념	불안			
공부에 대한 회의	비합리적 신념	우울			
집중력 부족	인지양식		학교전략		
걱정과 스트레스	공부에 대한 태도 및 동기, 부모의 기대에 대한 지각, 비합리적 신념,	우울, 불안			
공부방법	인지양식		학교전략, 공부시간		
공부에 대한 반감	공부에 대한 태도 및 동기, 비합리적 신념				
노력해도 성적 안 오름			학교전략	지능, 기초학습, 선수학습, 적성	
능력 부족			학교전략	지능, 기초학습, 선수학습,	
공부 습관 미형성			학교전략, 공부시간		
동기 부족	공부에 대한 태도 및 동기				
성적에 대한 집착	비합리적 신념	불안, 스트레스			심리적 환경
대인관계					심리적 환경
낮은 학습효능감	공부에 대한 태도 및 동기, 부모의 기대에 대한 지각				
다른 활동과 갈등	공부에 대한 태도 및 동기		공부 시간		물리적 환경 심리적 환경
신체적 · 물리적 환경					물리적 환경

출처: 황매향(2009).

지금까지 살펴보았듯이, 학습문제는 단일 요인 또는 여러 요인이 복합적으로 반영될 수 있기 때문에 학습문제를 개입하기 위해서는 원인에 대한 파악이 우선해야 한다. 문제 영역을 정하고 원인을 파악하는 방법은 심리검사를 활용하거나 면접을 통해 탐색할 수 있다. 여러 문제가 혼재된 경우에도 원인론적 관점에서 다양한 요인 중 주요 촉발 원인을 파악하는 것이 중요하다.

제8장

학습상담에서의 심리검사

1. 학습상담에서의 심리검사 이해

사람들의 지능, 성격, 적성, 흥미, 가치관 등은 개인마다 모두 다르다. 그러므로 이러한 특성으로 개인을 이해하고 판단하는 것은 쉽지 않다. 심리검사는 개인의 심리적 특성 및 행동을 신뢰성 있고 타당하게 측정하는 것으로 이를 바탕으로 사람들을 이해하고 예측할 수 있는 객관적이고 과학적인 방법 중 하나다(윤명희 외, 2020). 병원에 가면 증상에 맞는 검사를 하듯이, 학습상담에서도 내담자가 갖고 있는 학습문제를 예측할 수 있는 객관적인 검사가 필요할 뿐만 아니라 학습자의 현재 학습 수행의 정도를 구체적으로 파악하는 것은 목표 설정 및 교수-학습활동에 있어서 매우 중요하다(이대식, 2020). 상담자는 학습문제 유형의 분류를 통한 학습문제의 이해를 도모할 수 있어야 한다. 이때, 학습문제 유형에 관한 정보는 학습부진아를 이해하고 상담과정에서 어떠한 방법을 선택할 것인가에 유용하게 활용될 수 있다. 예를 들어, 학습 불안이 있는 내담자는 완벽주의 성향으로 인한 불안일 수도 있고 부모로부터 받는 학습 부담감으로 인한 불안일 수도 있어서 내담자에 따라 불안을 다르게 접근해야 한다.

먼저, 심리검사의 의미를 정확하게 이해하기 위해서는 심리검사와 유사한 개념으로 사용되고 있는 측정과 평가의 의미를 이해할 필요가 있다.

1) 심리검사의 이해

심리검사(psychology test)는 규준이나 목표에 비추어 행동을 평가하기 위해 표집 된 행동을 신뢰성 있고 타당하게 측정하는 체계적인 절차를 의미한다. 즉, 능력, 성격, 태도와 같이 내담자의 특성을 간접적으로 측정하기 위해 사용되는 것이다.

(1) 검사

검사(test)는 평가의 특수한 형태로, 일련의 질문을 통일된 양식으로 제시하여 행동의 표본을 측정하는 도구 또는 체계적인 절차다. 검사라는 용어는 라틴어의 'testum'에서 유래했으며, Cattell(1890)은 처음으로 정신검사(mental test)라는 용어를 사용하였다. 이후 심리학에서 인간의 정신능력과 행동 경향성을 측정하기 위해 질문과 과제를 통일된 양식으로 제시한 체계적 절차 또는 도구를 검사라고 부르게 되었다(김영환, 문수백, 홍상황, 2012: 윤명희 외, 2020 재인용). Eysenck(1967)은 검사를 표준화된 조건에서 특수한 기능, 행동, 일련의 심리적 특징을 알아볼 수 있는 객관적·조직적·통계학적 도구 또는 방법이라고 하였다. Anastasi와 Urbina(1997)는 어떤 행동 표본에 대한 객관적이고도 표준화된 측정도구라고 하였다. 검사는 모든 검사대상에게 고정된 시간에 시행되는 일련의 질문으로 구성되어 '개인이 타인이나 어떤 분야의 수행 과제에 비해서 얼마나 잘 수행하는가?'라는 구체적인 물음에 답하는 것이라고 할 수 있다. 검사는 측정도구의 대표적인 유형이다.

(2) 측정

측정(measurement)은 일정한 규칙에 따라 어떤 개인이 특수한 성질을 어느 정도 지니고 있는지에 대하여 하나의 수량적 기술을 얻는 과정이다. Friedenberg(2004)는 측정을 정보를 얻고 또 얻은 정보를 수치화 또는 점수로 전환하기 위한 구체적인 절차라고 하였다. 즉, 어떤 행동이나 성격, 사물, 사건 등에 대해 개인의 특성을 양적으로 서술하는 것에 한정된다. 측정은 대상을 수량화하는 과정이 필수적이고 이를 위해 수를 사용한다. 따라서 측정은 평가를 위한 양적 정보 수집의 한 측면이다. 예컨대, "수학 25문제 중 20문제의 정답을 맞혔다." 또는 "외적 동기 25, 내적 동기 30"처럼 인간의 특성을 수치로 표현한다. 측정과정에서 가장 중요한 것은 어떤 대상의 특성을 가능한 한 정확한 숫자로 나타내어 상황의 변화에 관계없이 일관되게 유지되도록 하는 것이다. 이를 위해서 측정 대상에 대해 정확하고 일관된 양적 표현을 산출해 낼 수 있는 측정도구를 개발하고 그 결과를 체계적으로 분석할 필요가 있다. 측정의 수량화 결과에 대한 가치 판단을 내리지 않으며, 수량화된 결과가 무엇을 의미하는지에 대한 정보도 포함하지 않는다.

(3) 평가

평가(assessment)는 평가 대상의 정보를 얻기 위해 사용되는 일체의 절차와 학습의 진전 상태에 관한 가치 판단의 형성을 포함하는 보편적 용어다. Guilford(1988)는 심리적 특성이 비교적 연속적으로 나타나는 기능을 중심으로 개인과 집단의 행동에 대한 평가라고 하였다. Linn과 Gronlund(1995)에 따르면, 평가는 학생 수행에 관한 정보를 얻기 위해 사용되는 다양한 절차를 의미한다. 즉, 평가는 심리검사 이외에도 면담, 행동 관찰, 전문가 의견 등 다양한 방법을 활용하여 개인의 특성을 다각적으로 이해할 수 있다. 전통적인 지필 검사는 논술시험 같은 확장된 반응과 실험실 실험 등과 같은 실제 검사에 대한 수행을 포함한다. 평가에는 양적 기술과 질적 기술을 모두 포함하고, 결과가 바람직한가에 대한 가치 판단을 포함하기도 한다.

지금까지 살펴본 검사, 측정, 평가의 정의를 종합하면, 평가는 측정이나 검사보다 훨씬 더 포괄적 · 총괄적 개념이다. 검사는 측정도구의 대표적인 유형이고, 측정은 평가를 위한 정보 수집의 한 측면이며, 평가는 이 모두를 포괄하는 가장 상위의 개념이라고 할 수 있다(부재율, 2003: 21). 평가에서는 "개인이 얼마나 잘 수행하는가?"라는 일반적인 질문에 답하고, 검사에서는 "특정 개념이나 원리 등에서 개인의 학습 정도가 어떤 분야의 수행 과제에 비해서 얼마나 잘 수행하는가?"와 같은 좀 더 구체적인 질문에 답한다. 그리고 측정에서는 "개인이 특수한 성질을 얼마나 많이 지니고 있는가?"와 같은 양적 질문에 답한다(Linn & Gronlund, 1995).

2) 심리검사의 목적

심리검사는 개인의 특성에 대한 개인 내적인 것과 개인 간의 차이를 측정하여 현재 자신의 상태와 전체 행동에 관하여 설명·이해·예측하는 데 필요한 정보를 제공해 준다. 학교에서는 학생의 지능 수준과 지적 잠재력, 인지적 기능 등의 평가와 학교 부적응 학생의 성격을 파악하여 도움을 주고자 할 때 심리검사를 사용하기도 한다. 이 외에도 상담 현장, 진로 준비 영역에서 다양한 적성검사, 흥미검사와 같은 심리검사를 활용하고 있다. 상담자는 심리검사를 통해서 내담자의 문제를 평가하고 진단하며 개입전략을 수립하는 등 사례개념화를 위한 정보를 수집할 수 있다. 즉, 심리검사는 자기이해, 선발, 배치, 검증, 평가 등의 목적으로 활용되고 있다.

첫째, 심리검사의 목적은 자기이해다. 심리검사는 내담자가 자신의 이해를 바탕으로 미래를 계획하고 자신의 문제를 이해하는 데 활용할 수 있다. 또한 심리검사 결과를 통해 상담자는 내담자의 상태를 파악하여 적절한 개입방법을 찾을 수 있다.

둘째, 심리검사의 목적은 예측이다. 심리검사를 통하여 획득된 수량화된 자료에 근거하여 이루어지는 예언이나 예측은 단순한 짐작이나 바람에 근거하여 판단하는 것보다 더 신뢰성 있고 타당하다.

셋째, 심리검사의 목적은 선발이다. 학교, 회사나 공공기관에서 특정 사람을 선발할 때, 심리검사는 개인 간의 차이를 수량적으로 제시할 수 있다.

넷째, 심리검사의 목적은 분류 또는 배치다. 심리검사를 통해 직업 적성의 판단으로 자신에게 맞는 직무를 정하거나 학교에서 학생들의 능력을 고려한 교육과정을 선택하게 하고, 그리고 정신적 질환의 진단 등 아동·성인들을 분류하거나 배치하기 위한 목적으로 사용된다.

다섯째, 심리검사의 목적은 검증이다. 연구 가설을 검증하기 위해 심리검사가 과학적 연구의 목적으로 사용되는 것으로 심리검사의 자료를 수집하여 가설을 통계적으로 검증하는 것이다. 예를 들어, 대학생의 성격이 진로결정 자기효능감에 미치는 영향을 밝히기 위해 성격유형검사를 실시한 후 가설을 검증하는 것이다.

여섯째, 심리검사의 목적은 측정과 평가다. 특정 프로그램, 교수방법, 실험 처치의 효과, 학습과 발달의 정도, 새로운 프로그램의 효과, 치료기법 등의 효과를 평가하는 데 활용한다.

2. 학습문제의 평가 및 진단

학습상담은 성적 저하 또는 학습 수행과정에서 경험하는 심리적 변화를 계기로 시작하기도 하고, 이러한 심리적 변화가 반복되거나 오랫동안 지속되고 난 이후에서야 비로소 학습상담을 시작하기도 한다. 상담자는 내담자의 호소문제를 파악하기 위해서 내담자의 학습문제 유형을 이해하고 학습문제에만 국한하지 않고 다양한 관점에서 살펴보아야 한다. 학습상담에서 학습과 관련된 가장 흔한 호소문제는 성적 저하, 이로 인한 걱정과 스트레스, 시험불안, 학습동기 저하, 학습전략 부족, 주의집중의 어려움, 공부에 대한 회의나 반감, 성적에 대한 집착 등 다양하다(김동일 외, 2018). 내담자의 다양한 호소문제를 유형화하지 않으면 문제를 진단하고 개입하는 데 어려움을 겪는다. 그러므로 내담자의 호소문제를 학습문제의 진단과 평가 전에 유형화하면 학습상담의 목표와 방향을 설정하는 데 도움이 된다. 내담자의 학습문제를 평가하고 진단하기 위해서는 학생의 지적 수행과 관련된 심리 상태를 잘 이해하고 면밀한 관찰과 평가가 필요하다.

호소문제 탐색 시 유의사항은 다음과 같다(이재규 외, 2013). 첫째, 내담자의 생활과 관련하여 평소와 다르게 행동하는지 면밀히 살핀다. 잘 먹고 활동적이던 학생이 음식을 잘 먹지 않는지, 잠을 계속 자는지, 짜증이 심해졌는지 등을 살핀다. 둘째, 내담자의 심리적 문제에 관심을 갖고 문제가 발생한 시기와 구체적인 사건이 무엇인지 탐색하고 사건과 관련한 내담자의 생각과 느낌을 명료화한다.

내담자의 호소문제를 탐색하고 나면 내담자의 심리평가와 행동 관찰을 통해 교육성취와 학습태도를 점검한다.

1) 학습문제의 측정과 평가의 목적

학습문제를 진단하고 평가하는 과정은 접수면접, 초기 면접, 검사 선정, 검사 실시, 검사 결과 해석의 단계를 거친다. 초기 면접 전에 정보 수집을 위해 간단한 질문지를 작성하면 면접 시간을 단축하고 상담의 효율을 높일 수 있다(제9장 '학습상담의 과정' 참고). 학습자의 지적 수행과 관련된 심리상태를 이해하거나 진단할 때는 더욱 세심한 관찰과 평가가 요구된다. 진단하고 평가하는 과정에는 학습자와 부모 모두 참여시킨다. 일반적으로 교사나 상담자가 학생의 지적 수행과 연관된 심리적 문제를 평가할 때는 ① 부모로부터 얻은 정보, ② 교사의 관찰, ③ 학생이 내놓은 결과물, ④ 학령 초기의 학습 상태, ⑤ 관련 신경 발달 기능 평가, ⑥ 성취도 검사, ⑦ 지능검사 그리고 ⑧ 직접 질문의 결과 등을 종합적으로 검토한다. 이러한 평가의 절차는 학생의 호소문제와 그것의 내력에 대한 평가, 교육성취도 및 학습 태도에 대한 평가 그리고 심리적 기능 발달의 평가와 진단의 세 단계를 거친다(이재규 외, 2013).

학습문제의 유형을 진단하기 위해서는 측정과 평가 활동이 필요하며, 이러한 측정과 평가의 특성과 목적을 정확하게 이해하여 중재나 자원에 필요한 정보를 제공한다. 학습문제 측정과 평가의 목적은 다음과 같다. 첫째, 정보를 제공해 줄 수 있어야 한다. 학습문제의 일차적 원인이 학습자 개인에게 있는지, 학교 환경에 있는지를 파악해야 한다. 만약 개인의 원인이라면 가정 환경인지, 개인의 심리적 상태나 인지능력이 원인인지 확인해야 한다. 학습문제 및 학습부진의 원인, 문제의 심각한 정도와 개입방법 등의 객관적 정보를 활용한다.

둘째, 교과 영역에 관한 정보를 제공한다. 교과 영역에 관한 정보는 표준화된 학업성취도 검사 또는 초기 면접에서 자신의 성적을 비롯한 학습 관련 정보를 통해 얻을 수 있다. 예컨대, 교과 영역 중 어느 교과에서 학업 저성취가 발생하는지, 또는 어느 단원, 어느 내용에서 학습문제가 발생하는지 알 수 있어야 한다.

셋째, 학습문제의 정도에 관한 정보를 제공한다. 학업성취가 특정 영역에서 낮다는 정도의 단순한 정보는 학습문제의 대책을 세우는 데 큰 도움이 되지 않는다. 어떤 평가 결과를 진단 정보로 활용할 수 있는지의 여부는 내담자의 정보를 얼마나 얻을 수 있는지에 달려 있다. 예를 들어, 국어 과목 진단을 통해 기초학력 미달로 나왔다면, 읽기 중 문장이해나 문단 독해 영역에서 현저히 낮은 수준인지, 받아쓰기에서 겹받침 이해 부족인지 등의 정보를 제공해 줄 수 있어야 한다.

2) 학습문제의 원인 평가

학습과 관련된 호소문제는 다양한 원인에서 기인한다. Silver와 Hagin(1990)은 학습문제의 원인을 학습자 개인, 가족, 환경 및 문화적 맥락으로 구분하여 평가할 것

표 8-1 학습문제 원인 평가의 세 영역

평가 영역		평가 내용
학습자 평가	신체	• 시각이나 청각 등 감각기관의 결함 • 체력의 부족(지구력, 집중력의 기초가 됨) • 신체적 질병 • 의학적 목적에 의해 사용된 약물치료가 학습능력에 미치는 영향
	인지	• 학습자의 일반적인 지적 능력 • 낮은 정보처리 속도 및 정확도 • 비효율적인 공부 방법 • 지적 능력에 부합된 학습량과 난이도 • 효과적인 학습전략 습득 및 적용의 어려움 • 학습전략에 대한 일반적 지식 활용 수준
	정서	• 학습동기, 학업적 자아개념, 학업불안, 학업부담 • 학습자의 정신건강 정도
가족 평가		• 부모의 양육태도, 학습에 대한 부모의 바람과 지원 • 형제 특성 및 형제관계 • 가족의 심리적 · 물리적 환경
환경 및 문화적 맥락 평가		• 교우 및 교사와의 관계 • 또래관계 및 이성관계 • 학교 특성 및 문화 • 지역사회 특성 및 문화

출처: 김동일 외(2011), p. 89를 수정함.

을 권장하였는데, 이 틀에 맞추어 학습문제의 원인을 구분하여 평가하면 다음과 같다(김동일 외, 2011 재인용; 〈표 8-1〉 참고).

첫째, 학습자 개인의 영역은 다시 신체적 원인, 인지적 원인, 정서적 원인으로 구분된다. 신체적 원인에는 시각, 청각 등 학습에 필요한 감각기관의 결함, 지구력과 집중력의 기초가 되는 체력의 부족 등이 포함된다. 신체적 질병으로 인한 약물 복용 여부와 약물의 기능도 학습에 영향을 미칠 수 있다. 인지적 원인에는 낮은 지능, 낮은 정보처리 속도 및 정확도, 비효율적인 공부 방법 등이 있다. 아울러 내담자의 지적 능력에 적합하지 않은 학습량과 난이도, 효과적인 학습전략 습득 및 적용의 어려움 등도 학습문제의 인지적 원인에 해당한다. 정서적 원인에는 낮은 학습동기 및 학업 자아개념, 높은 불안 등이 포함된다. 특히 우울, 불안, 스트레스 등과 관련된 심리적 문제가 과도하여 신경증적 문제를 동반하는 경우에도 학습문제가 나타나게 되므로, 정신건강에 대한 평가도 학습상담과정에 포함된다.

둘째, 가족 영역은 내담자의 부모, 형제 관계의 평가가 있다. 부모의 바람직하지 못한 양육태도, 학습에 대한 부모의 비현실적 기대, 형제간의 지나친 경쟁, 가족 내 생활 및 학습환경 등이 내담자의 학습문제에 미치는 영향을 평가한다.

셋째, 환경 및 문화적 맥락 영역을 학교나 지역사회의 특성을 평가한다. 내담자의 친구관계, 교사와의 관계, 재학 중인 학교 및 학원의 특성, 학습과 관련된 지역사회의 문화 등을 포함한다.

상담자는 객관적인 관점에서 내담자의 문제에 대한 파악하기 위해서 학습상담에서 활용할 수 있는 심리검사의 종류와 활용방법에 대한 폭넓은 지식을 가지고 있어야 한다. 이는 상담 개입 및 상담목표를 설정하는 데 도움이 된다. 〈표 8-2〉는 학습상담 장면에서 자주 발생하는 학습문제의 원인에 따른 활용 가능한 평가도구다.

표 8-2 학습상담 장면에서 자주 발생하는 학습문제의 가능한 원인과 요구되는 평가도구

가능한 요인	평가도구
• 공부 환경의 변화로 인한 학업 소홀	가정 및 학교 상황 질문지
• 학습 의미 및 동기의 저하	
–과도한 성취압력으로 인한 실패에 대한 두려움	문장완성도 검사, 기질 및 성격검사
–거듭된 실패로 인한 낮은 자존감과 시험불안	학업자아개념검사, 시험불안검사
–학습을 위한 노력을 저해하는 비합리적 신념	학업동기검사 (효능감, 귀인, 목표 지향성 등)
–장래에 대한 불확실성으로 인한 흥미 상실	흥미 및 진로탐색검사
• 공부 방법 및 대처 요령의 미숙	
–학습환경 및 자원 관리의 미숙으로 인한 학업 실패	자기조절학습 질문지
–효율적인 학습 및 공부 요령의 미숙으로 인한 학업 실패	학습전략검사

출처: 이재규 외(2013), p.132.

3) 맞춤형 정밀진단

맞춤형 정밀진단이란 학습자가 현재 정확히 어느 정도의 수행을 보이고 있는지를 구체적으로 확인하여 교수-학습을 위한 출발점을 정하기 위해 정보를 제공하는 것이다. 맞춤형 정밀진단이 필요한 이유는 학습상담에서 만나는 내담자마다 현재의 학습 수행 수준 및 양상이 각각 다를 수 있기 때문이다(이대식, 2020). 예컨대, 10명의 학습부진아가 모두 국어에서 학습부진으로 판단이 될 수 있으나 그중 일부는 낮은 어휘력, 낱글자 중 받침 글자 읽기에서만 부족할 수 있다. 10명 모두 국어 학습부진이라는 정보로는 선수학습의 부족이 어디에서부터 시작되었는지 파악하기 곤란하지만, 맞춤형 정밀진단을 통해서 학습 수행능력 부족 원인 및 학습목표의 출발점을 찾기가 쉽다.

무엇보다 학습부진아가 구체적으로 어떤 영역에서 어려움을 경험하고 있는지를 진단하고 지원해야 한다. 〈표 8-3〉은 학습부진학생의 주요 진단 및 지원이 필요한 영역을 나타낸 것이다. 이 중 어느 영역에 어느 정도 비중을 두어 지원할 것인가는 학습자에 따라 다를 것이다.

표 8-3 맞춤형 정밀진단 영역

대영역	중영역	소영역
인지	한글 읽기	한글 소리 인식하기(재생, 기억, 변별, 합성, 분리 등)
		한글 자모음과 대응하는 소리 유창하게 인식하고 조작하기
		각 자모음의 모양, 소리, 입모양 일치시키기
		한글 낱글자, 단어, 문장 유창하게 읽기
	문해 능력	학습자 학년 단계에 맞는 어휘 알기(읽고, 쓰고, 듣고, 이해하고, 사용하기)
		독해(문장, 단문, 문단, 긴 지문 읽고 내용 이해)
		중심문장 찾기, 추론하기, 요약하기, 대명사 알기, 시간적 순서 파악하기, 사실과 의견 구분하기, 내용의 진위 파악하기 등

	쓰기능력	글자 재생하기
		철자 쓰기
		작문하기
	셈하기	수감각, 수개념 형성하기(수의 비교, 사물과 수 대응, 수 세기 등)
		단순 연산 자동화
	공부 방법	효과적인 공부 방법 익히기
정서 · 행동 · 환경	학업 자존감	작은 성공 경험을 통해 학업 실패에 대한 두려움을 극복하고 학업에 자신감 갖기
	스트레스 대처능력	불리한 주변 여건, 어려운 과제 속에서 끝까지 학습 과제에 집중하기
	목표 의식, 학습동기	학습 흥미 및 목표 의식 강화하기
	자아존중	자신을 소중한 존재로 인정해 주기
	안전, 소속 욕구	정서적 · 신체적으로 안정감을 느낄 수 있게 하고, 동체 일원이라는 의식을 갖게 하기
	사랑, 수용 욕구	자신의 학습능력, 성적과 상관없이 고유한 존재로 인정받고, 수용받으며, 사랑받는 존재라는 느낌 갖게 하기
	가족의 지원	부모 및 기타 가족 구성원에 의한 직간접적 학습지원 및 심리적 · 정서적 안정과 지지

출처: 이대식(2020), p. 315를 수정함.

3. 학습문제 평가 및 진단을 위한 심리검사의 종류

학습문제의 원인을 찾기 위해 모든 내담자에게 심리검사를 실시하는 것은 바람직하지 않다. 내담자와의 면담과 관찰로 수집한 자료, 그리고 내담자를 의뢰한 부모나 교사로부터의 정보를 바탕으로 먼저 원인에 대한 가설을 세워야 한다. 상담자는 초기 면접을 통해 내담자의 호소문제를 경청하고 학습사(史)를 탐색하는 과정에서 학습문제의 원인에 대한 가설을 내릴 수 있다. 학습상담에서 심리검사 결과는 상담자의 가설을 지지하거나 기각하는 근거 자료의 하나로 활용된다. 심리검사는 학습문제의 심각성(현재), 원인(과거), 개입방법(미래) 등에 대한 객관적 자료를 제시해 준다. 그러므로 학습상담자가 심리검사의 종류 및 활용법에 대한 폭넓은 지식을 가지고 있어야 자신의 가설 검증에 도움이 되는 검사를 더 잘 선정할 수 있다.

학습상담에서 평가할 때 활용할 수 있는 심리검사를 크게 인지적 영역, 정의적 영역, 기타 영역으로 구분해서 살펴보고자 한다.

1) 인지적 영역

지능검사, 교육성취도검사, 학습전략검사 등이 인지적 영역에 속한다. 일반적으로 문항의 정답과 시간에 제한이 있으며, 피검사자의 능력을 최대한 발휘할 것을 요구한다.

(1) 지능검사

지능검사는 학습상담에서 많이 사용되는 심리검사 중 하나다. 학습상담을 위해 모든 내담자에게 지능검사를 실시하기에는 시간과 비용이 많이 들기 때문에 상담자는 지능검사 실시를 신중히 해야 한다. 학업성취도의 편차가 학년에 따라 큰 차이가 있거나, 과목별 성취도 수준의 차이가 클 때, 그리고 지적 능력의 하위 요인 간 차이가 클 때, 지능검사를 실시하는 것이 좋다(황매향, 2016). 학습장애와 같은 학습부진의 문제를 진단하고 평가할 때는 학생의 지능을 우선적으로 고려한다. 지능검사 결과는 인지능력을 포괄적으로 평가하며, 영재, 지적장애, 다양한 신경학적 상태에 있는 인지적 강점과 약점을 살펴보는 평가과정으로도 활용할 수 있다. 그리고 교육 환경에서 낮은 학업적 성취의 원인이 되는 인지적 결함을 보이는 경우에 중요한 정보를 제공해 준다. 임상 장면에서는 신경심리학적 평가를 할 수 있으며, 치료를 계획하거나 교육 장면에서 배치를 결정할 때 사용되기도 한다.

학습상담 장면에서 사용되는 대표적인 지능검사로는 웩슬러 아동지능검사(WISC-V)와 카우프만 지능검사(K-ABC)가 있다(〈표 8-4〉 참고). 연령별로 초등학생과 중학생, 만 16세까지는 아동용을 실시하고, 17세 이후부터는 성인용 지능검사를 사용하는 것이 적합하다. 이때 고등학생 2학년인 경우 만 연령을 계산하여 내담자에게 적합한 검사도구를 실시해야 한다.

표 8-4 지능검사의 주요 검사 목록

검사명(개발자)	검사 대상 및 목적	검사 구성 및 활용
한국웩슬러 아동지능검사 (K-WISC-V; 곽금주, 장승민, 2019)	• 만 6~16세 미만 • 아동이 지닌 인지기능의 전반적인 평가 및 강점과 약점을 파악하고자 함 • 지적 능력과 인지발달, 신경발달, 인지신경과학, 학습과정에 대한 연구를 기초로 함	• 16개 소검사로 구성 • 기본지표척도: 언어이해(공통성, 어휘), 시공간(토막짜기, 퍼즐), 유동추론(행렬추리, 무게비교), 작업기억(숫자, 그림기억), 처리속도(기호쓰기, 동형찾기) • 추가지표척도: 양적추론, 청각 작업기억, 비언어, 일반능력, 인지효율
카우프만 아동용 지능검사 (K-ABC-II; 문수백, 2014)	• 만 3~18세 • 아동 · 청소년의 정보처리와 인지능력 측정 • 심리, 임상, 심리교육, 신경심리적 평가 • 선호하는 학습방법과 전략탐색을 하기 위함	• 하위검사: 핵심하위검사와 보충하위검사로 구성 • 전반적 지능지수와 5개 하위검사 • 하위검사 구성: 순차처리(수회생, 단어배열, 손동작), 동시처리(블록세기, 관계유추, 얼굴기억, 형태추리, 이야기완성, 그림통합, 삼각형, 빠른길 찾기), 학습력(이름기억, 암호해독, 이름기억-지연, 암호해독-지연), 계획력(형태추리, 이야기완성), 지식(표현어휘, 언어지식, 수수께끼)

(2) 교육성취도검사

지능검사와 함께 학습자의 인지적 능력을 평가하는 데 활용되는 교육성취도검사는 주로 기초적인 학습능력이나 학습 가능성을 진단하고 평가하기 위한 것이다. 대표적인 검사로는 기초학력검사, 기초학습기능 수행평가체제 그리고 국립특수교육원의 기초학습능력검사 등이 있다(〈표 8-5〉 참고).

표 8-5 교육성취도검사의 주요 검사 목록

검사명(개발자)	검사 대상 및 목적	검사 구성 및 활용
기초학력검사 (KISE-BATT; / 국립특수교육원(박경숙, 김계옥, 송영준, 정동영, 정인식, 2005)	• 만 5~15세 미만 (유치원~중학교 3학년) • 읽기, 쓰기, 수학 학습에서 부진이나 곤란을 나타내는 아동을 선별 또는 진단하고, 이에 나타내는 영역과 수준 파악	• 3개 소검사: 정보처리, 언어기능, 수 기능 • 수행검사로 구성(의사소통 장애를 지닌 경우 수행을 통해 숨겨진 잠재능력을 파악, 진단과 교육계획 수립에 도움을 주는 수행과정에 대한 정보 파악)
기초학습기능 수행평가체제 (Basic Academic Skills Assessment: BASA; 김동일, 2000, 2006, 2008, 2010, 2011)	• 초등학교 1~3학년 • 실제 학생들이 배우는 기초 학습기능에 근거하여 학생의 수행 정도 평가	• 5개 개별검사: 초기 문해, 초기 수학, 읽기, 쓰기, 수학 • 기본체계는 기초평가와 형성평가로 구성 • 학생의 수행 수준에 대해 교사나 학부모와 효과적인 의사소통에 필요할 때, 일정 시간 동안 학생의 수행 진전 상황을 평가할 때, 특수교육 대상자나 학습부진아를 위한 교육방법을 계획하고 그 효과성을 확인할 때 유용 • 규준과 비교하여 학생의 상대적 학년 위치를 파악 • 학생 자신의 이전 점수와 비교하여 진전도를 파악하는 데 중요한 정보 제공
기초학습능력검사 (National Institute of Special Education-Basic Academic Competency Tests: NISE-B · ACT; 국립특수교육원, 2017)	• 만 5~14세 • 국어와 수학에서 부진을 나타내는 아동 선별 또는 진단	• 3개 영역: 읽기, 쓰기, 수학 • 동형검사: 가형, 나형으로 구성 • 부진을 나타내는 영역과 수준을 파악하여 교육계획 수립과 적용에 필요한 정보를 제공함 • 학습준비 정도, 수업 진도를 따라갈 수 있는 기초적 능력을 확인할 수 있음

출처: 김동일 외(2011), p. 9; 김동일 외(2018), p. 44를 수정함.

(3) 학습전략검사

인지심리학에서는 학습자의 지적 능력 못지않게 학습전략의 사용을 중시한다(Dansereau, 1985; Jones, Slate, Marini & DeWater, 1993; McKeachie, Pintrich, & Lin, 1986). 최근에는 학습전략을 통한 학습과정에 대한 개입이 증가하였다. 우리나라의 학습상담 영역에서도 학습전략을 다루는 인지적 접근방식이 학습문제에 대한 주된 개입방법으로 고려되어 왔다(김계현, 2001). 이와 관련하여 학습자의 학습전략 활용 수준을 측정하기 위한 각종 심리검사 척도가 개발되었다. 대표적인 검사로는 LET 학습효율성검사 학습기술진단검사, ALSA 청소년 학습전략검사, MLST-II 학습전략, 자기조절학습검사, 학습클리닉검사(LETA Test) 등이 있다(〈표 8-6〉 참고). 이러한 학습전략검사 결과는 학습자의 강점과 약점을 파악하여 학생 스스로 학습기술에서의 향상과 학습전략에 활용할 수 있는 기회를 제공하고, 학습능력 향상을 위한 세부적 계획과 지침을 제공하여 실질적인 도움을 줄 수 있다.

표 8-6 학습전략검사의 주요 검사 목록

검사명(개발자)	검사 대상 및 목적	검사 구성 및 활용
LET 학습효율성검사 (Learning Efficiency Test; 박병관, 2000)	• 초등학교 2학년 ~ 고등학생 • 비효율적인 학습방법 진단 후 해결할 수 있는 상담, 지도 요인과 방법 제시	• 3개 척도: 학습효율성, 학습방법, 타당도 • 학습부진 요소 탐색 • 학습의 비효율적 영역 탐색하여 학습부진을 예방, 해결책 모색함 • 학습성취의 문제점에 맞는 상담지도에 도움
학습기술진단검사 (Learning Skill Test: LST; 변영계, 김석우, 2002)	• 초등학교 고학년 ~ 고등학생 • 학습기술을 측정하여 적절한 학습기술 향상 방안을 제시함	• 7개 하위척도: 자기관리기술, 수업참여기술, 과제해결기술, 읽기기술, 쓰기기술, 정보처리기술, 시험치기 기술 • 학습부진아 및 특별한 교육이 필요한 학습자 조기발견
청소년 학습전략검사 (Assessment of Learning Stratrgies for Adolescent: ALSA; 김동일, 2006)	• 초등학교 고학년 ~ 고등학생 • 학습전략 증진에 기여	• 4개 학위척도: 학습동기, 자기효능감, 학습기술, 자원 관리기술 • 정서적 측면, 교수적 측면을 함께 고려, 학습동기 높이고 학습능력 탐색 기회 제공
MLST 학습전략검사-II (Multi-dimensional Learning Strategy Test: MLST-II; 박동혁, 2006)	• 초등학교 고학년 ~ 중 · 고등학생 • 학습의 다양한 요인을 확인 후 학습의 효율성을 높이고자 함	• 검사 구성: 신뢰성 지표, 부가정보 • 4개 특성(성격, 정서, 동기, 행동)과 학습유형 • 학습자의 학습전략 장단점 파악, 학습문제를 보안 · 수정 · 개입하는 데 활용

자기조절학습검사 (Self-regulated Learning Test: SLT; 양명희(2013)	• 초등학교 5학년 ~ 고등학생 • 학습자의 학습전략을 사용하는 능력평가	• 2개의 하위척도: 학습전략, 학습자 특성 • 동기적, 정서적 특성을 동시에 파악하여 학습자의 포괄적 정보와 진단 가능
학습클리닉검사 (LEarning Total Assessment Test: LETA Test; 박병관, 테스트온(주) 연구개발실, 2016)	• 초등학교 4학년 ~ 대학생 • 학습에서의 어려움을 진단 후 상담방법 제시	• 2개 하위척도: 학습유형, 학습전략 • 개개인의 특성에 따른 문제점을 파악하여 학습전략을 실천하는 데 활용

2) 정의적 영역

인지적 특성과 함께 정의적 특성도 학습에 크게 영향을 미친다. 실제 학습 상황에서 많은 학습자가 학습전략을 알고 있으나 이를 잘 활용하지 못한다. 이러한 이유는 학습자의 정의적 특성을 고려해야만 이해될 수 있다. 정의적 검사는 성격, 정서, 동기, 흥미, 태도, 가치관 등을 측정하는 검사로 인지적 검사와는 다르게 정답과 시간제한이 없으며, 일반적인 자신의 행동을 선택한다. 학습상담에서 중요하게 고려되는 동기와 그 외 정의적 영역을 평가하는 검사로는 학습흥미검사, 학업동기검사, 학습습관검사, 시험불안, 자아개념 검사 등을 들 수 있다. 저조한 학업성취도가 학습자의 심리적 영역(예: 우울, 불안, 대인관계)에서 오는 이차적 문제인지를 밝힐 수 있는 표준화된 심리검사로는 다면적 인성검사, 기질 및 성격검사가 있다. 그리고 HTP, SCT, TAT, KFD와 같은 투사검사도 유용하다.

(1) 학습흥미 및 태도검사

학습흥미 및 태도검사를 통해 학습자 개개인의 자신에 대한 이해와 교사와 부모의 학생에 대한 이해 및 학습자 특성을 이해하는 데 도움을 준다. 그리고 자녀의 학습동기 증진을 위해 부모 양육태도를 평가하여 부모-자녀의 인식 차이를 확인하고 부모와 자녀 간의 서로 비교함으로써 신속한 치료적 개입을 할 수 있다. 이와 관련한 검사로는 학습흥미검사, 학업동기검사, 학습종합진단검사 3.0, 학습동기 유형검사 등이 있다(〈표 8-7〉 참고).

표 8-7 학습흥미 및 태도검사의 주요 검사 목록

검사명(개발자)	검사 대상 및 목적	검사 구성 및 활용
학습흥미검사 (Interesting Test for Student: ITS; 조붕환, 임경희, 2003)	• 초등학교 4 ~ 6학년 • 교육 과정에 포함된 학습 활동에 대한 흥미와 학교생활 장면에서 학습자가 가지고 있는 학습에 대한 흥미를 구체적으로 확인	• 4개의 하위척도: 학습 유형별 흥미, 교과별 흥미, 타당도, 학습유형별 특성 및 학습스타일 • 동일 집단 내의 흥미의 상대적 위치와 개인의 학년별 전체 집단 내의 상대적 흥미 위치와 차이에 대한 정보 제공
학업동기검사 (Academic Motivation Test: AMT; 김아영, 2013)	• 초등학생 ~ 대학생 • 학습자를 이해하고 학습을 예측하여 실패에 대한 건설적인 반응 여부를 파악	• 2개 하위척도: 학업적 자기효능감, 학업적 실패 내성 • 학습자에 대한 이해, 미래 학습수행을 예측
학습종합진단검사3.0/ 한국심리자문연구소 (박병관, 2013)	• 초등학교 4학년 ~ 대학생 • 낮은 학업성취를 진단하고 학업효율성을 높이기 위한 대처방안과 상담방안을 제시하기 위함	• 구성: 나의 학습유형과 학습 전 · 중 · 후 단계 • 개인의 학습 전 · 중 · 후 단계에서 학습 특성을 정확하게 평가함 • 학습자 자신에 맞는 학습유형을 파악함
학습동기유형검사 (Motivation Style Test: MST; 한근영, 2015)	• 초등학교 4학년 ~ 고등학생 • 학습동기 수준 파악, 부모-자녀의 가정환경 평가	• 2개 하위척도: 학습자의 목표지향, 학습동기유형 • 부모의 양육태도 평가하여 부모-자녀의 인식 차이를 확인하여 학습자에게 도움

(2) 자아개념 및 성격검사

학습상담에서 어떤 학습자는 자신에 대해서 부정적 인식하고 심리적으로 불안정하고, 대인관계에서 방어적 · 공격적인 행동을 나타낸다. 실패로 인한 불안감이 크고 수행이나 시험에 대한 높은 불안을 보이기도 한다. 학습문제가 학습자의 심리적 문제나 역기능적 대인관계에서 오는 이차적 문제인 경우 자아개념 및 성격특성을 파악하기 위한 심리검사를 활용할 수 있다. 이와 관련한 검사는 MMTIC와 MBTI, U & I 학습유형검사, 청소년 다면적 인성검사, 청소년 기질 및 성격검사 그리고 자아개념 검사 등이 있다(〈표 8-8〉 참고).

표 8-8 자아개념 및 성격검사의 주요 검사 목록

검사명(개발자)	검사 대상 및 목적	검사 구성 및 활용
MMTIC (Murphy Meisgeier Type Indicator for Children: MMTIC; 한국 MBTI 연구소, 1990)	• 초등학교 3학년 ~ 중학교 3학년	• 목적: 자신과 타인의 심리적 선호의 차이를 이해하고 효과적인 적응 • 구성: 4가지 선호 경향(외향과 내향, 감각과 직관, 사고와 감정, 판단과 인식) • 성격 유형과 그 특성을 이해하고 이에 맞는 학습방법, 진로영역, 대인관계 이해 • 부모와 자녀 간의 이해
MBTI (Myers-Briggs Type Indicator: MBTI; 심혜숙, 김정택, 1990)	• 고등학생 ~ 성인	
U & I(Upraise & Improve) 학습유형검사 (김만권, 2001)	• 초등학교 4학년~성인 (초등학교 1~3학년은 학부모에게 실시) • 개인의 학습행동 양식을 진단하여 학습능력 향상에 관련한 정보를 제공	• 구성: U & I 학습성격유형, U & I 학습행동유형, U & I 학습기술검사 • 자신의 성격특성을 파악하고 그에 맞는 학습방법 선택 및 진로계획 수립 • 공부와 관련한 문제를 파악하고 해결책을 찾을 수 있도록 함 • 교사가 학습지도 및 학습상담의 기초자료 • 학부모가 자녀에 대한 학습 및 생활지도 • 개개인에 적합한 개별화된 학습증진프로개발과 치료에 활용
청소년 다면적 인성검사 (Minnesota Multiphasic Personality Inventory-Adolescent: MMPI-A; 마음사랑, 2005)	• 만 13~18세 • 성격, 심리적 증상, 행동상의 문제를 포괄적으로 평가	• 구성: 5개의 타당도 척도(무응답, 비전향, 부인, 방어, 비일관성 평가), 10개의 임상척도(건강염려증, 우울증, 히스테리, 반사회성, 남성성-여성성, 편집증, 강박증, 조현병, 경조증, 내향성) • 청소년의 심리건강 상태를 평가하여 효과적인 치료전략 수립
청소년용 기질 및 성격검사 (Junior Temperament and Character Inventory: JTCI; 오현숙, 민병배, 2005)	• 만 7~18세 (7~11세 아동용, 12~18세 청소년용) • 타고난 기질, 형성된 성격구조, 성격발달의 성숙도를 포괄적으로 평가하여 인성을 종합적으로 평가	• 척도 기질(자극추구, 위험회피, 사회적 민감성, 인내력)과 성격(자율성, 연대감, 자기초월)으로 구분 • 한 개인의 기질과 성격을 구분하여 측정함 • 내담자의 성격적 취약성에 효과적인 개입이 가능함

자아개념검사 (Self-Concept Inventory-II: SCI-II; 이경화, 고진영, 2006)	• 초등학생 ~ 고등학생 • 자신에 대한 긍정적 자아개념 향상을 위해 자아개념을 측정	• 4개 영역: 인지적, 정의적, 사회적, 신체적 • 자신에 대한 전반적인 평가와 태도를 이해하고 상담자료 활용 및 상담지도 장면에서 기초 자료로 활용

(3) 투사검사

투사검사는 개인의 독특한 심리적 특성에 관심을 두고 측정하는 비구조적 검사다. 투사검사를 통해 학습에 영향을 미치는 학습자의 정의적 특성에 대한 수준을 확인할 수 있다. 이와 관련한 검사로는 HTP(House-Tree-Person: HTP) 검사, 문장완성도 검사(Sentence Completion Test: SCT), 주제통각검사(Thematic Apperception Test: TAT), 동적가족화(Kinetic Family Drawing: KFD) 등이다(〈표 8-9〉 참고).

표 8-9 투사검사의 주요 검사 목록

검사명	검사 대상 및 목적	검사 구성, 실시 및 해석
HTP	• 3세 이상 • 그림과 질문에 대한 반응의 해석을 통해 개인의 성격을 측정하기 위함 • 때로는 뇌손상과 전반적인 신경학적 기능의 평가의 일부분으로 사용	• A4 용지에 연필로 집, 나무, 사람을 각각 그리도록 함 • 비교적 손쉽게 실시하나, 해석의 어려움으로 평가자는 적절히 훈련을 받아야 함 • 수행 · 시간 및 그리는 태도, 그림 그릴 때 순서, 그림의 크기, 용지에 그림 그리는 위치, 선의 강도 등을 반영
SCT	• 5세 이상 • 내담자가 표현할 수 없거나, 잠재된 욕구, 의식적 · 무의식적 수준을 측정	• 미완성된 문장 • 4개 영역 (가족, 성, 자아개념, 대인관계) • 보통 50~60개 문항 • 개인과 집단 실시 가능 • 제한 시간 없음 • 4개 영역을 범주별로 분류 후 표현 정도에 따라 점수를 부여

TAT	• 중학생 이상 • 자아와 환경관계 및 대인관계의 역동적 측면을 평가 • 제시된 분명하지 않은 그림을 보여 주고 학습자의 반응을 분석하여 학습자의 욕구, 기본적 태도, 성격구조, 동기를 기초해 검사를 해석	• 총 31장 구성: 흑백 그림 카드(30장), 백지 카드(1장) • 개별 및 집단 실시 가능 • 2회기로 나누어 시행 • 그림에 관한 과거, 현재, 미래 및 인물의 생각과 느낌을 이야기를 만들어 냄 • 주인공의 욕구와 압력, 욕구 방어 및 감정, 다른 등장인물과의 관계 등에 초점 • 기본적 태도, 성격 구조, 동기를 기초해 검사를 해석
KFD	• 5세 이상 • 가족 내의 자기 자신과 다른 가족 구성원에 대한 지각 • 가족 간의 상호작용과 역동성 파악	• A4 용지, 4B 또는 연필로 가족이 무엇인가를 하고 있는 것을 그림으로 표현 • 개별 실시 • 제한시간 없음 • 각 가족 구성원의 행동, 위치, 크기, 거리, 순서, 특징 등을 해석

3) 기타 영역

인지와 정서 영역 이외에 학습상담에서 자주 진단 및 평가되는 영역으로 학습환경, 집중력 및 진로 영역이 있다.

(1) 교육환경진단검사

교육환경진단검사(송인섭, 2006)는 중학생부터 고등학생을 대상으로하며, 지위환경과 과정환경의 두 개 척도로 구성되었다. 지위환경은 출생순위, 형제자매의 수, 사회경제적 지위, 부모의 직업, 부모의 학력, 상급 학교 진학을 위한 지원, 교육 활동에 대한 부모의 관심(자녀가 교육적 측면에서 바람직한 방향으로 향상될 수 있도록 부모가 주의를 기울이는 정도를 평가) 등이 포함된다. 과정환경은 정적 심리적 지원, 학교생활과 능력에 대한 평가, 부모의 교육적 기대 등이 포함된다. 이 검사는 교육 환경을 정확히 진단하여 교사가 객관적으로 학생의 문제를 이해하고 대처하는 데 구체적 · 객관적인 정보를 제공함으로써 학생의 문제를 이해하고 대처할 수 있다.

(2) 주의집중력 검사

집중은 학습의 효율을 결정하는 중요한 능력이기 때문에, 내담자가 노력한 만큼 성적 결과가 만족스럽지 않거나 주의집중의 문제가 있을 때 검사를 활용할 수 있다. 주의집중력은 심리적 특성으로 주의집중력이 부족하거나 지나칠 경우 학습문제의 원인이 된다. 그러므로 주의집중력 검사는 학습자의 주의력과 집중력을 측정하여 주의집중할 수 있는 방법을 찾는 데 유용한 정보를 제공한다.

① 주의집중능력검사

주의집중능력 검사(한국집중력센터, 2010)는 초등학교 1학년부터 고등학교 2학년 학생을 대상으로 정보처리 과정을 근거로 주의집중 능력을 세분화하여 종합적으로 학습과정에 관련된 주의집중 능력의 객관적 평가를 한다. 4개 소검사(시각주의력, 청각주의력, 학습집중력, 지속적 집중력)와 주의집중 전 과정에 영향을 미치는 정보처리 속도 보충검사로 구성되었다. 각 하위 척도는 상대적 능력 및 문제점을 평가한다. 먼저, 시각주의력에는 시각주의력, 단기 기억력이 포함되며, 청각주의력에는 청각주의력과 단기기억력이, 그리고 학습집중력에는 학습 집중력, 작업기억력, 장기기억력이 포함된다. 지속적 집중력에는 지속적 집중력과 작업기억력이, 마지막으로 정보처리 속도는 정보처리 속도와 기인성이 포함된다.

② FAIR 주의집중력 검사

FAIR(Frankfurter Aufmerksamkeits InventaR) 주의집중력 검사는 초등학생부터 대학생을 대상으로 주의능력 및 자기통제력, 선택주의력 그리고 지속성 주의력과 정신병리적 증상의 예측과 경과를 판단하고 평가한다. 이 검사는 주의력에서 기능별 강점과 약점을 파악하여 구체적인 개입방법을 계획하고 심리적 증상을 예측하고, 반복 측정을 통한 병의 경과를 판단하여 치료계획을 수립하기도 하고, 학습 및 행동 영역에서 문제를 효과적으로 대처할 수 있게 한다.

(3) 진로 관련 검사

진로 영역은 학습상담에서 동기를 높이는 데 사용된다. 내담자의 진로성숙도와 직업 흥미 유형을 파악하여 진로교육과 함께 학습상담이 진행될 때 진로 영역의 검사를 활용할 수 있다.

① 홀랜드 진로탐색검사

홀랜드(Holland) 진로탐색검사는 주로 중·고등학생을 대상으로 직업 성격유형을 평가하기 위한 것이다. 여섯 가지 직업적 성격 유형(실제형, 탐구형, 예술형, 사회형, 기업형, 관습형)으로 구분하였다. 직업 유형의 사전 탐색, 활동 홍미, 성격, 유능감, 가치, 직업 홍미, 능력 평정 등을 통해서 직업 성격 유형을 측정한다.

② 스트롱 진로탐색검사

스트롱(Strong) 검사는 중·고등학생을 대상으로 진로성숙도와 직업적 홍미 유형을 평가하기 위한 것으로 두 개의 척도(기본홍미척도, 개인특성척도)로 구성되었다. 먼저, 기본홍미척도는 특정 활동, 주제에 대한 자신의 홍미 활동을 이해하는 데 도움을 주는 것으로 현장형, 탐구형, 예술형, 사회형, 진취형, 사무형이 포함된다. 개인특성척도는 업무 유형, 학습 유형, 리더십 유형, 모험심 유형 등의 일상생활과 일의 세계와 관련된 광범위한 특성에 대하여 개인 선호도를 측정한다.

4. 심리검사 활용 시 유의사항

심리검사를 선택하고 해석할 때에는 매우 신중해야 한다. 먼저, 검사를 하려는 목적이 분명해야 한다. 학습상담에서 심리검사를 실시하려는 목적은 다양하다. 다른 학생과의 차이점을 비교하고 자신과 타인에 대한 이해를 촉진하기 위해 검사를 활용하기도 하고, 구체적인 문제 영역을 밝히기 위한 목적으로 검사를 활용하기도 한다. 따라서 같은 영역의 검사에 대해서도 검사의 목적에 맞게 종류를 선택해야 한다. 또한 일정한 자격을 갖춘 전문가만이 심리검사를 실시해야 한다. 특정 검사에 대한 이론적·경험적 지식이 있는 전문가가 중립적이고 과학적인 태도로 검사 실시 절차에 의해 실시한다. 검사 실시자는 자신의 능력과 기술의 한계를 알고 있어야 한다. 심리검사 실시자는 내담자의 문제 상황을 잘 이해하고 내담자의 다양한 정보를 종합하여 문제해결에 도움을 주기에 적합한 검사지를 선정해야 한다. 그렇지 않으면 심리검사가 오남용될 수 있어서 잘못된 정보를 내담자에게 제공할 수 있다. 특정 검사와 관련하여 전문성이 부족할 때는 다른 전문가에게 의뢰해야 한다. 심리검사는 현재 상태에서 원인, 개입방법 등에 대한 객관적 자료를 제시해 준다. 그러므로 상담자는 심리검사의 종류 및 활용법에 대한 폭넓은 지식을 갖고 있을 때 자신의 가설 검증에 도움이 되는 검사를 잘 선정할 수 있을 것이다(김동일 외, 2011).

1) 심리검사 선정과정에서의 유의사항

심리검사는 신뢰도, 타당도와 객관성이 있는지 검사 규준을 확인하고 집단의 대표성과 적절성을 확인하고 실용성을 고려하여 선정한다.

(1) 신뢰도, 타당도 및 객관성 확인

신뢰도는 한 검사가 측정하고자 하는 내용이 일관성 있게 반복하여 측정하였을 경우 동일한 결과를 얼마나 얻게 되었는지 측정하는 것을 의미한다. 검사의 신뢰도는 .70 이상이면 현실적으로 사용 가능하나, 대체로 .80 이상이 되어야 하고, .90 이상을 지향한다. 신뢰도가 높다고 반드시 좋은 심리검사라 할 수 있는 것은 아니지만 신뢰도가 .70에 미치지 못할 경우에는 결과 해석 시 유의해야 한다.

타당도는 한 검사가 측정하고자 하는 내용을 특정한 목적에 맞게 측정하고 있는가를 의미한다. 그러므로 '이 검사는 검사 목적에 적절한가?'를 설명하는 것이다. 예를 들어, 학생의 몸무게를 측정하고자 하는데 정작 학생의 키를 측정한다면 이는 타당도가 부족한 검사라고 할 수 있다. 그 이유는 키는 신장을 측정하기 위한 것이므로 체중을 타당화하는 데 적합하지 않기 때문이다.

객관성은 한 검사에서 여러 채점자의 채점 결과의 정답과 오답이 명확하게 일치하는 정도를 의미한다.

(2) 검사의 규준 확인

심리검사 결과는 내담자의 위치를 규준집단과 비교해서 파악하는 것이 일반적이다. 따라서 검사의 규준을 확인해야 하는데, 검사 규준이 없는 검사 결과로는 규준집단과 비교해서 내담자의 위치를 파악하기 어렵기 때문이다. 검사의 규준이 없으면 결과를 해석할 때 매우 조심해야 한다.

(3) 집단의 적절성과 대표성 확인

심리검사의 규준 대상이 적절한지와 대표성을 확인한다. 규준의 적합성은 내담자의 특성을 측정해 보고자 하는 적합한 규준집단을 선정해야 함을 의미한다. 가령, 내담자의 능력을 대학 신입생의 능력에 비추어 평가하기 원한다면 규준 집단은 일반인이 아닌 대학에 입학한 학생으로 표집해야 한다.

규준집단의 대표성은 모집단을 대표할 수 있는 규준집단을 표집해야 함을 의미한다. 동일한 조건에서 검사를 선정할 때 검사 대상자가 속한 집단이 규준에 포함되어 있는지 확인해야 한다. 예를 들어, 전국의 중학생을 대상으로 한 표준화 검사의 규준이 일부 수도권 지역으로 한정되어 있다면 대표성이 결여되었다고 할 수 있다.

(4) 실용성 고려

실용성은 검사 실시와 채점이 용이하며, 시행 시간이 적절하며, 검사 비용이 적게 들어 비용 부담이 되지 않는지 등을 고려하는 것이다.

2) 심리검사 실시과정에서의 유의사항

첫째, 검사자와 피검자와의 라포(rapport)를 형성한다. 상담 초기에 상담자와 내담자의 라포 형성은 중요하다. 검사를 실시하기 전에 검사에 대한 내담자의 동기를 높이는 것이 중요하다. 또한 심리검사의 필요성과 검사를 통해 활용하여 도움이 되는 것에 대한 설명과 검사의 종류와 방법, 진행 등을 내담자에게 알려 주고 부모의 동의가 필요한 검사는 부모의 동의를 얻어야 한다. 라포가 형성되었다고 해서 검사의 표준적인 절차를 생략해서는 안 된다.

둘째, 검사의 표준적 절차를 따른다. 표준화는 검사 실시부터 채점, 해석까지 검사의 과정 및 절차에 검사자의 주관적 의도 및 해석이 개입될 수 없는 것으로 심리검사 및 과정이 일관성을 갖는 것을 의미한다. 여러 수검자를 대상으로 실시하여도 검사 실시부터 채점이 동일하므로 결과를 서로 비교할 수 있다. 검사를 실시할 때 표준화 과정을 익히고 표준화 검사에서 요구하는 검사시간 등을 준수한다.

3) 심리검사 결과 해석에서의 유의사항

첫째, 검사 결과에 대해 내담자의 기대 정도를 탐색한다. 검사 결과 해석을 하기 전에 내담자가 심리검사 결과에 대해 어떤 기대를 가지고 있는지 알아본다. 이는 내담자의 기대와 검사 결과에 대한 일치 정도에 따른 다양한 이유를 탐색하여 검사 결과에 기초한 다양한 구체적 탐색이 가능하기 때문이다.

둘째, 다른 검사나 자료를 함께 고려하여 해석한다. 내담자에 대한 평가는 심리검사 이외에도 면담, 관찰, 비형식적 검사 등 내담자의 다양한 자료 결과를 종합하여 결정해야 한다. 하나의 검사 결과에 대한 가설은 다른 자료들과 일치하는지를 확인하여야 결과에 대한 객관성을 가질 수 있다.

셋째, 내담자가 이해하기 쉬운 언어를 사용한다. 검사 해석 시 전문적 언어를 사용하면 내담자는 이해하기가 어렵다.

넷째, 전문가의 주관적인 판단을 배제하고 중립적인 판단을 한다. 검사 결과 해석 시 전문가의 주관적 판단으로 해석을 해서는 안 된다. 해석 상담 시 상담자는 중립적이고 객관적인 자세로 개인적 · 조직적 · 재정적 또는 주변 상황이나 압력에 대해 경계해야 한다.

다섯째, 한두 개의 숫자나 유형의 정보만 알려 주고 심리검사를 해석했다고 하면 안 된다. 심리검사를 해석 시 검사 결과의 특정 점수가 높다는 사실만 제공하는 것은 도움이 안 된다. 검사 결과에 대해 내담자가 스스로 어떻게 생각하는지를 구체적으로 탐색하고 심리검사 결과의 숫자와 유형이 무엇을 의미하는지 설명해야 한다.

여섯째, 심리검사 결과가 평소의 행동 관찰 결과와 다를 때, 이러한 차이를 보이는 이유에 대해 궁금해하고 탐색하는 것이 중요하다. 이때, 차이를 보이는 이유에 대해 가설을 설정하고 탐색한다.

일곱째, 내담자의 특성을 명명화하지 말아야 한다. 검사의 목적은 내담자에 대한 이해이며 개인 내, 개인 간의 차이점을 발견하는 것이다. 그러므로 검사 결과를 절대적으로 받아들여 내담자를 명명화하지 않아야 한다. 가령, 지능지수를 근거로 영재 또는 학습장애 등의 꼬리표를 붙이는 것은 지양한다.

여덟째, 심리검사 결과를 최종 결정을 위해 사용하지 않는다. 만약 진로 및 적성 검사 실시 후 특정 영역에서 다른 영역에 비해 뛰어나다고 하여 그 분야로만 진로를 선택하라고 하지 말고 다양한 진로를 탐색하도록 한다. 진로는 심리적 특성뿐만 아니라 환경적 조건도 영향을 주기 때문이다.

제4부

학습상담의 실제

제9장

학습상담의 과정

1. 학습상담과정의 이해

학습상담 서비스 대상의 경계는 불분명하며 학습상담에서 다루는 상담기법은 일반상담에서와 크게 다르지 않다. 학습상담과정도 관계 형성과 상담 구조화, 문제 진단, 상담 목표의 설정, 개입, 종결 및 추수지도의 순으로 일반상담의 과정과 크게 다르지 않다. 다만, 학습상담은 학습에서의 문제를 극복하는 특성을 좀 더 강조하고 있다. 학습상담의 주요한 특징은 관계 형성 단계에서 내담자 이외의 부모와의 관계 형성이 강조된다는 점과 문제 진단에서 학습문제 이외의 다른 문제를 구분한다는 점이 일반상담과는 다소 다르다고 할 수 있다. 학습 부적응의 어려움은 생활의 모든 영역에 영향을 주며, 청소년에게 발생한 어떤 문제와 갈등 또한 학습에 영향을 주기에 학습상담 장면에서 내담자의 학습문제만을 구분해 내는 것은 어렵다.

학습상담에서 우선적으로 고려해야 하는 것은 신뢰감이다. 내담자는 학습문제와 관련한 전문지식과 실무경력을 갖춘 학습상담 전문가에게 상담받기를 원한다. 그러므로 상담자가 내담자에게 인간적인 측면과 더불어 전문적인 측면에서도 믿음을 줄 때 내담자는 상담자를 신뢰하고 자신의 문제와 심리적 갈등을 해결할 수 있다고 믿게 된다. 가장 효과적인 학습상담은 최고의 이론적 접근보다는 상담에 효과를 보이는 공통 요인들을 상담과정에서 실현할 수 있도록 최대한 노력하는 것이다(황매향, 2016).

일반적으로 학습상담을 학습부진에 관한 전문적인 조력이라고 생각하기 쉽다. 이러한 경우의 상담 목표는 부진한 학업성취도의 개선 또는 향상이 될 것이다. 그러나 '성적 올리기라는 목표가 상담의 목표로 적절한가?' '어느 정도까지 성적을 올려야 목표가 성취되었다고 할 수 있는가?' '부모의 기대를 만족시켜야 하는가?'처럼 성적 올리기를 학습상담의 목표로만 정할 수는 없다. 그러므로 학습상담에서는 상담 목표를 단지 성적 올리기가 아닌 학습과 관련된 내담자의 호소문제를 어떻게 해결하며, 내담자의 복지를 위해 필요한 것이 무엇인지 주의하며 목표를 설정해야 한다.

학습상담의 내담자는 대부분 부모의 요구로 오는 비자발적 내담자이기 때문에 내담자가 존중, 지지, 경청, 진정성을 느낄 수 있도록 적극적인 관계 형성이 필요하다(황매향, 2011; Hill & O'Brien, 1999). 비자발적 내담자는 상담 초기에 편안하고, 믿을 수 있으며, 유머 있는 상담자를 긍정적으로 인식하고 호감을 갖는다(유진이, 2018). 성공적인 상담이 되기 위해서는 상담 관계가 반드시 필요하다.

자녀에 대한 부모의 과한 학습 기대는 청소년의 학습문제에 있어서 큰 원인으로 자리 잡고 있다. 부모의 요구에 초점을 맞추면 내담자와의 관계 형성이 어려우며, 반대로 부모의 요구를 무시하면 상담을 지속하기 어려울 수 있다. 부모와의 협력 관계를 형성하여 신뢰감을 얻기 위해서는 내담자의 변화를 위한 작업동맹(working alliance)이 필요하다. 예를 들어, 비자발적 내담자의 부모가 상담과정에 동행하거나 상담에 적극적으로 참여하면서 부모도 변화를 위해 노력하고 있다는 것을 내담자가 인식하면 상담 동기에 긍정적인 영향을 준다. 그러므로 부모의 요구를 현실화하기 위한 노력을 병행해야 하는 것이 학습상담의 주요 과제다.

학습상담 전문가가 효과적인 상담을 위해 개입을 하기 위해서는 학습부진을 극복한 요인을 확인하는 것이 좋다. 학습부진을 극복한 요인으로 동기, 학습방법, 외적 자원 등으로 구분할 수 있다(〈표 9-1〉 참고).

표 9-1 학습부진을 극복한 요인

요인	하위 요인
동기	공부하는 학교 분위기
	자신이 노력하여 공부에 대한 긍정적 기대를 가짐
	공부를 실행하면서 성공경험을 통해 흥미를 가짐
	공부가 재미있음
	의욕, 내적 동기도 생김
	학습목표를 정함
	목표조절
	학습시간과 여가시간을 배분하여 여가시간을 조절함
학습방법	혼자 스스로 공부를 많이 함
	자신만의 학습방법을 찾음
	학교 수업시간에 집중하여 잘 들음
	물리적 환경을 조절함
외적 자원	정서적 지원
	학습요인 피드백
	물적 지원
	역할 모델(실행요인)

출처: 황매향(2016), p. 78을 수정함.

동일한 학습환경과 교사에게서 배우더라도 학습자들의 학업성취는 차이가 있다. 상담자는 이러한 학습자의 차이를 먼저 이해하고 상담과정에 반영할 수 있어야 한다(김동일 외, 2011). 첫째, 우수한 학습자와 열등한 학습자가 있다. 우수한 학습자는 추상적 문제를 이해하고 문제해결 과정에서 자신이 알고 있는 정보와 연결하여 분석적으로 문제를 해결하지만, 열등한 학습자는 난이도가 낮은 단순하며 구체적 문제를 선택한다. 즉, 우수한 학습자는 도전적인 자세를 갖고 학습에 긍정적인 측면이 있으나, 열등한 학습자는 자신이 부족한 모습을 타인에게 보여 주기를 꺼리기 때문에 난이도가 낮은 문제를 풀려고 한다. 둘째, 빨리 배우는 학습자와 느리게 배우는 학습자가 있다. 가르치는 방법과 공부시간을 개인의 수준과 필요에 맞춰 주면 성적을 올릴 수 있으며, 이는 개인의 지능과 적성이 학습자의 학업성취와 크게 관련이 없다는 것이다(Carroll, 1963). 즉, 개인에게 맞는 적절한 학습 조건(학습 속도, 학습능력, 학습동기 등)은 학업성취에 큰 영향을 주어 학습능력이 비슷해진다는 것이다. 그러므로 상담자는 학습자가 배우는 내용의 교수방법과 공부시간, 학습전략의 사용 등을 점검하여 변화 가능한 과업으로의 접근이 필요하다. 상담자가 학습자를 바라보는 관점에서 학습문제를 이해할 때 학습자의 고정적인 내부 문제로 귀인하는 것이 아닌 환경과 학습자 간의 적응과 부적응으로 인식하게 된다.

2. 학습상담의 과정

1) 접수면접과 초기 면접

접수면접에서는 초기 면접 전에 정보 수집을 위한 간단한 질문지를 작성하게 하여 초기 면접의 시간을 단축하고 상담의 효율성을 높일 수 있다. 내담자나 부모 한쪽의 접수 면접지에만 의존하기보다는 각각의 면접지를 종합적으로 반영하는 것이 좋다. 질문지에는 가족관계, 주 양육자, 주요 호소문제, 상담 경험 유무, 신체적 활동 및 질병, 의학적 조치 여부, 좋아하는 음식과 싫어하는 음식, 유치원, 초등학교, 중학교, 고등학교 특성 및 교우관계, 부모의 바람(wish)과 지원, 형제 관계, 형제자매의 학업 상태, 학교생활과 교사에 대한 태도, 성적과 석차의 변화, 학습태도의 변화, 상담에 대한 변화 기대, 부모의 성장과정 등을 포함시킬 수 있다.

초기 면접에서는 내담자와의 신뢰관계를 형성하고 내담자의 진단 및 평가에 대한 객관적 자료를 수집한다. 먼저, 면접자는 내담자의 호소문제를 유형화한다. 다음으로, 학습문제의 원인과 평가에 필요한 자료를 수집하고 질문을 적절히 활용하여 학습자, 가족, 환경 평가에 필요한 자료를 수집한다. 마지막으로, 내담자의 학습과 관련한 정보로 과거와 현재의 성적 변화, 현재의 공부 방법 및 시험 준비, 강점 및 약점 과목 파악 등 내담자의 학습사(史)를 탐색하면 학습문제를 더욱 명확히 이해할 수 있다. 내담자는 면접자에게 자신의 성적 및 학습 관련 정보를 공개하는 것이 불편해서 성적을 공개하지 않는 경우도 있다. 따라서 면접자는 내담자의 불편함을 공감하면서 동시에 진단과 평가에 필요한 정보를 탐색해야 한다.

내담자의 호소문제는 내담자가 호소하는 심리적 문제에 관심을 갖고 탐색한다.

가정생활 및 학교생활에서 평소와 다르게 변화하는 점을 내담자와 부모의 보고를 종합하여 살피는 것이 좋다. 면접 자료는 내담자에 의해서 제공된 정보뿐만 아니라 다양한 자료로부터 얻을 수 있다. 그러나 내담자가 의도적으로 사실을 알려 주지 않거나 왜곡하기도 해서 내담자가 제공한 정보를 신뢰할 수 없을 때도 있고 정보가 충분하지 않을 수도 있다. 면접자는 정보의 사실과 거짓에 대한 판단을 하기보다는 내담자가 진실을 알리지 않으려던 이유와 그 이면에 어떠한 의미를 내포하고 있는지에 관심을 가져야 한다. 내담자가 대답을 회피하거나 불안을 느끼고 싫어하면 그 영역이나 주제에 집중하기보다는 다른 주제로 변경할 수 있는 것에 자유로워야 한다. 초기 면접은 내담자에 대한 치료나 상담이 아닌 배경지식을 수집하는 것이기 때문이다. 질문은 가급적 개방형 질문이 좋고, 내담자의 다양한 부분(학습과 관련한 특징, 가족관계, 사회적 관계, 자아개념, 정서, 미래의 계획 및 지각)의 충분한 정보를 이끌 수 있다(Mandel & Marcus, 2020).

초기 면접 시 활용 질문 예시

- 학습상담을 오게 된 계기는 무엇인가?
- 이번 학기에 학교생활은 어땠는가?
- 학습과 관련된 주요 호소문제는 무엇인가?
- 현재 공부에 대해 어떻게 느끼는가?
- 현재 노력해도 결과를 만족시키지 못하는(만족하는) 과목은 무엇인가?
- 만족시키지 못한 것(만족하는 것)은 무엇 때문이라고 생각하는가?
- 강점 및 약점 과목은 무엇인가?
- 강점 및 약점 과목이라고 생각하는 이유는 무엇인가?
- 학교 과제 및 학원 과제를 수행하는 시기는 언제인가?
- 하루의 공부나 과제 시간이 얼마나 되는가?
- 여가 시간에 즐겨하는 일은 무엇인가?
- 지금보다 성적을 올리고 싶은가? 그 이유는 무엇일까?(올리고 싶지 않다면 그 이유는 무엇인가?)
- 점수를 올리고 싶은 과목과 그 이유는 무엇인가?

- 좋아하는 영화 장르 또는 TV 프로그램은 무엇인가?
- 좋아하는 도서 장르는 무엇인가?
- 교우 관계는 어떤가?
- 친구들과 만나면 주로 무엇을 하는가?
- 자신의 마음을 나눌 친구는 몇 명 정도인가?
- 다른 친구보다 그 친구에게 이야기하게 되는 이유가 있는가?
- 부모님 중 누구와 더 닮았다고 생각하는가?
- 가족 중 누구와 가장 잘 지내는가? 누구와 가장 잘 못 지내는가? 그런 이유는 무엇인가?
- 부모님은 성적에 대하여 어떻게 반응하는가?
- 스트레스를 받을 경우 어떻게 해결하는가?
- 학교생활 및 교사와의 관계는 어떠한가?
- 자녀의 성적에 부모의 바람은 무엇인가?
- 성적 변화의 원인은 무엇이라 생각하는가?(내담자, 학부모)
- ○○는 어떤 사람인지 이야기해 줄 수 있는가?
- 변하고 싶은 것이 있다면 어떤 부분이며, 그 이유는 무엇인가?
- 지금으로부터 5년 후에 자신은 어떤 모습일 것 같은가? 그렇게 되기 위해 무엇을 해야 하는가?
- ○○의 미래가 기대되는가? 그 이유는 무엇인가?
- 지금으로부터 10년 뒤 어떤 모습으로 어떤 일을 하고 있을 것 같은가?

2) 상담관계 형성과 상담 구조화

(1) 상담관계 형성

상담자와 내담자 사이의 관계는 유대, 목표에 대한 합의, 과업에 대한 합의의 세 가지 측면으로 구성된다(Bordin, 1979). 상담자는 내담자의 좋고 옳은 것만 받아들이는 것이 아닌 진정성을 갖고 내담자의 있는 그대로를 일관성 있게 수용해야 한다. 상담자가 강압적이고 권위적이라면 상담관계가 잘 형성되지 못한다. 그러므로 청소년 내담자의 태도와 감정을 이해하고 욕구나 원리를 존중하는 자세가 필요하다. 내담자의 이전 상담 경험을 확인하고 상담에 대하여 쉽게 설명해 준다. 상담자와 내담자의 기대를 점검해 보고, 낯선 상황, 낯선 상담자 앞에서 편안함을 느끼도록 해야 한다.

학습상담에서의 내담자는 보통 자기 의지로 오는 경우는 거의 드물며, 비자발적 내담자가 많기 때문에 촉진 관계를 형성하기가 쉽지 않다. 부모의 자녀에 대한 학습 기대가 높을수록 자녀의 저항과 상담의 비자발성이 더욱 강하게 일어난다. 그러므로 상담자는 내담자와의 관계 형성에 초점을 맞춘다. 이러한 관계 형성은 일반상담과 학습상담에서 동일하다. 상담자는 청소년 내담자의 개인별 특성을 이해하고, 선입견과 편견을 가져서는 안 된다. 청소년 내담자의 감정 변화를 민감하게 살펴보고 내담자의 보조에 맞추어 상담을 진행한다. 또한 청소년 내담자가 부정적 감정을 자유롭게 표출할 수 있도록 하며, 적절한 대응책을 마련하고 온화한 분위기를 조성하여 내담자의 감정과 의도를 자유롭게 표현하도록 한다. 상담자의 다그치는 말이나 평가받는 말을 하는 것은 상담관계 형성에 부정적인 영향을 줄 수 있으므로 내담자가 대답할 때까지 여유를 갖고 기다린다.

초등학생 내담자일 경우 말문을 여는 데 부담을 느끼지 않도록 편안한 대화의 분위기를 형성하고 아동과 쉽게 공감대를 형성할 수 있는 대화 주제를 알고 있어야 한다. 또한 아동은 집중할 수 있는 시간이 짧아서 간단한 활동이나 보조 전략을 병행하는 등의 방법을 활용하며, 짧고 간결하게 말하고 아동 내담자가 상담자의 말을 이해하는지 확인한다. 즉, 내담자의 보조에 맞추어 상담을 진행한다. 중 · 고등학생 내담자는 학업적 부담감을 많이 받고 오랜 시간 동안 좌절감, 우울, 불안, 수치심, 실패감, 분노감 등의 경험과 부모 및 또래 관계에서 갈등을 경험했을 가능성이 높다. 상담자는 이러한 경험에 대한 수용과 공감을 해 주어야 한다. 이때 내담자가 학습에 대한 생각과 감정(예: '아무리 해도 난 머리가 나쁜가 봐.' '공부가 인생의 다는 아니잖아.')을 구체적으로 이해하는 것이 필요하다. 내담자의 부정적인 생각도 상담자가 자연스럽게 수용하는 자세가 필요하다. 내담자가 갖고 있는 학습에 대한 부담감을 함께 해결하고 도와주는 전문가이자 조력자라는 인식을 갖고 문제를 해결한다면 내담자의 심적 부담감이 줄어들 것이다.

상담관계 형성에서 부모와의 관계 형성 또한 중요하다. 자녀의 학습문제로 인해 힘들어하는 부모에 대한 경청과 공감적 이해는 상담에 참여하는 부모의 마음을 열 수 있다. 부모와의 관계 형성을 통해 자녀 학습의 현실적 목표를 갖도록 한다. 부모는 자녀의 과도한 성적 기대에 대한 실망감과 이로 인한 자녀에 대한 부정적인 태도가 문제를 심각하게 할 수 있다는 것을 알아야 한다. 그러나 상담 초기에는 자녀의 성적에 대한 실망감, 좌절감, 수치심, 분노 등에 대해 공감해 주고 적절한 시점에서 변화를 위해 개입을 한다. 부모 또한 상담자에게 처음부터 마음을 열고 신뢰감을 갖지는 않는다. 부모는 오직 내 자녀만 더 큰 문제로 인식하기 때문에 자녀의 학습문제에 대한 객관성을 갖지 못한다. 상담자는 부모의 마음을 공감하면서 자녀의 문제의 정도를 객관적으로 알려 줄 전문성을 보여 주어야 한다. 또한 상담이 진행되면서 학습과 관련된 문제를 상담자가 모두 해결할 수 있다는 인식을 주기보다는 상담 장면에서 다룰 수 있는 것과 그렇지 않은 것에 대한 것을 구체화한다.

접수면접과 초기 면접을 통해 얻은 내담자의 문제를 기초로 상담자와 내담자가 상담 목표를 합의하는 것은 매우 중요한 과정이다. Garfield와 Bergin(1994)은 상담자와 내담자는 작업동맹(working alliance)을 형성해야 한다고 주장했는데, 이는 상담과정에서 상담자와 내담자가 내담자 문제의 해결이나 증상의 개선이라는 공통의 목적을 위해 협력하고 함께 작업하는 일이다. 상담자와 내담자는 정서적 유대뿐만 아니라 인지적 요소인 목표나 상담에서 어떤 방향으로 어떻게 노력해야 하는지 모르기 때문에 이에 관한 과제 합의가 이루어져야 한다. 긍정적인 작업동맹의 형성은 성공적인 상담이 될 수 있는 요인이 된다. 합의되지 않은 상담 목표를 가지면 초반에는 상담이 진행되는 듯하나 시간이 갈수록 상담이 원활히 진행되지 않는다. 이는 상담자와 내담자와의 갈등을 발생시킬 수 있는 원인이 된다. 그러므로 상담자는 내담자의 문제에 대한 상담자 나름의 상담 목표를 설정할 수 있지만, 내담자의 문제를 개념화하여 문제를 해결하기 위해 상담의 방향성과 어떻게 상담을 해야 할지는 두 사람 간에 논의하여 상담 목표를 합의해야 한다. 보호자가 있으면 내담자와 합의된 목표를 공유하는 것이 좋다. 그러나 내담자와 보호자의 목표가 불일치된다면 서로 간의 차이를 조율하여 공동적인 목표가 되도록 한다. 합의 목표는 내담자와 공유하며 각 회기마다 내담자의 변화를 파악하는 데 도움이 되고 상담 초기에 상담자와 내담자의 작업동맹을 단단히 해 준다(이명우, 2017). 따라서 목표에 대한 합의와 수행해야 할 구체적인 과업에 대한 합의를 명확하고 세밀히 정하는 것이 중요하다. 여러 개의 목표 중 우선순위를 정하는 것도 효과적인 상담을 위한 하나의 방법이다(이미리 외, 2019).

(2) 상담의 구조화

상담의 초기 단계에서 상담의 구조화는 내담자와 상담자 간의 상담관계를 명료화하고 방향성을 설정해 준다(이미리 외, 2019). 상담의 구조화는 상담의 특성, 절차, 조건 등에 대해 상담자와 내담자가 합의하는 것이다(장수한, 2018). 상담자가 내담자에게 상담에 관련된 상담의 조건, 절차, 특성 등에 관한 지켜야 할 규칙과 상담의 한계를 설명해 준다. 예를 들어, 앞으로 상담을 어떻게 진행할 것인지, 내담자와 상담자는 각각 어떤 역할을 해야 하는지 등을 내담자에게 알려 준다. 구체적으로는 상담에 대한 구조화, 상담관계에 대한 구조화, 그리고 비밀 보장에 대한 구조화 등이 있다.

첫째, 상담에 대한 구조화는 상담 장소, 상담 시간, 빈도, 총 상담 횟수, 상담 비용, 위기 시 상담자에게 연락하는 방법, 상담 약속 취소 및 연기 방법 등에 관한 지침을 포함한다.

둘째, 상담관계에 대한 구조화는 상담자와 내담자의 역할, 상담 관계의 성격 등에 관한 실질적인 지침이 포함된다.

셋째, 비밀 보장에 대한 구조화는 내담자의 개인적 권리는 존중되어야 하고 지켜야 하는 것으로 내담자가 말한 내용을 제3자에게 알리지 않는 것을 원칙으로 한다. 이는 상담자의 직업적 · 윤리적 의무다. 그러나 내담자가 자살의 위험이 있거나 다른 사람을 해치려 하거나 범죄의 가능성에 대한 비밀 보장의 예외 사항에 대해서도 알려 준다.

상담의 한계는 상담 장면에서 할 수 있는 것과 없는 것을 내담자에게 명확히 알려 주는 것이다. 그리고 시간을 지켜야 하는 시간의 한계 그리고 애정의 한계인 상담자와 내담자의 애정 관계는 상담자의 윤리기준에 벗어나는 것임을 설명해 준다. 즉, 상담의 구조화는 내담자와 상담자를 모두 보호해 준다.

3) 학습문제의 진단

학습상담을 효과적으로 하려면 학습문제의 원인을 체계적으로 진단해야 한다. 학습과 관련된 문제가 학습부진에 의해서인지, 다른 장애로 인한 것인지, 환경적 문제인지, 복합적인 문제인지에 따라서 상담자의 개입전략 및 목표를 다르게 세울 수 있기 때문이다.

학습문제의 진단을 위해서는 면접법, 관찰법, 심리검사 등을 활용할 수 있다. 학습 관련 호소문제와 원인은 다양한 영역에서 발생되므로 호소문제와 원인의 구분이 명확하지 않을 경우도 있다. 그리고 한 내담자가 여러 가지 호소문제가 있다거나 하나의 원인이 여러 가지 호소문제를 발생시킬 수 있기 때문에 호소문제와 핵심적인 원인의 관계를 살펴보면 사례개념화하는 데 도움이 된다(〈표 9-2〉 참고).

(1) 면접법

면접법은 표준화된 검사로는 파악할 수 없는 내담자에 대한 가치관, 신념, 기대, 예후 등의 풍부하고 가치 있는 정보를 개방적이고 자유로운 언어의 표현으로 얻을 수 있다. 면접과정에서는 자유로운 질문이 가능하고, 내담자를 좀 더 깊이 있게 이해할 수 있는 자세한 정보와 예민한 질문이 가능하며, 검사받는 동안에도 질문할 수 있는 유연성이 있다. 내담자의 행동 관찰과 주변인의 내담자에 대한 기대, 바람 등도 확인할 수 있다. 또한 면접법은 어휘력이 낮거나 학습장애 내담자에게 적절하게 사용할 수 있다.

(2) 관찰법

관찰법은 내담자의 생활 장면에서 나타나는 행동을 직접 기술해 내는 것이다. 내담자의 자연스럽고 자발적인 행동을 평가할 수 있으며, 내담자의 행동에 대해 부모나 교사가 보고한 내용 또한 확인할 수 있다. 행동 이외에도 다른 사람의 반응도 동시에 평가할 수 있다. 즉, 학습행동, 산만한 행동, 학습 방해 행동 등을 관찰하면 상담 목표 설정과 상담 전략에 도움을 준다. 관찰을 통한 방법으로는 이야기 기록법, 사건표집법, 빈도사건표집법, 간격기록법, ABC 서술식 사건표집법, 평정기록법 등이 있다.

- 이야기 기록법(narrative recording): 관찰 대상의 행동을 풍부하고 포괄적으로 기술하는 방법이다.
- 사건표집법(event sampling): 관찰 시간 동안 관찰 대상의 특정한 행동과 사건을 기다렸다가 발생될 때마다 원인, 지속시간, 횟수 등을 기록하는 방법으로 사건기록법(event recording)이라고도 한다.

- 빈도사건표집법(frequency event sampling): 관찰대상의 행동 중 선별된 행동이나 상황이 얼마나 자주 발생되었는지 알아보는 방법이다.
- 간격기록법(interval recording): 일정 시간 간격을 두고 시간 내에 발생되는 관찰대상의 행동들을 관찰하는 방법이다.
- ABC 서술식 사건표집법(ABC narrative event sampling): 관찰대상의 사건과 행동이 발생되기 전의 상황과 사건(antecedent) 그리고 행동(behavior) 이후 결과(consequence)를 순서대로 기록하는 방법이다.
- 평정기록법(rating recording): 관찰 시간 이후 마지막에 특정한 척도를 사용하여 관찰대상의 행동을 평가하는 방법이다. 이 관찰법은 다른 관찰법에 비해 관찰자의 주관적 개입이 많을 수 있다(김동일 외, 2017).

(3) 심리검사

심리검사는 객관적 검사와 투사검사가 있다. 객관적 검사는 신뢰도와 타당도, 모든 대상이 동일한 검사를 받아야 하는 표준화 절차, 규준화된 내적 준거로 내담자의 특성과 환경의 특성을 객관적으로 수량화할 수 있다. 비교적 짧은 시간에 내담자의 규준화된 정보를 파악하므로 내담자의 제한적인 정보만을 제공한다. 반면에 투사검사는 비구조화된 검사로 내담자의 다양한 반응을 통해 내담자의 다양한 심리적 특성과 무의식적 반응을 포괄적으로 확인할 수 있다. 해석 시 상담자의 주관적 견해가 개입될 수 있다. 심리검사의 종류는 제8장 '학습상담에서의 심리검사'에 제시되어 있다.

〈표 9-2〉를 활용하면 내담자의 호소문제와 그 원인을 탐색할 수 있다. 호소문제를 중심으로 왼쪽의 호소문제와 그 원인에 해당하는 곳에 표시를 하고 그 원인이 무엇인지 오른쪽으로 하나씩 확인하면서 원인을 탐색할 수 있다. 그리고 검사의 필요성도 확인할 수 있으며, 상담 가설도 세워 볼 수 있다.

표 9-2 호소문제와 그 원인

호소문제와 그 원인 (사례개념화 활동)	능력 요인				인지적 요인 (생각)			정서적 요인 (감정)			행동적 요인			환경적 요인 (맥락)		
	지적능력	학업 기초능력	학습 결손	학습 관련장애	학업 태도	비합리적 신념	학습 동기	학업 외 정서	학업 정서	시험불안	자기통제	학습전략	시간관리	물리적	심리적	부모와의 갈등
공부에 대한 반감																
공부에 대한 회의																
집중력 부족																
낮은 학습 효능감																
공부 방법 모름																
습관 미형성																
노력해도 성적 안 오름																
능력 부족																
동기 부족																
성적 관련 관계문제																
다른 활동과 갈등																
성적에 대한 집착																
시험불안																
걱정과 스트레스																

출처: 황매향(2016), p. 62.

4) 상담목표의 설정

상담의 목표는 상담의 방향을 제시하는 것으로 상담 장면에서 상담자는 내담자가 자신의 처한 상황과 호소문제에 대하여 이야기할 수 있도록 격려할 때 상담목표를 탐색하고 명료화할 수 있다(유진이, 2018; 이장호, 이동귀, 1995). 학습상담의 목표를 설정하기 위해서는 다음과 같은 절차를 밟는다.

첫째, 내담자에게 상담목표 설정의 필요성을 설명한다.

둘째, 단기적 · 장기적 목표로 나누어 설정할 수 있다. 단기적 목표는 합리적이고 구체적이고 측정 가능해야 한다. 내담자가 자신에 대한 긍정적 인식을 갖게 하며, 내담자가 변화하고자 하는 행동이 무엇인지 파악하여 관찰 가능한 행동의 변화(예: 불안 증세 감소, 학습시간 증가)를 통해 긍정적 성취 경험을 갖게 한다. 장기적 목표인 경우 주로 정서적 문제를 다루고, 자존감을 향상시킨다. 그리고 자신의 강점과 단점을 인식하고 그대로 수용하는 것이다. 학교와 가정에서 기능적인 행동 패턴을 습득하여 내담자가 자신의 기능을 발휘하고 향상시킬 수 있도록 한다.

셋째, 목표 설정은 구체적이고 달성 가능한 형태여야 한다. 상담목표는 달성 가능하도록 실제적・행동적이고 관찰 가능한 목표여야 한다. 이를 위해서는 현재 학습 수준과 학습행동을 구체적으로 파악해야 한다. 예컨대, 내담자의 일주일 정도의 관찰과 기록을 통해 현재 수준을 파악한 후 그 결과를 기반으로 현실적으로 달성 가능한 목표를 세우도록 한다. 이때 목표는 포괄적이고 일반적이 아닌 구체적인 것이어야 한다. 목표가 추상적인 경우에는 척도화할 수 없다. 예를 들어, '수학 성적을 올리고 싶어요.'라는 추상적 목표가 아니라 현재의 수학 점수와 희망하는 수학 점수는 구체적으로 몇 점인지, 또는 '집중을 잘했으면 좋겠어요.'라는 추상적 목표를 현재 공부를 할 때 집중을 얼마나 하는지 확인 후 집중이 잘되었다는 것을 어떻게 알 수 있는지를 이야기하여 구체적인 목표를 설정한다.

넷째, 목표는 스스로 실천 가능한 형태로 설정한다. 예를 들어, '아이가 공부하기로 한 약속을 잘 지키고 공부를 열심히 했으면 좋겠다.'는 목표는 부모가 스스로 실천할 수 있는 형태로 되어 있지 않다. 이 목표를 실천 가능한 형태로 바꾼다면 '아이가 잔소리로 느끼지 않도록 공부에 대해 너무 자주 이야기하지 않고, 대신 약속한 것에 대해서는 잘 지키도록 격려한다.'로 바꿀 수 있다. 또한 '공부 안 하고 휴대전화를 사용하는지 엄마가 확인하러 방에 들어오지 않게 해 달라.'는 기대를 바꾸어 '공부할 때는 엄마에게 휴대전화를 맡긴다.'와 같이 스스로 실천 가능한 형태로 바꾼다.

다섯째, 내담자와 상담자의 합의하에 목표를 설정한다. 상담자가 중요하다고 생각하는 목표를 설정하기보다는 내담자가 중요하고 우선시하는 것을 중심으로 내담자의 욕구를 반영하는 목표를 먼저 다루는 것이 효과적이다(백지숙 외, 2011).

여섯째, 목표 달성의 장애요인을 파악한다. 목표를 성공적으로 달성하기 위해서는 목표 달성을 방해하는 장애요인을 먼저 파악하여, 목표 달성에 필요한 지식과 기술, 감정, 사고, 신념, 상황과 사건이 있는지 확인하고 해결방안을 모색한다. 현재 상황을 확인하고 목표를 이루는 데 장애요인을 신속히 파악하기 위한 질문으로는 "목표를 이루는 데 현실적인 어려움이 있다면 어떤 것인가?" "목표를 생각하면 어떤 기분이 느껴지는가?" "이 주제와 관련하여 인정하고 싶지 않은 모습은 무엇인가?" 또는 "원하는 상태가 되기 위해 필요한 것, 변해야 할 것은 무엇인가?" 등이 있다.

초등학생 내담자와 함께 상담목표를 설정하는 일은 쉬운 일이 아니다. 대부분의 초등학생은 매우 막연한 목표를 이야기하고 부모도 상담 장면에서 무엇을 목표로 할지에 대해서 역시 막막해할 수 있다. 즉, 결과 중심적이고 막연한 목표에 그칠 수 있다. 이런 경우에 상담자는 다음의 질문들을 활용한 해결중심적 접근을 사용하여 목표를 더 구체적으로 설정할 수 있다(김동일 외, 2011; Peter & Insoo, 2015).

• 기적질문(miracle question): 내담자의 알려지지 않은 가능성을 추출해 낼 수 있으며, 삶에 효과적인 변화를 일으키고 새로운 선택을 위해서 내담자의 창조적 힘과 자원을 이끌어 낼 수 있다. 기적질문은 문제가 해결된 상황을 상상함으로써 내담자의 해결하기를 원하는 것을 명료화할 뿐 아니라 상담 목표를 설정하는 데 도움이 된다.

다음의 질문에 답을 하면서 내담자는 자연스럽게 상담에서 이루고 싶은 목표를 생각해 본다.

–"오늘 밤 당신이 잠자는 동안에 기적이 일어났습니다. 그래서 모든 문제가 해결되었다고 상상해 보세요. 그런데 기적은 당신은 잠자는 동안 일어났으니, 당신은 잘 모르겠지요. 아침에 일어나서 무엇을 보고 문제가 해결되었다는 것을 알 수 있을까요?"

• 예외질문(exception question): 문제라고 생각하고 있는 행동이 일어나지 않는 상황이나 문제가 덜 심각했던 상황이 있는지를 묻는 질문으로, 예외적인 상황이 많아지는 것을 상담 목표로 한다.

다음의 질문처럼 긍정적 학습 경험이 이루어지는 상황이 언제인지를 알아보고, 그 경험을 조금씩 늘리는 것을 상담 목표로 설정한다.

–"공부가 싫어요."와 같이 부정적인 측면을 이야기하는 경우에 "공부가 좋았던 적이 있었니?"

–"집에 갔는데 엄마가 공부 얘기를 하지 않은 적은 언제니?"

- 척도질문(scaling question): 문제의 심각성, 문제해결의 우선순위, 정서적 관계 등 구체화할 필요가 있는 것을 숫자로 표현하여 질문하는 것으로 현 상태와 변화 가능성, 해결방안 모색에 도움을 준다. 예를 들면, "시험불안이 없었으면 좋겠어요." "공부하는 데 집중이 잘 되었으면 좋겠어요." 등을 목표로 하는 경우에 다음과 같은 질문을 한다.

–"1점에서 10점까지의 척도에서 현재 상태는 몇 점이니?"

–"모두 해결된 점수라면 몇 점이니?"

–"그 목표 점수를 이루기 위해 무엇을 해야 한다고 생각하니?"

- 대처질문(coping question): 만성적인 어려움과 위기에 관련된 질문이다. 예외적인 상황을 발견하기 어렵거나 만성적인 어려움과 절망적 상황 등으로 희망이 없다고 호소하는 내담자에게 희망이 없는 상황에서 어려움을 어떻게 관리하고 견뎠는가에 초점을 맞춤으로써 작은 것이라도 대처방법을 갖고 노력해 온 것을 확인할 때 사용한다.

  다음과 같이 질문하여 내담자의 긍정적 측면을 파악한다.

–"공부하기가 어려웠을 텐데 지금까지 어떻게 견디며 공부할 수 있었니?"

–"어떻게 하면 더 나빠지지 않고 버틸 수 있었을까?"

중 · 고등학생도 학습상담의 목표를 구체화해야 하는데, 이들은 목표를 상담자와 함께 설정해 가는 과정 자체를 잘 습득하므로 혼자 학습을 할 때도 목표를 설정하고 이를 적용하는 것이 가능한 연령대다.

5) 개입전략 설정 및 개입

효과적인 학습상담이 이루어지기 위해 어떤 개입을 할 것인지에 따라 중요한 방향성을 제시할 수 있다. 학습문제의 개입전략은 내담자의 호소문제를 구체적으로 파악하고 문제의 발생 시기와 원인, 이로 인한 다른 문제는 무엇이며, 내담자가 이미 잘 시행하고 있는 것과 그렇지 않은 것 등을 파악한다. 학습상담에서 개입의 특성을 살펴보면 다음과 같다.

첫째, 내담자의 장점을 활용한 접근방식이다. 학습상담에서는 내담자의 문제 및 강점 자원을 파악한 후 내담자의 부족한 부분에 초점을 두기보다는 먼저 내담자가 가장 잘하고 있는 것과 더 잘하고 싶은 것이 무엇인지 파악하여 이를 바탕으로 목표를 설정하고 변화를 위한 개입전략을 세운다. 그 이유는 잘하는 것을 더 잘하게 하여 결과에 대한 기대감으로 성공 경험을 가질 수 있기 때문이다. 성공 경험은 좌절과 실패에 대한 두려움을 극복하여 내담자로 하여금 도전하게 한다. 그렇다고 부족한 부분을 보완하고 새로운 것을 배우는 것을 전혀 하지 않는다는 의미는 아니다. 내담자에게 잘하는 것부터 시작하는 이유를 설명하고 집중할 수 있도록 지지해 준다. 학습자는 종종 자신이 제일 부족한 것을 보완하기 위해 노력했으나 실패하고 좌절하는 경험을 한다. 하지만 학습자의 장점을 활용한 성공적인 환경을 조성할 때 실천 가능성이 높고 행동 변화의 가능성을 높일 수 있다. 따라서 상담자는 내담자가 잘할 수 있는 것이 무엇인지 파악하여 이를 어떻게 활용할 것인지 중점을 두어야 한다.

둘째, 다른 조력자와의 협력관계를 갖는다. 학습상담에서 흔히 사용되는 조력 체계는 내담자의 학습을 도와주는 사교육, 멘토링, 방과 후 프로그램 등이 있으며, 학습과 직접적으로 관련된 다양한 프로그램이 학습상담과 병행해서 이루어질 수 있다. 상담은 보통 주 1, 2회 이루어지므로 매일 지속적으로 공부를 도와줄 조력 체계가 필요하다. 특히 학습부진아는 선수학습 부족을 혼자 보충하기가 쉽지 않기 때문에 이를 돕거나 가르쳐 줄 조력자가 필요하다. 이때 조력자는 상담자가 아니라 선수학습 및 기초학습을 보충해 주는 교사나 특수교육을 받는 내담자라면 특수교육 교사일 것이다. 상담자는 다른 조력 체계와 협력하여 내담자가 상담 이외의 필요한 조력을 파악하고 피드백을 수집하여 효과를 높일 수 있도록 한다. 내담자가 학교, 교육청 또는 지역사회의 조력 체계의 서비스를 받을 수 있도록 해당 서비스를 찾아보고 교사와 협력하는 일 또한 상담자가 해야 할 일이다. 이 외에도 상담자는 가정에서의 조력도 필요하다. 우리나라의 문화적 환경에서 자녀의 학습은 부모와 밀접하게 관련이 되어 있다. 내담자의 성적과 관련해 부모와의 갈등으로 학습문제가 발생했다면 부모의 도움이 필요하다. 만약 학생이 시험 계획표를 작성하거나 시간관리 능력을 배우는 과정에서 가정에서 내담자의 시험공부 시간, 수면시간, 가족과 함께 하는 식사시간, 여가활동, 가족행사 일정 등을 부모와 미리 계획한다면 이에 따른 학습전략의 능력을 습득할 수 있다.

셋째, 개인 특성의 발달적 접근이다. 긍정심리학에서는 행복의 심리적 기제의 촉진은 개인의 특성인 성격 강점이라는 개념(Seligman & Csikszentmihalyi, 2000)으로 성공을 예언하는 개인의 특성에 대해서 의지, 지구력, 인내력, 성실성, 낙관성, 정서지능을 꾸준히 연구하고 있다. 즉, 새롭고 어려운 과제나 도전적인 과제를 수행하는데 개인의 특성이 학습과 관련성이 높다. 학습상담에서는 정신병리적 치료보다는 보편적인 공부 문제를 상담하는 의미에서 치료보다는 발달적 접근에 집중한다. 이는 내담자가 공부에 대한 생각이나 행동을 점차 발달시켜 나가는 것으로 접근하는 것이다. 즉, 개인의 특성은 쉽게 변화하지 않지만 상담자는 내담자가 개인의 특성을 발달시켜 흥미를 갖고 꾸준히 노력하여 목표를 달성할 수 있도록 돕는다.

학습문제에 대한 가장 보편적인 개입전략은 학습전략을 제시하는 것이지만 학습전략을 제시하는 것이 의미가 없는 상황도 있을 수 있으며, 학습 문제 외에 다른 문제가 병존하기도 한다. 예를 들어, 부모의 잦은 싸움이나 이혼, 가정의 경제 상황의 악화, 또래관계 문제, 우울과 불안으로 생활에 지장을 줄 경우다. 이로 인한 심리적 갈등이 현저한 경우에는 이를 우선하여 다룬다. 또한 선수학습이 부족한 경우에는 그에 대한 보충학습 지도를 하면서 학습전략을 가르친다.

(1) 부모를 통해 개입을 하는 경우

Erikson(1968)은 심리사회적 발달단계에서 초등학교 시기의 발달과제는 근면성을 형성하는 것이 중요하며 이를 달성하지 못할 경우에는 열등감을 갖게 된다고 하였다. 근면성을 형성하기 위해서는 기본적인 학습 습관이 필요하다. 그러나 기본적인 학습 습관의 미형성이라는 학습문제에 대한 개입은 지속적이고 꾸준히 진행되어야 할 필요가 있으므로 부모의 도움이 매우 중요하다. 부모와 자녀 간에 서로 바라는 것이 다를 수 있기 때문에 이를 구체화하고 학습과 관련된 규칙을 합의하여 실천하는 것이 중요하다. 그리고 가족치료적 접근을 통해 가족구조의 조정을 시도한다. 부모가 개입할 행동을 관찰하고 기록하며 행동 변화의 긍정적 영향을 줄 수 있는 환경적 상황을 설정한다. 현재 부모가 자녀의 학습 습관 형성을 위해 무엇을 사용하고 있는지 검토하고, 올바르게 개입할 수 있도록 체계적인 전략이 필요하다. 상담자가 부모에게 사용할 수 있는 개입전략으로서 행동수정의 일반적인 절차는 다음과 같다(김동일 외, 2011; 이성진, 2004).

첫째, 부모가 자녀의 학습습관 중 고쳐야 하는 행동과 새로운 습관을 형성해야 하는 것이 무엇인지 구체적으로 기록한다. 예를 들어, '게임 시간을 2시간 줄이기' '학교 지각하지 않기' '준비물 잘 챙겨 가기' '휴대전화 사용시간 줄이기' 등이다. 목록이 많은 경우에는 우선순위를 정하여 순차적으로 개입전략을 세운다.

둘째, 우선적으로 개입할 행동이 정해지면 일정 기간 동안 자녀가 잘하고 있는 행동과 그렇지 않은 행동들을 관찰하고 기록한다. 이 과정에서 상담목표가 수정될 수 있고 자녀에 대해 더욱 객관적 태도를 갖게 되기도 한다. 수행하지 못한 행동의 원인을 탐색하고 변화를 줄 수 있는 해결방안에 대하여 설정한다. 자녀와 함께 자녀가 지킬 수 있는 현실적인 목표를 설정하고 이를 수행하지 못했을 때 상과 벌에 대해서도 자녀 스스로 정하게 한다. 보편적으로 사용하는 상과 벌에서 효과를 얻으려면 자녀의 기대가 무엇인지 상담 초기에 정확히 파악하여 부모가 이를 고려할 수 있도록 한다. 상담자는 부모가 자녀와 함께 정한 목표를 일관성 있게 실천할 수 있도록 격려하는 것이 중요하다.

셋째, 처음에 정한 목표 달성 여부를 평가한다. 적절한 상벌 체계였는지, 현실적인 목표였는지, 시행과정의 점검 등을 통해 필요시 원래 정한 목표를 수정하여 새로운 목표를 설정한다.

(2) 학생에게 직접 개입을 하는 경우

Piaget(1954)의 인지발달 단계에서 청소년기는 형식적 조작기에 해당한다. 형식적 조작 사고는 인지발달의 연속적 체제 중 가장 상위에 속하는 인지발달 단계로 가능한 모든 논리적 형식을 조작할 수 있다는 의미다(신명희 외, 2017). 형식적 조작기의 과정이 복잡하고 난해하므로 연령에 따른 모든 청소년의 인지발달이 이에 도달하기는 어렵다. 폭넓은 경험을 할수록 추상적이고 체계적인 사고 가능성이 많아지기 때문에 인지발달 단계는 문화적 발달 수준에서도 차이가 있다(Dasen, 1977). 그러므로 초기상담에서 내담자의 경험 정도, 성격적 특성, 학생의 특정 과목에 대한 관심을 파악하여 다음과 같이 학습에 대한 개입전략을 할 수 있다.

첫째, 학습 및 성격에 관련한 객관적 심리검사를 실시한다. 이를 통해 막연한 혹은 이상적으로 생각하는 자신의 모습이 아니라 보다 현실적이고 객관적인 자신의 모습을 파악하게 한다. 특히 학습방법 진단검사는 학습전략이라는 변화 가능성을 통해 동기를 부여할 수 있는 자료로 활용한다. 가령, 홀랜드 진로탐색검사에서 탐구형(제8장 '학습상담에서의 심리검사' 참조)의 학생은 자신이 기대했던 만큼의 성과가 나오지 않을 경우 상처를 받거나 자신의 능력을 의심하게 된다. 상담자는 오직 결과의 수치를 해석하기보다는 내담자에게 결과가 그렇게 나오게 된 원인을 스스로 분석해 보도록 하고 해석을 한다. 또한 규범적인 학생들은 자기 능력 이상의 과제가 주어지면 자신감이 저하되고 의기소침해질 가능성이 높으므로 기초학습 수준을 점검하고 부모의 격려와 칭찬으로 학습동기를 향상시킬 수 있다(김만권, 2008).

둘째, 학습자에게 과목의 특성을 파악하여 알려 준다. 같은 과목이어도 영역별로 학습전략이 다르다. 수학인 경우 계산 영역은 기초 연산이 숙달되도록 연습하게 하고, 문장제 영역에서는 개념을 정확히 파악하고 다양한 문제 풀이의 경험을 강조한다. 글의 맥락이 모호하거나 난해한 부분인 경우는 능동적인 책 읽기를 격려한다.

셋째, 학습자가 실제적으로 하고 있는 학습방법, 사용하는 교재, 학습 장소를 점검하거나 상담 장면에서 학습자의 공부하는 모습을 상담 장면에서 재연해 보도록 한다. 집에서 공부를 하는 학생인 경우 공부방을 사진 찍어 오게 하고, 학생의 수준보다 높은 수준의 교재를 활용할 경우 교재를 변경하거나, 교과서를 읽지 않고 문제집과 학교 유인물로 학습하는 경우 교과서 읽기 전략 등의 개입이 필요하다. 중·고등학생은 학습전략의 많은 내용을 이미 알고 있다고 생각하기 때문에 진단검사에서는 약점이 드러나지 않을 수가 있다. 이렇게 학습전략은 알고 있으나 활용하지 못하는 경우에 이 시기에 반드시 익혀야 할 학습전략 방법 등을 살펴보고 자신 있는 과목에서 학습전략을 실천한 후에 취약한 과목에 적용한다.

넷째, 학습동기가 생겼다 하더라도 계획을 잘 세우거나 이를 잘 실천하지 못할 수도 있다. 따라서 계획을 실천하지 못하는 원인 파악, 방해 요인 확인, 실천 가능한 계획 여부 점검, 적절한 시간 계획인지 등을 확인하여 계획을 세우고 실천하는 과정을 통해 공부하는 습관이 형성되도록 지속적으로 검토한다.

다섯째, 시험 때는 평상시와 조금 다른 시험 준비 전략이 필요하다. 시험 준비 전략은 시험 전에 미리 시험 범위의 내용을 이해하고 기억하여 그 내용을 자신의 것으로 만들어 시험을 치를 준비를 하는 방법을 의미한다. 시험문제 풀기에도 요령이 있다. 예를 들면, 시험지를 받았을 때 우선 전체적으로 훑어 보기, 주관식 문제 먼저 풀기, 정답을 명확히 모를 때는 문제지와 답안지에 연필로 체크하고 다른 문제를 먼저 풀기 등의 방법이다. 이와 관련한 자세한 설명은 제13장 '학습에 도움이 되는 방법'에서 다루고 있다.

(3) 다른 문제가 있는 경우

청소년은 발달과제를 성취하는 과정에서 학습문제 외에도 다양한 문제가 발생할 수 있다. 그러므로 학습상담을 할 때는 학습문제 이의 문제가 있는지 함께 살펴보아야 한다. 병존하는 다른 문제(예: ADHD, 지적장애, 학습장애)가 있으면 이를 우선적으로 치료하는 개입전략이 필요하다. 초기 상담 장면에서 이러한 문제를 발견하지 못했고, 진단 결과 밝혀진 병존 장애가 상담자가 다룰 수 있는 영역 밖의 문제라면 이를 전문적으로 다룰 수 있는 상담자나 상담기관에 의뢰해야 한다. 상담과정에서 학생만 상담하거나 치료하기보다는 부모도 함께 참여하는 것이 효과적이다. 부모가 참여하게 된다면 자녀에 대한 이해, 훈육방식, 자녀와 형제간의 관계 등에 관한 내용도 알려 준다. 검사 결과에 대한 해석을 부모에게 해 주며, 이런 문제가 지금까지 발생된 학습문제와 학업성취에 어떻게 연관이 있는지 설명해 준다. 부모는 그 결과에 대해 낙담할 수도 있지만 결과적으로는 그동안 자녀의 학습문제와 학업성취의 원인을 알 수 있게 된다.

3. 학습상담의 과정에서 주의할 점

학습상담은 학습에만 한정된 것이 아닌 다른 영역에서의 문제가 원인이 되어 학습문제를 갖게 되는 연관성이 있다. 그러므로 학습상담을 할 때에는 다른 문제의 원인이 있는지 살펴봐야 한다. 먼저 학습 관련 장애 여부 감별을 통한 조기개입을 하고 학습문제일 경우 학습 습관이나 학습전략 등을 배우도록 하지만, 상담 도중에 예상치 못한 문제(예: 건강, 부모의 잦은 싸움이나 이혼, 어려운 가정경제, 왕따 등)가 발견되면 우선적으로 그 문제를 해결하고 부모 및 교사와 협조관계를 형성하기도 한다. 이러한 문제가 해결되지 않은 상태에서도 학습문제를 해결할 수도 있으나, 또 다른 양상으로 문제가 발생할 수 있으므로 상담자는 학습문제로 인하여 학생에게 어떠한 결과가 나타나는지 관찰한다. 상담과정에서 다른 심각한 문제가 드러나기도 한다. 학습상담과정에서 심각한 문제(예: 심리적 불안, 우울, 자살 생각, 자살 시도)가 발견되었으나 상담자 자신이 그 문제를 다룰 수 없다면 전문적 상담기관 및 외부기관에 의뢰하거나 협력관계로 문제를 해결한다.

학습문제는 재발될 수 있으므로 일시적인 변화가 문제를 다 해결했다고 할 수 없다. 따라서 상담자는 학습자의 현재의 변화에 만족하기보다는 지속적으로 내담자의 변화가 유지될 수 있도록 내담자의 연습과정을 지원해야 한다.

제10장 주의집중

1. 주의집중의 이해

주의집중력은 인지 및 학습의 전 과정에 영향을 미치는 것으로 주어진 시간 내에 과제를 완료하기 위해 의식을 집중하는 능력이다. 즉, 정보처리를 얼마나 효율적으로 할 수 있는가에 대한 능력이다. 주의집중은 학습과정에서 에너지를 학습내용에 모으는 것이다. 수업내용을 학습자가 계열화・조직화함으로써 주의집중력 강화와 학습동기에 영향을 줄 수 있다. 여기에는 집중에 필요한 자극에 주의를 기울이는 선택적 주의(selective attention), 선택한 자극을 유지할 수 있는 지속시간(attention span), 한 자극에서 다른 자극으로 옮기는 주의 이동(attention shift)이 포함한다.

최근 들어 공부를 하는 과정에서 집중을 못하는 학생들이 증가하고 있으며(김현영, 정영선, 2009), 이러한 학습자들의 대부분이 낮은 주의집중력을 갖고 있을 뿐만 아니라 장기간의 학습결손으로 인한 성취감이 부족하며, 학습동기 수준이 낮다(이대식, 황매향, 2019). 주의집중 문제를 호소하는 학습자들은 발달단계에서 학습태도가 형성되어 있지 않고 호기심이 많아서 주의집중 문제가 발생하고, 동시에 접하는 무수히 많은 정보 중에서 특정 정보를 선택하여 집중할 수 있는 능력이 부족하다.

주의집중력은 주의력(attention)과 집중력(concentration)을 결합한 것으로 이 둘은 독립적으로 기능하지만, 공통적인 요소를 내포하고 있고 서로 영향을 주고받기도 한다(이명경, 김아름, 2011).

1) 주의력의 개념

주의력(attention)은 초점적 주의력, 선택적 반응 능력과 유사한 개념으로 정보처리의 초기 단계에서 요구되는 능력이다. 동시에 접하는 무수히 많은 정보 중에서 특정 정보만을 지각하고 선택하여 초점을 맞추어 반응하는 것으로 더 중요한 자극을 파악해서 그것에만 선택적으로 집중하는 동안 다른 사소한 자극을 무시할 수 있다. 주의력은 과제나 목표에 초점을 맞추어 지속적으로 진행되는 과제 수행에 유용한 정보를 파악하는 것이다. 그러므로 주의집중에 문제가 있는 학습자는 정보에 반응하거나 방해하는 자극을 무시하는 능력이 부족하기 때문에 중요한 정보를 파악하는 것이 힘들다.

정보처리 관점에서 보면 주의력은 감각등록기와 단기기억 사이에서 가장 크게 요구되는 능력이다. 감각등록기에 있는 수많은 정보 중에서 주의력에 의해 선택된 정보만 단기기억에 저장하고 그 외의 정보는 망각된다. 이처럼 개인의 선택에 따라 정보와 주의가 결정된다. 특히 학습과정에서 학습자가 어떤 정보를 선택하고 단기기억에 저장하는지가 중요하다. 만약에 수업시간에 교사의 설명하는 목소리와 교재에 주의를 기울이지 않고 교실 밖의 날씨, 주변 학생들의 행동, 교사의 외모에 주의를 기울이는 학생이라면 제대로 된 선택을 한 것이 아니다.

주의력은 생물학적 반응 경향성으로 인해 정보가 강하거나 새로울 때 쉽게 발휘된다. 주의력은 또한 환경과의 상호작용을 통해 학습되는 특성이 있다. 나이가 어린 학습자는 나이가 든 학습자에 비해 중요한 정보와 그렇지 않은 정보를 변별하는 능력이 부족하다. 이들은 아직 바람직한 학습 태도를 형성하지 못했고 상대적으로 낯선 자극과 환경을 접할 기회가 많기 때문에 새롭고 강한 자극에 생물학적으로 이끌려 주의가 산만해지기 쉽다. 그러므로 학습자의 발달단계에 맞춘 학습 태도를 지도하고 학습습관이 형성되도록 도와주어야 한다. 더불어 다양한 경험을 하게 하여 새로운 것에 대한 호기심과 관심을 충족시켜 주는 것이 바람직하다.

연령과 상관없이 지나치게 비구조화된 학습환경에서 주의력 문제가 나타나기도 한다. 예를 들어, 공부하는 장소의 주변 환경이 시끄럽거나, 책상 위 또는 주변이 정리가 되어 있지 않거나, 휴대전화를 수시로 확인하거나, 공부방에 다른 사람이 수시로 드나드는 등 주의를 분산시킬 만한 요소가 환경 내에 많이 존재하면 주의력이 낮아지게 된다. 그러나 대부분의 학습자는 이러한 환경의 원인으로 주의집중을 못 하기보다는 선택한 정보에 지속적으로 주의를 기울여 문제를 해결하는 능력인 집중력이 부족한 경우가 더 많다.

2) 집중력의 개념

집중력(concentration)은 주어진 과제를 완성하기 위해 집중하는 능력으로 필요한 자료를 얻기 위한 적극적이고 선택적인 것에 의식을 모으는 힘이다. 집중력은 한 가지 일에만 일정 시간 동안 집중을 기울이는 것으로 학업에서 집중력은 중요한 요소다. 집중력이 높은 학습자는 동일한 시간에 공부를 하더라도 많은 내용을 이해하고 기억한다. 이 외에도 다른 사람의 말과 행동에 주의를 기울이고 이들의 생각과 느낌을 이해하기 때문에 사회성이 높다.

작업기억은 단기기억 정보와 관련된 배경지식이 장기기억되어 있을 때 활성화되기 쉽다. 역사 시간에 신라시대 문화재에 대한 내용을 배운다고 가정해 보자. 신라시대에 관한 책을 읽었거나 신라시대 문화재를 직접 본 경험이 있는 학습자는 수업시간에 적극적으로 참여하는 자세를 가질 것이다. 더 나아가 수업 관련 내용의 배경정보가 새로운 정보와 연결되어 더 많은 정보를 장기기억화할 수 있게 도와준다. 그리고 작업기억은 다양한 기억전략과 학습전략을 활용할 때 활성화되기 쉽다. 집중력은 학습자의 인지능력의 영향을 받는 것으로 암기해야 할 학습내용의 특징을 비교하고 학습전략을 활용하여 단기기억 정보가 장기기억으로 전환될 수 있다.

이처럼 집중력은 장기기억 내에 저장되어 있는 기억과 학습전략의 사용, 배경지식 등 학습자의 인지능력과 관련이 높다. 인지능력이 높은 학습자는 집중을 더 잘하므로 정보를 저장하여 인지능력이 향상되는 선순환 과정을 겪는다. 반대로 인지능력이 낮은 학습자는 기억과 학습전략 활용이 낮고 배경지식이 부족하여 집중을 잘하지 못해서 장기기억에 저장되는 정보가 적고 결과적으로 인지능력 발달이 지체되는 악순환 과정을 겪게 된다.

집중력은 좌절감, 불안감, 피곤함, 지루함 등의 정서를 조절하여 과제에 지속하는 힘을 제공하기 때문에 지속적 집중력 혹은 지속적 주의력이라고도 부른다. 지속적 집중력은 개인마다 반응 속도와 반응 정확도 등의 영향을 받는다. 집중력은 무엇보다 자극이 제한되어 있는 장면, 단조로운 장면, 과제 마무리까지 오랜 시간이 걸리는 장면, 도전적 과제를 수행하는 장면 등에서 많이 요구된다. 이러한 상황에서 지루함과 피곤함을 이기지 못하거나 좌절감이나 불안감을 관리하지 못하면 높은 인지능력이 있는 학습자도 지속적인 집중력을 발휘하기 힘들다.

집중력은 개인의 미래를 예견할 수 있는 도구 중 하나이며 현재의 적응도를 예측할 수 있는 판단의 기준으로 그 중요성이 강조된다. 사람들은 성장하면서 다양한 역할을 경험하고 수행하도록 기대한다. 하지만 이러한 역할 기대와 자신의 능력 간의 불일치가 지속되면 집중력에 부정적 영향을 준다. 산만하고 부주의한 행동은 개인이 수행해야 할 역할에 불만족스럽거나 불편하다는 신호로 보일 수 있다. 이를 방치하면 불안, 우울, 스트레스 등 심리적 문제를 야기할 수 있다. [그림 10-1]은 정보처리 과정에 대한 주의집중 능력을 구분한 것이다.

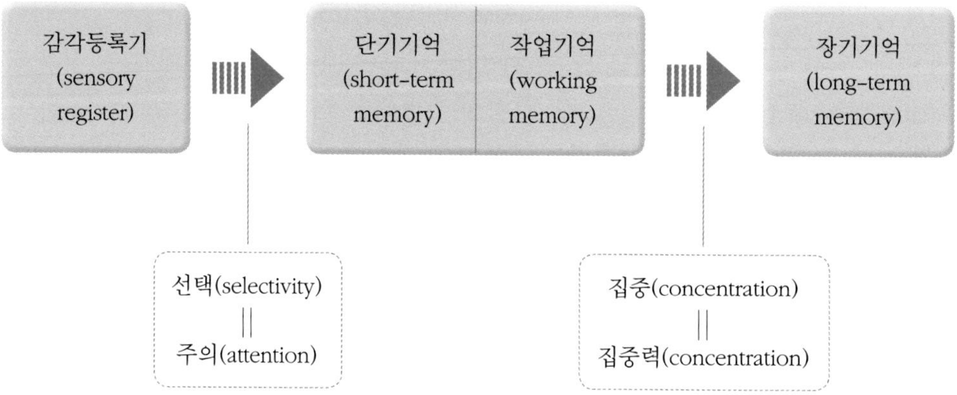

[그림 10-1] 정보처리 과정에 따른 주의집중 능력의 구분

출처: 이재규 외(2013).

2. 주의집중 문제의 원인

학습상담 장면에서 주의집중 문제를 호소하는 학습자의 원인은 매우 다양하다. 주의집중 문제의 원인은 대체로 복합적인데, 생물학적 원인과 환경적 원인 간의 상호작용에서 기인하는 경우가 많다. 여기에서는 주의집중 문제의 원인을 크게 생물학적 원인과 환경적 원인으로 나누어 살펴본다.

1) 생물학적 원인

주의집중 문제에서 유전은 이전 세대가 가지고 있는 산만하고 충동적인 성향이 다음 세대로 이어져 기질이나 경향성의 형태로 나타나는 것이다. 주의집중력이 낮은 학생은 높은 에너지 수준과 많은 활동량을 드러내고 호기심과 자극 추구 성향이 강한 특성을 갖는다. 부모의 산만한 특성이 유전되어 주의집중 능력이 낮은 학습자는 부모로부터 주의집중력을 발휘할 수 있는 교육이나 전략을 배울 수 있는 기회가 적게 되면 더욱 산만해질 수 있다. 그러나 또래에 비해 많은 활동량과 에너지 수준, 호기심이 많은 특성을 긍정적으로 활용한다면 점차 연령이 증가하면서 성숙과 학습을 통한 주의집중 능력을 더 잘 조절하게 되는 양상을 보이기도 한다.

신체적인 문제로 집중력이 낮은 이유로 대표적으로 알레르기 관련 질병인 비염, 아토피 피부, 천식 등을 들 수 있는, 이러한 질병을 치료하고 관리하면 집중력이 잘 조절될 수 있다. 간혹 산모의 흡연이나 음주, 영양 부족, 조산에 의한 저체중, 난산도 주의집중 문제의 원인이 된다(전명남, 2015).

2) 환경적 원인

주의집중 문제는 부모와의 상호작용 과정에서 나타나는데, 학습에 대한 흥미, 동기 부족, 불안, 체계화되지 못한 환경 등이 포함된다. 가정환경 내의 불안과 스트레스 요인이 많고 부모의 무관심이나 방임으로 인한 교육적 · 문화적 자극이 부족하면 학습자의 인지능력이 낮거나 불균형하게 발달하여 학습 흥미를 저하시키고 자기통제력이 부족하게 되어 주의집중을 잘하지 못하고 산만해지기 쉽다. 자녀의 발달단계에 적절한 수준의 교육적 · 문화적 자극을 제공하면 학습에 대한 효능감과 성취감을 경험할 수 있어서 주의집중에 도움을 줄 수 있다. 반대로 과도한 조기교육이나 선행학습, 자녀의 발달단계 수준을 뛰어넘는 부모의 과한 자극 제공도 주의집중력 문제를 야기한다. 가령, 초등학교 6학년 학생에게 중학교 3학년 수학 공부를 시키는 등의 과도한 조기교육과 지나친 선행학습은 학업에 대한 심리적 부담감을 주고 실제 학년의 학습내용에 흥미를 잃게 만든다. 이처럼 학습자의 능력보다 과도한 자극은 학생의 주도성과 자율성 발달을 촉진하기보다는 수동적 태도로 환경에 적응하게 하여 결과적으로 학습 흥미나 동기를 저하시키는 원인이 된다.

환경으로부터 가중되는 심리적 불안과 스트레스도 주의집중 능력의 발달을 저해한다. 가정이나 학교에서 교류하는 사람들과의 상호작용에서 경험하는 좌절과 실패 경험은 학습자로 하여금 심리적으로 위축하게 하여 주의가 산만해지고 과제에 집중하지 못하게 된다. 이러한 높은 불안과 스트레스는 사회적 상황에서의 적응력을 방해하는 요인이 된다.

생활환경이 지나치게 비구조화(수면 및 식사시간의 불규칙, 공부 장소 및 시간의 비체계화)되어도 주의집중 문제가 나타난다. 이러한 문제는 주 양육자가 주의집중 문제

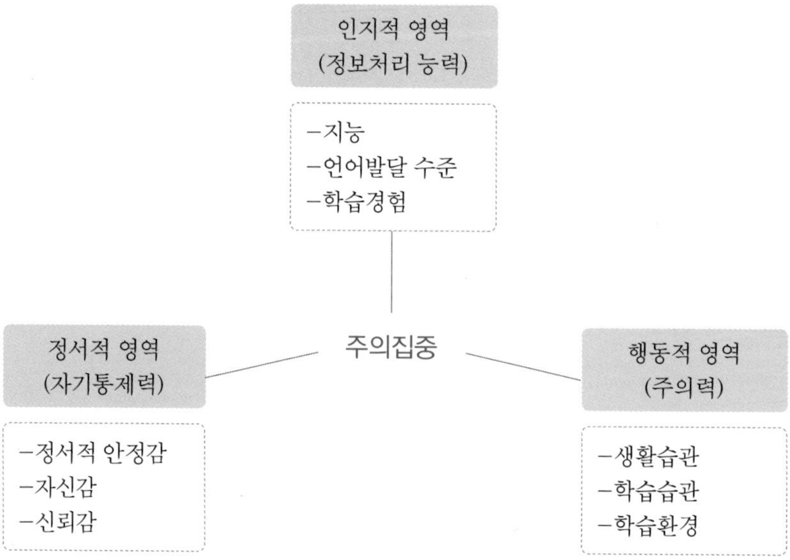

[그림 10-2] 주의집중력 문제의 환경적 요인

를 가지고 있는 경우, 학생의 환경관리 능력이 부족한 경우, 부모가 지나치게 바쁘거나 주어진 학습량이 학생의 현재 능력보다 넘어서는 경우 등에서 주로 나타난다.

주의집중력 문제의 환경적 원인을 다시 인지적 · 정서적 · 행동적 영역으로 구분하여 살펴보면 [그림 10-2]와 같다.

(1) 인지적 영역

주의집중 능력은 정보처리의 전 과정에 영향을 미치며, 주의집중 능력에 따라 정보처리의 효율이 달라질 수 있다. 정보처리 능력이 높은 학습자는 다양한 정보 중 중요한 정보를 빠르게 파악하고 주의의 초점을 잘 맞출 수 있고 많은 양의 정보를 장기기억할 수 있다. 반면, 정보처리 능력이 낮은 학습자는 중요한 정보와 중요하지 않은 정보를 구분하지 못하며 환경에 따라 주의가 쉽게 분산되기 때문에 제한된 작업기억의 용량으로 장기기억할 수 있는 정보도 적다. 인지적 영역에 해당되는 정보처리 능력은 지능, 언어 발달 수준, 학습 경험 등을 포함한다.

① 지능

정보처리 능력에 영향에 가장 큰 영향을 미치는 요인은 지능이다. 지능이 낮으면 정보처리 속도 및 효율이 떨어지기 때문에 주어진 과제를 정해진 시간에 끝내지 못하고, 학습 상황에서 교사의 설명과 학습내용을 이해하지 못하며 수업시간에 다른 생각을 한다거나 멍하니 앉아 있는 등 주의집중을 하지 못한다. 그렇다고 높은 지능이 무조건적으로 높은 주의집중 능력을 보장하는 것은 아니다. 높은 지능의 학습자에게 평균 지능 수준의 학생들에게 맞추어진 교육과정의 내용을 제시하면 과제의 난이도 및 흥미 간의 불일치로 수업에 집중하지 못해서 오히려 쉽게 산만해지기도 한다. 즉, 지능이 높은 학습자는 과제의 난이도나 흥미에 따라 오히려 집중력이 부족한 것처럼 보일 수 있다.

② 언어 발달 수준

언어 발달 수준 역시 정보처리 능력에 많은 영향을 미친다. 특히 말이나 글 위주의 정보처리가 많은 학습 상황에서는 어휘력 수준이 높고 어릴 때부터 적절한 수준의 문화적 · 교육적 자극을 받으며 많은 양의 독서를 한 학습자일수록 주의집중 능력이 높게 나타난다. 또한 언어 발달 수준이 높은 학습자는 자기통제 능력이 뛰어나다. 속말, 혼잣말이라고도 하는 내재적 언어는 내적 사고 과정을 조절하여 정보를 효율적으로 처리할 수 있다(Luria, 1961). 주의집중 능력이 높은 학습자는 과제를 수행하는 동안 과제와 관련된 내재적 언어를 활발히 사용하는 반면, 주의집중 능력이 낮은 학습자는 내재적 언어를 사용하지 않거나 과제와 관련이 없는 내재적 언어를 사용한다. 예를 들어, 주의집중 능력이 높은 학습자는 학교 수업 장면에서 '촌락은 시골의 마을이야. 높은 산으로 둘러싸인 마을은 버섯, 나물, 약초를 캐는 산촌이고, 농사를 주로 지으며 사는 마을은 농촌일 거야.' 또는 '수업이 조금 지루해지네. 조금 더 집중해 보자.'라고 내재적 언어를 사용한다. 반면에 주의집중 능력이 낮은 학습자는 '농촌? 시골인데.' '난 산이 좋은데…….' '지난 여름휴가 때 산에 올라가서 좋았는데……. 그때 마셨던 음료수 또 먹고 싶다. 산에 또 가고 싶다.'와 같이 다른 생각에 빠진다.

③ 학습경험

발달단계에서 적절한 정도와 수준의 교육적 · 문화적 자극을 받은 학습자는 이미 알고 있는 배경지식과 새로운 지식과 정보를 연결해서 새로운 학습을 이해할 수 있다. 배경지식과 정보가 많으면 새로운 자극 이외에도 익숙한 자극을 접하는 장면에서 새로운 발견과 통찰을 이끌 수 있기 때문에 결과적으로 더욱 높은 주의집중 능력을 발휘할 수 있다. 그러나 무리한 선행학습으로 학습자 능력 이상의 높은 학습능력을 요구하는 학습을 경험한 학습자는 자괴감과 미성취감을 경험하면서 오히려 학습에 대한 무관심과 학습 무기력으로 인한 주의집중 문제가 나타나기도 한다.

(2) 정서적 영역

정서(emotion)의 어원적 의미는 '움직이는 것'으로 정서 자체는 충동적으로 계속 변화된다. Goldman(1995)은 정서를 감정에 따르는 사고와 심리적 상태와 관련된 행동이며 자기 동기화하는 데 통제능력이 필요하다고 하였다. 주의집중 능력은 자신의 정서를 통제하는 힘인 자기통제력의 영향을 많이 받는다. 주의집중 능력은 새롭고 신기해서 호기심을 자극하는 과제를 수행하는 상황뿐만 아니라 반복되거나 어려운 과제를 수행할 때도 발휘되어야 한다. 그리고 현재의 욕구를 조절하여 미래의 긍정적 결과를 기대하면서 과제를 수행할 수 있어야 한다. 낮은 주의집중력은 자기통제력 부족에서 기인하는 것으로 자신의 욕구를 현실적 상황에 맞게 조절하는 힘이 부족한 것이다. 불안과 스트레스 정도가 학습자가 통제 가능한 범위 내에 있을 때는 주의집중 능력을 발휘할 수 있지만, 자신이 처한 환경이나 자신에게 주어진 역할이 자기통제력 밖에 있다고 인식하면 불안하고 무기력해져서 주의집중력이 낮아진다. 정서적 영역에서 자기통제력을 발달시키기 위해서는 정서적 안정감, 자신감, 의미 있는 타인에 대한 신뢰감 등이 필요하다.

① 정서적 안정감

정서적 안정감은 우울과 불안 등의 심리적 문제를 가지고 있지 않고 자기통제가 가능한 스트레스 수준을 갖고 있을 때 나타난다. 그러나 우울과 불안 등의 심리적 문제가 높을 때는 무력감을 자주 느끼며 낮은 활력 수준으로 인해 과제에 주의집중을 할 수 없다. 뿐만 아니라 자신이 통제하기 어려운 정도의 스트레스를 받고 있어도 주의집중을 할 수 없다.

② 자신감

자신의 능력에 대한 긍정적인 믿음이 자기통제력에 영향을 미친다. 자신감이 있는 학습자는 지루하고 어려운 과제를 수행할 때 쉽게 포기하지 않고 끝까지 해결하려고 한다. 자신의 능력보다 어려운 과제를 할 때도 도전적이고 성취 지향적인 태도를 보이며, 과제에 대한 높은 집착력과 인내력을 갖는다. 반면, 자신감 부족은 자신의 능력에 대한 믿음의 부족으로 결과에 대한 부정적 예측을 갖고 과제에 집중하기보다는 산만하게 행동하고, 반복되거나 어렵고 새로운 과제를 하면서 쉽게 포기하는 태도를 보인다. 또한 과제를 선택할 때는 자신이 쉽게 해결할 수 있는 과제를 선택하며 비난을 피하려고 한다. 이러한 선택은 성취 경험을 가지거나 자신감을 향상시킬 수 없으므로, 고학년이 될수록 자기통제력이 점차 낮아지게 된다.

③ 신뢰감

부모나 교사와 같은 의미 있는 타인(significant others)에 대한 신뢰감 역시 자기통제력에 영향을 미친다. 만일 자신의 행동에 대한 부모나 교사의 반응이 예측 가능하고 그러한 예측이 자신의 기대와 부합할 때 자기통제력이 발달될 수 있다. 가령, 학습을 수행하는 과정에서 부모로부터 칭찬을 받았던 경험이 있는 학습자는 게임을 하고 싶은 욕구를 참고 공부를 하는 행동을 선택한다. 그러나 부모의 반응이 일관성이 없으면 학습자는 부모의 반응을 예측할 수 없으므로 게임을 하고 싶은 욕구를 통제하지 못하고 공부를 중단하고 게임을 하며, 결국 자신의 행동을 조절하려는 노력은 낮아진다. 의미 있는 타인에 대한 즉각적인 반응이 없어도 현재의 욕구를 조절할 수 있는 자기통제력이 있어야 한다.

(3) 행동적 영역

주의집중 능력은 이미 습득한 생활습관과 학습습관의 영향을 많이 받으며 생활환경에 따라서도 달리 발달한다. 가족 및 학교 규칙이 엄격하여 자율성을 인정받지 못하거나 규칙이 체계적이지 않으면 내담자는 생활습관에서 시간을 효율적으로 사용한 경험의 부족으로 주의집중력이 낮은 모습을 보이게 된다. 생활공간이 무질서하고 정리 정돈이 잘되어 있지 않는 주변 사물로 인해 쉽게 주의가 산만해진다. 즉, 무계획적, 무질서로 인해 주의집중에 어려움을 가진다.

이러한 특징은 부모의 산만하고 규칙적이지 않는 생활행동 패턴 또는 일관적이지 못하고 안정적이지 못한 양육태도가 원인일 가능성이 크다. 시간과 공간을 체계적으로 잘 활용하지 못하는 부모의 자녀 또한 산만한 행동을 보인다. 그러므로 부모가 먼저 체계적으로 생활하는 모범적인 모습을 보여 주면 자녀의 주의집중력에 도움이 된다. 부모의 일관적이지 않고 불안정적인 양육태도는 미래에 대한 예측과 기대에 근거해 자신의 행동을 조절하는 방법을 배우지 못한 결과일 수도 있다. 그러므로 주의력 발달을 위해서 학습자가 생활하고 학습하는 공간, 생활습관 등을 체계화 · 구조화 · 조직화하며 가족 규칙을 만들어 일관성 있게 실생활에 적용하면서 생활환경을 점검하는 노력을 해야 한다.

3. 주의집중력이 높은 학습자와 낮은 학습자의 특징

집중력이 높은 사람은 주어진 과제를 마무리하기 위해서 오랜 시간 동안 한 가지 과제에 몰두하여 짧은 시간 내에 많은 일을 완수한다. 반면, 집중력이 낮은 사람은 한 가지 과제에 오랜 시간 열중하지 못하기 때문에 오랜 시간에 걸려 완수한다. 결국 정보처리의 효율이 떨어져 자신의 능력을 발휘하지 못한다.

집중력이 높은 사람은 다양한 자극 중에서 더 중요한 자극을 파악하여 선택적으로 집중하기 때문에 사소한 자극을 무시할 수 있다. 가령, 공부를 하는 동안 문 밖에서 들려오는 소음이나 주변의 이야기 소리 등을 무시하고 선생님 말씀이나 교과서에 선택적으로 집중한다. 그러나 집중력이 낮은 학습자는 주변의 소리에 반응하고 사소한 자극에 주의를 빼앗기기 때문에 오히려 중요한 자극을 놓친다.

집중력이 높은 사람은 눈앞의 작은 만족보다는 미래의 큰 만족을 위해 자신의 행동을 조절한다. 가령, 자기통제력이 높은 학습자는 과제를 하지 못했을 때 선생님께 들었던 꾸중이나 불편한 마음을 고려하여 지루함을 참고 과제 수행을 완료한다. 즉, 집중력이 높은 사람은 미래를 예측하여 자신의 행동을 조절할 수 있는 자기통제력이 높다. 반면에 공부를 하다가 배가 고파 간식을 먹으러 수시로 방에서 나오거나, 과제에 흥미를 잃어 휴대전화를 자꾸 만지고, 공부방 밖에서 들리는 소리가 궁금하여 밖으로 나오고, 컴퓨터 게임이 잘되지 않을 때 마우스를 던지는 등의 행동은 자신의 행동을 조절할 수 있는 자기통제력이 낮아서 일어나는 행동들이다.

주의집중력이 낮은 학습자들은 보통 일반적인 학습자보다 낮은 학업성취도를 보인다. 그 이유는 주변의 정보에 대한 선택적 주의를 기울이는 능력이 일반적인 학습자 보다 낮기 때문이다(김경옥 외, 2001, p. 16). 낮은 학업성취는 학교 및 학습 장면에서 자신은 무능력한 사람이라는 믿음을 갖게 되는 주요 원인이 된다. 자신에게 과업이 주어지면 '할 수 있다'는 생각을 가지고 노력을 하기보다는 실패할 것이라는 두려움과 부정적인 생각으로 인해 과제를 포기하고 부정적인 학업적 자기효능감을 갖게 된다. 이같이 자신의 능력에 대한 낮은 믿음이 있는 학습자들은 대체로 학습동기 저하, 새로운 과제에 대한 흥미와 노력 부족 등의 경향을 보인다. 이 외에도 다음

표 10-1 집중력이 높은 사람과 낮은 사람의 특성

구분	집중력이 높은 사람	집중력이 낮은 사람
의식을 집중하는 능력	높음	낮음
선택적 자극 능력	중요한 자극 파악 가능	중요한 자극 파악하지 못함
자기통제 능력	높음	낮음

과 같은 특징이 있다.

첫째, 부모, 또래 및 교사와의 상호작용 과정에서 부정적인 경험이 많다. 이러한 학습자는 타인을 신뢰하지 못하고 대인관계와 정서적인 어려움을 갖고 상호작용 과정에서 경계하는 특성을 보인다. 어떤 일을 수행했을 때 성공적인 경험이 부족하거나, 잦은 실수로 부모나 교사로부터 반복된 꾸중과 비난 등의 부정적 경험을 예로 들 수 있다.

둘째, 자존감이 낮고 방어적이다. 자신에게 집중하는 능력이 부족하거나 자신의 머리가 나쁘다고 생각한다. 이러한 귀인과정을 통해 자신에 대해 부정적인 인식을 갖고 상담에 대해 회의적인 태도로 상담과정에서도 주의집중력 문제가 나타난다. 주의집중이 부족하다고 스스로 인식하고 있는 학생이라면 이러한 자신의 모습을 타인에게 보여 주지 않으려는 방어적 태도를 보인다.

4. 주의집중력 문제에 대한 학습상담 절차

상담자는 주의집중력이 낮은 내담자의 특징을 잘 이해해야 한다. 주의집중 능력에 문제가 있는 내담자에게 이루어지는 학습상담과정은 다음과 같다.

1) 상담관계 형성

주의집중 능력에 문제를 가진 내담자와의 신뢰 있는 관계 형성은 세심한 계획과 노력에 의해 이루어져야 한다.

첫째, 상담에 대한 내담자의 부정적 · 방어적인 태도를 수용하고 공감해야 한다. 주변인들로부터의 상호작용 과정에서 비난, 처벌, 또래의 거부와 무시 등의 부정적 경험이 많은 내담자는 이러한 경험으로 인해 자존감이 낮고 타인을 신뢰하지 못하며, 방어적인 특성을 보인다. 특히 비자발적 내담자인 경우에 상담에 대한 불신과 거부가 나타날 수 있다. 그러므로 상담자는 상담에 회의적이고 상담과정에 집중하지 못하며 자신에게 부정적이고 방어적인 태도를 가진 내담자를 공감하고 수용해야 한다. 내담자 입장에서는 상담자가 그동안 부정적 상호작용을 해 왔던 부모나 교사와 비슷한 또 다른 성인으로 생각하기 때문에 처음부터 상담자에게 마음을 열기는 힘들다. 이런 경우 상담 장면에서 내담자가 상담과 상담자에 대한 불신을 주제로 다루는 것도 좋다.

둘째, 인간적이면서도 전문적인 모습을 보여 준다. 타인과 부정적 상호작용의 경험이 많은 내담자는 주의집중력이 낮은 이유를 자신이 원래 머리가 나쁘다거나 집중하는 능력이 없는 사람으로 인식하는 안정적인 내적 귀인과정을 통해 부정적으로 인식하기 쉽다. 상담과정에서 상담자가 제시한 과제나 준비사항을 수행하지 않거나 상담 시간을 잘못 알고 오는 경우가 많이 발생한다. 상담자가 주의집중력이 낮은 내담자의 특성을 이해하고 전문적인 지식과 태도로 상담을 구조화하고 따뜻하고 공감적인 모습을 보여 줄 때, 내담자는 상담을 통한 주의집중력 향상 및 성적 향상에 대한 확신을 높일 수 있다.

셋째, 내담자의 긍정적인 부분에 초점을 맞춘다. 모든 사람이 강점을 갖고 있듯이 주의집중력이 낮은 내담자 또한 강점을 가지고 있다. 내담자가 가진 강점이 발견되면 상담자는 적극적인 관심을 기울이고 그에 대한 이야기를 하도록 촉진한다. 이러한 과정에서 내담자는 자신에 대한 부정적인 인식이 아닌 강점에 주목하고 주의집중력이 높았던 상황, 시점이나 과제 등을 탐색해서 '할 수 있다'는 가능성을 인식한다. 즉, 주의집중이 낮은 것은 '특성(trait)'이 아닌 변화 가능한 '상태(status)'라는 것을 인식시켜야 한다.

2) 학습문제의 진단

(1) 면접을 통한 진단

① 학습 집중력 체크리스트

학습 집중력 체크리스트는 교사나 부모가 관찰한 내담자 모습을 바탕으로 작성하며, 내담자의 주의집중력 문제가 인지, 정서, 행동 중 어떤 영역과 밀접한 관계가 있는지를 파악할 수 있다. 학습 집중력 체크리스트는 집중력 정도를 객관적으로 평가하기 위해 활용되기보다는 집중력 부족의 원인을 찾기 위해 활용되어야 한다. 내담자가 체크한 문항의 내용을 확인하고 상담과정에서 구체적으로 탐색하면 집중력

표 10-2 학습 집중력 체크리스트

학생 이름		학년			성별	
작성자		학생과의 관계				
번호	문항	전혀 아니다	거의 아니다	보통	거의 그렇다	매우 그렇다
1	쉬운 말로 여러 번 반복 설명해도 이해를 잘 못한다.	1	2	3	4	5
2	친구 이름이나 지명 등을 잘 기억하지 못한다.	1	2	3	4	5
3	알고 있는 것도 말로 잘 설명하지 못한다.	1	2	3	4	5
4	보통 아이들에 비해 상식 수준이 낮다.	1	2	3	4	5
5	책 읽는 것을 싫어한다.	1	2	3	4	5
6	공부한 것에 비해 시험 성적이 낮다.	1	2	3	4	5
7	학교나 학원에서 이미 배운 것도 다시 설명해 주어야 한다.	1	2	3	4	5
8	주변 사물이나 환경에 대한 호기심이 적다.	1	2	3	4	5
9	대화나 토론을 싫어하고 혼자 있는 시간이 많다.	1	2	3	4	5
10	자기보다 어린 아이들과 어울려 노는 것을 좋아한다.	1	2	3	4	5
	합계	______ **점**				
11	감정 변화가 심하다.	1	2	3	4	5
12	다른 사람의 말에 신경을 많이 쓰고 쉽게 상처받는다.	1	2	3	4	5
13	기운이 없고 우울해 보인다.	1	2	3	4	5
14	재미있고 편안하게 놀 만한 친구가 없다.	1	2	3	4	5
15	부정적인 생각을 많이 한다.	1	2	3	4	5
16	부모나 교사에 대한 불만이 많다.	1	2	3	4	5
17	자기의 능력을 낮게 평가하고 자신 없어 한다.	1	2	3	4	5
18	사소한 일에도 잘 운다.	1	2	3	4	5
19	짜증을 많이 낸다.	1	2	3	4	5
20	겁이 많고 쉽게 불안해한다.	1	2	3	4	5
	합계	______ **점**				
21	교과서, 필기구, 준비물 등 학습에 필요한 것들을 잘 잃어버린다.	1	2	3	4	5
22	한자리에서 진득이 공부하지 않고 여기저기 옮겨 다닌다.	1	2	3	4	5
23	공부방과 책상이 잘 정리되어 있지 않다.	1	2	3	4	5
24	공부 중에 자세가 자주 흐트러지고 산만해진다.	1	2	3	4	5

25	공부시간이 규칙적이지 않고 들쭉날쭉하다.	1	2	3	4	5
26	밥을 잘 안 먹으려고 한다.	1	2	3	4	5
27	잠을 충분히 자지 못하거나 불규칙하게 잔다.	1	2	3	4	5
28	알림장이나 숙제를 잘 챙기지 않는다.	1	2	3	4	5
29	탄산음료나 색소가 첨가된 과자를 많이 먹는다.	1	2	3	4	5
30	책가방에 책과 학용품이 뒤죽박죽 섞여 있다.	1	2	3	4	5
	합계	______ **점**				

출처: 김동일 외(2011), p. 209.

◎ 채점 및 해석

※ 1~10번: 정보처리 능력(집중력의 인지적 요소)에 해당한다. 지능과 언어 발달 수준의 영향력과 관련된다. 합산 점수별 해석은 다음과 같다.

- 10~19점: 정보처리 능력이 높은 편이다. 정보처리 능력 부족으로 인한 집중력 저하가 예상되지 않으며, 현재의 학습 수준과 분량을 적절히 소화하고 있다. 어릴 때부터 적절한 수준의 교육적·문화적 자극을 받아 왔을 가능성이 높다.
- 20~31점: 정보처리 능력이 보통이거나 약간 부족한 편이다. 현재 수준이나 분량이 자신의 정보처리 능력에 비해 다소 벅찰 수 있다. 학습자의 정보처리 능력에 맞추어 학습 수준과 분량을 낮추고 부족한 정보처리 능력을 높여 주어야 한다.
- 32~50점: 정보처리 능력이 매우 부족한 편이다. 학교나 학원의 학습내용을 이해하지 못하고 넘어가는 경우가 많다. 현재의 정보처리 능력을 고려하지 않은 채 학습시킬 경우 학습결손이 누적되어 집중력 저하가 심화될 수 있다. 객관적 정보처리 능력을 파악하기 위해 지능검사 등을 통해 학습자의 객관적 정보처리 능력을 파악해서 현재의 능력과 맞지 않는 학습 활동을 중단하고 근본적인 정보처리 능력 향상을 위한 노력을 시작하는 것이 바람직하다.

※ 11~20번: 자기통제력(집중력의 정서적 요소)에 해당한다. 자신감, 정서적 안정감, 주변 사람에 대한 신뢰감 등과 관련된다. 합산 점수별 해석은 다음과 같다.

- 10~19점: 자기통제력이 높은 편이다. 불안, 우울 등 정서적 문제로 인한 집중력 저하가 예상되지 않는다. 자신과 주변 사람에 대한 믿음이 있기 때문에 감정 변화가 심하지 않고 정서적으로 안정되어 있다.
- 20~31점: 자기통제력이 보통이거나 약간 부족한 편이다. 기분이나 상황에 따라 집중력 기복이 심할 수 있고, 스트레스를 받으면 집중력이 크게 낮아진다. 자신의 기분을 적절히 조절하고 다스릴 수 있도록 도와주고, 스트레스 관리 전략을 가르치는 것이 필요하다.
- 32~50점: 자기통제력이 매우 부족한 편이다. 우울, 불안, 스트레스 등을 많이 느끼고 있으며, 정서적으로 불안정할 수 있다. 자신과 주변인에 대해 불만이 많고 미래를 비관적으로 생각하는 경향이 있어 감정 변화가 심하다. 심리상담 등을 통해서 정서적 안정감과 자존감을 높여 주어야 집중력이 높아질 수 있다.

※ 21~30번: 주의력(집중력의 행동적 요소)에 해당한다. 생활 및 학습습관, 환경과 관련된다. 합산 점수별 해석은 다음과 같다.

- 10~19점: 주의력이 높은 편이다. 규칙적이고 안정적인 환경에서 생활하고 있으며, 자연스럽게 바람직한 생활습관과 공부습관을 형성하고 있다.
- 20~31점: 주의력이 보통이거나 약간 부족하다. 바람직하지 못한 생활환경이나 학습습관으로 인해 학습 능률이 떨어지고, 공부한 만큼 성적이 나오지 않는 경우가 많다.
- 32~50점: 주의력이 매우 부족하다. 집중하기 매우 힘든 환경 속에서 생활과 학습을 하고 있을 가능성이 높다. 바람직하지 않는 공부 환경과 습관으로 인해 집중하는 데까지 시간이 오래 걸리고 주의가 쉽게 흐트러질 수 있다. 학습환경 및 습관을 분석해서 단계별로 수정해 나가야 한다.

부족의 원인을 파악하고 개입전략을 수립하는 데 도움이 된다. 〈표 10-2〉는 학습 집중력 간단 체크리스트다.

② 일일 분석

일일 분석을 통해 내담자가 현재 어떻게 생활하고 있고 어떤 활동에 더 잘 집중하고 있는지를 분석한다(〈표 10-3〉 참고). 일일 분석은 우선 일주일 시간을 시간대별로 구체적으로 어디서(장소), 무엇(활동)을 했는지 기록한다. 월요일부터 금요일까지 학교 수업이 있다면 학교 수업이라고 적지 않고 학교 시간표를 그대로 적는다. 동영상 강의를 시청했다면 과목, 교재, 페이지 수, 강의 내용 등을 구체적으로 적는다. 그리고 활동별로 내담자가 얼마나 집중했는가를 평가한다. 집중 정도는 집중을 전혀 못한 경우를 0, 그리고 완전히 몰입한 경우를 10으로 가정하여 0부터 10 사이의 숫자를 표시한다. 평가 숫자의 범위는 0~10점 또는 0~100점 중 내담자 스스로 정한다. 평가 숫자를 기록하고 집중하지 못한 이유와 집중이 잘 되었을 때 자신의 느낌 등을 함께 기록한다. 그리고 집중을 잘 못했을 때와 잘 되었을 때의 공부환경(주변 소리, 불빛, 장소), 내담자의 기분(예: 실망스러움, 자괴감, 뿌듯함, 대견스러움, 만족감), 과목, 학습내용 등을 기록한다.

일일 분석을 통해 내담자가 가장 집중할 수 있는 시간대(골든타임)와 가장 집중을 못 하는 시간대를 파악하는 것이 매우 중요하다. 스스로 집중하지 못한 원인을 찾고, 보다 집중하는 데 적절한 시간대에 활동을 할 수 있도록 일일 분석을 다시 계획하는 과정이 필요하다. 예를 들어, 주말에 친구들과의 약속으로 인해 금요일 오후 8시에는 집중이 잘 안 되는 것이 확인되었다면 그 시간에는 집중력이 많이 필요한 공부 대신 내담자의 강점 과목이나 배경지식이 많은 과목을 공부하는 것이 집중력에 도움이 된다.

그러나 모든 내담자가 자신의 과거 활동을 회상하는 능력이 있는 것은 아니다. 주의집중력이 낮은 내담자일수록 자신의 과거 활동을 회상하고 분석하는 능력이 부족하므로, 상담 초기에 보호자의 도움이 필요하다. 이런 내담자는 매 상담 시간의 초반에 일일 분석을 반복적으로 하도록 상담 시간을 구조화하여 내담자의 일일 분석 능력을 높여 준다.

표 10-3 일일 분석표 예시

구분	월	화	수	목	금	토	일
AM 06:00							
07:00	기상 등교 준비						
08:00	등교						기상
09:00	국어						아침 식사
10:00	역사						
11:00	사회						
12:00	점심 식사						
13:00	수학						휴식 시간
14:00	역사						
15:00							
16:00	하교 수학 학원						
17:00							사회 복습
18:00	영어 학원						
19:00	저녁 식사						저녁식사
20:00	수학 복습						
21:00	휴식						국어 복습
22:00	영어 복습						독서
23:00	취침						
24:00							취침

(2) 심리검사를 통한 진단

지능검사는 주의집중 문제를 진단하기 위한 대표적인 검사이며, 주의집중력 문제가 인지적 영역에서 기인하는지를 알아보는 데 유용한 심리검사이다. 다양한 심리검사에 대해서는 제8장에서 다루고 있다.

3) 상담목표의 설정

학습상담의 목표는 단순히 성적 향상에 그치지 않고 학습을 포함한 생활 전반의 적응능력 향상을 위한 것이다. 상담목표를 수립할 때는 내담자의 의견을 적극적으로 반영하되, 현실적으로 수행 가능한 선에서 조정한다. 그리고 상담목표는 변경 가능하기 때문에 상담과정 중에 상담목표의 적절성을 평가하여 수시로 재조정하도록 한다.

주의집중력 향상을 위한 상담목표는 크게 단기, 중기, 장기 목표로 구분한다. 예를 들어, 단기 목표는 현재의 낮은 주의집중력을 높이는 것이다. 중기 목표는 주의집중력 향상을 통해 6~12개월에 도달하고자 하는 학업성취 수준이 포함된다. 장기 목표는 학습을 포함한 생활 전반의 적응 능력 향상을 포함해 진로계획에 부합하는 수준의 학업성취를 이루는 것이다.

4) 개입전략 설정 및 개입

(1) 내재적 언어를 통한 자기통제력 향상

내재적 언어는 학습자가 혼자 생각하는 말의 형태로 흔히 혼잣말이나 속말과 같은 의미로 쓰인다(김동일 외, 2011). 언어는 합리적 · 논리적 사고를 위한 내적인 조정자나 도구의 역할을 수행하는데, 특히 문제를 해결이나 정교한 특정 행동을 위해 기대받는 상황에서 자기대화(self-talk) 형식을 갖는다. 내재적 언어를 통한 자기조절 능력은 연령이나 내담자의 특성 등의 영향을 받으며 언어를 활용하는 능력이나 준비도에 따라 개인차가 크게 나타난다. 내재적 언어를 교수화하기 위한 방법으로는 자기교시 훈련, Think Aloud(소리 내어 생각하기) 등이 있다. 이러한 훈련방법들의 공통점은 학습자들이 문제를 해결하기 위해 필요한 생각을 도출하기 위해 단계

별로 생각을 나누고 자기 자신과의 대화를 촉진하는 것이다. 내담자의 특성과 해결해야 할 문제의 성격에 따라 적절한 훈련방법을 선택하면 된다.

① 자기교시 훈련

자기교시(self-statement) 훈련은 비합리적인 자기 진술을 합리적인 자기 진술로 이끌어 가는 방법이다. 외면화 형태로 제시되었던 언어가 점차 내면화되어 내적 대화로 이루어진다. 자기교시는 학습자가 스스로에게 하는 내재적 언어를 적극적으로 활용하여 행동을 바르게 바꾸는 것이다(김유경, 최근배, 2012). 내담자의 자기 언어를 변화시키는 것에 초점을 두고 자기 진술이 곧 자신의 행동에 영향을 미친다는 것을 중요시 여긴다(박경애, 2013). 이 훈련은 학업성적이 낮은 학생, 정신능력과 언어적 능력이 낮은 학생, 충동적 학생에게 더욱 효과적이다. 초등학교 3학년 수학 학습부진아를 대상으로 한 연구 결과(이경미, 2007), 내재적 언어를 계속 사용함으로써 과제에 접근할 수 있게 되어 문제해결과 분수 학습능력 유지에 긍정적 영향을 주었다. 학습자가 과제를 수행하면서 마음속으로 계속 말을 하므로 확신이 증가하고 계속되는 사고과정을 스스로 통제할 수 있기 때문에 적극적인 점검을 할 수 있다. 이처럼 학습자가 자기 자신에게 계속 말을 하는 것은 자신의 행동 변화를 할 수 있게 하는 선행조건이 된다. 그러므로 학습자는 자신의 생각, 느낌, 행동 방식 그리고 다른 사람들이 학습자에게 바라는 행동을 알아차릴 수 있게 된다.

자기교시 훈련의 절차는 다음의 5단계를 통해 다양한 상황에서 자신의 행동을 조절할 수 있다(Meichenbaum & Goodman, 1971).

- 1단계 문제 정의 단계: "무엇을 해야 하는가? 문제는 무엇인가?"
- 2단계 문제에 대한 접근 단계: "모든 가능한 답을 살펴보자. 내가 지금 하는 것만 생각하자. 집중하자."
- 3단계 답의 선택 단계: "답을 하나 고르자."
- 4단계 답의 검토 단계: "답을 검토하자."
- 5단계 자기강화 단계: "아, 잘했군. /아, 실수했군. 다음에는 더 천천히 하고 좀 더 집중하여 바른 답을 고르자."

② Think Aloud 훈련

Think Aloud(소리 내어 생각하기)는 신념, 문제해결, 기대, 자기대화 등과 같은 인지적 활동과 외현적 행동에 관심을 둔 인지적 문제해결 과정에서 언어를 기초로 한 문제해결 접근법과 인지적 모델링을 기초로 한다. 자기 자신의 사고과정을 내재적 언어로 표현함으로써 이를 인지 및 사회적 문제해결 능력에 결합한 접근법이다. 이 방법은 자신의 문제를 해결하는 과정을 분석한다. 그리고 문제를 해결하면서 동시에 떠오르는 생각을 말로 표현함으로써 문제해결의 수행을 촉진하게 되고, 주어진 과제에 문제해결 과정에서 인지과정을 점검하고 수행을 촉진하여 문제해결에 도움을 준다.

- 문제 정의: "내가 해결해야 할 문제는 무엇이지? 나는 무엇을 해야 할까?"
- 문제 탐색: "나의 계획은 무엇이지? 나는 그것을 어떻게 해결해야 할까?"
- 자기점검: "나는 나의 계획을 활용하고 있는가?"
- 자기평가: "나는 어떻게 했는가?"

(2) 정서 및 동기 조절 능력 향상

학습자의 정서 및 동기를 조절하기 위해서는, 첫째, 학습자가 경험한 과거를 회상하고 현재 정서와 동기에 미치는 원인을 파악하여 동일한 상황에서 발생될 수 있는 미래를 예견할 수 있는 능력이 필요하다. 둘째, 학습자의 비합리적 신념을 깨닫도록 돕고 객관적이고 타당한 관점을 갖도록 돕는다. 합리적인 사고를 통해 동기화할 수 있도록 돕는 것이다. 즉, 주의집중 원인을 자신의 노력으로 찾도록 하는 것이 중요하다. 셋째, 자신이 바라는 미래에 대해 구체적으로 계획할 수 있게 도와주어 행동이 동기화될 수 있게 한다. 넷째, 심리적 문제가 있는 경우 심리상담을 통해 환경 내 스트레스원(stressor)을 관리하고 심리 내적 에너지 회복을 돕는다.

(3) 자기 모니터링 지도

주의집중력을 높이기 위해서는 자신의 집중력 상태를 스스로 모니터링할 수 있어야 한다. 상담자는 상담 장면에서 학생의 주의집중력과 관련된 행동을 관찰해서 알려 주고 집중하고 있는 것과 그렇지 않은 것의 차이를 스스로 인식하도록 돕는다. 자신의 주의집중력에 대한 관찰 및 평가를 통해 주의집중력을 통제할 수 있도록 한다.

(4) 학습전략 향상

① 학습능력 및 누적된 학습량이 부족한 학습자

주의집중력이 낮은 학습자는 같은 학년에 비해 주의집중할 수 있는 기억량이 부족하기 때문에 학습능력이 부족하거나 그동안의 학습량이 많지 않다. 특히 누적된 학습량이 부족한 학습자는 새로운 지식과 연결할 배경지식이 부족하므로 학습내용을 이해하지 못한다. 그러므로 이들은 수업시간에 주의집중을 하지 못하고 다른 생각을 하거나 산만한 행동을 한다. 예를 들어, 주의집중이 부족한 중학교 2학년 학생이라면 상담 전략 개입에서 누적된 학습을 점검한 후 선수학습의 결손을 보충하고 수업시간에 집중할 수 있도록 한다. 그리고 수업시간에 주의집중력을 향상시키기 위해 예습을 시키는 등의 학습자에게 맞는 학습전략을 제공한다.

이들은 또한 대부분이 말과 글로 이루어진 수업과 교재를 이해하기 위해서 어휘력과 독해력을 우선적으로 신장시킬 필요가 있다. 가령, 중학교 2학년 내담자에게 국어 또는 사회 교과서를 읽게 한 후에 학습자의 어휘력 및 독해력을 점검해 본다. 학교나 학원에서 내용을 제대로 이해하지 못하는 학습자는 개별 학습을 통해 내용을 다시 한번 정리하고 이해할 수 있도록 돕는다. 어휘력 및 독해력을 향상시키기 위해서는 교과서를 읽으면서 모르는 단어를 표시 후에 그 뜻을 찾아서 노트에 정리하는 습관을 기르도록 한다. 그리고 교과서의 사진, 그림, 도표 자료 등이 교과 내용을 이해하는 데 도움이 된다는 사실도 알려 준다. 이 외에도 학습자가 관심이 있는 분야의 도서를 선택하여 읽게 함으로써 글에 대한 부담감을 줄이고 어휘력을 향상하는 데 기여할 수 있다.

② 특정 능력 저하로 인해 낮은 집중력을 보이는 학습자

이들은 전반적인 학습능력이 지체되어 있기보다는 특정 영역에서 요구하는 학습능력이 부분적으로 지체되어 있으므로 특정 인지능력을 높이기 위한 노력을 함께 해야 한다. 인지능력이 낮은 과목을 점검한 후에 낮은 시기 및 원인을 파악한다. 그리고 선택이 가능하다면 학습자의 능력으로 충분히 학습할 수 있는 과목을 먼저 공부하면서 주의집중을 향상시키고 난 뒤에, 특정 영역에서 낮은 과목을 학습하면서 잘했을 때의 학습 장면을 떠올리게 하면서 학습의 집중력을 향상시킨다. 예를 들어, 수학에서 수와 연산 단원의 능력은 있으나 공간지각적 정보를 처리하는 능력이 낮아 도형 단원에서 어려움을 보인다고 가정하자. 이런 학습자에게는 전개도를 직접 그려 보고 도형을 만들어 시각적으로 확인하게 한 후 내용을 이해할 수 있게 한다.

③ 효과적인 학습전략을 사용하지 않는 학습자

사용하고 있는 학습전략을 점검한 후에 본인에게 맞는 학습전략을 적용할 수 있게 한다. 중심 내용 파악법, 요약 및 노트 필기법, 암기법 등과 같은 인지 학습전략과 목표 설정, 계획 수립, 자기 관찰, 결과 평가, 자기 강화 등의 초인지 학습전략 등을 적용하여 학습할 수 있도록 지도한다. 예를 들어, 사회 과목을 공부하는 학습자가 문제집의 학습요약만 읽고 나서 문제를 풀거나, 문제를 먼저 풀다가 모르는 내용만 학습요약 부분을 찾아 보고 나서 문제를 푼다고 가정하자. 이 내담자에게는 먼저 학습목표를 점검 하고, 교과서를 읽으며 전체 내용을 이해하고, 내용을 조직화 · 정교화하는 방법을 익히게 한다.

(5) 좋아하는 과목부터 작은 단위로 나누어서 시작하기

주의집중력이 낮은 학습자는 학업 성취감이 낮으므로 스스로에 대한 자신감뿐만 아니라 학습동기도 부족하다. 이러한 내담자에게는 공부할 과목 중 쉽게 도전할 만한 재미있는 과제를 먼저 시작함으로써 스스로 '할 수 있다'는 가능성의 경험을 갖게 한다. 만약에 성적을 향상시키기 위해서 어렵거나 흥미가 낮은 과목부터 공부를 한다면 낮은 학업적 자기효능감으로 자신의 능력을 믿지 못하고 쉽게 좌절하기 쉽다. 반복된 학습의 부정적 경험은 학습동기 및 주의집중력을 저하시킨다.

내담자가 잘하거나 좋아하는 과목이 없다면 좋아하는 교사의 과목, 내담자가 관심 있는 학습내용, 잘하고 싶은 과목 등을 파악한 후에 이를 먼저 시작하게 한다. 그리고 내담자의 주의집중 시간을 파악하여 그에 맞게 학습량을 쪼개는 방법을 알려준다. 작은 단위로 쪼개진 과제를 마무리하고 성취감과 만족감을 느낀 후에 또 다른 과제를 시작하도록 하면 주의집중 시간이 오래 지속되게 된다. 이때 긍정적인 마음을 가지면서 '잘하고 있군!' '공부가 잘되고 있군!'과 같이 자신에게 말을 해 주면 도움이 된다.

(6) 공부 환경 및 방해요인의 점검 및 관리

주의집중력이 낮은 학습자는 환경 내에서 존재하는 다양한 자극 중에서 사소한 자극에 의해 쉽게 주의가 흐트러지는 특성이 있다. 이러한 학습자는 공부 환경을 점검하여 가능한 한 방해 자극이 없는 깨끗하고 조용하며 쾌적한 공간에서 학습하도록 한다. 공부 시작 전에 책상 위를 깨끗이 치우며 공부에 필요한 물건 외에는 놓지 않도록 주변 정리를 한다. 가령, 공부하는 책상 위에 화장품 또는 잡지책 등이 놓여 있다면 물건들을 학습자가 보이지 않는 곳으로 치운다.

주의집중 능력을 방해하는 요인이 누구에게나 방해가 되는 일반적 방해요인인지 개인적 방해요인인지 분석하고 이에 맞게 주의집중을 할 수 있는 환경으로 변화시켜야 한다. 일반적 방해요인의 예로는 밖에서 들리는 시끄러운 공사 소리, 동생의 큰 목소리 등이며, 개인적 방해요인은 일반적인 사람에게는 방해요인이 안 되지만 본인에게만 방해가 되는 요인이다. 상담자는 내담자의 개인적 방해요인을 확인하기 위해서 내담자의 방해요인을 적도록 한다. 이때 방해요인이 내적인지 외적인지 구분하여 적는다. 내적 요인일 때 책임감을 갖고 집중하고자 하는 의지가 강하게 된다. 이후 내담자의 주의집중을 방해하는 요인이 무엇인지 통찰하고 이를 변화시키고자 내담자에게 분석하는 과정이 제공되어야 한다. 〈표 10-4〉는 일반적인 사람에게 적용되는 방해요인을 열거한 것이다. 나머지 빈칸에는 내담자가 생각하는 다른 방해요인을 작성하도록 한다. 상담자는 이러한 표를 내담자와 함께 작성하며 방해되는 자극의 정도를 0~100점의 점수로 매겨 보도록 하면서 상담을 진행한다. 상담 과정을 통해 내담자로 하여금 자신의 주의집중력에 영향을 미치는 환경을 통찰하고 이를 변화시키는 동기를 갖게 하기 위해서는 내담자에게 생각하고 분석할 수 있는 시간을 충분히 제공한다. 예를 들어, 내담자가 음악에 70점을 주었다면 어떤 음악을 주로 듣는지, 특히 방해가 되는 음악의 종류가 무엇인지, 방해가 되는 줄 알면서도 음악을 듣는 이유가 무엇인지 등을 탐색한다. 주의집중력을 높이기 위해 음악을 아예 듣지 않게 하는 게 아니라, 음악을 관리할 수 있게 해 준다.

표 10-4 집중력 방해 요인의 예

번호	방해 요인(내적 · 외적)	점수	구체적 내용 혹은 이유
1	TV소리(외적)	90	가족이 TV 보는 소리
2	전화소리(외적)	70	동생이 친구와 통화하는 소리
3	소음(외적)	60	공부방이 도로와 근접하여 들어오는 차 소리나 경적소리
4	정돈되지 않은 방(외적)	10	별로 신경 쓰이지 않음
5	정돈되지 않은 책상(외적)	70	책상 위 물건들에 손이 자꾸 감
6	채광(외적)	50	방의 불빛이 어두움
7	온도(외적)	60	방이 추워서 의자에 앉아 공부할 수가 없음
8	음악(내적)	70	음악을 들어야 집중이 되어 음악을 듣다 보면 어느새 노래에 집중하고 있음
9	공부에 대한 부모님의 압박(외적)	50	부모님이 하신 공부에 대한 이야기가 계속 생각이 남
10			

출처: 이재규 외(2013).

(7) 공부시간의 관리

생활을 단순화하여 정해진 시간에 정해진 활동을 하고, 집중을 가장 잘할 수 있는 시간을 확보하는 습관을 들인다. 집중하는 시간은 학습자마다 각각 다르다. 그러므로 학습 시간에서 자신이 집중을 가장 잘 할 수 있는 골든타임(golden time)을 정해서 학습을 한다. 운동을 좋아하는 학습자인 경우 학습 전에 운동을 하여 땀을 배출한 후에 학습을 하면 집중력에 도움이 된다. 시간 계획을 세우고 점검하는 시간관리 전략을 활용하여 주의집중 능력을 향상시킨다. 자세한 내용은 앞서 살펴본 일일 분석과 〈표 10-3〉을 참고한다.

(8) 생활습관의 관리

낮은 주의집중력을 갖고 있는 학습자는 식습관과 수면시간과 같은 기본적인 생활습관이 제대로 형성되어 있지 않다. 주의집중력을 향상시키기 위해서는 수면과 식사 등의 일상생활이 규칙적이어야 한다. 충분한 수면과 균형 잡힌 식단은 생리적 욕구를 충족시키고 학습 장면에서 오랜 시간 책상에 앉아 있어야 하는 체력을 길러서 주의집중력을 발휘할 수 있게 한다. 학습자의 현재 수면 시간을 파악하기 위해서는 수업시간의 집중도와 오전 수업시간의 집중도, 쉬는 시간의 활용 등을 확인한다. 새벽 두세 시까지 휴대전화 사용을 하고 7시에 기상하여 등교를 하는 학습자는 아마도 수업시간에 몽롱하여 주의집중하는 데 힘들어할 것이다.

또한 많은 학습자가 아침을 거르고 등교하여 배고픔으로 인스턴트 간식과 탄산음료 등을 사 먹는 잘못된 식습관을 가지고 있다. 아침을 거르게 되면 지나친 배고픔으로 주의집중력에 방해요인이 된다. 이렇듯 학습자의 반복된 불규칙적인 수면과 식습관은 주의집중력을 낮게 하는 악순환이 된다. 그러므로 주의집중력을 위해 올바른 식습관과 규칙적인 수면 습관이 중요하며 이를 조절할 수 있도록 한다. 자세한 내용은 제13장 '생활관리' 절에서 다루고 있다.

5) 사례관리

주의집중력은 시간과 공간 등의 물리적 환경 그리고 가족이나 친구 등과의 심리적 환경에 따라 변화하기 쉽다. 그러므로 상담을 통해 주의집중 능력이 향상되었다고 하더라도 이것이 어떤 상황에서도 지속될 것이라는 기대를 할 수 없다. 그러므로 내담자 스스로 자신의 주의집중 상태를 지속적으로 모니터링하도록 연습시키고 집중력이 낮아질 때는 전략방법을 활용하거나 상담 등의 도움을 받도록 한다.

5. 주의집중 향상 전략

1) 수업시간 집중하기

수업시간에 집중하는 전략으로는 자리 이동하기, 15분 집중하기, 수업내용 모두 적기, 핵심 단어 집중해서 수업 듣기 등이 있다.

첫째, 자리 이동하기 전략은 수업시간에 교사와 가깝고 눈에 잘 띄는 자리에 학생을 앉히거나 이동하기 힘든 자리에 앉히면 지루하거나 산만한 행동을 하고 싶어도 교사의 눈에 잘 보이기에 의식적으로 조심하게 되어 수업시간에 집중하게 된다.

둘째, 학습 흥미와 동기가 낮고 수업내용을 이해하지 못하는 학습부진아는 수업시간 전체에 집중하기는 매우 힘들다. 그러나 '15분 집중하기'처럼 수업시간의 일부분만 집중하게 하면 집중에 대한 부담감을 적게 느낀다. 실제 15분의 집중을 경험하면서 '할 수 있다'는 성취감을 갖고 집중시간을 점차 20분, 25분으로 늘려 가면 집중하는 데 도움이 된다. 그러나 15분의 집중도 부담이 되는 학생에게는 3분 집중하기, 5분 집중하기와 같이 스스로 목표를 세워 보고 이를 수업시간에 2번 이상 시도해 보도록 격려한다면 장기적으로 수업에 집중할 수 있다.

셋째, 수업에 집중하고 싶으나 수업내용을 이해하기 힘들 때 집중력이 낮아진다. 이때 사용하는 전략으로 수업시간에 교사가 말하는 내용을 모두 적어 보게 한다. 수업내용을 적기 위해서는 손을 계속 움직여야 하기 때문에 집중해야만 가능하다. 이렇게 하면 수업시간에 계속 집중할 수 있으며 이러한 반복적인 활동이 수업내용을 이해하는 데 도움이 된다.

넷째, 핵심 단어에 집중해서 수업 듣기이다. 수업시간에 교사의 말에 특별히 집중하는 것이다. 예를 들어, "이 내용은 중요한 것이다." "시험에 이런 유형이 나온다." "밑줄 그어라." 등의 교사의 말에 집중하는 연습을 해 보면서 중요한 사항에 집중하는 것이다.

2) 스스로 공부할 때 집중하기

혼자 공부할 때 방해하는 가장 큰 요인은 잡념이다. 이러한 잡념을 없애기 위해서는 알람 시간 정하기, 마음 진정하기, 잡념 노트 활용하기 등의 방법이 있다. 첫째, 알람 시간 정하기는 자신이 집중할 수 있는 최소 시간을 정해 놓고 목표를 세우고 알람을 설정한다. 예를 들어, 알람이 울리기 전까지 책상에서 일어나지 않는다. 처음에는 알람 시간을 짧게 설정해도 상관이 없다. 자신이 최소한으로 집중할 수 있는 시간을 설정하여 적어도 그 시간 동안 집중하는 연습을 할 수 있고 점차 시간을 늘려 가면서 사용한다. 의욕에 앞서 처음부터 긴 시간을 목표로 설정한다면 집중시간에 대한 부담감으로 오히려 효과를 보기 어렵다. 목표를 달성했다면 스스로에게 칭찬을 하도록 격려한다. "잘했어!"와 같이 격려한다.

둘째, 마음 진정하기는 복식호흡을 하는 연습을 통해 공부 시작 전에 마음이 안정된 상태를 갖는다. 마음이 들뜨거나 심란한 상태에서는 집중이 잘되지 않으므로 눈을 감고 집중했던 자신의 모습을 떠올려 본다거나, 목표를 달성해서 기분이 좋았던 감정을 떠올려 보면서 훈련한다.

셋째, 잡념 노트 활용하기는 혼자 공부할 때 사용하면 가장 효과적인 노트 전략이다. 공부를 할 때 종이나 메모지를 준비하고 공부를 하다가 잡념이 나면 그때그때 떠오르는 잡념을 노트에 적어 둔다. 예를 들어, 잡념이 떠오를 때마다 ∨ 표시 등 각자 나름의 표시를 종이에 하는 것이다. 잡념을 노트에 적거나 ∨ 표시를 함으로써 공부를 하면서 잡념을 한다는 것을 스스로 인식할 수 있으며 공부 중에 갑자기 일이 생각난다면 그 생각을 공부가 끝난 뒤 해도 된다는 생각으로 공부를 계속해서 집중할 수 있게 도움을 준다(박동혁, 2006). 그리고 휴식 시간에 종이에 적어 두었던 잡념의 내용을 읽어 보면서 집중에 방해되는 내용이 무엇이지 알 수 있으며 공부할 때마다 표시한 개수가 줄어든다면 좀 더 공부에 집중할 수 있는 동기화가 된다.

제11장
평가불안

불안(anxiety)은 보편적인 감정으로 일상생활에서 누구나 경험하는 불쾌하고 고통스러운 감정이며 미래의 불확실한 상황에 대한 긴장상태다. 불안은 특정 상황에서 자신의 안전에 어떤 실제적인 위협과 상상적 위협을 받는다고 여겨지거나 좋지 않은 일이 예상될 때 생기는 긴장된 경험이다. 또한 불안은 외부 정보에 대해 개인의 안전과 보안을 위협하고 위험한 존재로 인식하여 신체적 · 심리적 반응을 야기한다. 사회적 환경에서 불안은 사람들마다 다양한 형태로 나타난다. 일반적으로 사람들이 경험하게 되는 적절한 불안은 정상적인 것으로 주의를 기울이게 하여 상황을 대처하게 하는 동기화로 수행을 향상시킨다. 시험에 대한 적절한 불안 수준은 학생의 학습행동을 동기화하기도 하지만 불안의 정도가 심해지면 학생에게 좌절과 갈등을 발생시킨다. 또한 발표와 토론 등 다른 사람들 앞에서 자신의 의견을 표현하거나 타인으로부터 평가가 이루어지는 상황에서 발생하는 긴장감으로 인해 신체적 · 심리적 반응을 일으키기도 한다. 신체적 반응으로는 호흡 증가, 떨림, 근육긴장, 땀 흘림이며, 심리적 반응으로는 상황에 직면하여 지나친 걱정과 무력감을 경험한다(신현정, 2020).

평가불안(evaluation anxiety)은 타인의 평가에 대한 걱정과 불안으로 인해 자신의 능력을 최대한 발휘하지 못하는 것이다(이재규 외, 2013). 대부분의 사람이 한 번쯤은 입시 위주의 교육, 경쟁 사회에서의 상대평가, 끊임없는 타인과의 비교 속에서 평가불안을 경험하고 이로 인해 고통을 받는다. 학습 장면에서 평가불안의 대표적인 것으로 시험불안과 발표불안이 있다. 시험불안은 시험에 대한 극도의 불안감으로 긴장 초조한 상태가 지속되어 신체적 · 정신적으로 어려움을 겪는 상태다. 발표불안은 사람들 앞에서 발표를 할 때, 다른 사람이 발표를 못하는 자신을 이상하게 생각할 것 같다는 비합리적 사고와 가슴이 두근거리는 신체적 증상 등이 나타난다. 상담자는 이러한 내담자의 불안을 줄이고 효과적인 방법으로 대처할 수 있도록 다양한 형태의 개입을 실시할 필요가 있다.

1. 시험불안

1) 시험불안의 정의

시험은 학생들에게 보람과 도전감을 갖게도 하지만 갈등과 좌절의 원인이 되기도 한다. 때때로 학생들은 '시험 시간 내에 문제를 다 못 풀까 봐 걱정이야.' '시험문제가 어려우면 어떡하지?' '지난번 시험처럼 이번에도 망칠지 몰라.' 등의 고민을 하는데, 이는 시험에 대한 극심한 불안을 느끼는 것이다. 시험불안(test anxiety)은 개인이 중요하다고 지각하는 시험을 인식하는 순간부터 시험이 끝난 후까지 자신의 능력을 평가받는 것에 대해 나타난다. 시험을 앞두고 어느 정도의 걱정과 불안을 느끼는 것은 당연하며, 적당한 긴장과 불안은 오히려 시험을 잘 준비하고 시험을 보는 데 도움이 된다. 그러나 불안 수준이 높으면 시험 준비를 잘하지 못하게 된다. 시험불안에는 개인차가 있으며 시험을 보는 동안 심리적 · 신체적 불안 증세가 나타난다. 이는 학업성취에 직간접적으로 영향을 주며, 동기, 정서, 성격, 사회성 등과 관련이 높다. 시험불안은 개인이 어떤 특정한 평가 상황을 위협적으로 인식하여 느끼는 긴장감과 우려, 자율신경계의 활성화로 특정 지어지는 일시적인 불안 반응을 의미한다. 걱정이나 두려움 등과 같은 인지적 · 생리적 · 정서적 · 행동적 반응이 나타난다. 시험불안은 경쟁 사회에서 시험을 통해 자신의 능력을 평가받게 되어 타인과 자신을 비교하게 되고 주위에서 자신에게 거는 기대에 충족하지 못하는 등의 실패를 경험하면서 반응하는 것이다. 시험불안은 학습뿐만 아니라 일탈행동, 학교생활 부적응, 우울, 정신건강 문제, 자살 등의 심각한 문제를 발생시킨다(황상미, 정현희, 2012).

시험불안은 학습행동을 수행하는 데 촉진적인 역할을 하면서 행동을 동기화하기도 하지만, 학습활동에서 집중력과 수행능력을 저하시키기도 한다. 보통은 시험불안이 생기면 이를 극복하기 위해 휴대전화 사용시간을 줄이거나, 컴퓨터 게임을 줄이고 공부를 한다. 이는 학습행동이 동기화됨을 의미한다. 그러나 시험불안이 전혀 없는 학습자는 시험에 관심을 갖지 않고 학습행동이 동기화되지 않는다. 이와 반대로, 지속적으로 높은 불안에 대처하지 못하고 무기력해지면 학습과정에서 학습내용을 인출하거나 새로운 학습내용을 배우는 것을 방해한다. 불안 수준이 학습활동을 동기화하는가는 학습과제의 난이도에 따라 달라진다. 불안 수준이 낮은 학습자는 단순 과제와 적절한 난이도의 시험 결과가 평가의 대상이 될 때 좋은 성적을 얻는다. 반대로 높은 불안 수준은 추론, 창의력, 기억 등과 같은 사고를 필요로 하는 학습과제를 수행할 때 학습 수행을 악화시키는 부정적 결과를 야기한다. 그러므로 적절한 수준의 불안이 학습활동을 동기화할 수 있다.

2) 시험불안의 원인

상대평가는 성적이 우수한 학생에게는 성취감을 느끼게 하지만 낮은 평가를 받는 학생에게는 열등감과 시험불안으로 이어진다. 시험불안은 개인이 자신의 능력을 평가받는 상황에서 느끼는 불안 정도의 차이를 보이는 것으로 시험불안의 내적 원인으로는 낮은 지적 능력, 성공감 결여, 완벽주의, 성취지향, 통제 조절, 기질, 애착 유형 등이 있다. 시험불안의 외적인 원인으로는 사회문화적 조건과 교육적 조건으로 입시 위주의 교육, 높은 교육열, 부모나 교사의 높은 기대, 부모의 통제적인 양육방식 등이 원인이 된다(신현정, 2020).

(1) 개인적 요인

인정받고 싶은 욕구가 지나치게 강하거나 잘못된 학습습관이 영향을 미친다. 잘

못된 학습습관을 가지고 있으면 열심히 공부했음에도 불구하고 시험을 못 보게 된다. Hull의 욕구이론을 근거로 Mandler와 Sarason(1952)은 시험 상황에서 과제수행 욕구와 불안욕구가 일어나며, 이 두 욕구 중 발생되는 욕구에 따라 과제수행이 촉진 또는 방해한다고 하였다. 이들의 연구결과, 시험불안이 높은 학생은 시험 상황이 위협적으로 느껴져서 과제 수행의 촉진을 방해하였으며, 불안욕구가 커짐에 따라 과제 수행을 방해하였다. 또한 자신의 능력에 대한 과소평가나 결과에 대한 부정적 예상으로 시험 상황에 대한 과도한 부담을 갖게 되어 시험불안을 야기한다.

(2) 가정환경

시험불안의 가장 중요한 가정환경의 원인 중의 하나로 부모의 양육태도가 있다. 시험불안을 가진 학생들은 다른 학생들에 비해 시험을 매우 중요하게 지각한다. 이러한 지각은 부모의 과도한 기대, 부모의 시험에 대한 압력 등에서 기인하는 것으로 시험 결과를 가지고 부부 싸움을 하거나 자녀에게 암묵적 비난을 하는 부모의 자녀는 시험불안이 있다. Dusek(1980)은 시험불안이 학령기 전 또는 초등학교 저학년 때 생긴다고 하였으며, 부모가 자녀의 높은 성적을 기대하는 것이 원인이라고 하였다. 자녀는 노력하지만 자신의 능력으로 부모의 기대에 맞추기가 어렵다는 것을 깨닫는다. 그러면서 시험 볼 때마다 실패할 자신의 시험 결과를 예상하기 때문에 시험 상황이 무섭게 느껴지는 것이다. 또한 자녀의 시험 성적 결과를 놓고 자녀의 교육에 대한 책임을 묻는 등 부부가 싸움을 하면 자녀는 자신이 그 다툼의 원인 제공자라는 생각으로 죄책감을 갖고 부모에게 인정과 칭찬을 받거나 가정의 평화를 유지하기 위해 시험을 반드시 잘 봐야 한다는 부담감을 가진다.

(3) 사회적 환경

시험불안에는 학벌 지상주의, 경쟁 지향적 학습환경, 끊임없이 타인과 비교하는 사회적 분위기, 입시 위주의 교육 등이 주요한 영향을 미친다. 이러한 사회적 분위기를 직간접적으로 경험하는 데 있어서 이를 과도하게 지각할수록 시험불안은 높아진다.

사례 고등학교 2학년 여학생, 수학시험 불안

지수(가명)는 수학 이외의 과목은 85점 이상을 받는다. 그러나 수학 과목에서 30점 이상의 점수를 받은 적이 없다. 지수는 중학교 때까지 평균 97점을 받으며 반에서 1등, 전교 2등 정도를 하는 상위권 학생이었다. 그러나 고등학교 1학년 첫 중간고사에서 수학 50점을 받은 이후에 지수의 수학 점수는 30점에서 50점 사이를 반복할 뿐 더 이상의 점수의 변동은 없었다. 수학 공부를 하거나 수학 시험시간에는 항상 가슴이 답답하고 수학 문제를 푸는 시간에는 딴짓을 하거나 잠을 자거나 만화책을 본다. 수학 공부를 포기하고 싶다는 생각을 자주하고, 수학 시험 시간에는 손에 땀이 나고 머리가 아프며 시험지를 보면 머리가 하얗게 되면서 '0점 맞으면 어떡하지?'라는 두려움이 생긴다. 시험 결과를 보면서 '나는 형편없어. 그럼 그렇지, 나는 죽어야 돼.' '이래서 어떻게 꿈을 이루겠어?'라는 생각을 하면서 시험이 끝나면 무력감으로 계속 잠만 잔다.

3) 시험불안의 증상

시험불안은 크게 정서적 측면과 인지적 측면으로 구분해 볼 수 있다. 감정(emotionality)은 시험불안의 정서적 측면으로 시험에 대한 느낌 혹은 신체적 증상이 나타나는 것이다. 지나친 긴장감, 두통, 공포, 무기력, 초조감, 간혹 공부한 내용이 기억이 나지 않는 듯한 느낌 등을 동반한다. 이러한 시험불안은 시험 시간에만 나타나는 것은 아니다. 가령, 고등학교 1학년 여학생은 시험 3주 전부터 늘 장염과 두통으로 시험 준비를 제대로 하지 못한다. 또는 시험을 앞두고 일부러 방해가 되는 행동들, 예를 들어 친구들과 동시에 게임 레벨업하기, 늦장 부리기 등의 행동을 하여 실패 시 스스로에게 합리화하여 자존감에 상처를 덜 받게 하는 자기불구화전략(self-handicapping strategy)을 사용하여 실패 상황을 미리 차단하고 감지한다.

걱정(worry)은 시험불안의 인지적 측면이며 실패에 대한 걱정으로 '시험 성적이 낮아지면 어떡하지?' '시험 결과로 부모님께 혼나지 않을까?' 또는 '낮은 점수가 나올 것 같아.'라는 생각을 한다. 시험불안이 있는 내담자는 시험을 보는 상황에서 구체적인 시험 문항보다는 시험 난이도에 집중한다. 성공에 대한 높은 부담감으로 시험의 난이도를 높게 인식하고 시간제한과 익숙하지 않은 문제와 문제 유형을 확인하는 순간에 시험불안이 야기된다. 특히 예정에 없던 시험을 치를 경우에는 시험불안이 더욱 높아진다.

시험불안은 다양한 증상과 행동으로 나타난다. 학습에 대한 실패가 누적되면 부정적 자아개념이 형성되어 일시적으로 기억력이 감소되기도 한다. 극심한 공황 상태에 빠지거나, 거의 항상 시험에 대해 걱정을 한다. 시험불안으로 걱정이 많아지고, 소심해지거나 몸이 아플 수도 있으며, 시험에 대한 부담과 허탈감으로 아무것도 하지 못한다. 그뿐만 아니라 밤을 새면서 시험공부하거나 걱정을 하기에 늘 피로가 쌓여 있고 계속된 성적 부진으로 열등감, 의기소침, 자포자기 상태의 시험불안 유형을 보이기도 한다. 시험불안의 증상을 생리학적 · 인지적 · 행동적 반응으로 구분해 보면 다음과 같다.

(1) 생리학적 반응

생리학적 반응은 심리적 각성이 높아지면서 나타나는 것으로 감정 요인으로 부르기도 한다. 머리가 아프거나, 배가 아프고, 소화가 잘 안 되기도 한다. 그리고 심장박동, 호흡, 땀, 맥박, 신체적 온도 등이 증가하기도 한다. 가슴이 두근거리거나 손에 땀이 나고, 다리 떨기와 같은 의미 없는 행동을 반복적으로 한다.

(2) 인지적 반응

시험 성적과 자신의 존재를 동일시하면 시험불안을 야기한다. 자신에 대한 부적절감과 다른 사람과 비교를 하면서 시험에 대한 자신감이 부족하다고 생각한다. 인지적 반응은 시험에 대한 부정적 생각, 부정적 자기평가, 과제에 대한 부적절한 사고 등이 있다. 시험에 대한 집중력 저하, 과제 수행에 필요한 정보처리 용량이 부족해지므로 낮은 시험 성적을 초래한다. 또는 시험을 못 볼 것 같다는 걱정이나 시험결과가 나쁘면 비난받거나 인정받지 못할 것이라는 생각, 또는 '이번 시험은 꼭 잘 봐야 한다.' '이 시험을 잘 못 보면, 내 인생은 끝장이다.' '나란 인간은 이 모양 이 꼴이지.' '절대로 한 문제도 틀리면 안 된다.' 또는 '나는 시험만 보면 아무 생각이 안 난다.' 등의 생각을 한다.

(3) 행동적 반응

행동적 반응은 시험 전이나 시험 중에 나타나는 불안을 해결하기 위해 회피하거나 집중을 하지 못하는 것이다. 시험 전날 하루 종일 잠만 자거나 마음속으로는 시험에 대해 불안과 걱정을 하지만 정작 시험 준비를 하지 않고 TV를 계속 보거나 게임에 몰입을 한다. 심한 경우, 시험 날 학교를 안 가기도 한다.

4) 시험불안 체크리스트

시험불안의 심각성 정도를 파악하기 위해 〈표 11-1〉의 시험불안 체크리스트를 사용한다.

표 11-1 시험불안 체크리스트

다음은 여러분이 시험을 준비하면서 혹은 시험을 치르면서 느끼는 느낌을 알아보고자 하는 것입니다. 문항을 읽고 해당하는 곳에 표시하기 바랍니다.

문항	전혀 아니다	약간 그렇다	보통 이다	항상 그렇다	매우 그렇다
1. 시험을 치는 동안 긴장해서 마음을 안정시키기 어렵다.	1	2	3	4	5
2. 시험 기간이 끝날 때 까지 줄곧 마음이 느긋하지 못해 어쩔 줄 모른다.	1	2	3	4	5
3. 시험을 치면서 시험 성적이 걱정되어 문제가 잘 안 풀린다.	1	2	3	4	5
4. 시험지를 받아 들면 나도 모르게 몸과 마음이 굳어진다.	1	2	3	4	5
5. 시험을 치는 동안에도 상급 학교에 진학을 할 수 있을까 하는 생각을 한다.	1	2	3	4	5
6. 시험 기간에 정신을 집중하려 애를 쓸수록 마음이 자꾸 산만해진다.	1	2	3	4	5
7. 혹시 틀리지 않을까 하는 생각 때문에 자신 있게 답을 쓰지 못하고 머뭇거릴 때가 있다.	1	2	3	4	5
8. 시험지를 받을 때 마음이 몹시 조마조마하다.	1	2	3	4	5
9. 평소에는 시험 때문에 걱정하는 일이 없었으면 한다.	1	2	3	4	5
10. 시험 준비를 아무리 열심히 해 두어도 시험 기간이 되면 시험이 걱정된다.	1	2	3	4	5
11. 시험성적을 알려 주기 직전에 두려움을 느낀다.	1	2	3	4	5

12. 시험을 치고 나면 잘못 쳤다는 걱정과 후회를 하게 된다.	1	2	3	4	5
13. 시험을 치고 난 후에도 계속 마음이 불편하고 안정이 안 된다.	1	2	3	4	5
14. 시험을 칠 때 지례 실패할 것 같은 생각이 든다.	1	2	3	4	5
15. 시험을 칠 때 나 자신이 생각해도 겁을 먹은 것 같은 느낌이 든다.	1	2	3	4	5
16. 시험 기간이 임박하면 어느 것부터 공부해야 할지 마음이 초조해진다.	1	2	3	4	5
17. 시험을 치면서도 성적이 나쁘면 어쩌나 하고 걱정이 된다.	1	2	3	4	5
18. 시험 치는 동안 가슴이 두근거리는 것을 느꼈다.	1	2	3	4	5
19. 시험이 끝난 후 시험에 대해 걱정하지 않으려고 해도 잘되지 않는다.	1	2	3	4	5
20. 시험을 치고 있는 동안 너무 긴장해서 아는 것도 못 쓸 때가 있다.	1	2	3	4	5
총계	_____ 점				

출처: 최진승(1988).

◎ 채점 및 해석

※ 37점 이하: 시험에 대한 불안 수준이 낮다.
하지만 이 범위에 든다고 해서 모두가 바람직하다고는 볼 수 없다. 정말 시험에 대비해 열심히 공부하고 자신을 믿기 때문에 불안감이 적은 것인지 아니면 시험에 대해 전혀 관심도 기대도 없기 때문인지 생각해 볼 필요가 있다. 만약 전자의 경우라면 시험에 대한 걱정이나 불안이 적으므로 좋은 결과를 얻을 수 있다.

※ 38~50점: 평균 수준의 시험불안을 가지고 있다.
그렇게 심하지는 않지만 평소 어느 정도 경험은 하고 있다고 볼 수 있다. 점수가 높을수록 불안의 정도가 심한 것이다.

※ 51점 이상: 평균 이상의 시험 불안을 느끼고 있다.
다른 학생에 비해 시험불안이 높은 편이다. 이런 경우 공부한 만큼 시험결과가 좋지 않거나 어이없는 실수를 하게 된다. 또 그런 실수를 할까봐 시험불안이 지속될 수 있다.

5) 시험불안의 개입방법

시험불안에 대한 개입방법은 인지적 · 행동적 · 환경적 접근 등 여러 측면에서 다양하게 제안되어 왔다.

(1) 합리적으로 생각하기

시험불안이 있는 사람들의 대부분은 불안을 유발하는 상황에 대해 비합리적이고 왜곡된 생각을 가지고 있다. 상담자는 내담자의 이런 비합리적이고 왜곡된 사고를 합리적인 사고로 변화시켜야 한다.

- 1단계: 시험불안을 느꼈던 상황 생각하기
- 2단계: 내담자가 가지고 있는 비합리적 사고 찾기
- 3단계: 내담자가 가지고 있는 비합리적 사고의 인지적 오류 찾기
- 4단계: 비합리적 사고의 근거 찾기
- 5단계: 합리적 사고로 변화시키기

표 11-2 시험불안에 대한 비합리적·합리적 사고의 예시

상황	비합리적 사고	인지적 오류	근거	합리적 사고
시험을 못 볼 것 같아 초조하고 모르는 내용이 나올 것 같아.	난 이번 시험 꽝일 거야. 남들이 날 비웃을 거야.	지레짐작	다른 애들은 늦게까지 공부하는데 나는 매일 7시간씩 잤다.	충분한 수면은 집중하는 데 도움이 된다. 시험 전인데 결과를 어떻게 알 수 있는가. 열심히 하면 잘 볼 수 있다.

출처: 이재규 외(2013).

(2) 인지행동적 접근

사람의 생각, 감정, 행동은 지속적으로 상호작용하여 영향을 준다. 사람들의 생각과 상황을 어떻게 해석하느냐에 따라 자신의 심리적 문제를 만든다. 그러므로 생각은 감정에 큰 영향을 미친다. 시험에 대한 학습자의 생각을 비관적 · 부정적으로 생각하는 비합리적 신념을 합리적 신념으로 바꿔 주는 개입방법으로 'ABC 모델'이 있다.

- A(Activating event): 내가 경험하는 실재하는 사실, 생활사건, 개인의 행동과 태도
  예) '이번 기말시험이 얼마 남지 않았다.'
- B(Belief system): 그 사건에 대한 내 생각이나 믿음
  예) '나름 이번 시험에 열심히 했는데 아직 못한 공부가 있군. 남은 시간 동안 할 수 있는 만큼 열심히 준비하자.'
- C(Consequence): 내 생각이나 믿음에 따른 결과

예) '이번 시험 결과가 만족스럽지 않더라도 다음 시험에 더 열심히 준비해서 잘하면 되지.'

(3) 자기대화하기

상담 장면에서 내담자가 비합리적인 사고에 대해 충분히 인식하고 합리적인 사고로 바꾸는 연습을 충분히 하였다고 할지라도 막상 불안한 상황에 직면하게 되면 자동적으로 비합리적인 사고를 하게 된다. 그럴 때는 긍정적인 자기 언어를 통해 신념의 변화를 가져올 수 있으며 실생활에서 사용할 수 있는 긍정적 자기대화를 통해 시험에 대한 생각이 새로워질 수 있다. 즉, 자신이 직면하는 불안 상황에서 자기대화(self-talk)를 해 본다. 불안한 상황을 상상한 후 그 상황에서 유용한 자기대화를 찾아 연습한다. 예를 들어, '틀리면 어때? 누구나 다 틀릴 수 있지!' '시험에서 다 맞아야 하는 건 아니잖아?' 또는 '최선을 다한 나는 멋진 사람이야.'와 같이 자기대화를 실생활에서도 연습을 하도록 한다. 시험불안의 경우, 시험 직전, 시험 중, 시험 후에 다음과 같이 자기대화를 할 수 있도록 한다.

- 시험 직전
  - 시험을 잘 볼 수 있을 거야.
  - 인생은 성적에 의해 결정되는 것이 아니야.
  - 걱정하면 오히려 시험을 못 봐.
- 시험 중
  - 이미 난 충분히 공부했어. 자신 있어.
  - 난 시험을 잘 볼 수 있어.
  - 나만 문제가 어려운 게 아니야. 다른 친구들도 어려울 거야.
  - 집중해서 천천히 문제를 풀자.
- 시험 끝난 후
  - 이미 시험은 끝났으니 걱정해도 결과는 변하지 않아.
  - 괜찮아, 다음 시험에 잘 보면 되지.
  - 시험 성적이 떨어지면 기분은 좋지 않지만 이번 시험이 마지막은 아니야.

(4) 이완 훈련

일상생활에서 상당한 스트레스와 긴장이 지속되다 보면 상당수의 내담자를 이완이라는 상태를 경험하지 못한다. 특히 불안한 상태에서는 이러한 긴장이 극도로 달하게 되는데, 이때 긴장을 줄이는 데 효과적인 것이 이완 훈련(relaxation training)이다. 이완 훈련을 통해 근육을 수축하고 이완을 반복하면서 긴장과 이완의 차이를 경

〈이완 훈련 방법〉

• **호흡 훈련 1단계**

① 몸을 가볍게 풀고 편안한 자세로 앉는다.

② 눈을 가볍게 감고 한 손은 배꼽 위에, 다른 한 손은 가슴 위에 놓는다.

③ 부드럽게 호흡하면서 어떤 손이 움직이는가를 살펴본다.

④ 되도록 가슴 위의 손은 움직이지 않고 배 위의 손이 움직이도록 호흡한다.

-각 단계를 1~2분 동안 지속한다.

-수차례 반복하여 자신의 호흡 패턴을 느낄 수 있도록 한다.

⑤ 이제는 가슴 위의 손은 내리고 배 위에만 손을 얹고 호흡한다.

⑥ 배가 어떻게 부풀어 오르고 가라앉는지를 잘 느끼면서 호흡해 본다.

-처음에는 배의 움직임에 주의 집중하여 호흡한다.

-익숙해지면 배 위의 손을 내린다.

-초반에는 숫자를 세는 것도 도움이 된다. 들이쉴 때 하나, 내쉴 때 둘, 셋-넷, 다섯-여섯, 일곱-여덟, 아홉- 열, 다시 하나-둘, 그리고 점차 호흡의 길이를 더해 간다.

-이 과정을 약 10~20분간 지속한 후, 호흡 훈련 2단계로 넘어간다.

• **호흡 훈련 2단계**

① 되도록 온몸의 긴장을 풀고 호흡해 본다.

② 들숨과 날숨을 고르게 해 본다.

③ 배를 이용한 호흡이 어느 정도 익숙해지면 숨을 내쉴 때 속으로 '편안한 느낌이다'라고 되뇌면서 온몸의 근육이 이완되는 느낌을 갖도록 한다. 실제로 몸(어깨와 목)의 힘을 빼면서 숨을 쉰다.

-꾸준히 실생활에서도 연습을 한다.

출처: 최정원, 이영호(2006), p. 99.

험하도록 한다. 긴장을 했을 때 온몸의 긴장을 풀어 주고 마음을 편하게 해 준다.

(5) 긍정적 이미지로 전환

머릿속에 떠오르는 부정적인 생각은 긴장과 불안을 고조시킨다. 그러므로 내담자가 시험과 관련된 부정적인 이미지를 자주 떠올리면, 시험 상황에서 더욱 힘들다. 긍정적 이미지로 전환하는 훈련은 긍정적 자기대화와 마찬가지의 효과가 있다. 부정적인 장면에서 긍정적인 이미지 장면으로 바꾸면 걱정과 불안을 줄이고 안정된 자세로 시험을 볼 수 있다. 예를 들어, 시험지를 받았을 때 공부한 내용들이 생각이 나지 않아서 당황하는 부정적 장면이 머릿속에 떠오르면, 시험지를 받았을 때 공부한 내용들이 하나하나 잘 기억나서 답을 적으면서 기분이 좋아지는 자신의 새로운 긍정적인 이미지를 그려 보는 것이다. 상담 장면에서 긍정적 장면을 떠올리면서 불안 감소의 변화를 기록하면서 시험 준비를 할 수 있게 도와준다.

(6) 체계적 둔감화

체계적 둔감화(systematic desensitization)는 자기왜곡, 공포, 긴장, 불안 반응에 긍정적 감정을 넣어 이완시키는 훈련법이다. 내담자의 불안을 유발하는 자극을 낮은 단계부터 단계적으로 높이면서 동시에 긴장을 완화시킬 수 있을 때까지 반복적으로 상상을 하게 하여 더 이상 불안을 느끼지 않을 때까지 실시한다. 상담자는 내담자의 시험불안에 대한 구체적인 정보를 파악한 후 이완훈련, 불안 위계 목록 작성, 체계적 둔감화 실시의 3단계를 다음과 같이 거친다.

- 1단계: 근육 이완훈련을 한다.
- 2단계: 시험불안 위계 목록을 작성한다(불안감의 정도에 점수를 매긴다). 시험과 관련하여 자주 떠오르는 장면의 위계 목록을 작성한다.
- 3단계: 작성한 위계 목록에서 낮은 불안의 항목부터 높은 것까지 순서대로 하나씩 머릿속에 떠올리면서 자동적으로 떠오르는 실제 상황에서 그런 일이 벌어졌을 때 어떻게 하는 것이 좋은지 여러 가지 대안을 찾고 기록해 보면서 긍정적 이미지로 전환시킨다.

(7) 부모의 지지

자녀의 시험에 가장 큰 부담을 주는 사람은 부모다. 달리 생각해 보면, 부모가 적절하게 지지해 주면 시험불안을 줄일 수 있다는 뜻이다. 따라서 부모는 자녀가 시험에 대해 심한 스트레스를 받는 원인을 파악할 필요가 있다. '시험 점수는 크게 신경 쓰지 않아도 돼.' '시험을 잘 보지 못해도 엄마는 너를 사랑하고, 너는 엄마의 소중한 딸/아들이야.' 등의 정서적 지지의 말을 해 준다. 그러나 부모가 말과 다르게 실제 시험 결과를 보고 실망하는 표정을 짓는 것은 바람직하지 않으므로 부모의 진정성 있는 정서적 지지가 중요하다.

2. 발표불안

1) 발표불안의 정의

발표불안(speech anxiety)은 발표를 하는 상황에서 개인이 타인에게 관심의 초점이 되어 평가받는다고 예상되거나 실제 평가가 이루어질 때 나타나는 부적응적인 인지적 · 생리적 · 행동적 반응들을 의미한다. 가장 흔한 발표불안 상황으로는 수업 시간에 발표를 하거나 회의에서 발표하는 상황이 있다. 발표불안은 초기에 경험했던 부정적 발표가 기억되어 자신만의 가정을 구축하여 조건적인 신념의 불안을 일으킨다. '발표를 못하면 사람들은 나를 형편없는 사람으로 생각할 거야.'라는 생각과 부모의 학업에 대한 높은 기대, 과도한 경쟁적 분위기 등으로 학습 관련 스트레스를 많이 받는 학생일수록 발표불안이 높아진다.

발표불안은 누구나 가지고 있는 어느 정도의 초조, 긴장, 불안의 반응으로 발표 수행에 동기와 성취 욕구를 줄 수 있는 긍정적 측면이 있다. 그러나 타인의 평가가 이루어질 때 나타나는 감정적인 불안 상태는 긴장감을 유발하여 실제 자신의 능력을 제대로 발휘하기 어렵게 만든다. 이로 인한 부적응적인 인지적 · 생리적 · 행동적 반응들은 자신의 능력보다 낮은 수준의 수행에 대한 성취를 야기한다. 타인으로부터 부정적 평가를 받은 적이 있거나 관심과 주목을 받지 못할 것이라는 부정적인 믿음이 발표불안을 증가시킨다. 발표불안이 있는 학습자는 열등감과 수치심을 가지며, 학업적 · 사회적 · 심리적 부적응에 약해진다(박미희, 2019).

2) 발표불안의 원인

발표불안으로 아직까지 명확하게 밝혀진 단일 원인은 없으며, 다양한 원인이 제시되고 있다. 그러나 그중에서도 유전, 부모의 양육태도, 이전의 부정적 경험, 사회적 기술 부족 등이 발표불안의 주요 원인으로 알려져 있다.

(1) 유전적 원인

일란성 쌍둥이와 이란성 쌍둥이를 대상으로 사회공포증을 조사한 결과 일란성 쌍둥이가 더 높았다는 연구(이효윤 외, 2012)가 있으며, 내성적인 성격 역시 유전의 영향이 강하다는 연구들이 있다. 최근에는 입시 위주의 경쟁교육에서 남보다 뛰어나야 한다는 환경적인 영향이 더 크다는 연구(이소연, 오인수, 2015)가 보고되었다. 그러나 기본적으로 수줍음이 많고 내성적인 성향은 유전적인 요인과 관련이 있는 만큼 발표불안에 있어 유전을 배제하기가 어렵다.

(2) 부모의 양육 태도

부모의 비일관적이거나 무관심한 양육태도 또는 엄격한 태도는 자녀의 발표불안으로 이어질 수 있다. 강압적 · 지시적 · 권위주의적인 부모는 자녀의 불안과 긴장의 모습을 수용하지 못하고 자신감 없는 것으로 인식하고 지속적으로 부정적인 피드백을 준다. 부정적 경험의 누적은 자녀가 타인의 평가를 받는 상황에서 자신이 무가치하고 무능력하다고 지각한다. 결과적으로 발표 장면에서도 자신감이 없고 불안을 경험할 가능성이 높아질 수밖에 없다. 이런 부모의 양육을 받은 자녀는 부모의 눈치를 끊임없이 보며 성장한다. 자신의 의사보다는 다른 사람의 시선에 민감하게 되고, 따라서 발표 상황에서도 불안을 느끼게 된다.

(3) 조건화된 학습의 결과

과거에 발표에 대한 처벌과 긍정적 강화로 구분하여 설명한다.

첫째, 과거의 발표에 대한 처벌은 발표를 했을 때 교사가 틀렸다고 핀잔을 주거나 친구들이 심하게 웃거나 나선다고 부정적 피드백을 주었던 것을 말한다. 특히 최초로 발표를 했을 때 이와 같은 부정적인 경험을 하면 발표불안을 경험할 가능성이 높아진다. 다음의 예를 보자. 고등학교에 입학한 지원(가명)이는 등교 첫날에 자기소개를 하게 될까 봐 잠을 이루지 못할 정도로 극심한 스트레스를 받았다. 지원이 초등학교 2학년 때 발표를 하는데 선생님이 친구들 앞에서 "목소리가 개미같이 작고 발음도 또박또박 잘 말하지도 못하고 엉터리구나!"라는 부정적 피드백을 받고 나서 정신적 스트레스로 인해 탈모와 심리 상담을 받았다. 그 후에 심리적으로 안정은 되었으나 고등학생이 된 이후에도 발표 시간이 되면 예전의 기억으로 가슴이 답답하고 '낯선 사람들 앞에서 실수하면 어떡하지?'라는 생각이 들면서 발표불안을 느끼게 된 것이다. 둘째, 긍정적 강화는 평소에 자신의 의견을 이야기하지 않고 가만히 있는 것에 대해 긍정적인 강화를 받아 그것이 행동 패턴으로 굳어진 것을 말한다. 특히 우리나라는 유교적인 사상에 의해 자신의 의견을 표현하기보다는 어른의 말씀을 무조건 수용해야 한다고 여겨 왔다. 또한 부모나 교사가 의도하지 않았지만 자녀나 학생들이 비표현적(수동적)으로 행동한 경우에 긍정적 반응을 보였을 수도 있다. 예를 들어, '착하다' '얌전하다' '참하다' 등의 긍정적 강화가 평상시 자신의 의견을 이야기를 하지 않는 것에 주어지면 발표 상황에서 불안하게 되는 것이다.

(4) 비합리적 사고

발표불안이 있는 사람은 발표에 대한 비현실적이고 이상적인 기준, 자신에 대한 부정적 지각, 실패 및 타인의 시선에 대한 과도한 지각 등을 가지고 있다. 즉, 발표에 대해 '나는 실수하면 안 돼.' '내가 실수하면 다른 사람들이 나를 형편없는 사람이라고 생각할 거야.' 또는 '나는 발표를 못해.'와 같은 비합리적 사고를 갖고 있는데, 이러한 사고들은 발표 상황에서 불안이 더욱 촉진되며, 그 결과 발표 상황에서 불안을 야기한다.

(5) 사회적 기술 부족

발표할 기회를 충분히 갖지 못하고, 발표 행동을 연습할 기회가 적어서 불안이 생성되는 것이다. 발표 경험이 적은 사람은 다른 사람들 앞에서 이야기하는 것에 대한 부담감이 크며, 실수하면 안 된다는 생각을 한다. 언어적인 요소인 목소리의 크기,

떨림, 몸짓과 비언어적 요소인 시선처리가 불안정할 뿐만 아니라 무의미한 몸짓의 반복, 질문 처리 등 사람들 앞에서 취해야 할 행동들을 잘 모를 경우에 발표불안이 더 커진다.

(6) 성격적 특성

발표불안과 관련이 깊은 성격특성으로 우울, 신경증, 수줍음, 내성적 성향, 낮은 자아존중감 등이 있는데(서영진, 전은주, 2010; Corey, 1977), 신경증은 불안을 가중시키고, 내성적이고 수줍어하는 성격적 측면이 자신감을 약화시키며, 타인의 평가에 부정적으로 반응하게 하여 불안을 강화한다(박상민, 박지은, 2016). 완벽주의는 성취 불가능한 높은 목표를 세우고 이를 이루기 위해 끊임없이 성취하려고 노력하며, 자신의 가치와 업적의 생산성을 평가하는 특징이 있다(Burns, 1980). 완벽주의적 성향의 사람은 타인보다 잘하고 싶은 욕구, 자신에 대한 높은 기준을 세움으로써 모든 과제에 대한 완벽한 수행, 과제를 시작하기 전에 만성적 불안과 혼란을 느끼기도 한다. 그리고 최소한의 실수와 최대의 자신감을 갖고 목표를 달성하려는 완벽을 추구하는 심리적인 부적응이 불안으로 이어진다(박지연, 양난미, 2014).

완벽주의는 자기지향 완벽주의와 평가 완벽주의로 구분할 수 있다. 먼저, 자기지향 완벽주의는 자신에 대한 높은 기준을 설정하고 자신의 행동을 엄격히 비판하고 평가하는 것을 의미한다. 자신의 성취를 완벽하게 이루기 위해 실패의 경험이 부정적인 사건과 상호작용하여 불안을 유발하기도 하나, 개인 내적 자원이 충분하면 긍정적인 측면을 반영하기도 한다(박미희, 2019). 다음으로, 평가 완벽주의는 자신에게 중요한 타인의 평가에 민감하여 타인의 기준을 통제할 수 없는 것으로 지각된 불안, 우울 등을 경험한다(전명임, 이희경, 2011). 이러한 평가 완벽주의는 높은 성취를 갖고 있는 반면 수행 목표에 비해 자신의 능력이 부족하다고 인식하고 실패나 좌절에 취약하다(Blatt, 1995; Deffenbacher & Zewenmwr, 1986).

3) 발표불안의 증상

발표불안의 증상으로는 생리학적 · 인지적 · 행동적 반응이 있다(이재규 외, 2013).

(1) 생리학적 반응

- 다리, 목소리 등이 떨린다.
- 가슴이 쿵쾅거린다.
- 땀을 흘린다.
- 얼굴이 빨개진다.
- 멍해진다.

(2) 인지적 반응

- '내가 발표하면 다른 애들이 나를 놀릴 거야.'
- '발표할 때 선생님이 틀렸다고 하면 어떡하지? 안 하고 말 거야.'
- '발표할 때 떨리고 더듬을 텐데.'
- '발표하다 실수하면 어떡하지?'

(3) 행동적 반응

- 손이나 발을 떤다.
- 아무 말도 하지 못한다.
- 발표 때문에 학교를 가지 않는다.
- 발표 시작 전 눈물이 난다.
- 배가 아프다고 보건실을 간다.

4) 발표불안 체크리스트

발표불안 체크리스트는 발표 불안의 심각성 정도를 평가하기 위해서 이용한다.

표 11-3 발표불안 체크리스트

다음은 발표와 관련된 생각들을 나열한 것입니다. 다음과 같은 상황에 처해 있을 때 일반적으로 드는 생각에 기초하여 여러분의 감정 또는 생각과 가장 비슷하다고 생각되는 곳에 솔직하게 표시하기 바랍니다.

문항	전혀 그렇지 않다	그렇지 않다	보통이다	그렇다	매우 그렇다
1. 대중 앞에서 발표한 기회를 즐거운 마음으로 기다린다.*	1	2	3	4	5
2. 연단 위에 있는 물건들을 만지려고 할 때 손이 떨린다.	1	2	3	4	5
3. 발표할 내용을 잊어 버릴까 봐 두렵다.	1	2	3	4	5
4. 내가 말하고 있을 때 청중은 나에게 우호적인 것처럼 보인다.*	1	2	3	4	5
5. 발표를 준비하는 동안, 나는 불안하다.	1	2	3	4	5
6. 발표를 끝낼 때, 나는 즐거운 경험을 했다고 느낀다.*	1	2	3	4	5
7. 나는 몸동작을 많이 사용하거나 목소리를 표현력 있게 내는 것을 싫어한다.	1	2	3	4	5
8. 나는 청중 앞에서 발표할 때 생각이 혼란되고 뒤죽박죽된다.	1	2	3	4	5
9. 청중을 대하는 것이 두렵지 않다.*	1	2	3	4	5
10. 발표하기 직전에는 신경이 예민해지지만, 금방 두려움을 잊고 그 경험을 즐긴다.*	1	2	3	4	5
11. 나는 아주 자신 있게 발표할 것이라고 예상한다.*	1	2	3	4	5
12. 발표를 하는 동안 나는 아주 침착하다고 느낀다.*	1	2	3	4	5
13. 나는 친구들과 유창하게 말하지만, 연단 위에 서면 할 말이 생각나지 않는다.	1	2	3	4	5
14. 발표를 하는 동안 나는 긴장되지 않고 편안하게 느낀다.*	1	2	3	4	5
15. 나는 대중 앞에서 발표하는 것을 즐기지도 않지만, 특별히 두려워하지도 않는다.*	1	2	3	4	5
16. 가능하다면 대중 앞에서 발표하는 것을 피한다.	1	2	3	4	5
17. 청중을 쳐다볼 때 그들의 얼굴이 흐릿하게 보인다.	1	2	3	4	5
18. 여러 사람들 앞에서 발표하려고 애쓴 후에는 내 자신이 싫어진다.	1	2	3	4	5
19. 나는 발표 준비하는 것을 즐긴다.*	1	2	3	4	5
20. 나는 청중을 대할 때 정신이 또렷해진다.*	1	2	3	4	5
21. 나는 발표할 때 말을 잘 한다.*	1	2	3	4	5
22. 나는 발표하러 일어서기 직전에 땀이 나고 떨린다.	1	2	3	4	5
23. 내 자세가 긴장되고 부자연스럽게 느껴진다.	1	2	3	4	5

24. 여러 사람들 앞에서 발표하는 동안 나는 두렵고 긴장된다.	1	2	3	4	5
25. 발표할 기회는 즐겁다고 생각한다.*	1	2	3	4	5
26. 내 생각을 표현할 정확한 말을 차분하게 찾기가 어렵다.	1	2	3	4	5
27. 대중 앞에서 발표한다고 생각하면 겁난다.	1	2	3	4	5
28. 나는 청중 앞에 서면 정신이 맑아지는 느낌이 든다.*	1	2	3	4	5
총점	_____ 점				

출처: 이재규 외(2013).

◎ 채점 및 해석

체크한 점수를 모두 합산한다. 단, 1, 4, 6, 9, 10, 11, 12, 14, 15, 19, 20, 21, 25, 28번 문항은 역산하여 점수를 합산한다. 즉, 1점은 5점으로, 2점은 4점, 4점은 2점, 5점은 1점으로 계산한다.

※ 37점 이하: 발표할 때 거의 불안을 느끼지 않는 경우.
일반적으로 당당하게 발표하는 것을 의미하나 경우에 따라서는 발표에 대해 무감각할 수도 있다.

※ 38~84점: 중간 정도의 불안을 경험하는 경우.
가끔 이러한 불안 때문에 발표 상황을 피하기도 하지만, 크게 문제가 될 정도는 아니다.

※ 85점 이상: 발표불안이 심한 경우.
전문 상담자에게 상담을 받는 등 발표불안을 해결하기 위해 적극적으로 노력해야 한다.

5) 발표불안의 개입방법

발표불안 역시 앞서 시험불안에서 제시한 개입방법들이 효과적이다. 따라서 발표불안과 시험불안에 동시에 사용할 수 있는 부분은 '1. 시험불안' 절을 참고하기 바란다.

(1) 합리적으로 생각하기

시험불안과 마찬가지로 발표불안이 있는 사람 역시 발표불안에 대해 비합리적이고 왜곡된 생각을 가지고 있다. 자동적 사고는 특정 상황에서 자동적으로 떠오르는 생각을 의미하는 것으로 타인과의 관계와 반복적인 경험에서 형성된 신념으로 발생한다(Beck, 1976). 발표불안이 있는 사람은 부정적인 자동적 사고를 가지고 있다. 그러므로 상담자는 발표에 대한 내담자의 비합리적이고 왜곡된 사고를 합리적인 사고로 변화시켜야 한다(Ellis, 1973).

표 11-4 발표불안에 대한 비합리적·합리적 사고의 예시

상황	비합리적 사고	인지적 오류	근거	합리적 사고
발표하는 상황만 되면 다리가 떨리고 아무 말도 못하겠다.	내가 발표하다 틀리면 선생님은 나를 발표도 못하는 바보 같은 아이로 생각할 거야.	지레짐작	발표를 못했을 때 선생님 표정이 안 좋았다.	사람은 누구나 실수를 할 수 있어. 선생님은 내가 자발적으로 발표를 했다는 것 자체만으로도 흐뭇해하실 거야.

출처: 이재규 외(2013).

(2) 자기대화하기

시험불안과 마찬가지로 자기대화(self-talk)는 불안한 상황에서 내담자에게 자기 격려로서의 기능을 한다. 따라서 발표불안을 느낄 때 또는 다른 사람이 발표할 때 자기대화를 반복적으로 시도하도록 한다. 이러한 반복적 자기대화는 마치 최면효과와 같은 역할을 한다. 발표불안의 경우, 발표 전, 발표 중, 발표 후에 다음과 같이 자기대화를 할 수 있도록 한다.

- 발표 전
  - 내가 알고 있는 만큼만 발표하자.
  - 나도 잘할 수 있어!
- 발표 중
  - 내가 이 발표를 못한다고 세상이 변하지는 않아.
- 발표 후
  - 이번에 만족스럽지 못하지만 다음번에 더 잘 하면 돼.
  - 수고했어. 최선을 다했어.

(3) 체계적 둔감화

체계적 둔감화는 공포, 긴장, 불안 반응에 유쾌한 감정을 넣어 이완시키는 자율훈련법으로 발표불안에 매우 효과적이며, 점진적 · 체계적으로 불안 상황에 덜 민감하게 하는 방법이다. 내담자에게 불안을 일으키는 상황을 상상하게 하고 더 이상 내담자가 불안을 느끼지 않을 때까지 반복한다. 불안한 강도에 따라 발표불안 위계 목록을 작성해서 실시한다. 상담자는 초기 면접에서 내담자의 구체적인 정보를 파악하고 내담자에 대한 정확하고 구체적인 배경 정보를 수집한 후에 이완훈련, 발표불안 위계 목록 작성, 체계적 둔감화 실시의 3단계를 다음과 같이 거친다.

① 1단계: 이완 훈련을 실시한다

이완이란 신체 긴장이 제한적이고 불필요한 걱정과 두려움으로부터 자유로운 것으로 특정 지어지는 편안한 상태를 의미한다(Payne & Donaghy, 2010). 이완훈련은 일상생활에서 유발되는 스트레스에 대처할 수 있도록 가르치는 방법이다. 심리적 측면과 생리적 측면의 상호작용이 이루어지는 것으로 근육과 정신의 이완을 목표로 한다. 만성적으로 긴장하거나 불안해하는 내담자, 위기 상황에 부딪힌 내담자, 앞으로 있을 사건 상황에 미리 불안해하는 내담자, 분노 및 우울 등을 느끼는 내담자에게 효과적이다. 내담자의 특정 근육 수축, 이완하는 기술, 규칙적인 호흡 방법, 긍정적 사고 심상 방법 등을 훈련한다. 이완훈련을 할 때 모든 호흡은 복식호흡으로 한다.

② 2단계: 발표불안 위계 목록을 작성한다

가장 불안이 낮은 것을 1점, 가장 불안이 높은 것을 7점으로 불안 정도 칸에 점수를 작성한다. 발표불안 위계 목록을 작성할 때 현실적으로 성공 가능한 목표를 정해야 한다. 발표불안이 있는 내담자의 불안 수준에 따라 이 목표는 달라져야 한다. 예를 들어, '우리 반 앞에서 발표를 할 때 불안해하지 하지 않고 발표하기'라고 최종 목표를 정했다고 하자. 만약 내담자가 사람이 많은 상황에서 발표하는 것만을 불안해한다고 하면 이렇게 목표를 설정하는 것은 문제가 없다. 그러나 대부분의 학생들은 목표를 달성하기 위해서 끊임없는 노력을 해야 한다. 따라서 제일 낮은 단계부터 시작해서 제일 높은 단계까지 노력에 따라 성공 가능한 목표를 세우는 것이 좋다.

표 11-5 **발표불안 위계 목록 예시**

불안 상황	불안 정도
우리 반 애들 앞에서 발표할 때	7
영어 시간에 자리에서 혼자 발표할 때	6
사회 시간에 자리에서 혼자 발표할 때	5
조별 대표로 발표할 때	4
조원들 앞에서 발표할 때	3
친한 친구들 앞에서 발표할 때	2
가족 앞에서 발표할 때	1

출처: 이재규 외(2013).

③ 3단계: 체계적 둔감화를 실시한다

불안한 순간을 상상해 보고 각각의 상황에서 몸을 이완하는 연습을 한다. 한 단계에서 성공하면 다음 단계로 넘어간다. 체계적 둔감화까지 끝나면, 이를 실생활에서 적용하는 것이 중요하다. 불안한 순간에 직면하면 빠르게 이완법을 실천해야 한다. 이를 위해서는 이완이 몸에 습관화될 정도로 연습하는 것이 필요하며, 처음에는 불안한 상황에서 의도적으로 연습하는 것이 필요하다.

(4) 발표 기술 훈련

발표불안이 높은 내담자는 발표를 많이 경험하지 못했을 가능성이 크다. 따라서 발표 상황 자체가 익숙하지 않을 뿐만 아니라 발표를 어떻게 하는 것이 좋은지조차 모른다. 이런 내담자에게는 발표 기술을 습득하게 하고 반복적으로 연습하게 한다. 김민희(2020)에 따르면, 발표 기술 훈련을 받는 사람들은 자신감 향상 및 발표불안이 감소하였으며, 심리적 자신감이 상승하였다. 이수민(2014)의 연구에서는 성격적 특성을 중심으로 발표 기술 훈련을 받은 사람이 발표능력 향상과 발표불안에 효과가 있었다. 자신이 발표하는 모습을 동영상으로 촬영하거나 상담 장면에서 반복적으로 연습한다. 발표 상황에 익숙해지면 실제 상황처럼 발표를 하고 상담자가 갑자기 질문을 하거나 웃어 보기도 한다. 이럴 때 내담자가 이에 반응하지 않고 발표를 할 수 있도록 한다. 그리고 발표를 할 때 나타나는 행동적 증상인 몸을 비틀거나 다리를 떨고, 시선은 바닥을 보는 행동은 발표불안을 강화할 뿐만 아니라 실제보다 더 발표를 못했다는 느낌을 주기 때문에 올바른 발표습관을 학습시킨다.

(5) 긍정적 이미지로 전환

불안감을 주는 장면을 떠올린 후 실제 상황에서 그런 일이 벌어질 경우에 해결할 수 있는 대처방안을 상상하면서 연습하는 것이다. 체계적인 연습은 불안을 감소시키는 데 도움을 준다. 가령, 전체 반 학생들 앞에서 발표를 하는 상황에서 내담자는 가슴이 두근거리고, 화장실도 가고 싶으며, 다리가 떨리는 모습이 떠오른다면, 자신이 떨지 않고 차분히 준비한 대로 학생들 앞에서 발표를 잘하고 발표를 마친 후 뿌듯해하는 자신의 긍정적 모습으로 전환하는 것이다.

(6) 부모 및 교사의 격려

발표불안이 높은 내담자는 대체로 소심하고 다른 사람들의 평가에 예민하다. 자신에게 중요한 사람인 부모나 교사의 부정적인 피드백은 발표불안을 촉진한다. 그러므로 실수를 하거나 말을 더듬고 머뭇거리기를 하더라도 야단을 치기보다는 끝까지 발표를 마무리할 수 있도록 격려한다. 또한 소집단을 만들어 그 안에서 반복적인 연습과 발표 경험을 하게 함으로써 발표에 대한 부담감을 감소시키는 것이 좋다. 발표 주제는 내담자가 관심 있는 주제나 쉬운 주제부터 발표하도록 한다.

제12장

정보처리

학습은 학습자가 학습에 대한 흥미를 갖고 관련 지식을 습득하는 과정에서 학습 전략을 사용하여 인지적 측면과 정서적 측면이 상호작용하는 것이다(Alexander et al., 1997). 이 외에도 학습의 기술적인 측면과 학습자가 스스로 자신의 학습목표를 설정하고 점검하면서 학습을 진행하는 자기주도적 특성이 포함된다(장은정, 박미순, 2014). 학습이 새로운 정보나 기술의 획득 그리고 경험의 결과로 장기적인 변화를 포함하는 개념이라면, 기억은 이전에 들어온 정보를 회상하는 능력과 관련된다. 학습은 기억이 개입되기도 하고, 기억은 학습에 의존한다. 그러므로 효과적인 학습이 되기 위해서는 학습 상황에서 인지과정이 어떻게 활동하는가를 아는 것이 중요하다. 학습한 내용을 자신 있게 안다고 했지만 막상 기억이 떠오르지 않거나 시험 중에 공부한 내용이 기억나지 않는 것, 즉 망각은 학습자에게 매우 치명적이다. 그러므로 기억한 정보를 최대한 활용하여 망각을 최소한으로 줄일 수 있는 전략이 필요하다.

Ebbinghaus(1913)는 사람들이 장시간 동안 정보를 기억할 수 있는지 실험한 결과, 연습이 기억을 향상시킨다고 하였다. [그림 12-1]에서 보여 주듯이, 학습한 내용은 10분 후부터 망각되기 시작하여 1시간 뒤에는 50%, 24시간이 뒤에는 70%가 망각된다. 그러므로 학습내용을 기억하기 위해서는 1시간 이내에 반복을 해야 하며

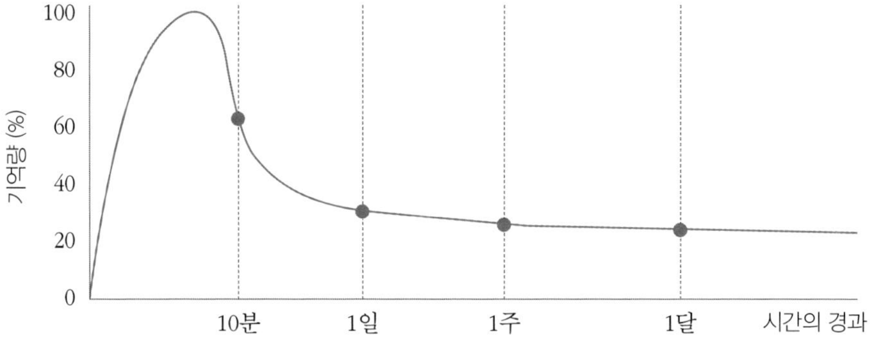

[그림 12-1] Ebbinghaus의 망각곡선

출처: 박동혁(2014), p. 58.

반복이 분산되어 있을 때 더 효과적이다. 충분한 반복과 연습을 하면 시간이 지나도 영구적으로 기억할 수 있기 때문에 연습은 학습에서 매우 중요하다. 그리고 기억은 반복 빈도 이외에도 일정 시간 동안 어떻게 반복하느냐에 따라 달라진다.

효과적으로 학습하기 위해 인지과정이 내적으로 어떻게 일어나는지를 아는 것이 유익하다. 이 장에서는 외부로부터 들어온 다양한 자극이 어떻게 기억 체계에 입력, 저장되고 필요시 인출될 수 있는지 기억의 구조와 과정을 살펴보고자 한다.

1. 정보처리의 이해

정보처리(information-processing)는 학습자가 외부로부터 자극을 받아들여 학습하는 과정에서 자신의 경험과 학습한 내용을 이해하고 저장하여 필요시 인출하는 과정이다. 정보처리 이론은 컴퓨터의 정보처리 과정처럼 사람이 받아들인 정보를 어떻게 다루는지에 대한 인지과정을 비유한 이론이다. 정보처리 과정은 기억의 구조와 과정을 탐구하는 것으로 컴퓨터의 정보처리 과정에서 컴퓨터가 키보드를 통해 자료를 입력(부호화), 파일로 저장(저장), 파일 불러오기로 모니터에서 자료 확인(인출) 과정을 인간의 정신과정에 비유한 것이다. 정보처리는 감각기관을 통해 정보를 받아들이고 기억하기 좋게 변형(부호화), 부호화된 정보를 유지(저장), 필요시 저장된 정보를 끄집어내는(인출) 과정으로 이루어진다. 예를 들어, 물건을 사러 가게에 갈 때 '집에서 출발하여 신호등을 건너고 우회전한 후 ○○초등학교를 지나 좌회전하면 가게이다.'라는 정보를 부호화하여 저장하고 필요시 인출하여 사용하는 것이다. 그러므로 정보처리 과정은 경험이나 정보를 부호화, 저장, 인출하는 단계로 진행된다.

정보처리 이론의 구조는 정보저장소와 인지과정의 두 가지 요소로 구분할 수 있다. 첫째, 정보저장소는 컴퓨터에서 주기억 장치와 비슷하며 정보를 유지하는 곳이다. 들어온 정보가 머무르는 장소로 장소의 저장 기간과 의식 여부에 따라 일시적인 정보저장소에 정보를 담아 두는 감각기억(sensory memory), 단기기억(short-term memory) 또는 작업기억(working memory) 그리고 장기기억(long-term memory)으로 구분된다. Atkinson과 Shiffrin(1968)은 기억을 저장할 수 있는 곳으로 감각기억, 단기(작업)기억, 장기기억을 제시하였으며, Baddeley(1986)는 작업기억이 단기기억을 포함한다고 하였다. 둘째, 인지과정은 정보처리 과정에서 정보가 한 저장소에서 다른 저장소로 옮기는 과정이다. 부호화, 저장, 인출의 3단계 과정에서 주의, 지각, 시연, 부호화, 인출, 망각 등의 내부적이고 지적인 활동이 일어난다. 이는 컴퓨터에서 정보를 처리하기 위해 입력된 정보를 처리할 수 있도록 이진법의 형태로 부호화하고 이렇게 부호화된 정보는 컴퓨터의 소프트웨어에 저장, 필요시 프린터나 모니터를 통해 인출하는 것으로 비유할 수 있다.

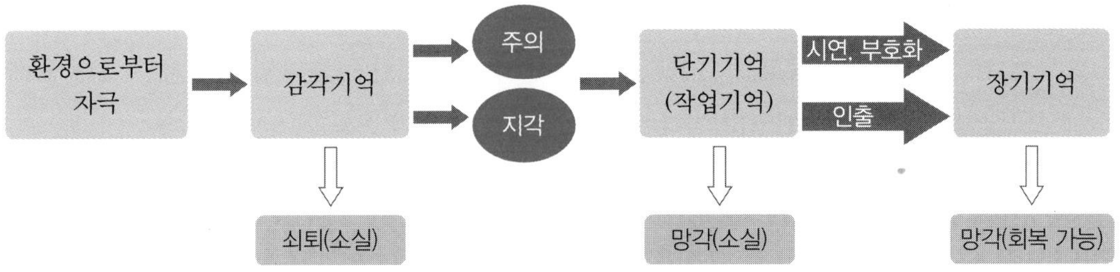

[그림 12-2] Atkinson과 Shiffrin의 정보처리 모형

2. 정보저장소와 인지과정

1) 감각기억

감각기억(sensory memory)은 감각기관(눈, 코, 입, 귀, 촉각)을 통해 주위 환경으로부터 들어오는 많은 정보를 기록하여 일시적인 기억장소에 정보를 담아 둔다. 감각기억은 정보를 유지하는 저장고로 감각등록기라고도 불리며, 수없이 많은 정보의 양으로 일시적인 기억장소에 부호화하기 이전의 정보를 담아 둔다. 정보는 느꼈던 것과 같은 형식으로 저장되는데, 감각등록기에서 시각적 정보는 시각적 형식으로, 청각적 정보는 청각적 형식으로 저장된다. 시각적 정보는 1초(Wingfidld & Byrnes, 1981), 청각적 정보는 약 4초 이내(Darwin, Turvey, & Crowder, 1972)에 아주 짧은 시간으로 기억이 유지된다는 것이 특징이다. 수없이 많은 정보가 잠시 머물다 가는 정거장이라고 할 수 있다. 많이 투입된 정보들이 즉시 처리되지 않으면 감각등록기에 저장된 정보는 동시에 처리할 수 없기 때문에 극히 주의를 기울인 일부 정보만 다음 정보처리 단계로 넘어간다. 그러므로 감각기억 속의 정보를 오래 머무르게 하기 위해서는 선택적 지각을 해야 한다. 선택적 지각은 학습자의 경험, 동기, 의도, 관심 및 지식에 따라 달라진다. 예를 들어, 자전거에 관심이 있는 사람은 자전거 광고에 주의를 기울이거나 지나가는 자전거에 관심을 보인다. 반면, 주의와 지각이 이루어지지 못하면 정보는 손실되므로 외부 정보에 대한 학습자의 선택적 지각에 의해 부분적으로 정보가 처리된다. 감각기억의 인지는 주의와 지각으로 이루어진다.

(1) 주의

주의(attention)는 감각기관을 통해 유입된 감각등록기에 있는 많은 정보를 계속적으로 주의를 기울였느냐에 따라 정보를 선택하여 처리할 수 있도록 하는 것이다(Akinson & Shiffrin, 1968). 즉, 정보가 단기(작업)기억으로 이동할 수 있게 한다. 만약 감각기억에 들어온 정보에 주의집중하지 않으면 곧 사라진다. 그러므로 학습은 주의를 집중하는 것에서부터 시작한다. 감각기억의 용량은 무한하지만 주의를 기울이지 않으면 학습이 일어나지 않기 때문에 학습자가 주의과정에서 선택적 주의를 어떻게 기울이느냐에 따라 기억에 중요한 영향을 미친다. 예를 들어, 전에 보거나 들었던 정보를 기억하지 못하는 것은 주의를 기울이지 않았거나, 수업시간에 집중하지 않았던 것이다. 여러 가지 복잡한 정보 중에서도 자신에게 의미 있는 정보만을 선택적으로 받아들이는 일은 매우 중요하다. 왁자지껄한 칵테일 파티장이나 잔치에서처럼 여러 사람이 한꺼번에 이야기하고 있음에도 자신이 관심을 두는 이야기만 골라 들을 수 있는 능력이 있다. 이것을 칵테일 파티 현상(cocktail party phenomenon)이라고 하며, 주변 환경에 개의치 않고 자신에게 의미 있는 정보만 선택적으로 받아들일 수 있다는 것이다. 사람들이 자극에 주의를 집중할 수 있는 용량은 제한되어 있기 때문에 복잡한 과제 두 가지를 동시에 주의집중할 수 없고, 정보를 선택적으로 받아들여 주의집중하는 것은 작업기억과 밀접한 관련이 있다(Downing, 2000).

(2) 지각

지각(perception)은 감각기관을 통해 유입된 정보에 의미를 부여하여 해석하는 과정이다. 정보는 주의를 기울이는 것만으로 정보가 처리되지 않는다. 들어온 정보는 지각을 통해 다른 형태의 정보로 저장하는 과정이 필요하다. 지각은 경험에 의미와 해석을 부여하는 과정으로 지식, 기대, 동기, 과거 경험 등 다양한 요인에 의해 영향을 받게 되어 동일한 정보라도 주관적인 자극이 되어 개인마다 의미와 해석이 다르게 부여된다. 예를 들어, 아이가 야구공을 보고 야구공이라고 알 수 있는 것은 이전에 야구공이라는 개념을 습득한 것이며, 건축물을 보고 전에 보거나 들은 것으로부터 의미를 구성하는 것, 모호한 그림을 보았을 때 처음에는 그림을 이해하지 못했으나 다음에 동일한 그림을 보았을 때 즉시 알아볼 수 있는 것 등이다. 이처럼 이전에 경험한 다양한 정보에 따라 대상에 부여하는 의미는 다르다.

2) 단기기억

감각기관으로 들어온 정보들은 주의와 지각을 통해 두 번째 기억장소인 단기기억(short-term memory)으로 정보를 옮긴다. 감각등록기의 정보들이 짧은 시간 동안 제한된 정보를 기억하여 단기기억이라고 한다. 작업기억(working memory)은 기억 체계에서 정보의 사용과 흐름의 통제적 역할을 한다고 붙여진 용어로 이론가들은 기억요소가 인지적 처리가 일어나는 곳으로 믿고 작업기억이라는 용어를 많이 사용하고 있다(Baddeley, 1986; Ormrod, 2008). 감각기억에서 들어온 정보가 1분 이하로 유지되고 일시적인 저장 장소로 들어온 정보를 처리하는 것이 작업기억이다. 즉, 작업기억은 감각등록기의 정보가 주의와 지각으로 정보를 더 저장하고 처리하기 때문에 정보를 작업기억으로 이동하기 위해서는 주의를 기울여야 한다. 가령, 수업시간에 밖에서 여러 가지 소리가 들리더라도 교사의 목소리에 주의를 기울이면 교사의 소리만 선택해서 들을 수 있다. 이렇게 주의를 기울인 소리는 작업기억으로 옮겨지고 주의를 기울이지 않은 정보는 유실된다. 수업시간에 교사의 수업내용에 주의를 기울이지 않고 있다면 감각등록기로 들어왔으나 작업기억으로 옮길 수는 없다.

감각기억과 장기기억에서 인출된 정보들을 동시에 처리할 수도 있다. 예컨대, 오랜만에 모임에서 만난 친구 얼굴이 감각기억을 통해 작업기억으로 전달되면서 친구의 얼굴과 이름에 대한 정보를 알 수 있다. 그 뒤 다시 장기기억 속으로 전달되는데 이는 작업기억의 용량이 제한적이기 때문이다. 작업기억의 수용공간은 매우 한정되어 있으며, 공부하는 책상에 비유할 수 있다. 공부를 할 때 시험 보는 과목의 모든 교과서와 관련 교재들을 책상 위에 올려놓고 공부하는 것은 바람직하지 않다. 공부하는 과목에 따라 필요한 교재나 교과서를 사용하고 필요하지 않은 것은 다른 곳에 놓아야 책상을 효율적으로 사용할 수 있다.

작업기억의 용량은 감각등록기보다 제한적이며, Miller(1956)는 사람들이 한 번에 작업기억에 사용할 수 있는 정보는 7 ± 2(5~9개) 단위의 정보로 지속시간은 5~20초간 유지할 수 있다고 하였다(조규판 외, 2019). 여기서 단위는 문자, 숫자, 단어, 일반적인 표현, 의미 있는 항목을 의미한다. 새로운 정보는 사용하고 있던 정보를 밀어내어 저장할 공간을 만들어야 하고, 감각등록기에서와 같이 짧은 시간과 용량으로 처리가 깊이 이루어지지 않으면 쇠퇴해 사라질 수 있다. 그래서 작업기억은 감각등록기로부터 들어온 정보를 쇠퇴하지 않으려고 정보의 상황을 이해하고 주의집중하여 추리와 계획을 하기도 하고 입력된 정보를 해결하려고 한다. 작업기억 정보의 이동을 통제하고 정보를 처리하기 위해서는 그 사고와 행동을 시연, 점검, 예측 및 관리를 한다. 작업기억에서의 통제과정은 시연과 부호화가 있다.

(1) 시연

시연(rehearsal)은 짧은 시간 안에 작업기억 속의 정보를 유지하기 위해 기계적으로 반복하는 것이다. 시연은 정보를 장기기억에 저장하는 방법으로 시연을 반복할수록 잘 기억한다(Atkinson & Shiffrin, 1968). 시연은 정보를 소리 내어 읽거나, 되풀이하는 것을 반복 연습하는 것으로 알파벳, 노래 가사, 구구단을 기억할 때 주로 사용한다. 예를 들어, 마트에 가서 사야 할 항목들을 시연을 통해서 기억하고 물건을 구입한 후에 더 이상 그 항목을 기억하는 데 관심이 없어지면 기억에서 사라진다. 정보의 단순 반복은 작업기억에 정보를 저장하는 것을 가능하게 하지만 장기기억까지 이동하는 것에는 한계가 있으므로 새로운 정보나 학습자가 이미 알고 있는 것을 연합할 때 사용하는 정교한 시연이 장기기억의 저장을 촉진한다(Craik & Watkins, 1973). 구체적으로, 영어 단어를 암기할 때 단순 시연을 하면서 기억한 단어는 작업기억에 유지하면서 추가된 단어는 시연했던 단어를 회상하면서 새로운 단어들과 연합하여 장기기억을 촉진한다.

(2) 부호화

부호화(encoding)는 작업기억의 정보들을 저장하기보다는 새로운 정보를 저장할 수 있는 형태로 변화시키는 준비과정이다. 작업기억의 용량이 제한되어 있어 많은 단위를 기억할 수 없으나 부호화에 따라 기억의 단위가 달라질 수 있다. 그러므로 부호화는 감각기억으로 들어온 새로운 정보가 여러 가지 의미를 가진 상징의 형태로 변화하여 장기기억으로 가는 준비과정이다. 부호화의 전략으로는 조직화, 정교화, 이중부호화가 있다.

① 조직화

조직화(organization)는 제시된 자료들을 그 속성에 따라 분류하여 작업기억의 정보의 양을 증가시킬 수 있게 하는 것으로, 묶음 또는 청킹(chunking)이라고도 한다. 기억해야 할 항목들을 의미 있는 단위로 분류하여 쉽게 기억할 수 있는 방법이다. 가령, '배, 지우개, 사과, 컴퍼스, 칫솔, 감, 수건, 포도, 샴푸, 수건, 연필, 딸기'의 총 12개의 항목을 모두 기억한다는 것은 '7 ± 2'의 작업기억의 제한된 기억용량으로 쉽지 않다. 그러나 이 항목들을 '묶음'을 하면 쉽게 기억할 수 있다. 즉, 학용품과 과일,

세면도구와 같이 공통 범주로 분류하는 것이다. 숫자인 경우 '1 1 2 1 1 3 1 1 8 8 1 5 4 5 9 2 2 0'의 숫자들을 각각 '112/113/118/815/459/220'의 3개씩 묶음으로 청킹하거나 숫자에 리듬이나 멜로디를 부과하는 방법도 있다. 숫자들을 조직화는 또 다른 방법은 숫자에 의미를 덧붙이는 것이다. 이러한 예로, '112는 범죄신고' '113은 간첩신고' '118은 사이버 테러 신고' 또는 '815는 광복절' 등 번호에 의미를 부여하는 것이다. 이러한 정보의 관계를 잘 이해하면 작업기억의 제한된 기억용량이 많은 정보를 동시에 오래 유지할 수 있다.

② 정교화

정교화(elaboration)는 기존의 정보와 지식을 연계하여 새로운 지식을 확장해 나가는 것이다. 기억해야 할 단어들을 의미 있는 방식으로 다른 단어들과 생각들로 연결하면 더 잘 기억할 수 있다(Stein & Bransford, 1979). Bower와 Clark(1969)는 정교화가 기억을 향상시킬 수 있는 방법에 대한 실험에서 두 집단에 동일한 수의 단어를 제시한 후 단순히 연습에만 의존한 집단보다는 단어들을 의미 있는 관계로 조직화한 집단이 7배나 많은 단어를 기억할 수 있었다. 새로운 영어 단어를 기억해야 할 때 단순히 연습하기보다는 기억해야 할 단어가 자신이 알고 있는 단어와 비슷하다는 것과 연결하여 기억하는 전략이다.

③ 이중부호화

이중부호화(dual coding)는 시각, 촉각, 공간적 형태를 동시에 다른 형태로 부호화하는 방법이다. 장기기억의 정보는 언어적 단위 또는 시각적 영상과 언어적 단위로 결합하여 촉각, 미각, 후각, 청각 등의 다양한 형식의 부호로 저장된다. 즉, 청각적 정보와 공간적 · 시각적으로 들어온 정보 및 자료를 처리할 때는 언어적 · 심상적으로 기억할 수 있도록 전환하여 자료를 처리한다(Smith, 2000). 언어적으로 표상된 단어 '용기' 또는 '거짓'보다는 시각적 · 언어적으로 표상될 수 있는 '자전거'나 '연필' 등과 같은 단어가 기억하기가 쉽다. 그러므로 새로운 정보를 부호화시키기 위해서는 언어적 정보와 동시에 시각적 자료를 함께 제시하는 것이 좋다.

3) 장기기억

장기기억(long-term memory)은 정보를 저장하고 필요시 인출하여 사용할 수 있는 것으로 감각기억과 작업기억보다 비교적 용량이 무제한이며, 저장 형식이 유연하고, 오랫동안 정보를 저장한다. 그래서 평생 동안 저장되는 영구적인 기억 저장고라고 할 수 있다(Semb & Ellis, 1994). 사람들은 새로운 정보가 입력되면 이미 알고 있는 것, 즉 기억 속에 있는 것과 관련하여 장기기억에 저장한다. 그러므로 장기기억에 저장된 정보가 많을수록 추가된 정보는 저장되기가 수월하다. 장기기억에 있는 정보를 인출하기 위해서는 시간과 노력이 필요하며, 같은 정보라도 사람마다 다른 종류의 정보가 장기기억 안에 저장되어 있기 때문에 각기 다르게 저장된다. 동일한 동기화로 공부를 한 학생들일지라도 저장된 정보에 따라 정보를 저장하고 인출하는 데는 차이가 있다. 그리고 장기기억은 지식의 상호 연관성으로 연관된 정보들이 같이 연합되어 장기기억에서의 모든 정보가 직간접적으로 관련되어 있다(Ormrod, 2008).

장기기억에 저장되는 지식은 크게 서술적 지식과 절차적 지식으로 구분된다(Ormrod, 2008). 먼저, 서술적 지식(declarative knowledge)은 '어떠하고 어떠했는지'에 대한 특정한 사실과 사건에 관한 지식으로 명시적 지식 또는 선언적 지식이라고도 한다. 서술적 지식은 장소와 시간에서 개인이 경험한 사건과 관련한 일화기억과 법칙, 사실, 이론, 학습전략, 문제해결 기술 등과 관련된 의미기억으로 구성된다. 다음으로, 절차적 지식(procedural knowledge)은 '무엇을 어떻게 처리할지'에 대한 지식으로 '자전거 타기' '셈하기' 등과 같이 조작 및 기술, 행위와 관련된 것으로 과정지식이라고도 한다. 장기기억은 일화기억, 의미기억, 절차기억으로 구성되어 있으며, 이를 살펴보면 다음과 같다.

(1) 일화기억

일화기억(episodic memory)은 개인의 구체적 경험에 관한 기억으로 어떤 것이 발생했다는 사실을 아는 것을 포함한다. 자신이 경험한 일, 장소, 상황, 시간 등을 기억하는 것이다. 개인에게 발생했던 것을 회상하는 것으로 일상에서 특정 순간이나 일화를 기억해 내는 것이다. 예를 들어, 오늘 아침에 일어나서 한 일, 아침에 누가 말했던 것, 오늘 운전 교육을 받은 것, 수능 시험일, 지각해서 혼난 일, 프러포즈를 받은 것, 비행기를 처음 탔던 일을 기억하는 것이다. 일화기억은 사람들에게 일어났던 사건의 기억에 초점을 맞추어 일화들을 재경험하기 위해 5년이나 10년 전에 발생한 사건에 대한 기억뿐만 아니라 5분 전의 대화 내용의 기억도 포함된다. 일화기억에서 정보를 인출할 때는 시간과 공간의 단서를 활용한다. 겨울방학을 떠올리면 생각나는 사람, 교실에서 늘 앞 줄에 앉았던 친구에 대한 기억은 시간과 공간의 단서를 통한 정보 인출이다. 일화기억은 독특한 사건 이외에는 일상에서 반복되는 이전과 이후 기억의 혼합으로 정확하게 인출되지 못한다.

(2) 의미기억

의미기억(semantic memory)은 사실과 다른 종류의 지식에 관한 기억으로 사람들이 아는 사실과 일반적인 정보로 기억할 내용의 관계, 의미 등을 기억하는 것이다. 대부분 학습내용은 의미기억에 해당되는 것으로 체계적으로 조직되어 있다. 규칙, 문제해결 기술, 학습전략, 개념, 원리 등의 정보는 의미기억의 내용이다. 이와 같은 예로, '서울은 한국의 수도' '5월 5일은 어린이날'이라는 것과 같은 일반적 지식에 대한 기억을 의미한다. 일화기억과 의미기억을 구분해 보면, 수업시간에 민주주의에 대한 설명을 듣고 그 내용을 기억하는 것은 의미기억이며, 그 내용을 설명했던 교사가 입었던 옷을 기억하는 것은 일화기억이다. 즉, 일화기억이 특정 시간과 장소와 연관된 기억이라면, 의미기억은 알고 있는 지식에 일반적인 정보를 더한 것이다.

(3) 절차기억

절차기억(procedural memory)은 문제해결 과정과 절차에 관한 것이다. 어떤 자극을 인식하면 그것에 빨리 반응을 하기 위한 자극과 반응의 연합으로 주어진 상황에서 어떻게 해결을 할 것에 대하여 반복을 통해 습득된 기억이다(Winograd, 1975). 처음에 운전을 할 때는 차선을 변경하기가 수월하지 않았으나 운전을 계속할수록 운전 실력이 향상되는 것은 절차기억이다. 이 외에도 컴퓨터 자판 치기, 자전거 타기, 덧셈과 뺄셈하기, 악기 연주 등이 있다. 이러한 기능들은 꾸준한 연습으로 효과적으로 저장되고 인출 시 자동화(automaticity)될 수 있다. 처음 자전거를 탈 때 오른쪽으로 기울면(자극) 넘어지지 않기 위해 즉각적으로 왼쪽에 무게중심을 두어(반응) 균형을 유지한다. 이러한 기억들이 장기기억에서 함께 저장되기도 하고 각각 기억의 방식대로 처리되어 오랫동안 저장된다.

4) 인출과 망각

(1) 인출

인출(retrieval)은 기억에 저장된 정보를 필요할 때 기억 저장소에서 꺼내 사용하는 과정으로 장기기억에 있는 정보를 작업기억으로 꺼내는 과정이다. 작업기억에서의 인출은 쉽고 자동적이다. 예를 들어, 길을 지나다가 아는 사람을 만나면 저장되어 있는 얼굴과 이름, 만난 사람의 관련 정보를 꺼내어 사용하는 것이다. 저녁에 일어난 사건, 갑오개혁 연도, 수학공식 등과 같은 질문에 반응하려면 작업기억에서 관련 정보를 찾아서 인출한다.

인출이 빨리, 쉽게 이루어지는 것은 인출 단서의 사용으로 저장된 정보의 양과 부호화된 방법, 조직화, 정교화가 어떻게 이루어졌느냐에 따라 달라질 수 있다(Thomas, Milner, & Haberlandt, 2003). 정교하게 부호화된 정보는 신속히 인출되며, 정보가 저장되었던 곳과 같은 환경에서 정보는 더 쉽게 인출된다(Roediger & Guynn, 1996). 학습자가 공부를 하던 공간, 소음, 냄새 등은 감각에 영향을 주며, 공부했던 교실에서 시험을 볼 때 다른 장소에서보다 신속히 인출된다. 또한 공부할 때의 정서가 그 당시의 동일한 맥락에서 부호화되어 저장된다면 비슷한 경우에 인출 단서로 작용할 수 있다.

(2) 망각

망각(forgetting)은 저장된 내용이 인출되지 않는 것을 의미한다. 정보의 손실로 발생하는 것이 아닌 과거의 경험과 학습한 정보를 상기하거나 재생할 수 없는 것으로 장기기억의 정보를 인출하지 못해서 일어나는 것이다. 망각은 정보처리의 전 과정에서 일어나고 감각기억과 작업기억에서 소실된 기억은 회복될 수 없다. 감각기억에서의 망각은 감각등록기로 들어온 정보를 주의와 지각의 과정으로 처리되지 않으면서 감각기억에 저장된 정보가 쇠퇴하기 때문에 발생된다. 작업기억에서의 망각은 용량과 정보 지속시간의 한계로 시연과 부호화 과정의 의식 처리가 되지 않을 경우 다음 단계인 장기기억으로 옮겨지지 못하고 정보에 접근하는 것을 실패했기 때문에 일어난다.

기억에서 흥미로운 효과로 초두효과와 최신효과가 있다. 참가자에게 일련의 단어 목록을 보여 주고 단어들을 회상하게 하였더니 중간의 단어들보다 앞부분과 뒷부분의 단어를 더 많이 회상하였다. 특정한 순서로 일련의 항목들을 학습하는 계열학습의 효과로 앞부분의 내용을 더 잘 기억하는 것을 초두효과(primacy effect)라고 하고, 마지막 부분의 내용을 잘 기억하는 것을 최신효과(recency effect)라고 한다. 한 실험에서 참가자들에게 단어를 보여 주고 앞의 단어들보다 마지막 단어부터 회상하게 하였더니 가장 마지막 단어를 잘 기억하고 다음에 그 바로 앞 단어 순서로 기억하는 것으로 앞의 단어들은 계속해서 쇠퇴하였다(Liebeman, 1979). 이 실험에서 시연과 초두효과를 확인하기 위해 시연을 반복할수록 목록의 앞부분의 단어들이 중간과 끝부분의 단어들보다 많이 회상되었다. 장기기억의 정보는 영구적으로 손실되지 않고 기억된다고 하지만 장기기억에서 저장된 정보가 인출되지 않을 수도 있다. 그 이유는 시간이 지날수록 쇠퇴와 간섭에 의해 망각될 수 있기 때문이다. 장기기억의 망각의 원인은 쇠퇴, 간섭, 인출의 실패 등 세 가지로 설명할 수 있다.

① 쇠퇴

우리의 머릿속에 저장된 기억과 기록은 시간이 경과됨에 따라 노후하거나 쇠퇴한다. 쇠퇴(decay)는 저장된 정보를 긴 시간 동안 사용하지 않거나 전혀 사용하지 않아서 망각되는 것이다(Altmann & Gray, 2002). 오래된 학습 정보일수록 기억하기 어렵고 기억하고 재생하기 위해서는 반복 연습의 과정이 필요하다. 그러나 어떤 정보는 사건의 세부사항, 중요하거나 두드러진 특징들을 가지고 있을 경우에 오랜 시간이 지나도 기억할 수 있는데, 그 이유는 그 정보가 쉽게 쇠퇴하지 않기 때문이다(Reisberg, 1997). 예를 들어, 10년 전 생일파티에서 받았던 선물과 저녁 식사를 기억하는 것이다.

② 간섭

간섭(interference)이란 기억하고 있는 정보들이 시간이 지나면서 새로운 기억을 형성하고 이 새로운 기억들은 이전 기억에 대한 회상에 간섭한다는 것으로 다른 정보에 의해 밀려 나가거나 기억된 정보가 서로 방해하는 것이다(Altman & Gray, 2002). 저장된 내용이 손실과 손상을 받은 것이 아닌 다른 기억들과 혼동되어 필요 시 인출되지 못하는 것이다. Underwood(1961)는 학습과제에서 방해 요소를 제거해 주면 단어를 회상할 수 있는 수가 높아진다고 하였다.

간섭은 이전과 이후에 학습한 정보가 현재 학습의 정보 기억을 방해하는 현상으로 정보를 방해하는 방향에 따라 순행간섭과 역행간섭으로 구분된다. 먼저, 순행간섭(proactive interference)은 이전 학습된 정보가 새로운 정보와 지식을 학습하는 것을 간섭하여 인출을 방해하는 것이다. 예를 들어, 이사를 하여 주소가 변경되어도 누가 주소를 물으면 새 주소가 아닌 옛 주소가 기억나는 것과 같은 현상이다. 다음으로, 역행간섭(retroactive interference)은 새로운 학습 정보와 지식이 이전에 학습한 지식과 정보를 유지하는 데 방해하는 것이다. 이는 이사한 주소를 완벽하게 기억해서 옛 주소가 기억나지 않는 현상이다. 한 연구에서 A, B 두 집단에게 동일한 첫 번째 단어 목록을 제시하고 똑같이 학습한 후, B 집단에게만 두 번째 단어 목록을 암기하도록 하고 A 집단에게는 두 번째 단어를 암기시키지 않았다. 이후 A, B 두 집단 중 첫 번째 목록의 단어를 기억하는 수가 두 번째 단어를 암기하지 않은 A 집단이 B 집단보다 더 많았다. 이러한 사실은 시간 경과에 따른 소멸과 간섭으로 역행간섭이 일어난 것이다(Oberauer & Lewandowsky, 2008). 간섭은 단순 암기한 정보가 의미 있게 학습한 정보보다 망각과 관련이 더 깊다(Good & Brophy, 1995).

③ 인출의 실패

인출 실패(retrieval failure)는 장기기억에서 인출의 능력이 부족한 것으로 저장된 정보의 단서가 없거나 잘못되었기 때문에 장기기억의 정보에 접근할 수 없어서 발생된다. 인출하지 못한 것은 기억의 소멸과 간섭을 받은 것이 아닌 처음에 정보를 저장할 때 다른 생각과 연결되지 않은 채 저장되었거나, 처음부터 다른 방식으로 연결되어 저장되었던 것이다. 그러나 인출 단서가 적절히 주어지면 인출할 수 있다(Underwood, 1983). 우리가 단어를 기억하려고 할 때 정확히 단어는 떠오르지 않지만 혀끝에서 맴돌 뿐 말로 표현되지 않는 상태를 설단 현상(tip of the tongue phenomenon)이라고 한다. 예를 들어, "퇴적암의 종류 중 역암은 어떤 물질로 만들어졌습니까?"라는 문제의 답이 혀끝에서 맴돌 때 누군가가 답의 글자 수나 작은 단

표 12-1 감각·단기·장기 기억의 특성 비교

구분	감각기억	단기기억(작업기억)	장기기억
정보 유입	주의 이전 상태	주의 필요	시연, 반복
정보 유지	불가능	의식 중	조직, 도식
정보 지속시간	1~4초	약 20~30초	지속적
처리 용량	대량	한계	무제한
정보 형태	감각적	현재 활성화되고 있는 정보	학습 또는 부호화된 정보
인출		즉각, 일시적 단서, 의식 내의 항목	정보조직망을 통해 접근
망각	주의를 기울이지 않음	시연과정이 없음	간섭과 인출 단서 부족

서를 준다면 정답을 맞힐 수 있다.

또한 인출 실패는 미래의 필요한 어떤 것을 잊어버리는 것과도 관련이 있다(Einstein & McDaniel, 2005). 만약 등교하면서 화장실 불을 끄지 않았다는 사실을 잊고 있다가 하교 후에 화장실 불이 켜져 있는 것을 보고 그제야 아침에 등교하면서 화장실 불을 끄지 않는 것이 생각났다거나, 학교에 미술 준비물을 가져가야 하는데 학교에 가서야 비로소 준비물을 가지고 오지 않았다는 사실을 알게 되는 것이다. 이 문제는 중요한 정보를 제때에 인출하는 것을 잊어버린 것이다. 망각은 학습 직후 가장 많이 일어난다. 그러므로 망각이 쉽게 일어나지 않기 위해서는 연습과 반복이 필요하다.

3. 초인지

초인지(hypercognition)는 학습자가 학습과 인지과정에 대한 지식, 학습과 기억을 증진시키기 위해서 학습과 인지과정을 조절하는 것을 의미하며(Ormrod, 2008), 메타인지(metacognition)라고도 한다. 학습자가 자신의 학습과정에서 한 단계 높은 인지과정을 인식하고 통제하는 차원에서 자신의 학습 상황을 검토할 수 있는 능력으로 자신이 아는 것과 모르는 것이 무엇인지를 정확히 파악하는 것이다. 초인지는 자기조절 학습자가 가지고 있는 능력이며, 학습과정에서 문제해결, 추리, 이해 등의 자신의 인지과정을 계획 · 점검 · 수정하는 능력이다. 그리고 학습 상황에서 학습자가 학습목표를 정하고 사용할 인지전략을 계획하고 학습과정에서 사용된 인지전략의 효과가 어떠한지 지속적으로 파악하고 조정하여 주어진 정보를 이해하고 기억하는 데 도움을 준다. 학업성취 수준이 높은 학습자들은 초인지를 가지고 자신이 공부하는 과정에서 학습의 이해, 문제해결 능력을 파악하고 조절하여 효율적으로 학습을 진행한다.

1) 초인지의 기능

초인지는 자신의 사고와 관련된 지식과 자신의 사고과정을 점검 · 관리 · 조정하는 것과 관련된 인지양식이다. 문제해결과 노력이 필요한 학습과 주의력을 필요로 하는 인지활동에서도 초인지가 필요하다. 초인지는 정보처리 관점과 학습과정에서 중요한 기능을 한다(Barnett, 2001; Schraw & Bruning, 1995). 초인지 기능과 학습은 학교 교육에서 배울 수 있는 것이 아닌 스스로 학습을 하면서 터득하는 것이다(Ormrod, 2008).

첫째, 초인지를 사용하는 학습자는 집중이 잘되는 학습환경을 파악한다. 학습목표를 달성하기 위해 주의집중의 중요성을 파악하여 효과적으로 학습이 이루어지는 시간과 장소를 조절할 수 있다.

둘째, 학습자의 학습내용과 기억용량에 대한 이해와 성취해야 할 학습과제에 대한 인식을 한다. 예를 들어, 저녁에 300쪽의 분량의 내용을 기억하는 것은 불가능하다는 것을 아는 것이다.

셋째, 학습과정에서 자신에게 효과적인 학습전략이 무엇인지 안다. 이는 학습자료를 기억하기 어려울 때 노트 정리를 자세히 하여 학습내용을 정리하는 것과 같다.

넷째, 자신의 학습 수준을 파악한다. 학습하는 과정에서 정보가 학습되는지 또는 안 되는지를 스스로 알아차리는 것이다.

다섯째, 부호화하는 능력을 활용하여 기존 지식과 연결하여 효과적으로 저장하려고 시도한다.

여섯째, 저장된 정보를 쉽게 인출하기 위해서 정보를 저장할 때 학습내용을 구분하여 저장한다. 이는 인출 시 특정 정보가 주어지면 이를 바로 생각해 낼 수 있기 때문에 효과적인 학습전략이다.

2) 초인지에 도움을 주는 학습전략

초인지에 도움을 주는 학습전략(learning strategies)은 일반적인 학습을 하면서 학습과제를 수행하는 전반적인 학습전략이 아닌 학습방략(learning tactics)의 관점에서 접근하는 것이다. 즉, 학습과제 수행과정에서 특수한 방법을 사용하여 한 가지 이상의 인지적 과정을 사용하는 것을 의미한다. 학습자는 학습과정에서 새로운 내용을 학습하고 기억하기 위해 다양한 방법을 사용한다. 새로운 정보를 장기기억 안의 정보와 연합하는 유의미 학습, 정교화, 조직화, 심상 등을 포함한다.

(1) 유의미 학습

유의미 학습(meaningful learning)은 새로운 정보를 기존의 장기기억의 정보와 유사한 것을 연합하여 장기기억에 저장하는 것이다. 이는 저장과 인출을 촉진하면서 학습된 정보가 빨리 저장되고 쉽게 기억된다(Van Rossum & Schenk, 1984). 자신과 관련 있는 새로운 정보는 학습에 최고 극대의 효과가 있다. 사람은 비언어적 자료와 자신에게 의미 있는 정보를 더 쉽게 저장할 수 있다. Van Rossum과 Schenk(1984)의 연구에서 학생들에게 역사에 관한 내용을 공부하고 필기를 하게 하였다. 시험을 보고 난 후, 공부한 방법에 대한 질문을 했다. 대부분의 학생이 기계적 접근으로 모든 것을 암기하여 학습하는 사실의 기억으로 해석하였다. 반면, 일부 학생은 학습과정에서 유의미 학습을 적용하여 읽은 것을 이해하고 해석하고 의미를 추출하고 적용하였다. 그 결과, 선다형 문제에서는 두 집단의 차이는 적었으나 유의미 학습전략을 사용한 학생들은 추론을 필요로 하는 문제에서 높은 점수를 받았고, 서술형 문제에서 월등히 우수한 답안을 작성하였다. 이처럼 유의미 학습이 이루어지기 위해서는 학습하는 정보에서 의미를 찾아야 한다. 또한 새로운 정보와 연관할 수 있는 사전 정보가 있어야 하며, 새로운 정보가 이전 학습과 관련되어 있어야 한다. 이러한 학습 상황이 이루어질 때 의미 있는 학습이 가능하다(정순례 외, 2013). 가령, 수업

전에 독립운동 관련 영화를 보았거나, 독립운동가, 독립운동 단체, 위인전 등 독립운동에 관한 이전의 학습 정보를 가지고 있는 학생은 독립이나 자주정신의 수업 내용을 더욱 의미 있게 받아들이고 독립운동을 더 잘 이해한다.

(2) 정교화

정교화(elaboration)는 새로운 정보를 받아들일 때 기존의 지식에 적용하여 새로운 지식과 정보를 확장해 나가는 것이다. 즉, 정교화는 사전 지식을 새로운 정보에 해석 · 확장하는 데 사용하는 과정이다. 이와 같은 예로, '사막은 강수량이 적어서 물이 부족할 뿐만 아니라 낮과 밤의 온도차가 크다.'는 사막의 환경에 관한 사전 지식을 가지고 있는 학습자가 사막 식물의 특징을 배운다고 하자. 이 학습자는 사막에서 식물이 자라기 위해서는 물의 증발을 막기 위해 굵은 줄기와 크고 두꺼운 잎으로 되어 있어야 사막에서 잘 견딜 수 있다는 새로운 정보를 정교화하는 것이다. 그러면 선인장과 바오바브(baobab)는 굵은 줄기에 물을 저장하고, 용설란은 크고 두꺼운 잎에 물을 저장하여 사막 환경에 적응하는 식물임을 추정할 수 있다. 단순하고 반복적인 정보는 작업기억에 머무를 수 있지만 기억하기 어려운 반면, 새로운 정보들을 효과적으로 이해하기 위해서 자신의 경험이나 사전 지식을 활용하는 전략을 사용하면 장기기억하는 데 효과적이다. 무엇보다 새로운 정보를 같이 묶는 것이 도움이 되고 조직화하는 데 매우 효과적이다. 정교화된 정보는 그렇지 않은 정보보다 학습이 더 잘 되어 기억하고 인출되기 쉽다(Myers & Duffy, 1990). 학생들이 학습하는 내용은 정교화의 유무에 따라 차이가 난다. 정교화는 정보만으로는 정확하게 회상할 수 없을 때 또는 정보가 어떤 것인지 추론할 때 도움이 된다(Anderson, 1990).

(3) 조직화

조직화(organization)는 다양한 정보를 관련 있는 내용의 공통 범주나 유형으로 묶는 과정이다. 다양한 정보를 어떤 방법이든 서로 연결하면 정보가 내적으로 조직화되어 새로운 정보를 효과적으로 저장하고 기억할 수 있다. 학습자에게 특정의 조직화된 도식을 제공하여 효과적인 학습을 하는 데 도움을 줄 수 있다. Bower, Clark, Lesgold와 Winzens(1969)의 실험에서 대학생들에게 112개 단어를 식물, 광물 등과 같은 4개의 범주에 포함시켜 학습해야 하는 상황이 반복하여 주었다. 일부 학생들은 임의적으로 배열한 단어를 위계 속에 배열(〈표 12-2〉와 [그림 12-3] 참조)하였더니 무작위로 공부한 학생들보다 더 많은 단어를 기억할 수 있었다. 즉, 조직화된 목록을 학습하는 과정에서 학습내용을 자신만의 정보로 조직화하기에 효과적으로 학습을 하는 데 도움을 준다(DuBois, Staley, Guzy, & DiNardo, 1995). 조직망이 잘 발달되어 있을수록 정보를 파악하는 데 경로가 다양하기 때문에 관련 정보를 쉽게 기억할 수 있다. 반대로 정보 조직망이 단순하고 정보에 도달할 수 있는 경로가 적다면 기억하기 힘들다. 예를 들어, 약속장소에 가는 경로가 다양하다면 쉽게 목적지에 도달할 수 있으나, 오직 한 경로만 있는 경우에는 경로를 잃게 되면 장소에 도착하기 힘들게 되는 것과 같다. 장기기억 속에 조직적으로 정리되어 있는 도식의 구조는 개인마다 차이가 있다.

표 12-2 개념적 위계 예시(광물의 임의적 배열)

광물
임의적으로 배열된 광물
알루미늄, 놋쇠, 사파이어, 에메랄드, 석회암, 금, 루비, 다이아몬드, 철, 점판암, 백금, 납, 화강암, 대리석, 은, 동, 쇠

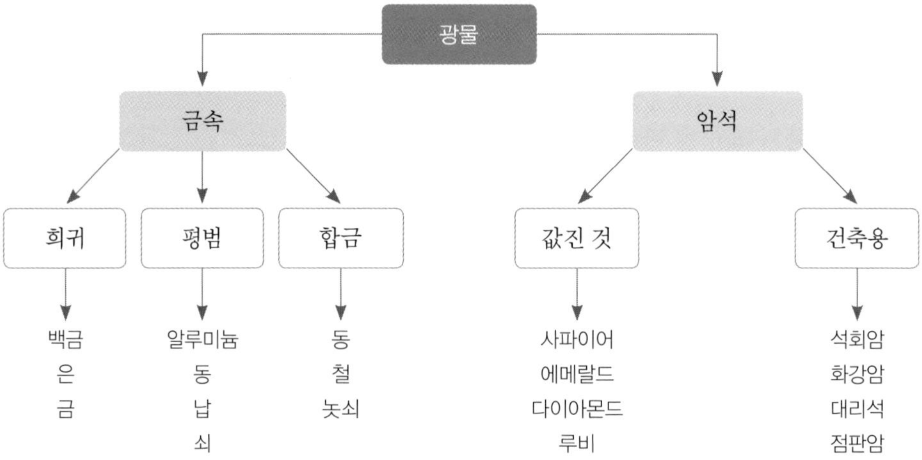

[그림 12-3] Bower와 Clark(1969)의 개념적 위계 예시

① 도식화

도식화(schema)는 학습한 개념들을 유사점과 차이점을 비교하여 복잡한 내용을 정리하는 것이다. 말로 설명된 글은 길고 복잡하지만 표로 정리하여 내용을 요약·정리할 수 있다. 예를 들어, 지도나 역사의 흐름 같은 경우에도 글의 내용을 시각적 정리하면 이해하고 기억하는 데 도움을 준다.

표 12-3 도식화 예시: 지시약을 이용한 여러 가지 용액 분류(초등 5학년 과학)

구분	산성 용액	염기성 용액
종류	식초, 레몬즙	유리세정제, 제산제
리트머스종이	푸른색이 붉은색으로 변함	붉은색이 푸른색으로 변함
페놀프탈레인 용액	색 변화 없음	붉은색으로 변함
자주색 양배추 지시약	붉은색 계열의 색으로 변함	푸른색이나 노란색 계열의 색으로 변함
달걀껍데기와 대리석 조각	녹음	녹지 않음
삶은 달걀 흰자, 두부	녹지 않음	녹음

② 개념 지도

설명으로 되어 있는 새로운 정보를 기억하는 것은 조직화된 형태로 정보가 제시될 때 효과적이다(Wade, 1983). 개념 지도(concept map)는 주요 개념을 선택하여 두 개념을 같이 묶어 주는 선과 단어 또는 문구로 명시하여 개념 간의 상호 관련성을 표현하는 것이다. 학습내용의 위계적 관련성을 확인하고 인과관계를 분명히 할 때 학습이 촉진된다. 자료가 조직화되고 어떤 관련성이 있는지 아는 것은 정보와 관련한 배경지식이 거의 없고 학습 흥미가 낮은 학습자에게 유용하다(Krajcik, 1991). 개념 지도를 그리면 새로운 개념과 기존 정보와의 관련성에 관심을 갖게 되어 유의미 학습이 된다. 뿐만 아니라 시각적으로 부호화하여 장기기억에 도움을 준다. 개념 지도를 만들 때는 먼저 글 속에 포함되어 있는 개념과 용어를 정리한 후, 이들의 위계적인 관계를 정리한다. 이때 포괄적인 개념은 위에 그리고 세부적인 개념은 아래에 배치하여 개념들 간의 관계를 선이나 화살표로 연결한다. 개념 지도의 예시는 [그림 12-4]와 같다.

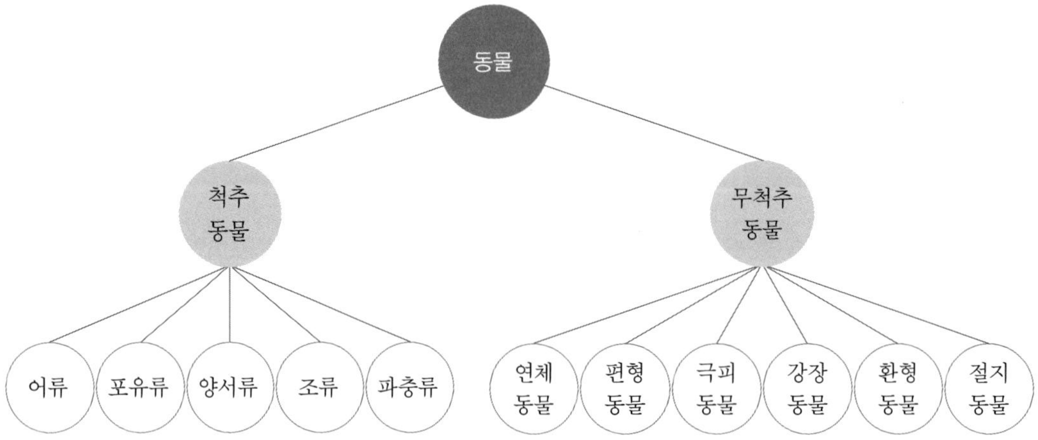

[그림 12-4] 개념 지도의 예: 동물 분류

(4) 심상

심상(imagery)은 그림이 실제 어떻게 보이는지를 시각적 영상으로 저장한 것이다. 일반적으로 사람은 시각적 정보에 거의 정확한 정보를 가진다. 예를 들어, 졸업식에 대해 생각할 때 졸업식의 유래보다는 영상적 장면이 먼저 떠오른다. 선물, 꽃다발, 사진, 2월, 즐거움 등의 단어는 졸업식에 대한 영상적 이미지가 떠오르면서 수월하게 생각해 낸 단어들이다. 이처럼 심상은 사실과 정보를 기억할 때 사용할 수 있는 효과적인 방법이다. Shepard(1967)의 실험에서 두 개의 집단에 사진과 단어 카드를 제공하였는데, 시각 자료를 제시받은 집단의 기억이 단어 카드를 제시받은 집단보다 정확성이 더 높다는 결과를 보였다. 이처럼 시각 자료는 사람들이 기억하는 데 언어 자료보다 더 효과적이다(Edens & McCormick, 2000).

사람은 언어와 시각적 정보 중 하나의 형식으로 제공될 때보다 두 가지 형식 모두 제공될 때 기억을 더 잘한다. 기억해야 할 정보를 독특하고 재미있는 시각적 영상과 이미지로 만드는 것이다. 이러한 심상은 풍자, 독특성, 상상, 개인의 경험, 은유 등의 이미지를 만드는 것이 중요하다. 예를 들어, 자동차를 기억해야 한다면 자동차라는 언어적 정보 형식의 기억보다는 옥외광고의 햄버거 위에 자동차가 걸려 있는 시각적 이미지로 그 자동차가 움직이는 것처럼 영상화하여 암기하는 것이다. 또는 사슴과 드레스라는 두 개의 단어를 기억해야 할 때 드레스를 입은 사슴이 벤치에 앉아 있는 이미지를 영상화하면서 단어를 기억한다. 무엇보다 새로운 자료가 구체적이면 학습자는 이를 시각화하는 데 자신만의 정신적 심상으로 창조할 수 있게 된다(Chandler, Sweller & Kalyuga, 2001). 예를 들어, 수업시간에 교과서를 읽거나 교사의 설명을 듣고 있는 동안 심상을 형성하면 단순히 읽거나 듣는 것보다 효과적으로 이해하고 기억할 수 있다(Sadoski & Paivio, 2001). 그러므로 학습자에게 시각적 심상을 형성하는 것을 가르치면 기억이 증가할 수 있다(Bower, 1972). 시각적 심상을 형성하는 데에는 연령에 따라 차이가 있으며(Kosslyn, Margolis, Barrett, Goldknopf, & Daly, 1990), 사람들 간의 시각적 심상을 사용하는 능력에도 차이가 있다. 하지만 정확하고 자세한 정보가 저장되어야 할 때는 시각적 심상이 유용하지 않을 수도 있다(Kernaghan & Woloshyn, 1994). 가령, 영어 단어를 암기할 때 한 단어의 시각적 심상이 모든 철자를 포함하지는 않는다. 'important'라는 단어에 대한 심상은 있으나 철자가 정확하지 않는 것이다.

4. 기억 증진 전략

부호화가 어떻게 입력되었느냐에 따라 정보 인출이 달라진다. 부호화와 정보 인출은 상호작용을 한다. 초인지 전략은 기억을 효과적으로 증진시키는 데 중요하다. 그러나 연관되지 않고 논리적이지 않은 자료를 학습하고 기억하는 데는 다양한 방법들이 사용될 수 있다. 외국어 문법 규칙, 철자, 역사적 사건 등 학습자료를 회상하는 데 도움을 주는 기술을 기억술이라 하며(Ormrod, 2008), 이와 관련한 몇 가지 방법은 다음과 같다.

1) 범주화 묶기

범주화 묶기(category)는 학습할 내용의 목록에 있는 항목들을 몇 개의 범주로 조직화하는 것이다. 예를 들어, 쇼핑 목록이 '지우개, 고기, 비누, 상추, 쑥갓, 닭고기, 감, 자두, 세제, 연필'이라면 식품 종류별로 채소, 육류, 과일로 조직화하고, 학용품별로 지우개, 연필 그리고 그 외 등으로 조직화한다.

2) 페그워드법

페그워드(peg word)법은 여러 가지 항목과 상대적 위치를 효과적으로 학습하는 데 유용한 방법이다. 이 방법은 '걸이(pegs)' 역할을 하는 익숙한 단어 열을 사용하고 다른 항목들은 심상을 사용하여 기억을 하는 방법이다. 이미 학습한 단어에 기억해야 할 단어를 연결하여 심상을 이용하는 방법이다. 익숙한 단어에 새로운 단어를 걸어놓는다는 의미에서 걸이 단어라고도 한다(정순례 외, 2013). 먼저 기억할 단어들 간의 다리를 놓을 수 있도록 기억할 내용을 쉽게 기억하는 단어나 운율이 같은 단어들을 암기해야 한다. 예를 들어, '할아버지, 두유, 삼거리, 냇가, 다리미, 여우, 일요일, 여자, 아궁이, 열매' 10개의 단어를 암기해야 할 때 걸이 단어를 사용해 보자. 첫째, 걸이 단어는 암기해야 할 첫 단어와 운(발음)이 같은 '하나'에서 '열'까지 수의 단어로 한다. 둘째, 걸이 단어와 기억해야 할 단어를 연관하여 이미지를 심상화한다. '하나 하면 할아버지가 지팡이 짚고서 라라라, 둘 하면 두유 먹고 라라라'와 같이 숫자 열까지 심상을 만든다. 셋째, 만든 심상을 떠올리면서 걸이 단어와 연결한 단어를 암송한다. 이처럼 운이 같은 단어를 걸이 단어로 하고 '안경, 지갑, 운동화, 의자, 웃음, 떡, 휴대전화, 컴퓨터, 청소, 친구'의 암기할 단어를 연결하면 쉽게 암기할 수 있다. 이 방법은 외국어 단어를 학습하는 데 특히 효과적이다. 페그워드법의 예시는 〈표 12-4〉와 같다.

표 12-4 걸이 단어의 예시

걸이 단어 1	걸이 단어 2	암기할 단어	연결하기
하나	할아버지	안경	할아버지가 **안경**을 쓰고
둘	두유	지갑	두유를 먹으러 **지갑**을 열고
셋	삼거리	운동화	삼거리에 **운동화**를 신고
넷	냇가	의자	냇가에 있는 **의자**에 앉고
다섯	다리미	웃음	다리미 하면서 **웃고**
여섯	여우	떡	여우가 **떡**을 먹고
일곱	일요일	휴대전화	일요일에 **휴대전화**를 하고
여덟	여자	컴퓨터	여자아이에게 **컴퓨터**를 알려 주고
아홉	아궁이	청소	아궁이를 **청소**하고
열	열매	친구	열매를 따서 **친구**와 먹었다.

3) 장소법

장소법(method of loci)은 학습자가 익숙한 길 또는 장소를 선정하여 시각적으로 상상한 후 그 장소에 다른 물건을 배치하는 것이다. 가령, 쇼핑 목록을 기억해야 한다고 가정해 보자. 먼저 친숙한 장소를 선정하고, 그 장소를 천천히 걷는 상상을 하고, 그곳을 걸어 다니면서 기억해야 할 쇼핑 목록에 있던 물건들을 이미지화하여 상상을 한다. 이러한 방법으로 집에서 학교 가는 길을 생각하고, 주요 지점인 가게, 다리, 교회 등을 순서대로 기억하여 내용의 핵심 요지를 학교 가는 길의 각 지점에 대응시켜 머릿속에서 영상으로 떠올리는 것이다. 구체적으로, 집에서 학교 가는 길의 가게(첫째 표시)에 당근이 걸려 있고, 교회(두 번째 표시)에 들어가는 거대한 20개의 사탕이 매달려 있고, 나무(세 번째 표시) 가지에서 버티고 있는 휴지통의 이미지를 연상하는 것이다. Ross와 Lawrence(1968)는 학생들에게 14초 동안 40개의 단어 목록을 제시하고 장소법을 활용하여 단어를 암기하도록 한 결과 38개 단어를 회상하였다. 사흘에 걸쳐 새로운 목록을 학습하고 최종적으로 모든 목록 단어들을 확인했을 때 평균적으로 36개의 단어를 회상할 수 있었다. 장소법을 사용할 때는 상상하는 이미지가 뚜렷하고 대상과 위치의 관계가 상호작용을 강하게 할수록 그리고 재미있는 이미지일수록 많은 것을 기억하는 데 효과적이다(Worthen & Deschamps, 2008). 이와 같은 예로, 테이블 가장자리에 있는 김밥을 상상하기보다는 테이블 가장자리에 김밥 재료들인 단무지, 햄, 계란 등이 아래로 흘러내리려는 장면을 상상하는 것이다.

4) 머리글자로 단어 만들기

암기해야 할 대표적인 첫 음절들을 결합하여 기억하는 방법으로 머리글자로만 외우는 기억법이다. 예를 들어, 조선시대의 왕(태조 – 정조 – 태종 – 세종 – 문종 – 단종 – 세조 – 예종 – 성종 – 연산군 – 중종 – 〈중략〉 – 현종 – 철종 – 고종 – 순종)을 '태정태세문단세 예성연중인명선 광인효현숙경영 정순현철고순'으로 만든다.

5) 머리글자로 문장 만들기

암기해야 할 단어들을 의미 있고 재미있는 문장으로 만들어 심상을 형성하는 것이다. 예를 들어, '거울, 사람, 배, 신발, 안경, 고기'의 단어를 기억해야 할 때 '사람들이 고기를 먹으러 가기 위해 거울 앞에서 신발을 신고 안경을 쓰면서 배를 탔다.'처럼 문장으로 만드는 것이다. 이때 논리적으로 문장을 만들 필요는 없다. 오히려 코믹하고 재미있는 문장을 구성하는 것이 더욱 효과적이다.

6) 핵심단어법

핵심단어(key-word)법은 외국어 학습에 특히 효과적이다(Atkinson, 1975). 외국어 단어의 소리와 의미를 친숙한 단어의 소리와 의미로 연결하여 서로 상호작용하는 이미지로 만드는 방법이다. 예를 들어, 절반의 'half'를 학습할 때 '하품(half)을 하니 반으로 줄었네!', 웅장함의 'grand'를 학습할 때는 '웅장한 그랜드 피아노를 쳤다.'로 만들어 기억한다.

제13장

학습에 도움이 되는 방법

학습은 지식과 기술 이외에도 태도, 가치, 정서적 반응의 습득까지 포함한다 (Ormrod, 2008). 이러한 관점에서 학습은 학습자의 경험의 결과로 인한 정신과 행동의 장기적인 변화다. 학습의 목적은 배우고 습득한 것을 다양한 상황에서 활용하고 문제를 해결하는 과정에서 새로운 지식을 배우는 데 있다. 경험, 연습, 훈련을 통한 내적 · 외적 변화는 다른 상황에 적용할 수 있는 능력을 향상시키고 새로운 지식을 생성하고 새로운 세계를 만들어 내는 가치 있는 것이다. 즉, '학습한다'는 것은 기존 생각과 개념들을 변화시켜 무엇인가 만들어 내는 결과물로 이를 위한 학습전략의 활용은 중요하다.

학습 원리는 학습에 영향을 주는 요인들이 무엇인지 확인하고 학습자가 효과적으로 학습기술을 활용할 수 있도록 하는 것이다. 행동 후 만족감을 주는 보상이 이어진다면 능동적 학습행동은 증가할 것이다. 이처럼 능동적이고 자율적인 학습이 되기 위해서는 자기주도적 참여를 높일 수 있는 지속적인 학습기술과 개인적인 관리 기술이 필요하다(전명남, 2015). 상담자는 학습에 도움이 되는 여러 가지 기술과 방법을 인지하고 상담과정에서 내담자에게 제시할 수 있다. 하지만 이 장에서는 학습자의 입장에서 능동적이고 동기화된 학습을 수행할 수 있도록 학습에 도움을 주는 시간관리, 독서, 노트 필기, 시험관리, 스트레스 대처방법 및 생활관리에 대하여 알아보고 이를 실천해 보도록 한다.

1. 시간 계획 및 시간관리

누구나 한 번쯤은 시간에 쫓겨서 '시험이 이틀 뒤라면 다 끝낼 수 있을 텐데.' '시간이 부족하구나.'라는 생각을 해 보았을 것이다. 시간 계획 및 시간관리는 단순히 학습과 관련짓는 것이 아닌 자신의 시간을 효율적으로 사용할 수 있는 방법이 무엇인지를 습득하는 것이다. 학년이 높아질수록 학습량이 많아지고 학습 시간은 제한되어 있기 때문에 시간 계획과 관리의 어려움을 갖게 된다.

시간 계획과 시간관리는 능동적 학습의 핵심이다. 성공적인 학습을 하는 학생들은 하루 24시간을 잘 계획하고 시간을 효율적으로 관리하여 시험 준비와 과제 수행을 잘 해낸다. 이처럼 시간을 효율적으로 사용하기 위한 시간 배분 및 시간 조절은 학업성취와 연결이 된다. 자신의 시간관리 유형을 파악하고 학습목표를 설정하기 위한 시간을 확보할 수 있어야 한다. 계획한 시간대로 실천하고 관리하기 위해서는 해야 할 것의 목록을 작성하여 우선순위를 세워야 한다.

1) 시간 계획 및 시간관리의 개념

(1) 시간 계획

시간 계획(time scheduling)은 현재 시간을 어떻게 보내고 있는지를 점검하고 학습목표를 정하여 학습시간을 확보하는 것이다. 시간 계획에는 고정적인 시간부터 여가시간의 확보까지 포함되며, 시기, 상황과 장소 등에 따라 구체적으로 일일 계획, 주간 계획, 수년 후까지의 계획을 세울 수 있다. 일일 학습계획, 야간 자습 시간 계획, 한 학기 시간 계획, 중간고사 2주일간의 시간 계획 등을 세워 볼 수 있다. 계획을 세울 때에는 목표 설정의 중요성을 인지하고 시간 계획의 중요성을 깨닫게 하여 장기적인 안목에서 세우도록 한다.

(2) 시간관리

시간관리(time management)는 주어진 시간을 자신의 목표에 맞게 계획하는 것으로 시간 내에 최대한 능률적으로 공부를 해낼 수 있도록 하는 자기관리 기술이다. 또한 시간관리는 시간 단위로 계획을 세워 완벽하게 실천하고 단순 학습과 관련짓는 것이 아닌 자신의 시간을 효율적으로 사용할 수 있는 방법이 무엇인지 알고 습득하는 것이다. 즉, 목표 세우기, 우선순위 정하기, 계획표 짜기, 실천하기 등 시간을 잘 관리한다는 것이다.

시간 계획과 관리는 자신이 삶의 주체가 되어 의미 있는 생활을 할 수 있도록 변화를 주는 것이기 때문에 매우 중요하다. 시간 계획과 관리의 목적은 학습이 효과적으로 이루어지도록 하기 위한 것이며, 충분히 긴 시간 동안 공부를 지속하여 유지하기 위함이다. 일반적으로 학습자들은 자신에게 주어진 시간을 잘 활용하지 못해서 낭비하는 경우가 많기 때문에 시간을 잘 계획하고 관리하는 것이 중요하다. 시간을 계획하고 관리하기 위해서는 먼저 자신이 시간을 어떻게 사용하고 있는지 점검해야 한다. 자신이 통제하고 관리할 수 있는 시간을 확인하는 것도 도움이 된다. 따라서 일정 기간 동안 구체적인 자기 생활과 활동을 검토하고 시간을 적절하게 사용할 수 있는 기술을 습득해야 한다.

시간 계획과 관리의 장점은 다음과 같다. 첫째, 시간을 낭비하지 않고 효과적으로 공부할 수 있다. 둘째, 해야 할 공부나 과제에 대한 계획과 준비를 더 잘할 수 있어서 결과가 향상된다. 셋째, 자신이 수행한 일에 대한 만족감이 커지고 자율성과 책임성 또한 향상된다. 넷째, 학년이 올라갈수록 증가하는 학습량, 어려운 공부와 과제 등을 잘 처리할 수 있는 능력이 생겨 목표 의식과 자신감 향상에 도움을 준다.

시간관리를 위한 자기평가

학습에서의 자신의 행위에 대해 잠시 생각해 보고, 시간을 사용하는 방법에 대해 몇 가지 문장을 써 보자(Gardner & Jewler, 2003).

- 시간에 대한 나의 개인적인 생각은 무엇인가?

- 시간은 내 삶에서 얼마나 중요한가?
- 나의 하루 공부 시간은 얼마나 되는가?
- 수업이나 모임의 약속 시간에 맞춰서 가는가? 늦게 가는가?
- 학교 과제를 마감 내에 제출하는가? 아니면 늦게 제출하는가?
- 해야 할 일을 제때 하는 편인가? 아니면 지연시키는 편인가?
- 친구들과의 약속 시간을 정할 때 먼저 정하는 편인가? 아니면 따라가는 편인가?
- 공부를 할 때 시간 계획표를 작성하는가?
- 자기계발을 위한 시간(독서, 혼자만의 시간)은 얼마나 되는가?
- 계획한 시간을 지키지 못했을 때는 어떠한가?
- 다른 사람이 내 시간을 방해하면 어떻게 느끼는가?
- 매사에 조급하고 초조해하는 편인가?
- 일을 끝까지 마무리 짓지 못하는 편인가?
- 시간을 관리하는 자신만의 방법은 무엇인가?

2) 시간 계획 및 시간관리 문제의 유형과 진단

(1) 시간 계획 및 시간관리에 대한 습관 점검

공부를 잘하기 위해서는 자신이 시간관리를 어떻게 하고 있는지 아는 것이 중요하다. 나에게 주어진 시간을 분석해 보면서 효율적으로 사용하는 시간을 확인하고 그렇지 못한 시간은 무엇인지 파악한다. 자신의 단점을 보강하여 효율적인 시간관리 습관을 형성할 수 있다.

표 13-1 시간 계획 및 시간관리 습관 점검 내용

점검 내용	예/아니요
1. 매일 규칙적으로 공부한다.	
2. 시험 준비 시간이 부족하지 않다.	
3. 하루 중 공부가 잘되는 시간이 있다.	
4. 공부를 위해 일일 시간 사용 계획을 한다.	

5. 일일 시간 사용 계획대로 공부한다.	
6. 공부에 가장 많은 시간을 배정한다.	
7. 자투리 시간을 이용해서 공부한다.	
8. 앉으면 바로 공부한다.	
9. 우선순위를 정해 놓고 공부한다.	
10. 주어진 시간동안 공부할 수 있는 범위를 파악하고 시간에 맞는 공부를 한다.	
'예' 응답 수	______ **개**

출처: 전도근(2015), pp. 285-286.

◎ **채점 및 해석**

'예'의 응답 수를 모두 합산한다.

※ 0~3개: 평소 시간관리를 전혀 하지 않는 학생
전반적으로 시간관리 전략에 대해 처음부터 지도하여 습득하도록 해 준다.

※ 4~7개: 평소 시간관리 전략을 잘 모르지만 시간관리에 관심을 가지고 있는 학생
'아니요'라고 답한 문항을 찾아서 부족한 부분을 지도해 준다.

※ 8~10개: 평소 시간관리 방법을 잘 알고 있으며 시간관리를 잘하는 학생
'아니요'라고 답한 문항을 찾아서 부족한 부분을 지도해 준다.

(2) 지연

학생들이 시간을 낭비하는 이유는 무엇일까? Marks-Beale(1994)은 학생들이 시간 계획을 지키지 못하고 시간을 낭비하는 10가지 이유로 지연, TV 시청, 친구들과 놀기, 사교 활동, 어떻게 숙제를 할 것인지 생각하기, 많은 잠, 다른 사람을 기다리기, 전화 통화, 에너지 결여와 같은 신체적 문제, 계획의 부족을 들었다. 이 중에서 지연(procrastination) 또는 미루기가 시간 낭비의 가장 큰 이유였다. 학업적 미루기(academic procrastination)는 일반적으로 학생들에게 있는 현상으로 의사결정, 책임감 및 해야 할 필요가 있는 과제 미루기를 포함한다(Haycock et al., 1998).

① 지연의 이유

지연의 원인으로는 자신이 해야 할 과제에 대한 압도당하는 느낌, 동기의 부족, 완벽주의, 부족한 시간관리 등이 있다(Kachgal et al., 2001). 실제로 자신에게 가장 중요한 일을 미루는 경우도 많다. 공부를 하지 못했거나 벼락치기 공부를 하는 것은

이러한 지연 습관 때문이다. 반복된 지연은 일을 미룬 것에 대한 불안감과 죄책감을 야기하고 높은 스트레스나 질병 또는 낮은 자존감에 영향을 준다. 이 외에도 완전하지 못한 것에 대한 공포, 두려움, 타인이 자신을 어떻게 생각할지에 대한 걱정 등 심리적 부분에도 영향을 준다.

② 지연을 극복하는 방법

철저한 시간관리의 가장 큰 적은 지연, 즉 미루는 습관이다. 이 습관을 어떻게 극복하느냐가 시간관리의 성패를 좌우한다. 지연하는 습관을 극복하기 위한 방법으로 다음과 같은 것들이 있다(전명남, 2015).

- 지연의 이유를 합리화하지 않는다. 중요한 일임에도 일을 쉽게 지연하는 사람은 게으름이나 헛된 꿈을 꾸면서 미루는 행동을 합리화한다.
- 과제를 작은 단위로 나누어 미리미리 해결한다. 큰 과제를 하는 데 부담감이 있다면 큰 과제를 짧은 시간이 소요되는 작은 과제들로 조금씩 해 나가면 자기도 모르게 전체 일이 완성되어 있다.
- 싫어하는 일을 먼저 하고 나서 좋아하는 일을 한다. 프리맥의 원리(Premack principle)는 선호하는 일이 싫어하는 일의 보상이 되도록 하는 방법이다. 예를 들어, '책 10페이지 읽고 친구와 통화하기' 또는 '수학 20문제 푼 후 TV 시청' 등이 있다.
- 완성된 일에 스스로에게 보상이 주어지도록 계획한다.
- 스스로에게 엄격하게 한다. 자신에게 예외의 원칙을 두지 않는 것이다. '친구들과 20분만 놀고 영어 단어 20개 외우기' 'TV는 30분만 보고 수학 문제 15개 풀기' 등이 있다.
- 지나친 완벽을 추구하지 않는다. 완벽이란 없다. 지나친 완벽주의는 사고를 경직시키고 불안감을 가중시켜 일의 효율을 떨어지게 한다.

3) 시간 계획 및 시간관리 능력의 향상

시간을 통제하기 위한 가장 좋은 방법은 계획(scheduling)이다. 계획이 없다는 것은 실패를 준비하는 것과 다름이 없다. 효과적으로 시간을 계획하기 위해서는 먼저 자신이 시간을 어떻게 보내고 있는지 점검하고 목표를 정하여 시간을 고정해야 한다. 그리고 상황과 장소에 따른 계획을 조정 가능하도록 한다. 이러한 시간 계획은 공부뿐만 아니라 일상생활의 일을 계획할 때도 적용할 수 있다. 무엇보다 학습계획을 세울 때는 공부 계획을 세분화하여 주 단위로 작성하는 것이 좋으며 계획을 수정할 수 있게 한다. 학습시간보다는 학습내용을 중심으로 계획을 세우는 것이 성취감을 갖게 한다.

(1) 시간 계획의 시작

① 학습목표 설정하기

시간 계획과 관리에서 먼저 점검해 보아야 하는 것이 학습목표(learning objectives)이다. 단기, 중기, 장기 목표를 설정하여 목표를 달성하기 위한 행동 목록을 작성해 보고 일의 우선순위를 정하여 월별, 주별, 일일 시간 계획을 작성한다. 예를 들어, 1주 후, 한 달 후, 한 학기 후, 1년 후, 3년 후, 10년 후에 바라는 자신의 모습을 생각하고

표 13-2 월별 학습목표 및 시간 계획표 및 점검표

월	세부 목표	점검(달성 정도)	미달성 원인
1월	예) 국어 문법	30% 달성	
2월			
3월			
4월			
5월			
6월			
7월			
8월			
9월			
10월			
11월			
12월			

시간 계획표를 작성해 본다. 이를 이루기 위해 자신이 무엇을 해야 하는지를 적으면서 시간 계획을 세운다. 계획을 세울 때는 무엇이 중요한 일인지 생각하면서 한다. 목표를 세우면 반드시 지키려고 노력한다.

② 우선순위 정하기

시간이 제한된 상황에서 수행하기를 바라는 일을 해내기 위해서는 우선순위를 정하여(setting priorities) 계획하고 실천해야 한다. 행동 목록을 활용하여 학습해야 할 내용 목록 중 우선순위를 정한 후 '해야 할 것의 목록(To do list)'을 기록한다.

표 13-3 우선순위 정하기 예시

우선순위	과제명	완성 일정	완성 점검
1	수학 교과서의 배운 내용 복습	○월 ○○일	★★★
2	영어 교과서의 2단원 단어 암기	○월 ○○일	★★☆
3	사회 수행평가 준비	○월 ○○일	★☆☆
4			
5			
6			
7			

출처: 전명남(2015), p. 81.

③ 학습목표의 중요도와 긴급도에 따른 시간계획과 활용 방향

시간관리가 잘못되면 소중한 시간과 에너지를 소비하게 되어 중요한 일을 하지 못하고 결국 좋은 결과를 얻지 못하게 된다. 주관적인 우선순위 정하기 방법으로 고정 학습시간 계획이나 일시적인 계획을 하는 것도 방법이지만, 판단하기 어려울 때에는 시간관리 매트릭스를 활용한다. 시간관리 매트릭스는 학습목표와 내용을 중요도와 긴급도에 따라 시간관리를 할 수 있도록 정리해 놓은 것이다([그림 13-1] 참고).

시간관리 매트릭스에서 '중요하고 긴급도가 높은 일(1사분면)'만 하게 되면 일을 마무리하기 위해 긴장하고 과로하게 되어 일의 능률이 낮아지고 에너지가 소진되

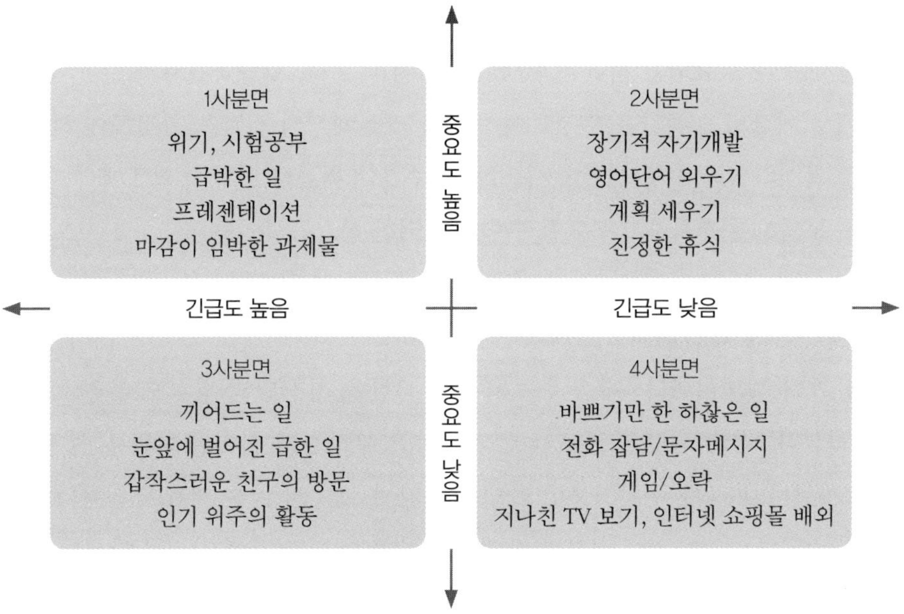

[그림 13-1] 시간관리 매트릭스

기 쉽다. '중요도는 낮고 긴급도가 높은 일(3사분면)'은 마치 중요하고 긴급한 일 같으나 사실 가까운 장래나 먼 장래에 영향을 미치는 일은 거의 없다. 한편, 대부분의 학생은 '긴급하지도 않고 중요하지 않은 일(4사분면)'을 하여 시간을 소비한다. 이와 같은 일에는 전화 잡담, 게임이나 오락하기, 지나친 TV시청, 인터넷 쇼핑하기 등이 해당된다. 가까운 장래에 되고 싶은 인물이 되기 위해서 꾸준히 공부한다거나 체력을 유지하기 위해 규칙적으로 운동하는 등의 '중요도가 높고 긴급도가 낮은 일'을 꾸준히 해내는 것이야말로 성공적인 시간관리를 하는 방법이다. 이는 시간관리 매트릭스에서의 2사분면에 해당된다. 이 영역에서는 오랜 시간에 걸쳐 일정하게 고정된 시간 동안 지속적으로 학습할 시간을 계획해야 한다. 만약 천문학을 전공하기를 희망하는 경우 물리와 수학 공부는 중요도가 높으면서도 긴급도가 낮은 학습목표가 될 것이다. 이 경우에 일일 계획표, 주간 계획표에서 학습시간을 고정시켜서 규칙적으로 공부할 수 있도록 계획한다.

④ 소요되는 시간 추정하기

학습하는 데 소요되는 시간은 학생마다 각자 다르다. 학습목표와 매일 반복되는 활동에서 예상되는 시간을 추정하여 기록하고 실제적인 시간을 점검하여 시간 계획표를 작성하거나 수정하는 데 사용한다. 주간 계획표나 일일 계획표에서 자신의 시간을 고려하여 계획하고 목표를 수립하기 위한 시간을 확보한다.

⑤ 골든타임 확인하기

시간관리 능력이 있는 학습자는 제한된 시간을 자신만의 방식으로 잘 계획하고 관리한다. 어떤 사람은 무조건 오래 앉아 공부하는데 이러한 방법은 현명하지 않다. 사람마다 각자 주의집중이 잘되는 시간과 그렇지 않은 시간이 있다(전명남, 2015). 어떤 학생은 아침에 공부가 잘되는가 하면, 저녁 시간에 잘되는 학생도 있다. 공부를 능률적으로 하기 위해서는 자신이 집중이 잘 되는 시간을 알아야 하는데, 하루 중 가장 집중이 잘되는 시간을 보통 골든타임이라고 한다(전도근, 2013). 따라서 졸리지 않은 시간, 비교적 조용한 시간, 컨디션이 좋은 시간 등을 고려하여 시간 계획표를 작성하고 실천한다.

(2) 시간 계획표의 작성

① 기본시간 계획

기본적으로 하루 중 반드시 해야만 하는 일들을 기록한다. 자는 시간, 식사 시간, 수업시간 등을 해당하는 시간에 표시한다. 그러나 TV시청 시간, 자신의 공부시간은 학습자에 따라 다를 수 있기 때문에 이를 기본시간 계획에 포함하지 않는다. 기본시간표를 통해 한 주 동안에 반드시 해야 하는 일들의 시간을 확인하여 가용시간을 확인할 수 있다. 스스로 계획해서 쓸 수 있는 시간의 양을 확인할 수 있고 공부하기 좋은 시간대 또한 확인이 가능하다.

표 13-4 기본시간 계획표 예시

<table>
<tr><th>시간</th><th>월</th><th>화</th><th>수</th><th>목</th><th>금</th><th>토</th><th>일</th></tr>
<tr><td>오전 06:00~06:30</td><td></td><td></td><td></td><td></td><td></td><td></td><td></td></tr>
<tr><td>06:30~07:00</td><td>기상</td><td>기상</td><td>기상</td><td>기상</td><td>기상</td><td></td><td></td></tr>
<tr><td>07:00~08:00</td><td></td><td></td><td></td><td></td><td></td><td></td><td></td></tr>
<tr><td>08:00~08;30</td><td>등교</td><td>등교</td><td>등교</td><td>등교</td><td>등교</td><td></td><td></td></tr>
<tr><td>08:30~09:00</td><td colspan="5" rowspan="4">학교
수업 시간</td><td>기상</td><td>기상</td></tr>
<tr><td>⋮</td><td></td><td></td></tr>
<tr><td></td><td></td><td></td></tr>
<tr><td>오후 3:30~4:00</td><td></td><td></td></tr>
<tr><td>4:30~5:00</td><td rowspan="2">영어
학원</td><td rowspan="2">영어
학원</td><td rowspan="2">창의적
체험</td><td rowspan="2">수학
학원</td><td rowspan="2">영어
학원</td><td></td><td></td></tr>
<tr><td>5:30~6:00</td><td></td><td></td></tr>
<tr><td>6:30~7:00</td><td>저녁식사</td><td>저녁식사</td><td>저녁식사</td><td>저녁식사</td><td>저녁식사</td><td></td><td></td></tr>
<tr><td>7:30~8:00</td><td rowspan="2">수학
학원</td><td rowspan="2">수학
학원</td><td rowspan="2">논술
학원</td><td rowspan="2">영어
학원</td><td></td><td></td><td></td></tr>
<tr><td>8:30~9:00</td><td></td><td></td><td></td></tr>
<tr><td>9:30~10:00</td><td></td><td></td><td></td><td></td><td></td><td></td><td></td></tr>
<tr><td>⋮</td><td></td><td></td><td></td><td></td><td></td><td></td><td></td></tr>
<tr><td>오전 12:00~01:00</td><td>취침</td><td>취침</td><td>취침</td><td>취침</td><td></td><td></td><td>취침</td></tr>
<tr><td>01:00~02:00</td><td></td><td></td><td></td><td></td><td>취침</td><td>취침</td><td></td></tr>
<tr><td>가용시간</td><td>4시간</td><td>4시간</td><td>4시간</td><td>4시간</td><td>5시간</td><td>7시간</td><td>15시간</td></tr>
<tr><td>목표시간</td><td>2시간</td><td>2시간</td><td>2시간</td><td>2시간</td><td>2시간</td><td>4시간</td><td>0시간</td></tr>
</table>

② 주간 계획

한 주 동안 마무리를 해야 하는 일들을 기록한다. 숙제, 수행과제, 시험, 특별히 신경 써야 하는 과목들을 미리 적어서 주말에 해야 할 일과 하지 말아야 할 일을 기록하면 일주일 동안의 전체 학습량을 확인할 수 있다. 주간 계획표는 해당 주에 해야 할 주요 계획이나 목표를 기입한다. 주간 일정을 계획하고 실행한 것을 평가한다. 주기적으로 목표 달성 정도를 주말에 표시한다.

표 13-5 주간 계획표 예시

시간	해야 할 일	점검(%)	하지 말아야 할 일	점검(%)
월	영어교과서 지문 3쪽 암기	50	휴대전화 게임	40
느낀 점	지문을 다 외우지 못하고 게임을 해서 나한테 실망함			
화	수학 문제지 4쪽 풀기	90	어려운 문제가 나와도 포기하지 않기	50
느낀 점	목표를 달성해서 기분이 매우 좋음			
수				
느낀 점				
목				
느낀 점				
금				
느낀 점				
토				
느낀 점				
일				
느낀 점				

③ 일일 학습 계획표

하루 동안에 해야 할 일을 우선순위에 따라 구체적으로 기록한다. 이는 주간 계획을 하루에 다룰 수 있는 정도로 작게 나눈 것으로 하루 일과 중에서 그날 해야 하는 공부, 공부 시작 시간과 마친 시간, 해야 할 일의 우선순위를 결정하고 표시한다.

표 13-6 일일 학습 계획표 예시

학습기간: 년 월 일 요일

우선순위	과목	학습내용	교재명(페이지)	목표 분량	시작 시간/끝낸 시간	점검(%)
1	사회	공동체	평가문제집(15p)	15-20p	오후 8시/오후 9시	80
2						
느낀 점	일일 학습을 계획대로 잘 실천하여 성취감과 노력하면 할 수 있다는 자신감을 갖게 됨					

4) 시간 계획 전략

시간 계획의 전략은 다음과 같다.

① 어려운 공부를 먼저 한다

학생들은 쉬운 공부를 먼저 하려는 경향이 있다. 쉬운 공부를 먼저 하면 흥미도 생기고 공부를 하는 데 어렵지가 않으나 나중에 어려운 공부를 해야 한다는 부담감으로 학습 동기가 떨어진다. 또는 쉬운 공부를 하면서 이미 에너지가 소진되어 정작 어려운 공부를 하지 못하기도 한다. 그러므로 어려운 공부를 먼저 하고 마치면 쉬운 공부가 남아 있기 때문에 부담감이 줄고 쉬운 공부를 하는 데 에너지가 소진되지 않는다. 하지만 학습부진아와 학습동기가 매우 낮은 학생은 쉬운 공부를 먼저 한 후 '해 볼 만하네.'라는 자신감을 갖도록 이들이 관심 있고 쉬운 공부를 먼저 하는 것이 도움이 될 수도 있다.

② 계획을 세울 때는 시간 중심보다는 분량 중심으로 세운다

학습내용을 이해하는 데에는 학습내용과 학습자마다 소요 시간에 차이가 있다. 시간을 정해 놓고 학습계획을 세우면 학습내용을 마무리하는 데 시간이 다소 걸릴 수도 있기 때문에 '사회 1시간 공부하기'처럼 학습 시간이 아니라 '사회 10페이지 공부하기' 등의 학습 분량으로 정해서 계획을 세우는 것이 좋다.

③ 연간, 월간, 주간, 일간 계획을 세운다

일반적으로 계획을 세울 때는 연간, 월간, 주간, 일일 계획의 순으로 세우는 것이 좋으나, 계획 세우기가 습관화되지 않은 학습자는 일일 계획부터 차근차근 세우도록 한다. 계획을 세운 후에는 스스로 꾸준히 점검하도록 한다. 점검을 통해 실천하지 못한 원인을 파악하고 해결방안을 적용해 보면서 자신만의 계획을 세운다.

④ 가용시간을 계산한다

일일 시간 계획표를 작성하는 데 있어서 제한된 시간에서 자신이 활용할 수 있는 가용시간을 확인하는 것은 중요하다. 가용시간을 확인하면 목표 시간을 정하는 데 도움이 된다. 일주일의 50시간이 가용시간이라면 목표시간은 이 중에서 20%인 약 10시간 정도가 적당하다. 그러므로 계획을 세우기 전에 24시간의 가용시간 중 고정시간(학교 수업시간, 학원 수업시간, 과외 수업시간, 이동 시간, 수면 시간, 식사 시간, 준비시간, 세면 시간 등)을 제외한 시간을 확인해야 한다.

⑤ 학습시간을 작은 단위로 분할한다

시간을 짧은 단위로 나누어 학습을 한다. 하루 동안 한 과목을 6시간 동안 집중해서 공부하는 것보다는 시간을 분할해서 3일간 2시간씩 공부하기와 같이 계획을 짠다. 공부시간이 길 때는 1시간 또는 1시간 30분 단위로 완성할 학습내용을 분할하고 중간에 휴식을 갖도록 한다.

표 13-7 공부 계획 예시

시간	월	화	수	목	금	토	일
오후 6-7시		화학	화학	화학			
오후 7-8시		영어	영어	영어			
오후 8-9시		도덕	도덕	도덕			

출처: 전명남(2015), p. 83.

⑥ 학습하는 주변환경을 점검한다.

주변 환경으로 인해 집중력이 분산되거나 산만하게 되어 시간을 낭비할 수 있다. 그러므로 시간 계획을 실천하기 위해서는 학습환경의 산만한 요소들을 정리한다.

2. 독서

읽어야 할 책의 분량을 보면서 '언제 이 많은 것을 다 읽지?' 또는 '읽은 내용을 더 잘 기억할 수는 없을까?'라는 고민은 누구나 한 번쯤 경험한다. 그렇다면 학습을 위한 책 읽기에서 중요한 것은 무엇인가? 그것은 읽은 내용을 이해하고 효과적으로 기억하는 것이다. 즉, 교재의 단어를 포함한 문장과 문단의 의미를 이해하는 것에서 그치는 게 아니라 읽은 정보를 필요시 인출할 수 있도록 장기기억에 저장하는 것이다. 학습자는 특정 시간 동안 장기기억 능력 이상의 내용을 읽으면서 가장 중요한 내용을 선별, 즉 핵심 내용을 파악해야 한다. 핵심 내용을 바로 알아보는 것은 쉽지 않지만, 교과서의 단원 목표, 굵은 글씨, 이탤릭체, 칠판에 판서된 개념 등 명시적으로 제시된 표식은 핵심 내용을 파악하는 데 도움을 준다. 그러나 이러한 표식이 없는 교재이거나 배우는 주제가 생소하거나 배경지식이 없으면 핵심 내용을 파악하는 것이 힘들다. 문단의 첫째 문장이나 정의, 공식 등을 요지로 이해하여 정작 중요한 요점을 파악하지 못하는 경우가 있다(Surber, 2001). 그러므로 읽은 책을 이해하고 요점을 파악하는 방법에 대하여 알아보고자 한다.

1) 이해 점검

효과적인 학습을 하는 학생은 읽은 내용이 무엇이며, 자신이 무엇을 이해하고 있는지를 주기적으로 점검한다. 이해 점검을 위해 읽은 내용을 다시 읽어 보거나 질문을 하는 등 이해하기 어려운 내용은 재점검 과정을 거친다. 하지만 대부분의 학생은 책을 읽을 때 이해 점검을 하지 않기 때문에(Bol, Horgan, & Rakow, 2000) 자신이 무엇을 알고 혹은 모르는지 알지 못하고, 실제로 잘못 이해하고 있는 것도 이해한 것으로 착각한다. 무엇보다 학습내용과 관련된 배경지식이 부족하거나 특히 어려운 내용일 때는 이러한 착각 상태에 빠지기 쉽다. 무엇인가 '잘 안다'는 것을 중요하게 생각하지 않고 쉽게 지나치다 보면 스스로 학습에 대해 잘 안다고 착각하여 공부를 자세히 하지 않게 되는 불완전학습이 된다. 그렇게 되면 공부를 했음에도 불구하고 시험 성적이 낮으며, 질문에 답변을 하지 못한다. 이러한 문제를 개선하기 위한 이해 촉진의 방법으로는 다음과 같다.

첫째, 학습내용을 도표, 그림 등 시각적으로 표현한다. 특히 공간적 내용, 인과관계를 포함한 주제일 경우 매우 효율적이다. 교재에 제시된 도표, 그림 등의 자료는 학습할 전체 내용이 무엇인지 학습할 내용을 미리 알 수 있게 해 준다. 글로 제시된 것을 그림으로 표현해 주기 때문에 내용의 인과관계를 이해하는 데 도움이 된다.

둘째, 공부하기 전에 미리 질문을 만들어 보고 그에 대한 답을 찾으면서 공부한다. 공부할 단원의 제목만 보고 질문을 만든 다음 그 질문에 대한 답을 찾으면서 읽는 것으로 자가 질문(self-questioning)이라고 한다. 자가 질문을 한 단원, 읽기 과제 전체에 대해 적용할 경우 효과가 매우 크다(Robinson, 1961). King(1992)은 대학생이 수업시간 동안 자가 질문을 할 경우, 필기를 잘하고 이해도가 높아지고 기억이 더 오래갔음을 확인하였다. 이러한 이해과정은 사실 기반 질문 이외에도 유의미 학습, 정교화 정보의 고차적 처리를 촉진하기 위한 방법으로 활용된다. 그리고 학습내용을 다른 내용의 맥락에 적용해 보기도 하고, 다른 요인들과의 연관성을 도출하고 각각의 내용들을 결합하여 새로운 문제를 해결할 수도 있다. 그러므로 주어진 학습내용을 기준으로 판단하고 결정하는 과정에서 고차원적 질문(학습내용을 적용 · 분석 · 종합 · 비판)을 활용한다. 예를 들어, "삼국 중 한강을 가장 먼저 차지한 나라는 어느 나라인가?"는 사실 기반 질문이며, 고차원적인 질문은 "삼국시대에 고구려, 백제, 신라가 서로 한강을 차지하려는 이유는 무엇인가?"다. 이 외에도 "생태계를 이루는 요소들 간의 관계는 무엇인가" "만약 3 · 1운동이 일어나지 않았다면 우리나라는 어떻게 되었을까?" "○○의 주제가 무엇인가?" "현무암과 화강암의 차이는 무엇인가?" "이전에 공부한 민주주의와 사회주의는 어떤 관련성이 있는가?" "염기성 용액의 다른 예는 무엇인가?" "만일 ~하다면, 무엇이 일어나는가?" "대통령제와 의원내각제의 공통점은 무엇인가?" 등이 고차원적인 질문이다(King, 1992; Ormrod, 2008). 이러한 질문에 답을 찾아가면서 공부하면 작업기억에 정보가 활성화되어 쉽게 인출된다.

2) 독서 방법

독서능력이 우수한 학생은 책을 읽은 후에 전체 줄거리와 핵심 내용을 설명할 수 있으며, 핵심 내용에 줄을 긋고 노트에 간략히 정리할 수 있다. 그러나 독서능력이 낮은 학생은 부분적으로만 기억할 뿐 전체 내용이나 흐름을 이해하지 못 한다. 효과적인 독서 방법은 다음과 같다.

첫째, 책의 종류에 따라 독서 방법이 다르다. 읽는 목적을 명료화하고 문단의 요지를 확인하며, 내용을 완전히 숙지할 것인지 단순 재미로 읽는 것인지에 따라 다르게 읽는다. 예를 들어, 만화책과 교과서는 내용이나 구성이 명확히 다르기 때문에 읽기 방식 또한 달라야 한다. 만화책 읽는 방식으로 교과서를 읽는다면 그 내용이 잘 기억나지 않을 것이다. 만화책은 그림 위주로 내용을 파악하고, 세세한 정보는 암기하지 않는다. 반면에 교과서는 중요한 내용을 파악하고 이해하며, 핵심 단어 및 내용을 암기해야 하고, 교과서 단원의 관련 표와 그림을 본문 내용과 연결하면서 이해한다.

둘째, 학습하고 기억해야 할 중요한 내용이 무엇인지 확인하고 그것에 집중한다. 일반적으로 학생들은 책을 읽으면서 모든 단어를 다 읽어야 한다고 생각하나, 책은 보통 중요한 내용과 중요하지 않은 내용으로 구성되어 있어서 중요하지 않는 단어나 내용은 생략하고 읽는 것이 효과적일 때가 있다.

셋째, 읽은 것을 이해하고 정교화한다. 읽은 내용을 추론하고 내용의 논리적 관련성을 확인한다. 읽은 내용을 이해하고 정교화하는 데는 사전 지식을 활용한다. 읽으면서 다음에 나올 내용을 미리 예측해 보고 읽은 내용에 대해 질문을 해 본다.

넷째, 읽은 후에는 내용을 잘 이해하고 기억하는지 주기적으로 점검하며, 애매한 부분이 있으면 명료화한다. 만약 읽는 과정에서 처음에 어떤 부분이 이해가 되지 않더라도 포기하지 않고 끝까지 읽는다. 책은 한 번만 읽고 기억하는 것이 거의 불가능하기 때문에 책의 내용이 이해될 때까지 반복해서 읽는다.

다섯째, 자신의 기존 개념과 일치하지 않을 수 있다는 것을 염두에 두고 읽는다. 즉, 책을 읽기 전에 내용을 예상하면서 자신이 알고 있는 개념과 연결할 수 있을 거라고 생각했으나 읽은 후 자신이 알고 있던 개념과 일치하지 않을 수도 있다.

여섯째, 읽은 내용을 요약한다. 책을 다 읽은 후에는 전체적인 책의 내용(주인공, 사건, 책의 구성, 글의 종류)을 요약하고, 소설이라면 발달, 전개, 위기, 절정, 결말의 구성에 맞게 내용을 요약해 본다.

3) 요약하기

요점이 파악되면 수업 노트나 교재에 자기만의 자료를 만든다. 주요 부분에 밑줄을 긋거나 강조 표시를 하면 노트 필기를 할 때 시간도 절약하고 맥락 속의 요지를 쉽게 확인할 수 있다. 어떤 학습자는 형광펜으로 책 전체를 밑줄 그으면서 읽는데 이러한 방법은 시간 낭비일 뿐 크게 도움이 되지 않는다(Snowman, 1986). 요약을 잘하는 것은 쉬운 일이 아니며, 중요한 것과 중요하지 않은 것을 구분해서 요점을 찾고 핵심 요소를 재구조화할 수 있도록 한다.

학생들이 요약을 잘하고 교과의 내용을 효율적으로 배우고 기억하기 위한 방법은 다음과 같다(Rosenshine & Meister, 1992).

- 먼저 짧고 간명하게 잘 구조화된 문단을 요약한다. 그리고 점차 길고 난해한 글을 요약한다.
- 문단은 보통 3, 4개의 문장으로 구성한다.
- 요약하는 과정에서 각 문단의 핵심 단어 및 핵심 문장을 찾아보거나 만들어 본다.
- 설명하고 있는 내용의 상위개념을 찾고, 상위개념을 보완할 수 있는 정보를 찾고, 사소하고 중복되는 정보는 요약하지 않는다.
- 자신이 요약한 내용을 읽어 보고 무엇이 중요한 내용인지 재확인한다. 그리고 요약한 것을 덮고 내용을 말해 본다.

4) 읽기학습전략

(1) PQ4R의 이해

읽는다는 것은 글에 담겨 있는 지식들을 이해하고 기억하기 위한 과정을 의미한다. 이를 위해서는 책을 효과적으로 읽기 위한 전략이 필요하다. PQ4R은 Thomas와 Robinson(1972)이 제안한 방법으로 글을 읽으면서 이해하고 있는지를 학습자 스스로 점검하여 유의미한 이해를 돕기 위한 읽기 학습전략이다. PQ4R은 Preview(훑어보기) – Question(질문하기) – Read(읽기) – Reflection(숙고하기) – Recite(암송하기) – Review(복습하기)의 일련의 단계들로 구성되어 있다.

(2) PQ4R의 단계

① Preview(훑어보기)

책이 어떻게 구성되어 있는지 책의 전체적인 구조, 흐름과 구성을 살펴보는 것이다. 책을 상세하게 읽기 전에 대략적으로 훑어보면서 전체적인 책의 내용을 먼저 살펴본다. 그러면 전반적인 내용을 이해할 수 있고 기본적인 배경지식을 갖게 되므로 기억하기 쉬워진다. 가령, 등산하기 전에 표지판을 보고 대략적인 길을 확인하면 그렇지 않을 경우와 비교해 볼 때 정상에 오르기가 훨씬 수월하다.

② Question(질문하기)

질문하기는 학습할 내용의 주제에 관련된 질문을 해 보는 것으로 학습내용에 관한 정교화 질문들을 만든다. 질문의 내용은 훑어보는 동안 알게 된 것, 그 주제에 대해 이미 알고 있는 것이다. 질문이 많을수록 내용을 이해하는 데 도움을 주기 때문에 많은 질문을 만들어 본다. 질문에 답을 찾기 위해 읽기에 집중할 수 있고 읽어 가면서 추가적인 질문을 만들 수도 있다.

③ Read(읽기)

책의 전체적인 흐름을 파악하고 핵심 내용이 무엇인지 읽는 것과 동시에 본문의 내용을 완전히 이해하기 위해서 스스로 만든 질문에 대한 답을 찾으면서 읽는 것이다. 읽기의 목적과 책의 전체적인 내용을 파악하기 위한 방법은 다음과 같다. 한 주제에 따라 전체 내용이 연결되어 있으므로 책 내용의 전체적인 흐름을 이해하려고 노력하면서 읽는다. 문단 단위로 읽되, 문단은 핵심 단어와 뒷받침 문장으로 구성되어 있으므로 핵심 문장들을 연결하면 본문 내용을 이해하게 된다.

④ Reflection(숙고하기)

책을 다 읽은 후에 내용을 좀 더 깊이 이해하는 것으로 질문에 대한 답을 정리하고 읽은 내용들을 머릿속으로 구조화하는 것이다. 이미 알고 있는 학습내용과 현재의 학습내용을 연관시켜 비교하면서 학습내용을 정교하게 만든다.

⑤ Recite(암송하기)

학습한 내용을 책을 보지 않고 답할 수 있도록 내용을 기억하는 것이다. 암송하기는 단순 암기가 아니라 책을 덮고 질문에 답하면서 이해했던 내용을 자기 말로 표현해 보는 것이다. 이 과정에서 암송이 안 되면 책을 다시 읽는다. 한 단원을 마친 후 멈추고 질문을 회상한다. 질문에 정확하게 답할 수 있으면 책의 내용을 알고 있는 것이다. 만약에 바로 답을 할 수 없다면 질문의 답을 회상해 낼 수 있을 때까지 다음 단원으로 넘어가지 않는다. 책을 읽고 있을 때는 그 내용을 모두 이해하고 있고 전부 기억할 것 같은 느낌이 들지만, 사실은 그렇지 못하다. 방금 전에 읽은 내용을 잘 알고 있는지 확인하기 위해서는 암송이 효과적이다.

⑥ Review(복습하기)

복습하기는 이미 읽고 배웠던 내용을 일정한 간격을 두고 반복적으로 학습하는 것이다. 이는 공부에 효과적인 것으로 중요한 요점을 회상하고 요점들 간의 관련성을 정리하는 단계다. 노트를 훑어보고, 질문 및 세부 내용을 다시 검토하는 것이다. 기억을 확인하는 것은 노트를 덮고 주제를 회상하는 것으로 각 주제의 하위 핵심 사항을 회상해 낸다. 전체 단원을 공부했다면 다시 앞으로 돌아가서 모든 질문을 재검토한다. 모든 질문에 답하지 못한다면 다시 회상할 수 있도록 생각해 본다.

표 13-8 PQ4R의 구체적인 전략

단계	구체적인 전략
Preview (예습하기)	• 앞으로 읽을 내용을 살펴본다. • 읽을 분량을 확인한다. • 다루기 쉬운 단원을 확인한다. • 제목, 서론, 굵은 글씨체, 표 제목을 읽는다. • 차트, 그래프, 그림 등 시각적인 자료들을 본다. • 요약된 단락을 읽는다. • 매 단원의 마지막에 있는 질문이나 주제를 읽는다.
Question (질문하기)	• 예습하기를 기반으로 텍스트에 기초하여 해답을 얻고 싶은 질문을 적는다. • 각 장, 각 절의 소제목을 육하원칙에 따라 의문문으로 바꾸어 포함한다. • 굵은 글씨체의 표제를 질문으로 변형한다. • 매 단원 끝에 있는 질문 중 흥미로운 것을 적어 본다.
Read (읽기)	• 주요 아이디어, 보조 자료, 변화의 추이를 읽는다. • 제시된 내용의 특성과 윤곽을 그려 본다. • 책에 표시하면서 이러한 특징들이 의미하는 것을 기록한다. • 읽고 표시하면서 주제, 논지의 전개, 매 단락에서 알아야 할 것을 질문한다.
Reflection (숙고하기)	• 질문에 대한 답을 정리한다. • 읽은 내용들을 머릿속으로 구조화하고 이전에 알고 있는 내용과 관련지어 본다.

Recite (암송하기)	• 소리 내어 크게 읽고 주제 등을 적는다. • 시선을 다른 곳에 두고 책을 덮은 뒤 주제나 세부적인 내용을 자신의 언어로 표현한다. • 이미 만들었던 질문에 답해 본다. • 정확하게 기록했는지 점검한다. • 빠뜨린 정보는 없는지 찾아본다.
Review (복습하기)	• 주어진 자료를 바로 또는 나중에 다시 훑어본다. • 머릿속으로 전체 내용을 그려 본다. • 주제를 소리 내어 말하거나 자신의 질문에 답해 본다. • 비교하고 대조해 보며 내용을 재조직하고 범주화한다. • 이미 알고 있는 것이나 다른 주제들과 관련지어 주제를 연결시킨다.

출처: 이재규 외(2013).

3. 노트 필기

학습과정에서 읽은 자료, 들은 정보를 축약 · 통합 · 추상화하거나 몇 개의 단어만으로 나타내는 학습활동은 학습과 기억을 촉진한다(Wade-Stein & Kintsch, 2004). 이러한 학습활동 중 노트 필기는 학생들이 정보를 정리 및 분류한 뒤 나중에 사용하기 위해 주요 내용과 관련 주제를 기술하는 것이다.

1) 노트 필기 기능

첫째, 학습내용을 적어 보고, 자료의 정리를 촉진하고, 필기 내용을 보면서 내용을 언어적 · 시각적으로 부호화한다. 노트 필기의 부호화 과정은 기억을 증진시키는 데 도움을 준다.

둘째, 수업시간에 제공되는 정보는 학습자가 새로운 정보를 저장하거나 새로운 정보가 인출되는 경우도 있다. 시간이 지날수록 어떤 사건과 학습한 정보는 점차 쇠퇴, 간섭, 인출 실패 등을 통해 정확하게 기억할 수 없게 되는데, 노트 필기는 이러한 오류를 효과적으로 보완하는 기능을 한다. 학습하는 과정에서 언제든지 노트에 정리한 내용을 다시 볼 수 있기 때문에 학습내용 및 정보를 필기하는 것은 학습에 긍정적인 효과를 준다(Peverly, Brobst, Graham, & Shaw, 2003).

셋째, 자신만의 참고서가 되어 중요 내용을 쉽게 구분할 수 있다. 수업시간에 나눠 준 유인물, 참고서나 문제집의 요점정리, 수업시간에 교사가 칠판에 적어 준 내용들은 자신이 작성한 것이 아니기 때문에 중요 내용을 쉽게 구분하거나 이해하는 데 다소 시간이 소요된다. 그러나 스스로 작성한 노트는 자신이 요약했기 때문에 더 잘 이해가 되고, 중요 내용을 쉽게 구분할 수 있다. 또한 정리를 하면서 수업의 분위기와 맥락을 떠올릴 수 있다. 잘 정리된 노트와 복습을 통해 해당 과목에서 약점을 보완하여 시간을 절약할 수 있다. 학습내용 점검 시 문제 풀이에서 자신의 약점 내용이 어떤 것인지 파악하여 특별히 신경 써야 할 부분, 수업시간 중 강조된 내용 등을 정리해 둔다면 시험기간에 약점 내용을 집중하여 공부할 수 있다. 이처럼 잘 정리된 노트 정리는 공부시간을 절약할 수 있기 때문에 시간관리에도 도움을 준다.

2) 노트 필기 방법

노트 필기의 방법은 학생들마다 다르며, 노트 필기의 효용성은 필기 형태에 따라 달라진다.

- 제시된 자료 전체를 기록할수록 유용하다.
- 수업 단원의 목표와 일치하는 내용을 기록한 노트는 학습을 촉진하는 데 도움을 준다(Snowman, 1986). 그러므로 학습내용의 목표가 무엇인지 명확히 이해하고 이를 기록한다.
- 학습 주제와 관련된 사항을 잘 요약한다. 제시된 내용 이외에도 학습자 자신의 보충 설명을 기록하면 더욱 효과적이다(King, 1992).
- 수업시간이나 공부하는 과정에서 학습내용을 재조직하고 정교화한다. 공부를 하면서 추가적인 내용과 설명을 노트에 정리하면서 배운 내용을 재조직하고 부호화하여 기록해야 할 내용을 간결하게 정리한다.
- 펜 색깔에 대한 규칙을 정해서 필기한다. 보통 세 가지 정도의 색을 사용하는 것이 좋다. 자신만의 중요 내용, 교사가 적어 준 내용, 의문점 및 복습하면서 추가한 내용의 색을 정한 후 사용한다. 예를 들어, 교사가 적어 준 내용의 정리는

검은색, 의문점 및 추가 내용 설명은 파란색 그리고 중요하거나 핵심 내용은 붉은색 펜을 사용한다.

- 개요 번호, 들여 쓰기를 이용하여 체계적으로 정리한다.

3) 노트 필기 전략

(1) 코넬노트법

코넬노트법(Cornell note-taking system)은 40여 년 전 코넬 대학교에서 개발한 노트 필기 방식이다. 기존 노트 필기와는 다르게 논리적이면서 기억하기 쉽도록 '중요한 것' '수업내용정리' '요약'으로 구분하여 사용하는 노트 필기 방식이다. 코넬노트는 단순하게 보이지만 유용하게 활용된다. 구체적인 작성 방법은 다음과 같다.

- A '제목' 영역에는 제목을 크고 굵게 쓰고, 단서(날짜, 요일)를 함께 적는다.
- B '수업내용정리' 영역에는 수업내용을 적는다. 수업내용은 수업시간에 교사의 설명 중에 적거나 설명이 끝난 후 기록한다. 수업내용 정리란에 여백을 여유 있게 두면서 필기한다. 수업내용은 되도록 범위와 중요도에 따라 번호를 붙이는 것이 체계적이고 복습할 때 도움이 된다.
- C '중요한 것' 영역에는 수업내용을 적은 후 수업내용 정리에서 핵심 단어, 개념, 용어만 적으며, 수업 직후에 정리하고 복습할 때 한 번 더 정리하면 효과적이다. 중요한 것을 찾을 때는 수업 중에 교사가 반복적으로 언급한 단어, 학습 목표, 목차, 제목 등에 포함되어 있는 단어, 교과서에 굵게 표시되어 있거나 강조된 단어들로 찾으면 된다.
- D '요약' 영역에는 그날 필기한 내용의 서론, 본론, 결론의 요점을 암송한 후 적는데, 공부한 내용을 반복하는 효과가 있고 복습할 때 수업의 흐름을 파악하는 데 효과적이다.

코넬노트법은 5R, 즉 Record(기록), Reduce(축약), Recite(암송), Reflect(반성), Review(복습)로 구성되었다(전명남, 2015). '기록'은 수업시간의 내용을 집중하면서 수업내용 정리란(B)에 적는 것이다. 내용은 정확히, 신속하게 필기한다. '축약'은 중

<table>
<tr><td colspan="2">A. 제목</td></tr>
<tr><td>C. 중요한 것</td><td>B. 수업내용 정리
1. 정보기억체계
1) 장기기억
(1) 장기기억 내용
① 일화기억</td></tr>
<tr><td colspan="2">D. 요약</td></tr>
</table>

[그림 13-2] 코넬노트법

요한 단서를 확인 후 요점을 파악하고 중요한 것 난(C)에 적는 것이다. 여기에는 노트 필기에 쓴 요점과 질문을 쓴다. 수업이 끝난 후 수업내용 정리란에 있는 내용으로 질문들을 만들어 본다. '암송'은 중요한 것을 이용하여 요점을 암기하는 것이다. 코넬노트법을 활용하여 암기하는 예를 들면, B의 수업내용 정리란을 가리고 C의 중요한 것 난의 핵심 단어를 보고 단어와 관련된 B의 내용을 말해 보거나, 반대로 C의 중요한 부분을 가리고 B의 내용과 관련한 C의 핵심 단어를 말해 보면서 암기한 것을 확인한다. 질문의 답과 중요한 것 난에 해당하는 수업내용과 관련된 내용을 자신의 언어로 말해 본다. '반성'은 필기한 내용 중 잘못된 부분을 수정하는 것이다. 마지막으로, '복습'은 암송한 내용을 노트 아래에 정리하는 것이다. 반복된 복습은 기억하는 데 도움을 준다.

(2) 마인드 맵

마인드 맵(mind map)은 1970년 초 영국의 Tony Buzan이 개발한 방법으로 마음속에 지도를 그리듯이 줄거리를 이해하며 기억하는 방법이다. '마음의 지도' '생각의 지도'를 그리는 학습방법이다. 마인드 맵은 중심 이미지와 핵심어, 색과 부호를 사용하여 방사형 구조를 만드는 것이다. 좌뇌 · 우뇌의 기능을 서로 연결하여 두뇌 기능을 최대한 발휘할 수 있는 필기 방법으로 두뇌의 여러 영역을 골고루 사용하게 되어 창의력, 기억력과 사고력을 발달시킨다.

기존의 노트 필기는 여러 페이지에 단순히 문자를 기록하고 서술하지만, 마인드 맵은 이와 다르게 주제를 정한 뒤 키워드를 적은 다음, 방사형 구조로 엄청난 양의 정보를 종이 한 장에 요약한다. 마인드 맵 노트 필기의 효과는 다음과 같다. 첫째, 언제 어디서나 생각이 떠오를 때 옮겨 적을 수 있는 편리함이 있다. 둘째, 세부적인 내용과 전체적인 내용을 파악하기 수월하다. 셋째, 학습자의 흥미를 유발하여 자기주도학습이 가능하게 한다. 넷째, 핵심어 사용으로 중요한 내용을 파악하는 능력을 향상할 수 있다. 이처럼 마인드 맵은 언어, 논리적 가지 구조, 이미지를 사용하여 연상되는 단어를 연결하여 정보가 쉽게 인출되도록 하는 시각적 노트 작성법이다. 마인드 맵의 구체적인 작성 방법은 다음과 같다.

① 사용할 종이

사용할 종이는 세로보다 가로가 더 길고 줄이나 네모 칸이 없는 백지를 사용한다. 시야를 넓게 하기 위해서 옆으로 전개되는 방식을 사용하는 것이 좋다.

② 중심 이미지

주제를 종이의 한 가운데 그림(일러스트, 사진, 상징 기호, 만화, 인쇄물)으로 한다. 다양한 정보와 생각을 중심에 적고 연결할 수 있다. 색은 적어도 세 가지 색 이상을 사용하여 중심 이미지를 채색하고, 주변은 사고의 확장을 제안하는 시각적 단서로 작용할 수 있다. 주변 테두리는 그리지 않는다. 학습내용의 핵심을 이미지로 표현할 때 흥미와 집중력이 높아진다.

③ 가지(주가지, 부가지)

가지는 생각의 흐름에 따라 중심 이미지에서 뻗어 나와 중심과 가까운 가지일수록 중요한 생각을 나타낸다. 가지는 전체적인 접근방법에 따라 그려 나간다. 가지들은 곧게 그리는 것보다 곡선의 길쭉한 모양으로 자연스럽게 그리고, 비슷한 길이로 그린다. 공간을 여유 있게 두고 시원하고 보기 좋게 그린다. 중심 이미지로부터 뻗은 가지를 '주가지'라고 부르고, 주 가지에서 확장된 가지들을 '부가지' 또는 '세부가지'라 한다. 이 가지의 구분은 중요도와 논리적 연관성을 나타낸다. 중심이 되는 주 가지는 시작 부분은 굵고 차츰 가늘어지도록 그린다. 주가지와 핵심 단어의 크기는 비슷하게 하고 굵은 글씨체를 사용하여 눈에 잘 보이도록 한다. 부가지는 주 가지와 연결되어 있어 자유롭게 떠오르는 생각을 작성한다. 부가지도 핵심 단어, 상징 기호, 그림 등을 사용하며, 부가지의 선 굵기는 주가지보다는 작고 가늘게, 그리고 단어의 크기도 부가지의 선 굵기와 비슷하게 작성한다. 주가지에서 연결되는 부가지는 동일한 색으로 작성하고 생각이 계속되면 세부가지를 만들 수 있다.

④ 키워드

키워드는 가지 위에 단어를 적을 때 한눈에 보일 수 있도록 크고 정확하게 쓴다. 마인드 맵은 읽는 것보다는 이미지처럼 파악되어야 하기에 그린다. 각 가지마다 키워드인 핵심 단어 하나만을 주로 쓴다.

⑤ 색깔

색깔은 마인드 맵의 한 부분을 일관성 있고 동시에 특정한 정보를 눈에 띄게 하는 역할을 한다. 색을 구분하여 쓰면 정보들의 연관성과 위계질서가 확연히 구분되고 가독성을 높여 정보를 수월하게 기억할 수 있다. 주가지별로 각각 한 가지 색깔을 정한다. 정보의 성격별로 색을 정한다. 예를 들어, 파란색은 숫자나 긴급한 정보 표시에 사용한다. 한 마인드 맵에서 사용한 색의 의미를 다른 마인드 맵에서 다른 의미로 변경하여 사용할 수 있다.

⑥ 스타일

마인드 맵의 스타일은 다양하다. 글자, 가지 모양, 선택한 색깔, 그림, 사용하는 도구 등은 사람에 따라 다르므로 마인드 맵의 스타일도 각기 다르다. 마인드 맵을 반복해서 사용할 수 있는 자기 스타일만의 이미지들을 만들어 내고 정보를 잘 이해하기 위해 그 정보의 특징을 떠올려 주는 그림이나 가지 모양을 이용한다. [그림 13-3]은 마인드 맵의 장점을 주제로 마인드 맵을 작성한 예시다.

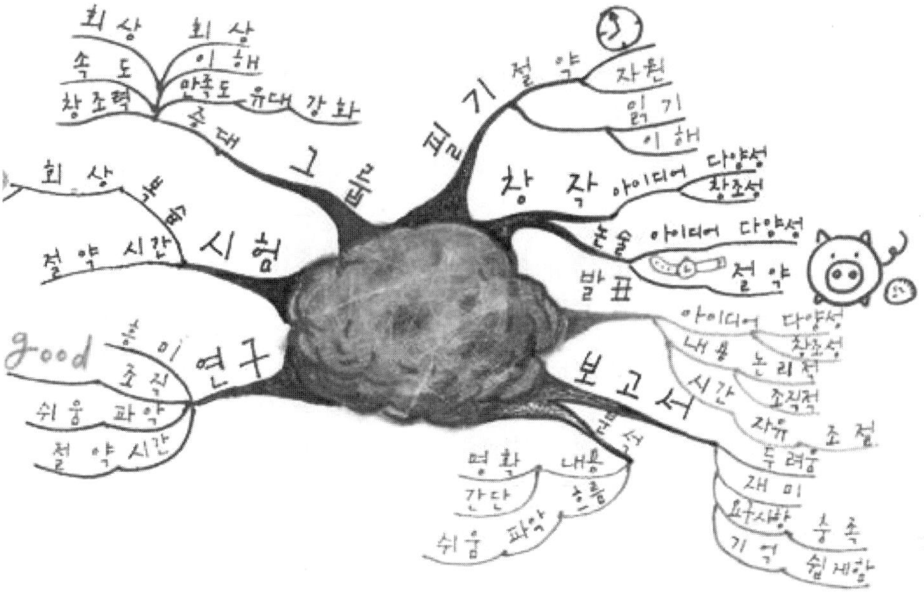

[그림 13-3] 마인드 맵 예시

출처: 한국부잔센터(2005), p. 187.

(3) 어골도법

어골도법은 일본의 Kaoru Ishikawa가 개발한 것으로 물고기 뼈와 같은 모양으로 그림을 표시하여 피쉬본 다이어그램(Fishbone Diagram)이라고도 한다(홍진용 외, 2009). 어골도는 문제의 근본 원인이 무엇인지 찾아 문제를 해결하고자 할 때 사용하는데, 학습내용을 분류된 주제에 따라 정리하는 노트 방법으로 활용한다. 어골도는 교과목 중 사회나 과학 교과 등과 같이 내용을 분류하여 정리하는 학습이나 한국사 교과목의 내용 중 사건(예: 강화도 조약)의 원인과 결과를 이해하고 조직화하는 학습에 적합하다.

물고기의 머리에 해당하는 부분에는 결과로 나타나는 내용을 기록하고 뼈에 해당하는 부분(큰 가지)에는 결과에 영향을 미치는 원인들을 기준에 따라 분류하고 제목을 적는다. 그리고 큰 가지의 세부 원인들을 중간 가지에 기록한다. [그림 13-4]는 중학교 3학년 사회 과목에서 시장가격의 변동을 어골도로 기록한 예시다.

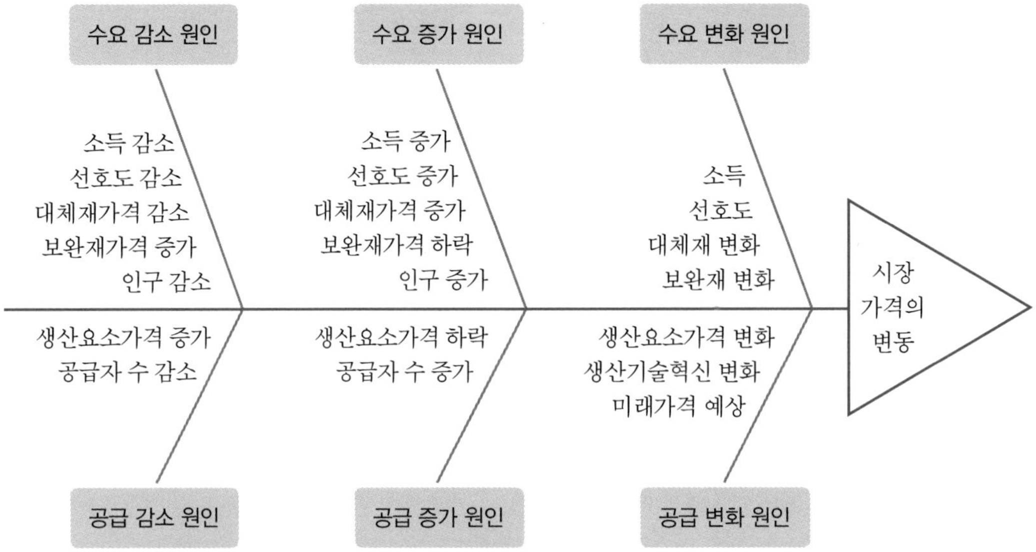

[그림 13-4] 어골도 예시

4. 시험관리

열심히 공부하고 노력해도 시험에 대한 어려움은 누구나 경험한다. '시험' 하면 제일 먼저 떠오르는 생각과 느낌은 대체적으로 긍정적이지는 않을 것이다. 모든 시험에는 시험을 치르는 목적이 있다. 학습의 수업 이해 정도를 파악하기 위한 형성평가, 배운 기본 지식을 습득했는지 알아보는 지필 고사, 과제를 얼마나 잘 수행하는지를 알아보는 수행 검사 등이 있다. 단순 암기와 이해, 핵심적인 내용을 안다고 시험을 잘 보는 것은 아니다. 시험을 잘 보기 위해서는 시험과 관련한 모든 내용을 정확하게 이해하고 있어야 하며, 문제에 대처할 수 있는 문제해결 능력이 있어야 한다(구본선, 2006).

시험공부를 하는 것은 주어진 시간 내에 계획된 복습을 하는 것을 의미한다. 그동안 배운 내용을 회상하여 알고 있는 것과 모르는 것, 이해하는 부분과 이해가 부족한 부분을 구분해 내는 과정이다. 시험 준비를 잘하기 위해서는 시험 과정에 대하여 자신을 점검해야 한다. 시험 준비 행동은 시험에서 자신이 원하는 목표를 이루기 위하여 준비하는 것으로 자신의 능력을 효율성 있게 사용하는 행동이다(박혜숙, 2009).

그러므로 자신의 실력보다 잘 발휘하기 위한 방법들을 익혀서 시험에 대한 자신감을 기르고 결과에 만족할 수 있는 시험관리 기술들을 형성하는 것이 중요하다. 여기서는 교실 수업과 관련된 지필 고사의 학습효과를 위한 시험을 중심으로 시험관리 기술인 시험 준비, 시험 치르기, 시험불안에 대처하는 방법들을 살펴본다.

1) 시험 준비

시험을 준비할 때는 공부할 과목의 수와 학습내용을 얼마나 이해하고 있는지에 따라 공부시간을 배분하여 계획을 세워야 한다. 시험 준비는 시험공부하기, 계획 세우기, 시험 보기 전 점검하기, 예상문제 만들어 보기 등이 포함된다. 배운 내용을 종합적으로 정리하고 재점검하여 부족한 부분을 보충하여 자신감을 얻을 수 있어야 한다. 이런 관점에서 평소에 공부한 내용의 핵심 사항들을 점검하고 문제집을 풀어보면서 본인이 스스로 질문을 만들어 풀어 보는 것이 좋다. 문제를 풀지 못한 내용을 확인하고 그 원인이 무엇인지 파악하여 교과서, 노트, 교사가 나눠 준 유인물 등을 참조하여 공부한다.

시험 준비를 위한 반복 공부는 공부한 내용을 이해하고 회상하는 데 도움이 된다. 그리고 시험 전에 공부 시간을 하루에 10시간 공부하는 집중학습보다는 5일 동안 각각 2시간씩 고르게 나눠서 공부하는 분산학습이 더 효과적이다.

(1) 효과적인 시험 준비

시험 준비를 효과적으로 하는 데는 다음의 내용을 파악하는 것이 중요하다(구본선, 2006; 전명남, 2015).

첫째, 시험에 대한 정보를 정확히 파악한다. 시험 준비의 첫 단계는 시험 날짜, 요일, 시험 범위, 시험 유형, 시험시간 등 가장 필수적인 것에 대한 확인이다.

둘째, 시험 범위에 해당되는 교과서 내용을 이해한다. 먼저 시험 범위 내용의 주제, 개념, 공식, 핵심 내용 등이 무엇인지 이해해야 한다.

셋째, 목표 및 계획을 세운다. 시험 목표는 과목별 목표를 구체적으로 설정한다. 예를 들어, '이번 기말시험에는 수학 점수를 올려야지.'보다는 구체적으로 '수학 점수 20점 향상'으로 설정하는 것이 좋다. 시험은 보통 한두 달 전에 발표되고, 시험

시간표는 시험 시작 약 3, 4주 전에 발표되기 때문에 공부할 시간이 여유롭지 않을 수 있다. 이를 해결하기 위해 먼저 공부할 시간이 어느 정도인지 점검하고 공부할 과목의 우선순위를 정한다. 과목별로 해야 할 공부의 범위에 따라 시간을 배분하고 어려운 내용이나 평소 자신이 없는 과목은 집중할 수 있는 시간을 배분하여 시간 계획을 세운다. 계획을 세울 때에는 가장 나중에 보는 시험 과목 순으로 정하고 시험 시작 2, 3일 전에는 시험 과목의 공부를 모두 마치는 것이 좋다.

넷째, 공부를 할 때는 참고서나 문제집보다는 먼저 교과서나 노트, 수업시간에 받은 유인물을 확인한다. 교과서를 읽으면서(앞의 '2. 독서' 절 참고) 핵심 내용을 파악하고 수업 중에 교사가 중요하다고 강조한 내용과 시험에 나온다는 내용은 반드시 주의 깊게 본다.

참고서는 교과서를 공부할 때 이해가 안 되는 부분을 참고하거나 시험 전에 중요한 요점을 파악하는 데 활용한다. 교과서를 완벽하게 이해하고 나서 사용하는 것이 좋다. 그 이유는 참고서의 내용은 교과서보다 깊이 있는 내용으로 구성되어 있어서 학습부진아나 요점 파악이 힘든 학습자에게 핵심 내용을 파악하는 데 혼란을 줄 수 있고, 학습량에 대한 부담이 되기 때문이다. 많은 문제집을 풀기보다는 자신에게 맞는 한 권의 문제집이 좋다.

교과서를 활용하는 방법

교과서는 기초적인 내용을 이해하고 응용문제를 해결하는 데 도움을 준다. 기초개념 없이 문제 풀이에만 집중하면 공부할 때는 이해했다고 생각하나 장기적으로는 효율적이지 않다.

- 수업시간에 집중해서 교과서에 대한 교사의 설명을 듣는다.
- 교과서의 목차를 보면서 관련 내용을 설명할 수 있도록 공부한다.
- 교과서의 표나 그림을 보면서 설명하고 있는 내용이 무엇인지 알 수 있도록 공부한다.
- 교과서에 제공된 문제는 모두 푼다. 본문 뒤 끝부분의 정리하기 및 단원평가 문제들을 풀 수 있도록 공부한다.
- 교과서에 수업시간에 교사가 설명한 중요한 내용을 표시한다.

문제집을 활용하는 방법

- 문제집은 교과서와 같은 출판사에서 나온 문제집을 선택한다. (학습부진아와 배경지식이 부족한 학습자는 설명이 잘되어 있는 문제집을 선택한다.
- 교과서에서 공부한 분량까지 문제집을 푼다. 처음 문제를 풀 때는 문제집에 직접 풀지 말고, 연습장에 따로 답을 적어서 푼다. 답이 적힌 문제집은 다음에 풀기 싫거나 문제를 풀 때 답을 먼저 보고 풀기 때문이다.
- 틀린 문제는 문제집에 체크한 후, 답안지의 설명을 읽은 후 틀린 원인을 확인하고 새롭게 알게 된 내용은 즉시 암기한다. 그리고 새롭게 안 내용은 교과서와 정리한 노트에 기록(노트 정리 한 색과 다른 색 사용)하고 이해되지 않는 내용은 교과서와 노트에 표시한다.
- 문제풀이를 통해 완벽하게 이해한 내용과 부족한 내용이 어떤 내용인지 스스로 점검하고 문제집에 체크한다.

다섯째, 기출문제를 풀어 보면서 출제자의 입장이 되어 시험 형태를 예상해 본다. 시험의 형태 중 객관식과 서술형 문제의 비율을 확인하고 기출문제를 풀어 본다. 기출문제는 학습내용의 출제 형태, 핵심 내용을 파악하는 데 가장 좋은 자료다. '선생님은 어떤 문제를 출제할까?'를 생각하면서 출제자의 입장이 되어 공부하고 예상 문제를 만들어 실제 답안을 작성해 보면서 미비한 내용과 평소 어려웠던 내용의 이해 정도를 확인한다.

(2) 시험 준비 기간

시험 준비 기간은 학습자의 상황과 학습태도에 따라 달라질 수 있으나 일반적으로 시험 보기 약 3주 전 정도가 적당하다(박동혁, 2006). 지나치게 긴 시험 준비 기간은 긴장이 풀어지고 시험범위와 문제 유형을 알 수 없다. 반면, 시험 준비 기간이 지나치게 짧을 경우 시험을 준비하는 시간이 부족하여 벼락치기로 준비를 하게 되므로 효과적인 시험 준비가 어렵다. 시험 준비 기간은 시험범위의 공부를 최소한 3번 정도 반복해서 학습하는 정도이며 분산학습과 반복학습 형태로 하는 것이 바람직하다.

(3) 시험계획 전략

시험계획을 세워 놓지 않으면 만족스러운 시험 준비를 하지 못할 수도 있으며, 시험계획을 세웠으나 실천하지 못하는 경우도 많다. 이로 인해 시험에 대한 스트레스를 받게 되어 효과적으로 시험 준비를 할 수 없게 된다. 시험계획을 잘 세우기 위한 전략으로는 분산학습과 반복학습이 있다.

① 분산학습

분산학습은 공부의 양을 나누어서 공부하는 것이다. 분산학습의 장점은 다음과 같다. 첫째, 집중력이 높아진다. 비슷한 내용을 계속 공부하면 쉽게 지쳐서 집중력이 떨어질 수 있다. 가령, 3일 동안 수학, 과학, 국어를 공부할 양을 나누어 공부하는 식으로 다른 과목을 섞어서 공부하면 집중할 수 있다. 둘째, 기억하는 데 도움을 준다. 한 번에 많은 양의 정보는 장기기억으로 저장되지 않을 수 있고, 어렵거나 공부해야 할 분량이 많으면 기억하기 힘들기 때문에 저장할 내용을 나누어 기억하는 것이 좋다.

② 반복학습

반복학습은 같은 내용을 여러 번 공부하는 것이다. 한 번 공부한 내용은 머릿속에 쉽게 사라지기 때문에 오래 기억할 수 있는 방법은 반복해서 보는 것이다. 짧은 시간 안에 계속 반복하는 것은 정보를 장기기억으로 저장하는 방법이다(Atkinson & Shiffrin, 1968). 요약 내용이나 학습내용이 명확하게 이해가 되지 않는다면 반복하여 공부한다. 공부한 내용을 타인에게 가르치는 방법을 통해 복습의 효과를 얻을 수도 있다.

③ 분산학습과 반복학습의 원리를 적용한 시험 준비 계획

시험일까지 남아 있는 기간을 6:3:1의 비율로 나누어 준비하는 것으로 시험 보기 전날에는 최종 마무리를 하는 시간으로 정한다(박동혁, 2014). 6:3:1 정도의 비율에 맞춰서 시험 범위 전체 공부하기와 반복하여 공부하는 시험계획을 세운다.

표 13-9 시험 준비 계획

시험 전 비율	해야 할 일
60%	• 시험 범위 전체를 정리하여 요약 및 정리를 한다. • 노트정리, 교과서, 유인물, 참고서를 가지고 공부한다. • 정독하여 이해하고 요약하기의 방법으로 공부한다.
30%	• 요약 및 정리된 문서(문제집, 참고서, 기출문제)를 다시 읽고 암송 및 암기하며 관련 문제를 풀고 문제풀이, 오답노트를 만들어 오답을 정리한다.
10%	• 공부한 내용을 암기해 보거나 오답한 문제를 최종 확인 후 이해하지 못한 내용을 파악하여 재정리(정리한 노트, 오답노트) 한다. • 이해가 잘되지 않는 부분, 틀렸거나 중요한 부분을 확인하고 암송한다.

출처: 박동혁(2014), p. 33.

④ 계획을 잘 실천하는 방법

첫째, 자신을 이해하고 계획을 세운다. 계획이 한 번 밀리기 시작하면 포기하게 되므로 무리한 계획을 세우지 않는다. 계획을 세우기 전에 가용시간을 확인하고 자신의 집중 정도, 과목의 특성을 고려한 날짜와 공부량, 학업성취 수준을 파악하여 자신에 맞는 계획을 세운다.

둘째, 계획표를 눈에 잘 보이는 곳에 붙인다. 세운 계획을 잊어버려 계획을 실천하지 못하는 경우가 있다. 계획표를 휴대전화로 사진을 찍고 공부하는 곳에 눈에 잘 보이도록 붙여 두거나 가족들에게 시간표를 공개하여 도움을 받는다.

셋째, 방해 요인을 제거한다. 공부에 방해되는 휴대전화, 게임기, 컴퓨터 등을 눈에 보이지 않는 곳에 둔다. 가족들이 모이는 시간이나, 자신이 좋아하는 TV 프로그램 시간대를 피해 계획을 세운다.

넷째, 계획을 재점검한다. 시험 계획이 밀리면 밀린 양까지 해야 된다는 부담감으로 포기할 수 있다. 그러므로 밀린 공부를 한 번에 다 하지 말고 오늘 해야 할 계획부터 해 나간다. 그리고 주말은 여유 날짜로 남겨 놓아 실천하지 못한 계획을 토요일이나 일요일에 실천한다.

2) 시험 치르기

시험 준비를 열심히 했어도 시험을 직접 치르는 방법 또한 시험 준비만큼이나 시험 결과에 영향을 준다. 시험 치르기 전에 자신감을 갖고 시험 날 30분 일찍 등교하기, 문제의 요지를 파악하기, 그동안 공부한 내용에 대한 평가라는 편안한 마음가짐 가지기 등이 요구된다(전명남 2015). 시험은 고도의 정신집중을 필요로 하기 때문에 뇌가 피곤하지 않도록 시험 전날에는 평소보다 일찍 자고 충분한 수면을 취한다.

① 시험지 배부 전

시험 당일에는 시험 준비물을 재점검하고 아침 식사는 되도록 평소보다 적은 양을 섭취한다. 또한 시험공부하면서 스스로 정리한 노트(핵심요약과 오답노트)를 준비하여 시험 시작 전에 노트를 훑어본다. 긴장이 되거나 불안한 마음이 생기면 2~3차례 심호흡을 하고 눈을 감고 자신이 공부가 잘되었던 모습을 생각하면서 마음을 가다듬는다. 가장 중요한 것은 시험을 잘 볼 수 있다는 자신감과 모르는 문제가 나오더라도 당황하지 않고 차근히 문제를 읽어 보는 자세다.

② 시험 치르기

시험지를 받으면 먼저 문제를 전체적으로 1~2분간 훑어보면서 전체 문항 수, 배점이 높은 문항, 어려운 문항, 문제의 난이도, 문제 순서와 내용의 연관성 등을 파악한다. 문항에 대한 시간 배정을 한 후 이름과 번호를 기재하고 시험에 임한다. 주관식 문항의 시간 할당은 답안을 마무리하고 점검할 시간이 필요하여 시험 끝나기 10분 전에 미리 푼다는 생각으로 문제를 풀고 어려운 문제에 시간을 더 사용한다. 문제를 풀 때는 쉬운 문제부터 푼다. 어려운 문제를 먼저 풀다 보면 시간을 더 사용하여 이후에 점검할 시간이 부족하게 된다. 쉬운 문제를 풀고 나면 자신이 아는 문제를 풀었다는 심리적 안정감이 생기게 되고, 남은 시간에 어려운 문제를 풀 수 있다. 어려운 문제나 공부한 내용이 기억이 나지 않을 때에는 문제에 표시하고 다음 문제를 푼다. 다른 문제를 읽으면서 힌트를 얻을 수도 있어서 편안한 마음으로 시험에 임한다.

③ 시험이 끝난 후

한 과목의 시험이 끝난 후에 10분의 짧은 시간을 적절히 활용하면 시험에 도움이 된다. 일반적으로 학생들은 한 과목 시험이 끝나면, 전 시험의 답안을 맞추어 보거나 시험 점수에 실망하여 불안한 시간을 보낸다. 그러나 쉬는 시간에 다음 보는 시험 과목의 정리 노트를 훑어보면 이때 본 내용이 단기기억으로 이어져 바로 다음에 보는 시험에 도움이 될 수 있다.

모든 시험이 끝난 후 다음 시험의 문제 유형 및 자기 점검을 한다. 시험을 치르고 난 후 시험계획은 구체적이었는지, 시험 내용 중 중심 개념, 핵심 사항을 점검하였는지, 중심 개념 중 이해가 잘 안되고 다른 내용보다 빨리 대답이 떠오르지 않는 것들은 정리해 두었는지, 수업 중 교사가 강조한 내용들을 점검하였는지, 노트 정리는 잘 활용하였는지, 시험 예상문제를 확인했는지, 틀린 내용은 명확히 이해하고 그 이유를 구체적으로 기록했는지 등을 확인한다. 이러한 과정은 시험문제가 어디에서 출제되었는지를 확인하고, 자신이 틀린 문제와 그 원인을 명확하게 파악하여 다음 시험에 대한 대비책과 자신의 부족한 부분을 개선하는 데 유용하게 활용된다. 그러나 일반적으로 학생들은 시험이 끝난 후 시험에 대한 분석을 하지 않기 때문에 다음 시험에도 같은 실수를 반복한다.

3) 시험불안 대처방법

시험에 대한 두려움은 누구나 경험해 봤을 것이다. 일반적으로 시험에 대한 스트레스 상황은 해야 할 일이 많기 때문이다. 시험에 대한 불안은 학습자의 상황과 학습자의 생각, 감정, 신념, 신체적 행동적 특성에 따라 차이가 있다. 학생마다 시험에 대한 내적인 측면, 예를 들어 '내가 이번에 사용한 시험 전략이 효과가 있었나?'가 강할수록 시험불안은 상대적으로 적고, 외적인 측면, 예를 들어 '남들에게 잘난 척하기 위해 시험을 잘 봐야지!'의 생각을 가지면 시험불안이 다소 높다(박동혁, 2006). 적당한 시험불안은 행동을 동기화하는 데 도움이 되지만 지속된 긴장감, 식욕 부진 등(제11장 '1. 시험불안' 절 참고)은 학업성취에 부정적인 영향을 준다. 시험불안에 대처하는 방법을 살펴보면 다음과 같다.

첫째, 충분한 시간을 갖고 시험 준비를 한다. 시험에 대한 두려움과 불안의 원인은 대체로 자신감 부족으로 시험 준비가 만족스럽지 않다거나 공부한 내용이 어렵다고 느끼는 것이다. 충분한 시간 동안 미리 준비하고 연습하면 불안의 강도가 약해진다. 공부를 하면서 구체적인 목표를 세우고 집중한다.

둘째, 자기모니터링 훈련을 한다(이재규 외, 2013). 자기모니터링(self-monitoring) 훈련은 시험불안을 줄이기 위한 방법으로 Scruggs와 Mastropieri(1993)가 제안하였다. 모의시험을 준비하는 과정에서 시험에 관련된 사항을 어떻게 생각하고 있는지 기록하고, 해당 생각에 대한 피드백을 주어 생각을 변경하게 하는 것이다. '시험을 위해서 계획한 대로 잘 수행하고 있는가? 그렇지 못하다면, 그 이유는 무엇인가?' '시험계획을 변경할 필요가 있는가? 있다면, 그 이유는 무엇인가?' 결과에 대한 모니터링은 '시험 준비에 있어서 변화의 성취도에 영향을 미쳤는가?' '가장 효과적인 전략은 무엇인가?' 등을 들 수 있다.

셋째, 공부와 관련된 감정을 전환한다. 인간의 모든 행동에는 감정이 관련되어 있다(황매향, 2016). 공부에 대한 부정적인 감정은 집중하지 못하고 행동을 감소하게 되어 시간 낭비를 하게 된다. 그러므로 공부와 시험에 대한 생각을 긍정적으로 전환한다. 시험 장소를 떠올리면서 시험문제에 답을 적는 자신의 모습, 시험 후 시험 결과에 만족하여 기뻐하는 자신의 모습, 공부를 통해 나중에 성공해 있을 자신의 모습을 상상해 본다.

5. 스트레스

스트레스(stress)라는 용어는 '팽팽하게 죄다' 또는 '단단하게 끌어당기다'라는 뜻의 라틴어 'stringer'에서 유래하였다. 과다한 자극으로 신체와 정신의 불균형 상태를 뜻한다(임규혁, 임웅, 2007; Mandler & Watson, 1966). 자신이 지각한 요구와 그것을 충족시킬 수 있는 능력의 불일치 사이에서 발생한다. 즉, 역경, 고통, 곤란, 압력, 긴장 등을 의미한다. 스트레스는 인간의 행동과 경험 속에서 느끼는 일상적인 정신적 압박감으로 인해 발생하는 정신적 어려움이다. 사람들이 경험하는 일반적 스트레스 요인은 개인마다 다르다. 가령, 성장과정에서 경험하는 스트레스, 가정에서 겪는 스트레스, 현대 사회의 변화로 인한 가치관의 혼란에서 발생하는 스트레스이다.

동일한 상황에서도 사람들의 상황, 감정, 신체적 · 행동적 특성에 따라 개인마다 차이가 있다. 청소년기는 아동과 성인의 특성을 동시에 갖고 있기에 스트레스가 많고 심리적으로 불안정하며 방황하시는 시기다. 청소년기에 겪게 되는 복합적인 스트레스는 비행, 가출 등의 일탈행위 등을 일으키기도 한다. 특히 청소년은 주변 환경, 학습환경, 대인관계, 학교 분위기, 새로운 환경의 적응 등에서 겪는 스트레스가 각각 다르다. 스트레스는 정신건강과 밀접한 관련이 있어서 불안과 같은 정서 반응을 일으키고, 스트레스를 해결하지 못하면 좌절을 경험하기도 한다. 그러므로 스트레스 자체가 문제라기보다는 스트레스에 어떻게 반응하느냐가 중요하다. 스트레스에 잘 대처하기 위해서는 지능, 성격, 식습관, 스트레스 대처방법 등도 영향을 미치지만, 자신이 문제를 이해하고 해결하고자 할수록 스트레스의 강도는 달라지고 문제해결 가능성도 높아질 것이다(Atkinson, Atkinson, & Hilgard, 1983).

시험에 대한 스트레스는 보통 시간에 비해 공부해야 할 내용이 많거나 원하는 목표를 얻지 못했을 때 발생한다. 스트레스를 받으면 불안하고 공부도 안 될 뿐만 아니라 공부한 내용이 기억나지 않아서 늘 걱정을 하게 된다. 따라서 공부를 잘하기 위해서는 스트레스 요인을 확인 후 이를 잘 관리하는 것이 필요하다. 여기서는 학업 스트레스를 중심으로 이에 대한 대처방법을 살펴본다.

1) 스트레스 진단

스트레스를 다스리려면 스트레스 정도에 대한 정확한 파악을 해야 한다. 〈표 13-10〉의 간단한 진단을 통하여 스트레스 정도를 파악할 수 있다.

표 13-10 스트레스 검사

공부에 대한 스트레스 정도를 알아보는 검사입니다. 해당 문항에 '예' 또는 '아니요'를 체크해 주세요.

문항	예/아니요
1. 시험만 생각하면 걱정 때문에 불안해서 공부가 안 된다.	
2. 시험을 앞두면 신경이 날카로워져서 소화기 잘 안 된다.	
3. 시험 결과를 생각하면 신경이 많이 쓰인다.	

4. 시험 볼 때 불안하고 답이 안 보일 때가 있다.	
5. 답안지에 답을 적는 순간에도 손발이 떨린다.	
6. 시험이 끝나고 집으로 돌아갈 때 힘이 빠진다.	
7. 공부만 하려고 하면 답답하고 힘들다.	
8. 공부 때문에 머리가 아프다.	
9. 공부만 생각하면 걱정이 많고 자신감이 떨어진다.	
10. 부모의 늘 공부하라고 해서 짜증이 난다.	
11. 부모님의 잔소리가 싫어서 공부하는 척한다.	
12. 선생님 때문에 싫어하는 과목이 생겼다.	
'예' 응답 수	______ **개**

출처: 전도근(2015), p.306.

◎ 채점 및 해석

※ 1~3번 문항: 시험을 앞둔 상태의 스트레스
※ 4~6번 문항: 시험을 볼 때 느끼는 스트레스
※ 7~9번 문항: 공부 자체에 대한 스트레스
※ 10, 11번 문항: 부모에 느끼는 스트레스
※ 12번 문항: 선생님에게 느끼는 스트레스

'예'의 응답 수를 모두 합산한다.

- 0~4개: 0에 가까울수록 심신 건강 상태가 양호한 편이나 3에 가까울수록 스트레스 주의해야 한다.
  '예'라고 답한 문항을 찾아서 마음을 편하게 갖도록 지도해 준다.
- 5~8개: 스트레스를 많이 느끼고 있어 몸의 컨디션이 무너질 우려가 있으므로 스트레스를 해소하거나 다스리기 위하여 노력하는 것이 좋다.
  '예'라고 답한 문항을 찾아서 마음을 편하게 갖도록 지도해 준다.
- 9~12개: 스트레스가 많아서 스스로 치유하기가 어려우므로 전문가의 도움을 받는 것이 좋다.

2) 스트레스 대처방법

적당한 스트레스는 인간의 발달과 성장에 도움을 주고 학습동기를 자극하는 것으로 스트레스가 반드시 부정적인 것은 아니다. 스트레스가 문제가 되는 이유는 정신건강뿐만 아니라 신체적 문제 등의 다양한 문제로 이어지기 때문이다. 스트레스 상황에서 이를 대처하기 위한 방법은 다음과 같다.

① 긍정적 자아개념을 형성하고, 스트레스 대처하는 노력에 셀프 칭찬과 보상을 한다. 긍정적 자아개념을 갖는다는 것은 상황을 긍정적인 시각으로 받아들이고 문제를 해결하기 위해 다양한 방법을 시도할 수 있는 자원이 된다. 그리고 스트레스를 극복하기 위해 노력하고 있는 자신에게 셀프 칭찬과 보상을 한다.

② 생활방식과 학습방법을 스스로 점검한다. 현재의 생활방식과 학습방법이 도움이 되고 있는지 확인하고, 기대보다 결과가 만족스럽지 않다면 그 원인이 무엇인지 점검한다.

③ 외부 자원(부모, 교사, 친구, 선배)의 도움을 받는다. 외부 지지원으로부터의 공감은 정서적 지지가 되고 정보제공은 스트레스의 원인을 해결하는 데 많은 도움이 된다.

④ 스트레칭을 하여 긴장을 풀어 주고 영양분을 골고루 섭취한다. 인스턴트 음식보다는 채소, 생선, 과일 등의 비타민과 단백질의 음식을 섭취한다.

⑤ 해야 할 공부를 점검하고 목록을 작성하여 우선순위를 정한다. 피할 수 없는 과제라면 결정과 실천을 미루지 않는다. 문제를 세분화하여 단계적으로 처리해 나가며 사소한 일이라도 끝맺음을 확실히 한다.

⑥ 공부나 시험 전에 심호흡, 명상, 긍정적 이미지 갖기, 독서 등으로 마음을 이완시킨다. 충분한 수면과 휴식을 취해 마음이 편해지도록 한다.

⑦ 충전의 시간(휴식 시간)을 갖도록 한다. 긴 시간 동안 공부를 한다고 잘 기억하는 것은 아니다. 뇌도 충전의 시간이 필요하므로 1시간 공부 후 10분 휴식, 또는 1시간 30분 학습 후 15분의 휴식을 취하면 학습에 대한 부담감이 감소하여 스트레스를 덜 받게 된다.

⑧ 의사소통 중심의 문제해결 전략(최정원, 이영호, 2006)을 활용한다. 스트레스를 일으키는 출처를 확인하고 표현하며 스트레스와 관련된 생각, 감정 및 행동을 찾는 것이다. 먼저, 스트레스 문제를 구체적으로 확인하고 밝혀내는 의사소통 중심의 전략으로 '누가, 언제, 어디에서, 무엇을, 어떻게, 왜'의 '육하원칙(六何原則)'에 따라 표현하는 방법이 있다. '나는 학교에서 선생님을 보면 성적에 대한 이야기를 할까 봐 스트레스를 받는다.'가 그 예다. 다음으로, 스트레스를 받는 상황에서 나의 생각과 감정, 행동이 어떠한지 파악한다. '방에서 공부를 열심히 하고 휴식시간에 누워 있는데 엄마가 방에 들어와서 나를 보자마자

공부하라고 하신다(스트레스 상황).' '열심히 공부하다가 쉬고 있는데 공부만 하라 하니 엄마는 도대체 나한테는 관심이 없고 공부에만 관심이 있는 거야!(나의 생각)' '나의 감정은 짜증 난다(나의 감정).' '공부를 더 하지 않고 게임을 하거나 휴대전화를 만진다(나의 행동).'가 그 예다. 효과적인 의사소통은 상대를 설득하고 자신의 주장을 내세우는 것이 아닌 내가 주어가 되는 표현방식으로 나의 생각과 느낌을 표현하는 것이다. 이를 위해서는 자신을 객관적으로 관찰하고 내 생각을 잘 떠올리면 나의 감정을 파악할 수 있다. 효과적인 의사소통은 감정을 교류하는 것으로 자신의 감정을 가라앉히고 차분한 대화는 서로의 감정을 파악하게 하여 스트레스 해결에 도움을 준다.

⑨ 자신과 약속을 한다. 자성예언(self-fulfilling prophecy)은 타인이 자신에게 믿는 기대대로 행동하고 성취하게 된다는 것을 의미하는 것으로 자신을 믿는 기대감이다. '나는 부족한 사람이야.' '나는 형편없는 사람이야.' 등의 언어를 '나는 책임감 있는 사람이야.', '난 약속을 잘 지키는 사람이야.'라고 자신이 바라는 모습을 결정하는 것이다(최정원, 이영호, 2006).

자성예언의 예시

- 나는 인생의 목표가 있는 사람이 되련다.
- 나는 원대한 꿈을 가진 사람이 되련다.
- 나는 무한한 상상력을 바탕으로 꿈을 실현하기 위해서 노력하는 사람이 되련다.
- 나는 하고 싶은 일을 잘할 수 있는 사람이 되련다.
- 나는 내가 믿는 바를 용기 있게 밀고 나가는 사람이 되련다.
- 나는 지구력(끈기)이 있는 사람이 되련다.
- 나는 말보다 행동으로 실천하는 사람이 되련다.
- 나는 미래를 멋있게 창조할 수 있는 사람이 되련다.
- 나는 새로운 도전을 두려워하지 않으며, 모험을 좋아하는 사람이 되련다.
- 나는 새로운 길을 추구하는 사람이 되련다.
- 나는 할 일을 찾아서 하는 사람이 되련다.
- 나는 내 인생의 주인공이 되련다.

- 나는 계획한 일을 잘 실천하는 사람이 되련다.
- 나는 협동할 줄 알며 봉사하는 사람이 되련다.
- 나는 다른 사람을 잘 지도하는 사람이 되련다.
- 나는 책임감이 강한 사람이 되련다.
- 나는 나 자신을 다스릴 수 있는 사람이 되련다.
- 나는 부지런한 사람이 되련다.
- 나는 열정적인 사람이 되련다.
- 나는 겸손한 사람이 되련다.
- 나는 정직하고 성실한 사람이 되련다.
- 나는 능력 있고 쓸모 있는 사람이 되련다.
- 나는 나를 사랑하고 남을 사랑할 수 있는 사람이 되련다.
- 나는 남의 잘못을 용서할 수 있는 사람이 되련다.

3) 스트레스 적응 및 예방

(1) 스트레스와 만나기

스트레스를 완전히 차단하기는 어렵다. 그러므로 스트레스를 이해하고 그 상황에서 자신만의 대안적 방법들을 통해 스트레스를 감소하고 예방하는 것이 필요하다. 예를 들어, 시험 스트레스나 대인관계 스트레스가 많다고 시험을 안 볼 수도 없고 혼자 지낼 수도 없다. 그러므로 모의시험을 치르면서 시험 상황에 익숙해지도록 하고, 다른 사람의 다름을 인정하고 효과적인 감정 표현과 의사소통 방식을 배운다. 스트레스로 인한 감정과 생각을 알아차리고 기분 전환 및 이를 해결할 수 있는 대안적 해결방법의 예로는 여러 가지 학교 활동에 참여하기, 정기적인 스포츠 활동에 참여하여 긴장 이완과 활력을 키우기, 적당한 스트레스는 도움이 된다고 생각하기, 친구들과 자주 대화하기, 셀프 칭찬하기 등이 있다.

(2) 스트레스 면역훈련

스트레스 면역훈련(stress inoculation training)은 내담자에게 스트레스 관리방법을 가르치는 것으로 Meichenbaum(1985)에 의해 체계화한 방법이다. 내담자의 스트레스에 대한 저항능력 및 내성을 기르는 훈련으로 스트레스 상황에서 인지구조를 변형시키는 훈련이다. 이는 가벼운 스트레스 상황에서 그 상황을 극복할 수 있도록 기회를 제공한 후 점차 더 강한 자극에 내성을 갖도록 한다. 스트레스 상황에서 자신의 수행력에 대한 믿음과 진술문을 교정하여 스트레스를 극복하기도 하고, 스트레스가 발생하기 전에 미리 전략을 학습하여 스트레스에 대처하는 능력을 기를 수 있다. 즉, 현재의 문제와 미래의 어려움까지 대처기술을 기를 수 있다(박경애, 2013). 이 훈련은 행동의 변화, 그리고 부정적 사고에서 긍정적 사고로의 전환이 효과적이므로 반복적인 연습과 실천이 중요하다. 스트레스 면역 단계는 다음의 세 가지 단계로 구성되어 있다.

① 1단계: 개념화 단계(conceptualization phase)

상담자와 내담자의 관계 형성이 매우 중요하다. 이 단계에서 상담자는 내담자와 문제를 분석하고 스트레스 발생 시 내담자 자신이 스스로 반응하는 방식을 이해하도록 한다. 내담자의 스트레스로 인한 반응, 분노, 불안 등의 부정적 정서에서 오는 내적 대화와 행동을 관찰한다. 이러한 자기모니터링은 상담의 전 단계에서 지속된다. 내담자에게 자신의 사고, 감정, 행동을 관찰하고 기록하고 내담자가 융통성 있게 대처하는 기술을 사용할 수 있게 한다. 상담자는 스트레스 상황에서 자신의 정서와 상황에 반응하는 것을 이해하도록 도우며, 대안적인 반응을 할 수 있도록 알려준다.

② 2단계: 기술 획득과 시연단계(skills acquisition and rehearsal phase)

스트레스 상황에서 적용할 수 있는 대처기술을 획득하도록 하는 단계다. 내담자의 스트레스 요인이 무엇인지, 스트레스 상황 시 감정 · 사고 · 행동은 어떠한지, 스트레스를 감소할 수 있는 방법 정하기, 이완훈련, 호흡법, 부정적 생각 멈추기, 부정적 감정과 행동을 조절할 수 있는지 등과 같은 직접적인 활동이 포함된다. 이 단계에서는 내담자가 스트레스 상황에 적응하기 위한 새로운 대처방법으로 다양한 행동적 · 인지적 방법을 배우고 연습하게 한다(유진이, 2018).

- 스트레스 요인에 대해 어떻게 준비할까?
  - 무엇을 해야 하나?
  - 스트레스를 처리할 계획을 세울 수 있나?
- 나에게 스트레스를 주는 것에 어떻게 직면하고 대처할 수 있을까?
  - 스트레스 요인을 다룰 수 있는 방법은 무엇인가?
  - 이 상황을 어떻게 대처할 수 있을까?
- 스트레스로 인한 나의 감정에 대처할 수 있을까?
  - 지금 내가 할 수 있는 것은 무엇인가?
  - 어떻게 감정을 억제할 수 있을까?
- 어떻게 강화적인 자기 진술을 할 수 있을까?
  - 나 자신을 신뢰하는 방법은 무엇이 있을까?
  - 내가 잘하고 있다는 것을 무엇을 통해 알 수 있을까?
  - 내가 변화를 위해 가장 먼저 시도해 볼 방법은 무엇인가?

③ 3단계: 적용과 훈련단계(application and training phase)

내담자가 변하기 위해 초점을 맞추는 단계다. 실제 내담자가 스트레스 상황에서 자기 진술을 수행하고 적용해 보는 것으로 획득한 대처능력을 실행하는 단계다. 실제 스트레스가 예상되는 상황에서 효과적인 인지행동적 전략을 활용하여 면역력을 갖도록 한다. 이를 위해서 자기 진술을 반복적으로 연습과 실천 그리고 적용해 보도록 하며, 수행을 하지 못한 경우 그 이유를 살펴본다. 추후 회기는 내담자가 계속 수행하고 변화시키기 위한 것으로 세 번째 달, 여섯 번째 달, 열두 번째 달에 실행한다.

6. 생활관리

학습의 능률을 향상시키기 위한 균형적인 생활관리는 학습자의 학습을 촉진하고 학습과정에서 발생되는 문제들(집중력, 수면 부족 등)을 해결하여 학습능력을 발휘할 수 있게 하는 보조 전략이라고 할 수 있다. 청소년기는 급격한 신체적 · 생리적 · 심리적 변화로 건강한 성장발달의 전환기이며, 스스로 건강관리를 할 수 있는 시기이기도 하다. 그러나 대체로 청소년은 늦은 시간까지 학원에서 시간을 보내고 과중한 학습량으로 인해 늦은 시간까지 공부를 한다. 아침을 거르고 대신 간식이나 간단한 분식으로 때우거나 잦은 인스턴트 음식과 밀가루 섭취로 실생활에서 영양 관리가 제대로 이루어지지 않고 규칙적인 운동을 실천하지 못해 건강 문제가 발생한다.

학습과정에서 학습자들마다 학습능력에 있어 개인차가 있는 것을 볼 수 있는데, 이는 불균형적인 생활관리가 원인이기도 하다. 여기서는 학습을 증진시켜 주는 생활관리로 식단, 운동, 음악, 수면 등을 살펴보고자 한다.

1) 식단

청소년기는 두뇌 활동이 활발한 시기로 성인의 뇌에서 사용하는 에너지양에 비해 청소년은 많은 에너지양을 사용할 뿐만 아니라 많은 에너지가 필요하다. 이 시기는 무엇보다 두뇌 건강과 피로 회복에 도움이 되는 식단이 매우 중요하다.

첫째, 두뇌가 활발히 움직이고 활성화를 위해서는 뇌에 혈당을 전해 주는 식품과 비타민이 함유된 식품이 필요하다. 탄수화물인 쌀에 들어 있는 포스파티딜 콜린(phosphatidyl choline)은 두뇌 활동에 필수적인 에너지원이다. 우리 몸은 잠자는 동안 섭씨 1도 정도 체온이 내려가는데 체온이 내려간 상태에서 학습은 뇌의 활동을 저하시킨다. 아침식사는 뇌의 기능과 학습 능률과의 관련성이 높은 것으로 체온을 올리기도 하고, 숫자 암기력, 언어 유창성, 집중력 발휘를 할 수 있게 한다(이명경, 2006). 물론 밀가루로 만든 식단도 에너지원으로 쓰일 수 있으나, 정제된 밀가루는 오히려 혈당이 감소하여 밀가루 속 글루텐(gluten)은 집중력 저하, 행동 과다, 산만함 등의 원인으로 집중력이 떨어지거나 수업 중 졸게 된다. 이 외에도 뇌세포를 만드는 물질의 대부분이 지방으로 이루어져 지방 섭취가 부족하면 주의력 결핍, 우울증, 만성피로, 기억력 저하, 난독증 등의 원인이 된다.

둘째, 지방(포화지방산, 불포화지방산)은 뇌의 신경세포가 활동할 수 있게 에너지를 공급하여 최상의 두뇌 활동과 정신건강에 도움을 주는 음식이다.

셋째, 단백질(동물성, 식물성)은 눈과 귀로 들어온 정보들을 다양한 신경전달물질(아미노산)을 통해 뇌에 정리하는 작용을 하여 지구력과 집중력, 학습 기능을 높이고 감정 조절을 돕는다. 단백질 중에서 동물성 단백질과 식물성 단백질의 권장 비율은 1:3이 좋다.

넷째, 미네랄과 비타민도 중요한 영양소다. 두뇌 발달과 활성화하는 데 좋은 음식을 섭취하더라도 미네랄과 비타민의 적절한 섭취가 없다면 두뇌 발달과 두뇌 활성화에 도움이 되지 않는다. 비타민 C는 신선한 채소와 과일에 포함되어 있으며, 균형 있는 식단과 비타민의 섭취는 중요하다.

음식을 과다 섭취를 하면 탄수화물은 소화와 흡수를 위해 장기로 에너지가 몰리면서 두뇌활동이 저조해지고, 두뇌활동 후 남은 것은 지방으로 축척되어 비만의 원인이 된다. 그리고 지방을 과다 섭취하면 뇌세포를 이루는 인지질의 질을 저하시키고, 단백질의 과다 섭취는 혈압 변동의 원인이며, 신장 기능의 무리로 두뇌 활동에 부정적 영향을 미친다. 그러므로 일반적으로 성장기 청소년에게 적절한 탄수화물 섭취와 단백질 및 지방 섭취율을 증가시켜 영양소를 골고루 섭취할 수 있는 균형 잡힌 식단 구성이 중요하다.

2) 운동

운동(스트레칭과 걷기)은 뇌 기능을 향상시켜 뇌 질환을 예방하고 기억하는 데 도움을 준다. 우리 사회의 청소년은 오랜 학습으로 인해 시간적 여유가 부족하여 운동을 하기가 어렵다. 그뿐만 아니라 짧은 수면시간과 오랜 시간 책상에 앉아 공부를 하면서 쌓인 피로감, 불균형적인 음식 섭취로 인한 급격한 에너지원의 소모, 학습내용의 부담감, 인스턴트 음식과 음주 · 흡연으로 건강장애를 경험하는 청소년이 증가하고 있다. 누적된 스트레스로 인한 신체의 경직과 피로는 학습능률과 흥미를 감소하고 불쾌한 심리적 · 정서적 불안감을 경험하면서 학업 소진을 경험한다. 그리고 오랜 시간 한 자세로 의자에 앉아 책을 보거나 공부를 하게 되면 목과 어깨 근육이 경직되어 통증을 유발하고 혈액 순환이 원활하지 않아 학습 능률을 저하시킨다. 공부를 하고 싶으나 영양 부족으로 저장된 에너지원의 소모가 빠르고 산소 부족 등으로 체력이 고갈되어 학습을 유지할 수 없다.

이러한 문제점을 해결하는 방법은 다음과 같다. 첫째, 휴식시간이나 점심시간에 혈액순환에 도움이 되는 스트레칭(목, 어깨, 팔, 옆구리)을 한다. 스트레칭을 하면 근육의 긴장감과 피로를 풀어 주어 머리가 맑아진다. 둘째, 점심시간이나 휴식 시간에 걷는다. 걷기는 단기간 운동의 효과를 얻을 수 있다. 한 번에 무리하게 걷기보다는 일주일에 3일 이상 하루 30분씩 지속적으로 운동을 하는 습관을 갖는 것이 중요하다. 걷기를 시작할 때는 빨리 걷기보다는 스트레칭을 먼저 한 후 근육을 이완시키고 느린 걸음으로 시작하여 점차 빠른 걸음걸이로 속도를 내어 땀이 나도록 한다. 밤 운동보다는 햇볕을 받을 수 있는 낮 운동이 호르몬을 활성화하고 스트레스 감소에 도움이 된다.

3) 음악

요즘에 많은 학생이 음악을 들으면서 공부를 하는 것을 쉽게 확인할 수 있다. 음악은 삶을 풍성하게 하고, 스트레스 감소, 상상력 촉진, 면역력을 높이는 물질의 생성, 기분을 좋게 함, 타인과의 감정 교류의 이해를 도움, 사회성 증진, 혈압과 심장 박동을 낮춰 운동 지구력 등을 향상시키는 효과를 낳는다. 이 외에도 음악은 신체적·정신적 상태를 조화롭게 하고 자신이 이해할 수 있는 음악과 자신을 동일시하면서 질병과 심리치료의 보조 도구로도 사용되고 있다. 그렇다면 "음악이 학습에 도움이 될까?"라는 궁금점이 생긴다. 음악이 인지 기능에 미치는 영향은 모두에게 동일하게 나타나지 않고, 외부 자극에 대한 필요성에 따라 달라진다. 다른 말로, 음악은 학습자에 따라 도움이 될 수도 있고 그렇지 않을 수도 있다는 뜻이다. 음악이 도움이 되는 측면을 살펴보면 다음과 같다. 첫째, 음악은 감정 회로를 조절하여 집중에 방해되는 우울, 분노 등의 부정적 감정을 조절하여 간접적으로 집중력에 도움을 준다. 둘째, 공부하는 내용이 어렵거나 암기가 잘되지 않을 때 자신이 좋아하는 음악의 멜로디에 공부 내용을 전달하여 학습내용을 기억하는 데 도움이 된다. 셋째, 성격이 차분하고 외부 자극에 대한 요구가 낮은 학습자이거나 산만한 학습자에게 음악소리는 주변의 소음을 차단하여 학습에 집중하게 한다. 성격이 차분하고 외부 자극에 대한 필요성이 낮은 학습자는 단순하고 일상적인 과제를 수행할 때 음악을 듣는 것이 도움이 된다. 반대로 쉽게 지루해하고 외부 자극에 대한 요구가 높은 학습자인 경우, 음악을 들으면서 공부를 하게 되면 학습효과가 낮아질 수도 있다. 넷째, 공부를 하면서 암기했던 내용을 떠올릴 때 들었던 음악을 떠올리며 기억하는 측매제의 역할을 한다.

음악이 도움이 되는지 방해가 되는지는 학습자 스스로 알아차려야 한다. 공부 내용보다는 음악 멜로디와 노랫말이 들린다면 집중력을 분산하여 집중을 방해하는 것이다. 시험시간과 음악을 들을 수 없는 환경에서 공부할 때 집중능력이 부족하여 학습시간이 더 소요되게 한다. 장시간 동안 이어폰을 꽂고 음악을 듣게 되면 청각에 무리를 주어 난청을 유발할 수도 있다. 가능하면 음악을 듣고 공부하는 습관을 들이지 말아야 한다. 음악을 꼭 들어야 한다면 가사가 없는 음악이 좋다. 학습내용에 집중하기보다는 주의를 요구하는 작업을 할 때는 특히 악기 수가 많은 복잡한 음악을 듣지 않는 것이 좋다. 학습자의 상태에 따라 졸음을 유발하는 낮은 멜로디보다는 빠른 멜로디의 음악을 듣는 것이 도움이 된다. 그러므로 학습자 스스로 자신에게 도움이 되는 음악을 찾아 즐겁고 공부 흥미를 갖게 하는 음악을 활용하는 것이 중요하다. 그렇다고 한 음악만이 자신의 학습에 도움이 되는 것은 아니다. 목적과 학습자의 학습상태(예: 졸릴 때, 우울할 때, 집중이 안 될 때)에 따라 긍정적이고 좋은 기분을 전환할 수 있는 자신만의 음악을 활용해야 한다. 〈표 13-11〉은 목적에 따른 음악 목록이다.

표 13-11 목적에 따른 음악 목록

목적	음악 목록
분노 완화	• 마음을 진정시키는 음악: 브람스의 자장가 • 시적 사상을 가진 음악: 드뷔시의 달빛 • 기타: 드뷔시의 야상곡, 바흐의 칸타타 82번, 베토벤의 피아노소나타 '월광' 1악장
집중력 향상	• 하이든의 현악4 중주 세레나데 • 모차르트의 바이올린 소나타 22번 • 슈베르트의 세레나데 • 브람스의 바이올린 협주곡 1악장 • 베토벤의 피아노 소나타 8번 '비창' 1악장
기억 증진	• 헨델의 콘체르토 그로소 작품 6~12번 3악장 • 헨델의 '수상음악' 모음곡 중 알라 혼파이프 • 바흐의 첼로와 피아노를 위한 소나타

편안한 휴식	• 베토벤의 피아노 협주곡 5번 '황제' 1악장 • 헨델의 합주협주곡 5번 1악장 • 비발디의 사계 중 봄 1악장 • 비발디의 사계 중 여름 3악장 • 헬가의 위풍당당 행진곡 • 쇼팽의 폴로네이즈 '영웅'
수면	• 모차르트의 피아노협주곡 20번 2악장 • 모차르트의 피아노 협주곡 24번 1악장 • 모차르트의 클라리넷 협주곡 A장조 • 바흐의 첼로와 피아노를 위한 소나타 • 드뷔시의 녹턴 • 비발디의 사계 중 봄 2악장 • 베토벤의 엘리제를 위하여
문제해결력 증진	• 비발디의 바이올린 협주곡 '사계' 중 '겨울' 1악장(틴컵) • 베르니의 아이다 중 '개선행진곡' • 멘델스존의 바이올린 협주곡 1악장 알레그로 • 차이코프스키의 바이올린협주곡 1악장
불안할 때	• 쇼팽의 폴로네이즈 1번과 5번 • 라흐마니노프의 피아노 협주곡 2번

출처: 이재규 외(2013); 최병철(2000).

4) 수면

수면은 창의력과 집중, 기억력에 영향을 미치며 학습의 질, 학습능력 향상과 신체 컨디션에 중요한 역할을 한다. 수면시간은 몸과 정신의 휴식시간이며, 깨어 있는 동안 접했던 일을 정리하거나 다양한 정보 그리고 지식과 기술 및 태도를 되새김하는 시간이다. 잠을 충분히 자면 잠자기 전에 공부한 내용이 질서정연하게 정리되어 기억을 할 수 있게 도와준다. 그러나 휴식을 취하지 못하면 뇌의 활동을 둔감하게 하여 움직임을 둔하게 하거나 반대로 예민해지고 산만한 행동을 한다. 그리고 뇌세포가 피로한 상태가 되어 수업시간이나 학습과정에서 집중력 부족의 원인이 되기도 한다. 사람은 잠자는 동안 코르티솔(cortisol)의 호르몬이 분비되는데, 이는 몸의 면역기능을 강하하여 멜라토닌(melatonin) 호르몬의 유전자 손상을 예방해 준다. 그러기에 잠을 충분히 못 자거나 불규칙적인 수면은 혈류에서 포도당을 분출하는 신체 기능의 저하로 에너지가 뇌에 충분히 전달되지 못해 전두엽의 활동을 방해한다. 이 외에도 호르몬 분비의 이상으로 면역력이 떨어져 질병에 걸릴 확률이 높아지고 집중하는 데 방해가 된다. 그러므로 낮 동안의 학습 기능과 건강 발달에 도움이 될 수 있는 적정 수면시간이 필요하며, 상황과 개인차에 따라 다를 수 있으니 되도록 충분한 잠을 자는 것이 학습과 건강에 도움이 된다.

수면에 도움이 되는 방법

- 규칙적인 시간에 자고 일어난다.
- 자리에 누우면 휴대전화를 만지지 않는다.
- 잠자기 전(3시간 전)에 과식하지 않는다.
- 주말에도 규칙적으로 자고 일어난다.
- 낮잠은 30분에서 1시간 이내로 짧게 잔다.
- 주말이나 휴일에 몰아서 잠을 자지 않는다(예: 10시간 이상 수면은 신체리듬의 균형을 깨져 월요병의 원인이 됨).
- 카페인 식품(예: 커피, 탄산음료, 홍차, 녹차, 초콜릿)의 섭취를 줄인다.

부록

⊙ 관련 영상

* EBS 〈다큐프라임〉 학교란 무엇인가(2010; 10부작)

–5회 우리 선생님이 달라졌어요

–6회 칭찬의 역효과

–7회 책 읽기 생각을 열다

* EBS 〈다큐프라임〉 공부의 왕도(2012; 3부작)

–1부 인지 세계는 냉엄하다

–2부 정서가 학습을 지속시킨다

–3부 똑똑한 학습자가 될 수 있다

* EBS 〈다큐프라임〉 슬로리딩 생각을 키우는 힘(2014; 3부작)

–1부 스스로 읽다.

–2부 오감으로 읽다.

–3부 생각의 문을 열다.

* EBS 〈다큐프라임〉 공부 못 하는 아이(2015; 5부작)

–1부 공부 상처

–2부 마음을 망치면 공부도 망친다

–3부 성적표를 뛰어넘는 성공 비밀

–4부 지능이 아니라 마음이다

–5부 마음이 자라는 180일

* EBS 〈다큐프라임〉 공부의 배신(2016; 3부작)

–1부 명문대는 누가 가는가

–2부 나는 왜 너를 미워하는가

–3부 꿈의 자격

* KBS 〈미래기획 2030〉 요동치는 세계 교육, 학생이 주도하게 하라(2018)

* EBS 〈다큐프라임〉 미래학교(2019; 4부작)

−1부 디지털 네이티브의 학교를 열다.

−2부 미래학교가 바뀐다.

−3부 미래학교를 생각하다.

−4부 최고의 수업

참고문헌

강은영, 김진구(2018). 성취집단 수준별 전년도 학업성취와 학습풍토 및 학교풍토가 학업성취에 미치는 효과의 차별적 특징 분석. **한국학습장애학회**, 15(1), 93-112.

강진령, 연문희(2002). **학교상담**. 서울: 양서원.

교육과학기술부(2008a). 장애인의 자아실현과 사회통합을 위한 제 3차 특수교육발전 5개년 계획(08~12). 교육과학기술부 특수교육지원과.

교육과학기술부(2008b). 학습부진 학생 책임지도 기본 계획. 교육과학기술부.

곽수란(2003). 효과적인 학교의 학생관련 과정변인 간의 인과관계 분석. **교육사회학연구**, 13(1), 1-21.

구본선(2006). **학생과 학부모가 꼬~옥 알아야 할 공부기술 + 학습기술**. 서울: 리닝소프트 미디어.

김경근, 서열관, 김정숙(2007). 학력 부진 아동의 특징 및 발생 원인에 대한 면담 연구. **교육사회학연구**, 17(3), 27-52.

김경옥, 김수동, 이신동, 임혜숙, 한순미(2001). **학습부진아의 이해와 교육**. 서울: 학지사.

김계현(1995). **상담심리학: 적용영역별 접근**. 서울: 학지사.

김계현(2001). **상담심리학연구 II**. 서울: 학지사.

김계현, 이상희(2002). 학습부진아 선별 및 진단모형. **사대논총**, 64, 1-19.

김기중, 박영신, 장미숙, 정윤재 역(2013). **학습과 기억**. 경기: 교육과학사.

김동일(2005). **학업상담을 위한 학교 전략 프로그램**. 서울: 학지사.

김동일, 고은영, 고혜정, 김병석, 김은향, 김혜숙, 박춘성, 이명경, 이은아, 이제경, 정여주, 최수미, 최종근, 홍성두(2016). **특수아상담**. 서울: 학지사.

김동일, 고은영, 이기정, 최종근, 홍성두(2017). **특수교육 · 심리 진단과 평가**. 서울: 학지사.

김동일, 노원경, 문은식, 송재홍(2018). **학습컨설팅 사례분석 및 지도: 학습부진, 학습장애, 다문화**. 서울: 박영스토리.

김동일, 신을진, 이명경, 김형수(2011). **학습상담**. 서울: 학지사.

김만권(2008). **성격을 알면 성적 오른다**. 서울: 이지북.

김명숙(2007). 학습동기 및 학습전략 프로그램이 초등학교 학습부진아의 학업자아개념과 학업성취에 미치는 효과. 이화여자대학교 교육대학원 석사학위논문.

김문수, 박소현 역(2014). **학습과 행동**(7판). 피앤씨미디어.

김민영(2014). 학습부진아 대상 연구 동향 분석. 서울교육대학교 교육전문대학원 석사학위논문.

김민희(2020). 스피치교육이 발표불안증에 미치는 영향에 관한 질적연구. 동국대학교 언론정보대학원 석사학위논문.

김병성(1984). 학습부진아의 교육가능성. **한국교육개발원 교육개발 연구보고서, 6**(3), 17-22.

김선, 김경옥, 김수동, 이신동, 임혜숙, 한순미(2001). **학습부진아의 이해와 교육**. 서울: 학지사.

김수동, 이화진, 유준희, 임재훈(1998). 학습부진아 지도 프로그램 개발 연구. **한국교육과정평가원 연구보고** RRC 98-4.

김수란(2017). 중학생 대상 학교 학업상담 프로그램 개발 및 효과. **한국청소년연구, 28**(3), 147-178.

김아영, 조영미(2001). 학업성취도에 대한 지능과 동기변인들의 상대적 예측력. **교육심리연구, 15**(4), 121-138.

김영규(2018). 자아개념에 기반 한 리더십 프로그램 개발 및 효과연구. 서울벤처대학원대학교 박사학위논문.

김영지, 김희진, 이민희, 김진호(2019). 아동 · 청소년 권리에 관한 국제협약 이행연구-한국 아동 · 청소년 인권실태 2019 총괄보고서. 연구보고 19-R12. 세종: 한국청소년정책연구원.

김영진(2007). **아동 · 청소년 지도자를 위한 학습상담연구**. 경기: 양서원.

김영환, 문수백, 홍상황(2012). **심리검사의 이론과 실제**. 서울: 학지사.

김유경, 최근배(2012). 자기교시훈련이 수학학습부진아의 분수학습능력에 미치는 영향. **교육과학연구**, 14(2), 87-110.

김윤옥(2000). **학습장애 아동을 위한 교수-학습전략**. 서울: 교육과학사.

김은아, 박기수, 유미현(2019). 미성취 성인영재의 미성취감 원인 및 극복요인 탐색에 관한 질적연구. **영재교육연구, 29**(1), 39-65.

김은정(2005). 인지적 학습양식의 개념적 모형 정립. **교육의 이론과 실천, 10**(1), 51-69.

김정섭(2009). 학습컨설팅의 중요성과 학습컨설턴트의 역할. **교육심리연구: 학교심리와 학습컨설팅, 1**(1), 19-33.

김정현, 김성벽, 정인경(2014). 청소년의 학업스트레스가 학교생활적응에 미치는 영향: 스트레스 대처의 매개효과를 중심으로. **한국청소년연구, 25**(4), 241-269.

김종덕(2001). 부모의 학습관여형태가 자녀의 학업동기에 미치는 영향. 제주대학교 석사학위논문.

김진숙, 강진구(2000). 청소년문제 유형분류체계 개발연구 Ⅶ. 서울: 한국청소년상담원.

김창대, 이정윤, 이영선, 남상인(1994). 청소년문제 유형분류체계: 기초연구. 서울: 청소년대화의 광장.

김현영, 정영선(2009). 청소년을 위한 학습상담. 서울: 시그마프레스.

김현진(2007). 가정배경과 학교교육 그리고 사교육이 학업성취에 미치는 영향 분석. 교육행정학연구, 25(4), 485-508.

김형태, 오익수, 김원중, 김동일(1996). 청소년 학업상담. 서울: 청소년대화의 광장.

김효창, 이지연 역(2009). 학습심리학. 서울: 학지사.

류방란, 김성식(2006). 교육격차: 가정배경과 학교교육의 영향력 분석. 서울: 한국교육개발원.

민윤기 역(2015). 인지심리학(8판). 서울: 박학사.

박경애(2013). 아동 및 청소년을 위한 인지행동치료. 서울: 학지사.

박동혁(2006). 자기주도 학습능력 향상 프로그램 워크북. 서울: 한국가이던스.

박동혁(2014). Lamp Workbook part 5 EE: 시험준비능력향상프로그램. 서울:학지사.

박명희(2014). 자기성장 집단상담이 초등학교 고학년 학습부진아의 자아존중감 및 학교생활적응에 미치는 효과. 성균관대학교 교육대학원 석사학위논문.

박미희(2019). 대학생의 완벽주의와 발표불안과의 관계에서 부정적 자동적 사고의 매개효과. 아주대학교 교육대학원 석사학위논문.

박상민, 박지은(2016). 성격요인과 발표능력의 관계에서 발표불안의 매개효과. 사고와 표현, 9(2), 111-141.

박상학(2017). 중학생 대상 학습부진문제 진담검사도구 개발 연구. 경희대학교 대학원 석사학위논문.

박성익(1986). 학습부진아 교육. 서울: 한국교육개발원.

박소희, 조민아(2013). 부모의 긍정적 학습관여 행동과 자기결정성 동기, 학업 자아개념, 인지적 자기조절학교전략 간의 관계. 청소년학연구, 20(10), 263-289.

박지연, 양난미(2014). 대학생의 사회부과적 완벽주의와 사회불안의 관계: 사회적 지지와 부정적 평가에 대한 두려움의 매개효과. 한국심리학회지: 상담 및 심리치료, 26(2), 363-386.

박혜숙(2009). 국내 대학생들의 전공영어강좌에서의 학습전략과 유능감 성취에 관한 질적 장기연구. 교육심리연구, 23(1), 197-217.

백병부(2010). 중학교 단계에서의 학습부진 결정 요인 분석. 한국교육, 37(4), 73-102.

백중열(2010). 미성취 영재의 특성과 지도방안 모색. 미술교육논총, 24(3), 373-388.

백지숙, 김혜원, 김영순, 방은령, 임형택, 주영아(2011). 청소년상담. 서울: 신정.

부재율(2003). **초등교실을 위한 교육평가**. 서울: 문음사.

서근원, 이화진, 이승미, 신호근, 김명숙, 신종호, 정상은(2009). **기초학력 증진을 위한 대안적 정책 방향**. 서울: 한국교육과정평가원.

서영진, 전은주(2010). 고등학생의 공식적 말하기에 대한 불안연구: 화법구성 요소와 말하기 불안의 상관을 중심으로. **청람어문교육, 제42집**, 209-242.

서우경(2005). 미성취 영재아의 학업성취 관련 변인에 대한 메타분석. 숙명여자대학교 박사학위논문.

서유헌(2015). **뇌의 비밀**. 경기: 살림출판사.

선우현, 김수지, 최예린, 홍혜영(2014). **학습부진아 치료교육 프로그램**. 서울: 동문사.

손승현(2008). 학습부진아를 위한 개별화 교육방법. **교육방법연구, 20**(1), 93-110.

송수지(2007). 미성취 영재와 성취 영재간의 개인적 특성 비교. **아동학회지, 28**(5), 175-191.

송인섭(1989). **인간심리와 자아개념**. 서울: 양서원.

송인섭(1994). 자아개념의 다면 · 위계적 모형. **교육심리연구, 3**(2), 47-68.

송재홍(2008). 대학생의 학업 자해행동 예측에 있어서 자아개념 명료성과 성취목표 및 교실목표구조의 지각의 역할. **교육심리연구, 22**(1), 35-53.

신명희, 서은희, 송수지, 김은경, 원영실, 노원경, 김정민, 강소연, 임호용(2017). **발달심리학**(2판). 서울: 학지사.

신민섭, 조성준, 전선영, 홍강의(2000). 전산화된 주의력장애 진단시스템의 개발 및 표준화 연구. **소아청소년정신의학, 11**(1), 91-99.

신소영, 김지심(2016). 수업영향요인과 수업, 교육만족도와 학습성과 간의 구조적 관계분석. **학습자중심교과교육연구, 16**(11), 383-402.

신재한, 이은정(2019). **뇌기반 자기주도적 학습코칭의 실제**. 서울: 박영스토리.

신현오(2003). 주의력결핍 · 과잉행동 아동의 학업부진의 원인 분석에 관한 연구. 성신여자대학교 박사학위논문.

신현정(2020). 청소년의 평가염려 완벽주의, 개인기준 완벽주의와 시험불안간의 관계: 자기자비와 자기구실 만들기의 이중매개효과. 경북대학교 대학원 박사학위논문.

양정호, 김경근(2003). 학업성취에 대한 학교조직의 효과: TIMSS-R의 위계적 선형모형 연구. **교육사회학연구, 13**(2), 165-184.

오계훈, 김경근(2001). 가족구조가 아동의 학업성취에 미치는 영향. **교육사회학연구, 11**(2), 101-123.

오은순, 정은주, 강경국, 노정은, 이동진, 이효선, 박지애(2013). 학습습관 개선 프로그램 개발 및 표준화 검사 결과 활용방안 연구. CRI 2013-11. 한국교육과정평가원.

유진이(2018). **청소년 심리 및 상담(2판)**. 서울: 양서원.

유형근(2009). 미성취 영재의 상담요구와 전문상담교사의 역할. **초등교육연구, 22**(1), 113-139.

윤만석(2010). 학습부진아동의 정서적 특성과 지능 프로파일 분석. 한국교원대학교 대학원 박사학위논문.

윤명희, 서희정, 김경희, 구경희(2020). **심리검사 개발부터 활용까지**. 서울: 학지사.

이경미(2007). 자기교시훈련이 수학학습부진아의 분수학습능력에 미치는 영향. 단국대학교 특수교육대학원 석사학위논문.

이경희, 한미정, 김민정, 최병순(2014). 학습전략을 활용한 프로그램이 중학교 과학학습부진아의 학습전략 및 학업성취도에 미치는 효과에 대한 사례연구. **과학교육연구지, 38**(3), 509-524.

이대식(2020). **학습부진 및 학습장애 교육**. 서울: 학지사.

이대식, 황매향(2019). **학습부진학생의 이해와 지도**. 서울: 교육과학사.

이명경(2006). **집중력이 내 아이의 인생을 결정한다**. 서울: 랜덤하우스코리아.

이명경, 김아름(2011). 아동 · 청소년 대상 주의 집중 능력 검사 개발 및 타당화. **상담학연구, 12**(4), 1391-1411.

이명우(2017). **효과적인 상담을 위한 사례개념화의 실제 통합적사례개념화 모형(ICCM-X)**. 서울: 학지사.

이명자, 문병상(2007). 미성취 영재의 특성과 교육적 지도 방안. **중등교육연구, 55**(1), 159-179.

이미리, 김춘경, 여종일(2019). **청소년 심리 및 상담**. 서울: 학지사.

이상수(2010). 수행공학을 적용한 수업컨설팅 모형. **교육공학연구, 26**(4), 87-120.

이석기(2010). **학습전략 길라잡이**. 한국학습클리닉강사협의회 강사연수 교재.

이선정(2019). 청소년이 인식한 부모 학습관여와 자아존중감의 관계에서 학업스트레스의 매개 효과. **한국가족관계학회지, 24**(2), 3-24.

이성진(2004). **행동수정**. 서울: 교육과학사.

이소연, 오인수(2015). 평가염려 완벽주의와 내현적 자기애가 대학생의 발표불안에 미치는 관계: 사회적 자기효능감과 부정적 평가두려움의 매개효과. **청소년학연구, 22**(8), 53-75.

이수민(2014). 스피치교육이 발표력과 발표 불안감에 미치는 효과. 숙명여자대학교 대학원 석사학위논문.

이숙정(2006). 중 · 고생의 교사신뢰와 자아존중감, 학습동기, 학업성취 및 학급풍토 간의 관계 모형 검증. **교육심리연구, 20**(1), 197-218.

이옥형, 채영신(2004). 초등학교 학생의 학습부진 요인에 관한 일 고찰. **성신여자대학교교육문**

제연구소, 제39집, 323-359.

이우경(2016). DSM-5에 의한 최신 이상심리학. 서울: 학지사.

이장호, 이동귀(1995). 상담심리학(3판). 서울: 박영사.

이재규, 김종운, 김현진, 박혜숙, 백미숙, 송재홍, 신을진, 유형근, 이명경, 이자영, 전명남(2013). 학습상담. 서울: 학지사.

이주리, 김기홍(2017). 부모의 학습관여, 학업스트레스 및 아동의 학업적 자아개념 간의 관계. 예술인문사회 융합 멀티미디어 논문지, 7(1), 717-730.

이화진, 김민정, 이대식, 손승현(2012). 학습부진학생 지도 지원의 실효성 제고를 위한 대안 탐색. 한국교육과정평가원 연구보고 RRI 2009-13. 서울: 한국교육과정평가원.

이환길(2009). 학습부진 학생들의 행위특성에 기초한 맞춤형 교육원리에 관한 일 연구. 청소년학연구, 15(2), 33-65.

이효윤, 이인혜, 성수헌(2012). 성인 쌍둥이 및 쌍둥이 가족을 대상으로 한 불안민감성의 유전적 영향력에 관한 연구: 우울, 음주, 흡연과의 관계. 한국심리학회지: 건강, 17(1), 143-163.

임규혁(1975). 학습정상아와 학습부진아의 정의적 행동특성 비교. 교육학연구, 13(1), 30-50.

임규혁, 임웅(2007). 학교학습 효과를 위한 교육심리학(2판). 서울: 학지사.

임은영, 김기주, 김주영, 김자경(2007). 자기결정 프로그램이 초등학교 경도정신지체아동의 자기결정력에 나타난 효과. 정신지체연구, 9(2), 21-36.

임현정(2009). 학습부진 학생들의 행위특성에 기초한 맞춤형 교육원리에 관한 일 연구. 청소년학연구, 15(2), 33-65.

장수한(2018). 청소년상담론: 이론과 실제(2판). 서울: 양서원.

장은정, 박미순(2014). 학습전략 중 노트필기 전략 훈련의 효과에 관한 대학생 사례연구. 학습과학연구, 8(3), 60-86.

장종은(2019). 학습코칭프로그램이 청소년의 학습전략 및 자기주도 학습에 미치는 효과: 특성화고 학생을 중심으로. 한국교통대학교 대학원 석사학위 논문.

장지윤, 박인우, 김은진(2018). 교사의 수업방식과 숙제 피드백이 학생의 수업태도, 수업 분위기, 만족도, 자기주도학습, 학업성취도에 미치는 영향: 국어, 수학, 영어 교과 중심으로. 교사교육연구, 57(2), 246-259.

전경원(1992). 휴머니즘에 입각한 특수한 영재교육. 서울: 양서원.

전도근(2013). 전도근 박사의 자기주도학습 지도전략. 서울: 학지사.

전명남(2015). 학습전략. 서울: 학지사.

전명남, 조한익, 박혜숙, 임진영, 박상범, 임신일, 홍경화(2018). 학습문제해결 학습컨설팅. 서울: 박영스토리.

전명임, 이희경(2011). 다차원적 완벽주의와 우울, 주관적 안녕감 간의 관계: 사회적 유대감의 매개효과. 인간이해, 32(1), 67-83.

정경미, 김현수, 박수현, 양재원, 이주영, 진주희 역(2017). 이상심리학(7판). 서울: 사회평론아카데미.

정성희(2013). 미성취 영재를 위한 개별화 교수-학습 프로그램 개발과 적용 사례연구. 한국교원대학교 대학원 석사학위논문.

정수경(2017). 창의적인 학교교육과정 개발에 있어서의 학교장 역할 탐색. 교육학논총, 38(2), 69-84.

정순례, 이병임, 조현주, 오대연(2013). 학습이론의 이해와 적용. 서울: 학지사.

정원식, 한정교, 김수, 윤홍섭, 김응철(1979). 학습부진아 원인 규명을 위한 사례연구: 연구보고서. 서울: 한국교육개발원.

정종식(2000). 효과적인 교육상담을 위한 학습부진아의 진단과 치료. 서울: 교육과학사.

조규판, 주희진, 양수민(2019). 교육심리학(2판). 서울: 학지사.

조용래(2011). 한국판 개정된 시험불안척도에 대한 확인적 요인분석: 대학생들을 대상으로. 인지행동치료, 11(1), 99-109.

조용래, 이민규, 박상학(1999). 한국판 발표불안 척도의 신뢰도와 타당도에 관한 연구. 한국심리학회지: 임상, 18(2), 165-178.

조은주(2007). 아동이 지각한 부모애착, 주의력결핍-과잉행동 및 학업성취도의 관계. 충남대학교 교육대학원 석사학위논문.

차윤숙(2008). 학습부진 예방을 위한 자기주도적 학습. 한국인간복지실천연구, 1, 229-254.

최병철(2000). 음악치료학. 서울: 학지사.

최정원, 이영호(2006). 학습치료프로그램 효과적인 시간 · 공간 관리 전략 및 학업스트레스 관리 전략. 서울: 학지사.

최진승(1988). 일반불안, 시험불안, 학업불안, 수학불안과 수학성적과의 공접 및 인과관계 분석. 경북대학교 대학원 박사학위논문.

통계청, 여성가족부(2019). 2019 청소년 통계 보도자료. https://blog.naver.com/mogefkorea/221526289785

하대현(2017). 학업성취에 대한 유동지능, 결정지능 및 성격 요인의 구조적 관계. 학습자중심교과교육연구, 17(7), 459-480.

하정혜(2016). 학습부진 초등학생의 인지처리양식에 따른 좌 · 우뇌 활용 학습코칭의 효과. 계명대학교 대학원 박사학위논문.

한국부잔센터(2005). 반갑다, 마인드 맵. 경기도: 사계절 출판.

홍경자(2001). **상담의 과정**. 서울: 학지사.

홍경자, 김창대, 박경애, 장미경(2002). **청소년집단상담의 운영**. 서울: 한국청소년상담원.

홍진용, 박수홍, 김두규(2019). **러닝퍼실리테이터 입문**. 서울: 학지사.

황매향(2009). 학업문제 유형분류의 탐색. **상담학연구, 10**(1), 561-581.

황매향(2011). **학업상담**. 서울: 학지사.

황매향(2016). **사례에서 배우는 학업상담의 실제**. 서울: 사회평론.

황상미, 정현희(2012). 부모의 성취압력과 고등학생의 시험불안의 관계에서 학업적 자기효능감과 자아존중감의 조절효과. **청소년학연구, 19**(5), 1-20.

Ach, N.(1910). *Uber den Willensakt und das Temperament*. Leipzig, Germany: Quelle & Meyer.

Ackerman, P. L., & Heggestad, E. D. (1997). Intelligence, personality, and interests: Evidence for overlapping traits. *Psychological bulletin, 121*(2), 219-245.

Akos, P. (2005). The unique nature of middle school counseling. *Professional School Counseling*, *9*(2), 95-103.

Alexander, P. A., Murphy, K., Woods, B. S., Duhon, K. E., & Parker, D. (1997). College instruction and concomitant changes in students' knowledge, interest, and strategy use: A study of domain learning. *Contemporary Educational Psychology*, *22*, 125-146.

Altmann, E. M., & Gray, W. D. (2002). Forgetting to remember: The functional relationship of decay and interference. *Psychological Science, 13,* 27-33.

Alvarez, G. A., & Cavanagh, P. (2004). The capacity of visual short-term memory is set both by visual information load and by number of objects. *Psychological Science, 15,* 106-111.

Anastasi, A., & Urbina, S. (1997). *Psychological Testing* (7th ed.). New York: Macmillan.

Anderson, J. R. (1990). *Cognitive psychology and its implications* (3rd ed.). New York: W. H. Freeman.

Anonymous. (1998). Research identifies factors that influence underachievement. *Gifted Child Today Magazine, 21*(6), 7-8.

Atkinson, R. C. (1975). Mnemotechnics in second-language learning. *American Psychologist*, *30*(8), 821-828.

Atkinson, R. L., Atkinson, R. C., & Hilgard, E. R. (1983). *Introduction to psychology*. New

York: Harcourt Brace Jovanovich.

Atkinsin, R. C., & Shiffrin, R. M. (1968). Human memory: A proposed system and its control process. In K. Spence & J. Spence (Eds.), *The psychology of learning and motivation: Advances in research and theory* (Vol. 2, pp. 89-121). NY: Academic Press.

American School Counselor Association (2012). *The ASCA National Model: A framework for school counseling programs* (3rd ed.). Alexandria, VA: American School Counseling Association.

Baddeley, A. (1986). *Your memory: A user's guide*. London: Prion.

Baker, J. A., Bridger, R., & Evans, K. (1998). Models of underachievement among gifted preadolescents: The role of personal, family, and school factors. *Gifted Child Quarterly, 42*, 5-14.

Baldwin, S., & Hoffman, J. P. (2002). The dynamics of self-esteem: A growth curve analysis. *Journal of Youth and Adolescence, 31*, 101-113.

Bandura, A. (1965). Influence of a model's reinforcement contingencies on the acquisition of imitative responses. *Journal of Personality and Social Psychology, 1*(6), 589-595.

Barnett, J. E. (2001). Study strategies and preparing for exams: A survey of middle and high school students. Paper presented at the annual meeting of the American Educational Research Association, Seattle, WA.

Baum, S. M., Renzulli, J. S., & Hebert, T. P. (1995). Reversing underachievement: Creative productivity as a systematic intervention. *Gifted Child Quarterly, 39*(4), 224-235.

Beck, A. T. (1976). *Cognitive therapy and the emotional disorders*. New York: International Universities Press.

Betsy, M., & Del, S. (2003). The school attitude assessment survey revised: A new instrument to identify academically able students who underachieve. *Educational and Psychological Measurement, 63*(3), 414.

Blatt, S. J. (1995). The destructiveness of perfectionism. *American Psychologist, 50*(12), 1003-1020.

Bol, D. J., Horgan, D. D., & Rakow, E. A. (2000). Test prediction and performance in a classroom context. *Journal of Educational Psychology, 92*(1), 160-170.

Bordin, E. S. (1979). The generalizability of the psychoanalytic concept of the working alliance. *Psychotherapy: Theory, Research, and Practice, 16*, 252-260.

Borich, G. D., & Tombari, M. L. (1995). *Educational psychology*. New York: Harper Collins College Publishers.

Borkowski, J., & Thorpe, P. (1994). *Self-regulation and motivation: A life-span perspective on underachievement.* In D. H. Schunk & B. J. Zimmerman(Eds.), Self-regulation of learning and performance: lssues and educational applications (pp. 45-73). Mahwah, NJ: Erlbaum.

Bower, G. H. (1972). Mental imagery and associative learning. In L. W. Gregg (Ed.), *Cognition in learning and memory.* New York: Wiley.

Bower, G. H., & Clark, M. C. (1969). Narrative stories as mediators for serial learning. *Psychonomic Science*, *14*(4), 181-182.

Bower, G. H., Clark, M. C., Lesgold, A. M., & Winzenz, D. (1969). Hierarchical retrieval schemes in recall of categorized word lists. *Journal of Verbal Learning and Verbal Behavior, 8*, 323-343.

Brookover, W. B., Beady. C., Flood. P., Schweitzer J., & Wisenbaker. J. (1979). *Schools, social systems and student achievement: Schools can make difference*. New York: Praeger.

Brooks-Gunn, J., & Duncan, G. J. (1997). The effect of poverty on children. *The Future of Children, 7*(2), 55-71.

Brophy, J. (1998). *Motivating students to learn*. Boston: McGraw Hill.

Bui, Y. N., Schumaker, J. B., & Deshler, D. D. (2006). The effects of a strategic writing program for students with and without learning disabilities in inclusive fifth-grade classes. *Learning Disabilities Research & Practice, 21(4)*, 244-260.

Burns, D. D. (1980). The perfectionist's script for self-defeat. *Psychological Today, November*, 34-52.

Butler-Por, N. (1987). *Underachievers in school: Issues and intervention*. NY: John Wiley & Sons.

Carroll, R. B. (1963). A model of school learning. *Teachers College Record, 64*, 723-733.

Cattell, J. M. (1890). Mental tests and measurement. *Ming, 15*, 373-381.

Chamorro-Premuzic, T., & Furnham, A. (2003). Personality predicts academic performance: Evidence from two longitudinal university samples. *Journal of Research in Personality, 37*(4), 319-338.

Chamorro-Premuzic, T., & Furnham, A. (2006). Self-assessed intelligence and academic performance. *Educational Psychology, 26*(6), 769-779.

Chandler, L. (1987). *Childhood stress: Teacher's role*. ERIC Document No. ED, 285-369.

Chandler, P. A., Sweller, J., & Kalyuga, S. (2001). Learner experience and efficiency of instructional guidance. Educational Psychology: An International *Journal of Experimental Educational Psychology*, *21*(1), 5-23.

Clark, B. (1992). *Growing up gifted* (4th ed.). Columbus, OH: Merrill.

Cohen, V. B. (1985). A reexamination of feedback in computer-based instruction: Implications for instructional design. *Educational Technology*, *25*(1), 33-37.

Colangelo, N. (2003). Counseling gifted students. In N. Colangelo & G. A. Davis (Eds.), *Handbook of gifted education* (pp. 373-387). Needham Heights, MA: Allyn & Bacon.

Coleman, J. S. (1988). Social capital in the creation of human capital. *American Journal of Sociology, 94*, supplement, 95, S95-S120.

Compton, M. F. (1982). The gifted underachievers in the middle school. *Roeper Review*, *4*, 23-25.

Connell, D. J. (2008). **뇌기반 교수-학습전략** (정종진, 임청환, 성용구 역). 서울: 학지사.

Corey. G., (1977). *Theory and practice of counseling and psychotherapy*. CA: Brooks/Cole Pub Co.

Craik, F. I. M., & Watkins, M. J. (1973). The role of rehearsal in short-term memory. *Journal of Verbal Learning and Verbal Behavior*, *12*, 599-607.

Dasen, P. R. (1977). Are cognitive processes universal A contribution to cross-cultural Piagetian psychology. In N. Warren (Ed.), *Studies in cross-cultural psychology* (Vol. 1, pp. 155-201). London: Academic Press.

Dansereau, D. F. (1985). Learning strategy research. In J. W. Segal, S. F. Chipman, R. Dixson, W, J., & F. J. Massey, Jr. (Eds.), *Introduction to statistical analysis*. NY: McGraw-Hill.

Dansereau, D. F. (1988). Cooperative learning strategies. In C. E. Weinstein, E. T. Goetz, & P. A. Alexander (Eds.), *Learning and study strategies* (pp. 103-120). San Diego: Academic Press.

Darwin, C. J., Turvey, M. T., & Crowder, R. G. (1972). An auditory analogue of the Sperling partial report procedure: Evidence for brief auditory storage. *Cognitive*

Psychology, *3*, 255-267.

Davis, G., & Rimm, S. (2000). *Education of the gifted and talented*. London: Allyn & Bacon.

Davis, G., & Rimm, S. (2001). **영재교육의 이론과 방법** (송인섭, 이신동, 이경화, 최병연, 박숙희 역). 서울: 학문사.

Deci, E. L., & Ryan, R. M. (1985). *Intrinsic motivation and self-determination in human behavior*. NY: Plenum Press.

Deffenbacher, J., & Zewenmwr, W. A. (1986). Irrational beliefs and anxiety. *Cognitive Therapy and Research, 10*, 281-292.

DePaul, G. J., Power, T. J., Anastopoulous, A. D., & Reid, R. (1998). *ADHD Rating Scale-IV: Checklist, norms and clinical interpretation*. New York: Guilford Press.

Derry, S. J., & Murphy, D. A. (1986). Designing systems that train learning from theory to practice. *Review of Educational Research*, *56*(1), 1-39.

Diaz, E. I. (1998). Perceived factors influencing the academic underachievement of talented students of Puerto Rican descent. *The Gifted Child Quarterly, 42*(2), 105-122.

Donna, Y. F. (1996). *Reversing underachievement among gifted Black students*. New York: Teachers College Press.

Dowdall, C. B., & Colangelo, N. (1982). Underachieving gifted students: Review and implications. *Gifted Child Quarterly*, *26*(4), 179-184.

Downing, P. E. (2000). Interactions between visual working memory and selective attention. *Psychological Science, 11*, 467-473.

DuBois, N. F., Staley, R., Guzy, L., & DiNardo, P. (1995, April). Durable effects of a study skills course on academic achievement. Paper presented at the annual meeting of the American Educational Research Association, San Francisco.

Dusek, J. B. (1980). The development of test anxiety in children. In I. Sarason (Ed.), *The anxiety: Theory, research and applications* (pp. 87-110). Hillsdale, NJ: Erlbaum.

Dweck, C. S. (1999). *Self-theories: Their role in motivation, personality, and development*. Taylor & Francis.

Ebbinghaus, H. (1913). Memory: A contribution to experimental psychology. (H. A. Ruger & C. E. Bussenius, Trans.). Teacher's College Press.

Eccles, J. S., & Harold, R. D. (1993). Parent-school involvement during the early adolescent years. *Teachings College Record*, *94*, 568-587.

Eccles, J. S., Wigfield, A., & Schiefele, U. (1998). Motivation to succeed. In W. Damon(series Ed.) & N. Eisenberg (Vol. Ed.), *Handbook of child psychology* (5th ed, pp. 1017-1095). New York: Wiley.

Edens, K. M., & McCormick, C. B. (2000). How do adolescents process advertisements? The influence of ad characteristics, processing objective, and gender. *Contemporary Educational Psychology, 25,* 450-463.

Egan, G. (2011). **유능한 상담자: 상담의 문제 대처적 접근**(제석봉, 유계식, 박은영 역). 서울: 학지사.

Einstein, G. O., & McDaniel, M. A. (2005). Prospective memory: Multiple retrieval processes. *Current Directions in Psychological Science*, *14*, 286-290.

Elkind, D. (1967). Egocentrism in adolescence. *Child Development*, *38*, 1025-1034.

Ellis, A. E. (1962). *Reason and emotion in psychotherapy*. New York: Lyle Smart & Citadel Books.

Ellis, A. E. (1973). *Humanistic psychotherapy.* New York: McGraw-Hill.

Emon, M. K. (2002). Effects of poverty on mathematics and reading achievement of young adolescents. *Journal of Early Adolescents, 22*(1), 49-74.

Erikson, E. H. (1968). *Identity: Youth and crisis*. NY: Norton.

Eysenck, H. J. (1967). Intelligence assessment: A theoretical and experimental approach. *British Journal of Educational Psychology*, *37*, 81-98.

Faldman, R. S. (2001). *Child Development*. Prentice-Hall.

Feldhusen, J. F. (1986). A conception of giftedness. In R. J. Sternberg & J. E. Davidson (Eds.), *Conceptions of giftedness*. New York: Cambridge University Press.

Fine, M. J., & Pitts, R. (1980). Intervention with underachieving gifted children: Rationale and strategies. *Gifted Child Quarterly, 24*(2), 51-55.

Fitt, W. H. (1965). *Tennessee self-concept scale manual*. Nashville, TN: Counselor Recording and Tests.

Freeman, J. (1985). Emotional aspects of giftedness. In J. Freeman (Ed.), *The psychology of gifted children* (pp. 247-264). John Wiley & Sons.

Friedenberg, L. (2004). *Psychological testing: Design, analysis, and use*. Boston: Allyn and Bacon.

Gallagher, J. J. (1991). Personal patterns of underachievement. *Journal for the Education of the Gifted*, *14*, 221-233.

Gallagher, J., & Rogge, W. (1966). The gifted. *Review of Educational Research*, *36*(1), 37-54.

Gardner, J. N., & Jewler, A. J. (2003). *Your college experience: Strategies for success*. Belmont, CA: Wadsworth Publishing Company.

Garfield, S. L., & Bergin, A. E. (1994). Introduction and historical overview. In A. E. Bergin & S. L. Garfield (Eds.), *Handbook of psychotherapy and behavior change* (4th ed.). New York: Basic Books.

Glendia, P. R. (1997). Gender, learning style, locus of control, self-concept and achievement of gifted middle school students. Unpublished doctoral dissertation, University of Alabama.

Goetz, E. T., Alexander, P. A., & Ash, M. J. (1992). *Educational psychology: A classroom perspective*. New York: Macmillan.

Goldman, D. (1995). *Emotional intelligence*. New York: Bantam Books.

Good, T. L., & Brophy, J. E. (1995). Contemporary educational psychology (6th ed.). New York: Longman Publisher.

Greene. M., & 이미순 (2010). **영재상담**(Counseling the Gifted). 서울: 한국교총영재교육원.

Grossman, J. J. (Ed.). (1983). *Classification in mental retardation*. Washington, DC: American Association on Mental Deficiency.

Guilford, J. P. (1988). Some changes in the structure-of-intellect model. *Education Psychological Measurement*. *48*, 1-4.

Gunnar, E. S. (2003). A comparison of intrinsic and extrinsic classroom motivational orientation of gifted and learning-disabled students. *Roeper Review*, *26*(1), 53.

Guthrie, E. R. (1952). *Psychology of learning*. NY: Harper & Row.

Hall, E. G. (1983). Recognizing gifted underachievers. *Roeper Review*, 5(4), 23-25.

Haycock, L. A., McCarthy, P., & Skay, C. L. (1998). Procrastination in college students: The role of self efficacy and anxiety. *Journal of Counseling and Development*, *76*, 317-324.

Haynes, N. M., Hamilton L. M., & Comer, J. P. (1988). Differences in self-concept among high, average, and low achieving high school sophomores. *The Journal of Social Psychology*, *128*, 259-264.

Hewitt, P. L., & Flett, G. L. (1993). Dimensions of perfectionism, daily stress, and depression: A test of the specific vulnerability hypothesis. *Journal of Abnormal*

Psychology, *102*, 58–62.

Hidi, S., & Anderson, V.(1992). Situational interest and its impact on reading and expository writing. In K. A. Renninger, S. Hidi, & A. Krapp (Eds.), *The role of interest in learning and development* (pp. 215–238). Hillsdale, NJ: Erlbaum.

Hidi, S., & Harackiewicz, J. M.(2000). Motivating the academically unmotivated: A critical issue for the 21st century. *Review of Educational Research, 70,* 151–179.

Hidi, S., & Renninger, K. A. (2006). The four-phase model of interest development. Educational Psychologist, *41*(2), 111–127.

Hill, C. E., & O'Brien, K. M. (1999). *Helping skills: Facilitating exploration, insight, and action*. Washington, DC: American Psychological Association.

Jack, N. (1910). Uber den Willensakt und das Temperament. Leipzig, Germany: Quelle & Meyer.

James, W. (1986). *The principles of psychology*. NY: Henry Holt.

Jean, R. B. (2001). Black males' self-perceptions of academic ability and gifted potential in advanced science classes. Unpublished doctoral dissertation, University of Georgia.

Jensen, E. (2010). **뇌기반 교육의 원리** (정종진 역). 서울: 학지사.

Johnsen, S. K., & Johnson, K. (1986). *Independent study program*. Waco, TX: Prufrock Press.

Johnson, C. B. (1996). Personality traits and learning styles: Factors affecting the academic achievement of underachieving gifted students. Unpublished doctoral dissertation, University of South Carolina.

Jones, C. H., Slate, J. R., Marini, I., & DeWater, B, K. (1993). Academic skills and attitudes toward intelligence. *Journal of College Student Development, 34*, 422–424.

Kachgal, M. M., Hansen, S., & Nutter, K. J. (2001). Academic Procrastination Prevention/Intervention: Strategies and Recommendations. *Journal of Developmental Education, 25*(1), 14–24.

Kagan, J. (1965). *Matching familiar figures test*. Cambridge, MA: Harvard University.

Kauffman, J. M. (2005). *Characteristics of emotional and behavioral disorders of children and youth* (8th ed.). Upper Saddle River, NJ: Merrill/Prentice Hall.

Kauffman, J. M., & Hallahan, D. P. (1976). *Teaching children with learning disabilities: Personal perspectives.* Columbus, OH: Charles E. Merrill.

Kernaghan, K., & Woloshyn, V. E. (1994, April). Explicit versus implicit multiple strategy instruction: Monitoring grade one students' spelling performances. Paper presented at the annual meeting of the American Educational Research Association, New Orleans, LA.

Kimble, G. A. (1961). Hilgard and Marquis conditioning and learning (2nd ed.). Englewood Cliffs, NJ: Prentice Hall.

King, A. (1992). Comparison of self-questioning, summarizing, and notetaking-review as strategies for learning from lectures. *American Educational Research Journal, 29*, 303-323.

Kirk, S. A., & Gallagher, J. P. (1983). *Educating exceptional children*. Boston: Houghton Mifflin.

Klausmeier, H. J., & Goodwin, W. L. (1975). *Learning and human abilities: Educational psychology* (3rd ed). NY: Harper & Row.

Knappe, S., Beesdo-Baum, K., Fehm, L., Stein., M. B., Lieb, R., & Wittchen, H-U. (2011). Social fear and social phobia types among community youth: Differential clinical features and vulnerability factors. *Journal of Psychiatric Research, 45*(1), 111-120.

Kosslyn, S. M., Margolis, J. A., Barrett, A. M., Goldknopf, E. J., & Daly, P. F. (1990). Age differences in imagery ability. *Child Development*, *61*, 995-1010.

Krajcik, J. S. (1991). Developing students' understanding of chemical concepts. In S. M. Glynn, R. H. Yeany, & B. K. Britton (Eds.), The *psychology of learning Science*. Hillsdale, NJ: Erlbaum.

Krapp, A., Hidi, S., & Renninger, K. A. (1992). Interest, learning and development. In K. A. Renninger, S. Hidi, & A. Krapp (Eds.), *The role of interest in learning and development* (pp. 3-25). Hillsdale, NJ: Lawrence Erlbaum Associates.

Ladnier, R. D., & Massanari, A. E. (2000). Treating ADHD as attachment deficit hyperactivity disorder. In T. M. Levy (Ed.), *Handbook of attachment interventions* (pp. 27-65). California: Academic Press.

Lenneberg, E. (1967). *The biological foundations of language*. New York: Wiley.

Lieberman, D. A. (1979). Behaviorism and the mind: A (limited) call for a return to introspection. *American Psychologist*, 34, 319-333.

Linn, R. L., & Gronlund, N. E. (1995). *Measurement and assessment in teaching* (7th ed.). NJ: Prentice Hall.

Lisa, B. (2001). Understanding learning differences. *Educational Leadership, 59*(3), 96.

Luria, L. (1961). *The role of speech in the regulation of normal and abnormal behavior*. NY: Liveright.

Maehr, M. L., & Midgley, C. (1996). *Transforming school cultures*. Boulder, CO: Westview Press.

Mandel, H. P., & Marcus, S. I. (1995). *"Could do better": Why children underachieve and what to do about it*. New York: John Wiley & Sons.

Mandel, H. P., & Marcus, S. I. (2020). **학습부진 심리상담: 성격장애 기반 감별 진단 및 처치** (김동일 역). 서울: 학지사.

Mandler, G., & Sarason, S. (1952). A study of anxiety and learning. *Journal of Abnormal and Social Psychology, 47*, 166-473.

Mandler, G., & Watson, D. L., (1966). Anxiety and the interruption of behavior. In C. D. Spielberger (Ed.), *Anxiety and behavior* (pp. 263-288). New York: Academic Press.

Mann, C. A. (1993). Exploring the quantitative and verbal abilities of nonverbally gifted students. Unpublished doctoral dissertation, Arizona State University.

Marcia, J. E. (1980). Identity in adolescence. In J. Adelson (Ed.), *Handbook of adolescent psychology*. New York: John Wiley.

Marks-Beale, A.(1994). *Study skills: The tools for active learning*. Delmar Pub. Inc.

Marland, S. P., Jr. (1972). *Education of the gifted and talented. Report to the Congress by the US Commissioner of Education*. Washington, DC: U. S. Government Printing Office.

Marsh, M. W. (2001). Attribution for success held by gifted Black males. Unpublished doctoral dissertation, University of Houston.

McCabe, D. L. (1992). The underachieving gifted student: An evaluation of the relationship of learning style and academic self-concept to academic achievement and a case study of one gifted highschool student. Unpublished doctoral dissertation, Virginia Polytechnic Institute and State University.

McCall, R. B., Evahn, C., & Kratzer, L. (1992). *High school underachievers: What do they achieve as adults?* Newbury Park: Sage Publications.

McCall, R. B., & Siegle, D. (2003). The school attitude assessment survey-revised: A new instrument to identify academically able students who underachieve. *Educational and Psychological Measurement, 63*(3), 414-429.

McCoach, D. B., & Siegle, D. (2003). Factors that differentiate underachieving students from achieving students. *Gifted Child Quarterly, 47*(2), 144-154.

McKeachie, J. L. (1986). *Evaluating teaching*. Minneapolis, MN: University of Minnesota.

McKeachie, W. J., Pintrich. P. R., & Lin, Y. C. (1986). Teaching learning strategies. *Educational Psychologists, 20*(3), 153-160.

McLanahan, S., & Sandefur, G. (1994). *Growing with a single parent: What hurts, what helps*. Cambridge, MA: Harvard University Press.

McNabb, T. (2003). Motivational issues: Potential to performance. In N. Colangelo & G. A. Davis (Eds.), *Handbook of gifted education* (pp. 417-423). Boston, MA: Allyn & Bacon.

Meece, J. L. (1997). *Child and adolescent development for educators*. NY: McGraw-Hill.

Meichenbaum, D. H. (1977). *Cognitive-behavior modification*. NY: Plenum Press.

Meichenbaum, D. H. (1985). *Stress innoculation training*. NY: Pergamon Press.

Meichenbaum, D., & Goodman, J. (1971). Training impulsive children to talk themselves: A means of developing self-control. *Journal of Abnormal Psychology, 77*, 115-126.

Melillo, R. (2015). *Disconnected kids: The groundbreaking brain balance program for children with autism, ADHD, dyslexia, and other neurological disorders*. New York: Penguin Books.

Miller, G. A. (1956). The magical number seven, plus or minus two: Some limits on our capacity for processing information. *Psychological Review, 63*(2), 81-97.

Morelock, M. (1992). Giftedness: The view from within. *Understanding Our Gifted, 4(3)*, 11-15.

Myers, J. L., & Duffy, S. A. (1990). Causal inferences and text memory. In A. C. Graessner, & G. H. Bower (Eds.). *The psychology of learning and motivation: Advances in eye movement research theory and applications* (pp.159-173). Cambridge, MA: Academic Press.

Myers, D. I., & Hamill, D. D. (1976). *Methods for learning disorders*. New York: John Wiley & Soons, Inc.

Myers, I. B., & McCaulley, M. H. (1985). *Manual: A guide to the developmental and use of the Myers-Briggs Type Indicator*. Palo Alto, CA: Consulting Psychologists Press.

Nicholls, J. G. (1983). Conceptions of ability and achievement motivation : A theory and its implications for education. In S. G. Paris, G. M. Olson, & H. W. Stevenson (Eds.), *Learning and motivation in the classroom* (pp. 211-237). Hillsdale, NJ: Erlbaum.

Oberauer, K., & Lewandowsky, S. (2008). Forgetting in immediate serial recall: Decay, temporal distinctiveness, or interference? *Psychological Review*, *115*, 544-576.

Olson, M. H., & Hergenhahn, B. R. (2009). **학습심리학** (김효창, 이지연 역). 서울: 학지사.

Ormrod, J. E. (2008). **인간의 학습** (김인규, 여태철, 윤경희, 임은미, 임진영, 황매향 역). 서울: 시그마프레스.

Payne, R., & Donaghy, M. (2010). *Payne's handbook of relaxation techniques: A practical guide for the health care professional*. London: Churchill Livingstone, Elsevier.

Peltzer, S. L. (1986). Cognitive, study and personality styles of the achieving and underachieving mentally gifted student. Unpublished doctoral dissertation, United States International University.

Peter, D., & Insoo, K. B. (2015). **해결을 위한 면접** (노혜련, 허남순 역). 서울: 박학사.

Peverly, S. T., Brobst, K. E., Graham, M., & Shaw, R. (2003). College adults are not good at self-Regulation: A study on the relationship of self-Regulation, note taking, and test taking. *Journal of Educational Psychology*, *95*(2), 335-346.

Piaget, J. (1954). *The construction of reality in the child*. New York: Basic Books.

Piechowski, M. M. (1991). Emotional development and emotional gifedness. In N. Colangelo, & G. A. Davis (Eds.), *Handbook of gifted education* (pp. 285-306). Boston: Allyn & Bacon.

Piirto, J. (1999). *Talented children and adults: Their development and education* (2nd ed.). Upper Saddle River, NJ: Merrill.

Premack, D. (1959). Toward empirical behavior laws: I. Positive reinforcement. *Psychological Review*, *66*, 219-233.

Rathvon, N. (1996). *Unmotivated child: Helping your underachiever become a successful student*. New York: FIRESICE Rockefeller Center.

Rea, D. W. (2000). Optimal motivation for talent development. *Journal for the Education of the Gifted, 23*(2), 187-216.

Reis, S. M., & McCoach, D. B. (2000). The underachievement of gifted students: What do we know and where do we go? *Gifted Child Quarterly, 44*(3), 153-170.

Reisberg, D. (1997). *Cognition: Exploring the science of the mind*. New York: W. W. Norton.

Renninger, K. A. (1990). Children's play intrest(s), representation, and activity. In R. Fivush & J. Hudson (Eds.), *Knowing and remembering in young children* (pp. 127-

147). Hillsdale, NJ: Lawrence Erlbaum Associates.

Renninger, K. A. (1992). Individual interest and development: Implications for theory and practice. In K. A. Renninger, S. Hide & A. Krapp (Eds.), *The role of interest in learning and development* (pp. 361-395). Hillsdale, NJ: Lawrence Erlbaum Associates.

Renzulli, J. S. (1977). The enrichment triad model: *A guide for developing defensible programs for the gifted and talented*. Mansfield Center, CT: Creative Learning Press.

Renzulli, J. S. (1986). The three-ring conception of giftedeness: A developmental model for creative productivity. In R. J. Sternberg & J. E. Davidson (Eds.), *Conceptions of giftedeness* (pp. 53-92). Cambridge, NY: Cambridge University Press.

Reynolds, C. D. (1986). Toward objective diagnosis of learning disabilities. *Special Services in the Schools, 2*, 161-176.

Rimm, S. B. (1995). *Why bright kids get poor grades: And what you can do about it*. NY: Crown Publishers, Inc.

Rimm, S. B. (1997). An underachievement epidemic. *Educational Leadership, 54*(7), 18-22.

Rimm, S. B. (2003). Underachievement: A national epidemic. In N. Colangelo & G. A. Davis (Eds.), *Handbook of gifted education* (pp. 423-443). Boston: Allen & Bakon.

Robinson, F. P. (1961). *Effective study* (4th ed.). NY: Harper & Row.

Roediger, H. L., & Guynn, M. J. (1996). Retrieval processes. In E. L. Bjok & R. A. Bjok (Eds.), *Memory* (pp. 197-236). San Diego, CA: Academic Press.

Roger W. D. (1998). Characteristics that discriminate achieving for underachieving gifted african-american students in their freshman year in an historically black university. Unpublished doctoral dissertation, University of Morgan.

Rohde, T. E., & Thompson, L. A. (2007). Predicting academic achievement with cognitive ability. *Intelligence, 35*(1), 83-92.

Rosenshine, B., & Meister, C. (1992). The use of scaffolds for teaching higher-level cognitive strategies. *Educational leadership, 49*(7), 26-33.

Rosenshine, B., & Stevens, R. (1986). Teaching functions. In M. C. Wittrock (Ed.), *Handbook of research on teaching* (3rd ed., pp. 376-391). NY: Macmillan.

Rosenthal, R., & Jacobson, L. (1968). *Pygmalion in the classroom: Teacher expectations and pupil's intellectual growth*. NY: Rinehart & Winston.

Ross, J., & Lawrence, K. A. (1968). Some observations on memory artifice. *Psychonomic*

Science, *13*, 107-108

Rowand, B. B. (1989). Perceptions of academic ability and self-concept among gifted achieving and underachieving adolescents. Unpublished doctoral dissertation, University of Georgia.

Rumberger, R. W., & Willms, J. D. (1992). The impact of racial and ethnic segregation on the achievement gap in California high school. *Educational Evaluation and Policy Analysis, 14*, 377-396.

Ryan, R. M., & Deci, E. L. (2000). Intrinsic and extrinsic motivations: Classic definitions and new directions. *Contemporary Educational Psychology*, *25*, 54-67.

Ryan, R. M., & Grolnick, W. S. (1986). Origins and pawns in the classroom: Self-report and projective assessments of individual difference in children's perceptions. *Journal of Personality and Psychology*, *50*, 550-558.

Sadoski, M., & Paivio, A. (2001). *Imagery and text: A dual coding theory of reading and writing*. Mahwah, NJ: Erlbaum.

Salvia, J., & Ysseldyke, J. (1995). *Assessment* (6th ed.). Boston, MA: Houghton Mifflin.

Santrock, J. W. (2004). *Child development: An introduction* (10th ed.). New York: McGraw-Hill.

Schank, R. C. (1979). Interestingness: Controlling inferences. *Artificial Intelligence*, *12*, 273-297.

Schidrele, U., Krapp, A., & Winteler, A. (1992). Interest as a predictor of academic achievement: A meta-analysis of research. In K. A. Renninger, S. Hidi, & A. Krapp (Eds.), *The role of interest in learning and development* (pp. 183-212). Hillsdale, NJ: Erlbaum.

Schiefele, U. (1998). Individual interest and learning: What we know and what we don't know. In L. Hoffman, A. Krapp, K. Renninger, & J. Baumert (Eds.), *Interest and learning: Proceedings of the Seeon Conference on interest and gender* (pp. 91-104). Kiel, Germany: IPN.

Schneider, B. & Coleman, J. S. (1993). *Parents, their children, and schools*. Boulder: Westview Press.

Schraw, G., & Bruning, R. (1995). *Reader beliefs and reading comprehension*. Paper presented at the annual meeting of the American Educational Research Association, San Francisco.

Schunk, D. H. (1981). Modeling and attributional effects on children's achievement: A self-efficacy analysis. *Journal of Educational Psychology, 73*(1), 93-105.

Schunk, D. H., & Zimmerman B. J. (1994). *Self-regulation of learning and performance: Issues and educational applications*. Hillsdale, NJ: Erlbaum.

Scruggs, T. E., & Mastropieri, M. A. (1993). Special education for the twenty-first century: Integrating learning strategies and thinling skills. *Journal of Learning Disabilities, 26*, 329-398.

Seligman, M. E. P., & Csikszentmihalyi, M. (2000). Positive psychology: An introduction. *American Psychologist, 55*, 5-14.

Seligman, M. E., & Maier, S. F. (1967). Failure to escape traumatic shock. *Journal of Experimental Psychology*, *74*(1), 1-9.

Semb, G. B., & Ellis, J. A. (1994). Knowledge taught in school: What is remembered? *Review of Educational Research*, *64*, 253-286.

Shavelson, R. J., Hubner, J. J., & Stanton, G. C. (1976). Self-concept: Validation of construct interpretations. *Review of Educational Research, 46*, 407-441.

Shaw, M. C. (1960). Attitude and child rearing practices of the parents of bright academic underachievers, U. S. Public Health the Services Research Project, M-2843. Washington, DC: U. S. Government Printing Office.

Shepard, R. N. (1967). Recognition memory for words, sentences, and pictures. *Journal of Verbal Learning and Verbal Behavior, 6*, 156-163.

Silver, A. A., & Hagin, R. A. (1990). *Disorders of learning in childhood*. New York: Wiley.

Singh, K., Granville, M., & Dika, S. (2002). Mathematics and science achievement: Effects of motivation, interest and academic engagement. *The Journal of Educational Research*, *95*(6), 323-332.

Smith, E. E. (2000). Neural bases of human working memory. *Current Directions in Psychological Science*, *9*, 45-49.

Smith, M. D. (1993). *Behavior modification for exceptional children and youth*. Boston, MA: Andover Medical Publishers.

Snowman, J. (1986). Learning tactics and strategies. In G. D. Phye & T. Andre (Eds.), *Cognitive classroom learning: Understanding, thinking, and problem solving*. Orlando, FL: Academic Press.

Solis, M., Ciullo, S., Vaughn, S., Pyle, N., Hassaram, B., & Leroux, A. (2012). Reading comprehension interventions for middle school students with learning disabilities: A synthesis of 30 years of research. *Journal of Learning Disabilities*, *45*(4), 327-340.

Spevak, P. A., & Karinch, M. (2006). *Empowering underachievers*. New Horizon Press.

Stein, B. S., & Bransford, J. D. (1979). Constraints on effective elaboration: Effects of precision and subject generation. *Journal of Verbal Learning and Verbal Behavior*, *18*, 769-777.

Strang, R. (1960). *Helping your gifted child*. New York: Dutton.

Surber, J. R. (2001). Effect of topic label repetition and importance on reading time and recall of text. *Journal of Educational Psychology*, *93*, 279-287.

Sullivan, H. S. (1953). *The interpersonal theory of psychiatry*. New York: Norton.

Surber, J. R. (2001). Effect of topic label repetition and importance on reading time and recall of text. *Journal of Educational Psychology*, *93*, 279-287.

Terman, L. (1959). *Genetic studies of genius: The gifted group at midlife*. Stanford, CA: stanford University Press.

Thomas, E. L., & Robinson, H. A. (1972). *Improving reading in every class: A sourcebook for teachers*. Boston: Allyn & Bacon.

Thomas, J. G., Milner, H. R., & Haberlandt, K. F.(2003). Forward and backward recall: Different response time patterns, same retrieval order. *Psychological Science*, *14*(2), 169-174.

Thomsen, A. K. (1985). Depression and underachievement in the gifted male adolescent. Unpublished doctoral dissertation, Seton Hall University.

Tobias, S. (1994). Interest, prior knowledge, and learning. *Review of Educational Research*, *64*, 37-54.

Torrance. E. P. (1962). *Guiding creative talent*. Englewood Cliffs, NJ: Prentice-Hall.

Tryon, G. S. (1980). The measurement and treatment of test anxiety. *Review of Educational Research, 50*, 343-372.

Tschannen-Moran, M., & Hoy, W. (1998). Trust in schools: A conceptual and empirical analysis. *Journal of Educational Administration, 36*, 334-352.

Underwood, B. J. (1961). Ten years of massed practice on distributed practice. *Psychological Review*, *68*, 229-247.

Underwood, B. J. (1983). *Attributes of memory*. Glenview, IL: Scott, Foresman.

Van Boxtel, H. W., & Monks, F. J. (1992). General, social, and academic self-concepts of gifted adolescents. *Journal of Youth and Adolescence, 21*(2), 169-186.

Van Rossum, E. J., & Schenk, S. M. (1984). The relationship between learning conception, study strategy and learning outcome. *British Journal of Educational Psychology*, *54*, 73-83.

Wade, S. E. (1983). A synthesis of the research for improving reading in the social studies. *Review of Educational Research*, *53*, 461-497.

Wade-Stein, D., & Kintsch, E. (2004). Summary Street: Interactive computer support for writing. *Cognition and Instruction*, *22*, 333-362.

Webb. J. T. (1993). Nurturing social-emotional development of gifted children. In K. A. Hellen, F. J. Monks, & A. H. Passow (Eds.), *International handbook of research and development of giftedness and talent* (pp. 525-538). Pergmon Press.

Wechsler, D. (1944). *The Measurement of Adult Intelligence*. Baltimore, MD: Williams & Wilkins.

Weiner, B. (1979). A theory of motivation for some classroom experiences. *Journal of Educational Research, 71*(1), 3-25.

Weiner, B. (1992). *Psychological disturbance in adolescence* (2nd ed.). New York: John Wiley and Sons.

Whitmore, J. R. (1980). Giftedness, conflict, and underachievement. Boston: Allen & Bacon.

Whitmore, J. R., & Maker, C. J. (1985). *Intellectual giftedness in disabled persons*. Rocksville, MD: Aspen.

Wingfield, A., & Byrnes, D. L. (1981). *The psychology of human memory*. New York: Academic Press.

Winograd, T. (1975). Frame representations and the declarative-procedural controversy. In D. G. Bobrow & A. M. Collins (Eds.), *Representation and understanding: Studies in cognitive science* (pp. 185-210). New York: Academic Press.

Woolfolk, A. E. (2001). *Educational psychology* (8th ed.). Needham Heights, MA: Person Education.

Worthen, J. B., & Deschamps, J. D. (2008). Humour mediates the facilitative effect of bizarreness in delayed recall. *British Journal of Psychology*, *99*, 461-471.

찾아보기

인명

내용

저자 소개

주은지(Eunjee Joo)
미국 오하이오 주립대학교 가족관계학(청소년 전공) 석 · 박사
현 호서대학교 청소년문화 · 상담학과 교수

주요 저서 및 역서

아빠: 딸을 둔 아버지를 위한 포토 심리 에세이(공저, 북카페, 2007)
15가지 집단상담 기술(공역, 시그마프레스, 2009)
리더십 패러독스: 논리와 예술 균형의 교장 리더십(공역, 시그마프레스, 2009)
꿈 치료: 탐색 · 통찰 · 실행의 촉진(공역, 학지사, 2010)
애착과 발달: 통합적 접근(역, 학지사, 2014)

주요 논문

미국 청소년의 부모애착과 또래 애착: 미혼모 청소년과 일반 청소년 비교(2007)
성별과 학년에 따른 청소년의 부모 애착, 또래 애착과 낭만 애착(2011)
대학생의 성인애착과 대인관계능력의 관계에서 가족건강성과 마음챙김의 매개효과(2021)
이 외에 청소년과 애착 및 상담 관련 논문 다수

최인선(Insun Choi)
호서대학교 대학원 청소년문화 · 상담학과 문학석사
호서대학교 대학원 인재개발학과(청소년문화 · 상담 전공)철학박사
현 호서대학교 청소년 · 문화상담학과 시간강사
명강학습 · 진로센터 원장

주요 저서

결정적 코치 9 대입실전 편(공저, 한국교육컨설턴트협의회, 2020)

주요 논문

대학생의 성인애착과 진로장벽의 관계에서 그릿의 매개효과(2019)
대학생의 그릿이 자기결정에 미치는 영향: 회복탄력성의 매개효과를 중심으로(2020)
대학생의 성인애착과 계획된 우연기술의 관계에서 회복탄력성의 매개효과(2020)
이 외에 청소년과 애착 및 학습 관련 논문 다수

학습상담
Learning Counseling

2021년 6월 30일 1판 1쇄 발행
2022년 2월 10일 1판 2쇄 발행

지은이 • 주은지 · 최인선
펴낸이 • 김진환
펴낸곳 • ㈜학지사
04031 서울특별시 마포구 양화로 15길 20 마인드월드빌딩
대표전화 • 02-330-5114 팩스 • 02-324-2345
등록번호 • 제313-2006-000265호

홈페이지 • http://www.hakjisa.co.kr
페이스북 • https://www.facebook.com/hakjisabook

ISBN 978-89-997-2458-9 93180

정가 22,000원